高世名

主编

感觉 田野

行动之书

A Book in Action

上海文艺出版社

| 总 序 |

解放的艺术

策展作为行动之书

高世名

一

现代艺术史同时也是现代展览的历史。作为艺术现代性的根本标志之一，艺术展览在 20 世纪逐渐形成了一种独特的展示文化，勾连着多重意义领域和生活空间。近几十年来，各种替代空间、各类实验性展示方式在渐次展开，策展作为一项综合、激进的艺术实践，其文化动员力和社会塑造功能也日益发显。

策展的第一现场是博物馆。博物馆是一个现代性的社会器官，它保存历史，也不断地制造"过时"。不断发展的现代性，也是不断创造"过时"和"过期"的现代性。其实，"过时"这个观念本身就是现代性意识形态的产物。然而，博物馆的困境不在于过不过时，而在于缪斯离席之后的空缺如何填补。缪斯离开了，由 18 世纪以来的美学 / 感性之学所构造起的那个高雅艺术的世界坍塌了，成为"现代"的艺术开始了主体化、形式化、观念化、政治化的进程……策展正是在这"四个现代化"的过程中展开自身。

博物馆不但是保存的空间，而且是展示的空间，更重要的还是建构意义的空间。在我看来，20 世纪以博物馆为枢纽的艺术史的核心问题，是历史主义的双重焦虑——在收藏艺术的同时批判艺术，在瓦解历史的同时建构历史；既反对它的时代，又创造它的时代。

策展人不只是博物馆中珍贵物品的看护者和保存者，而且还是破坏者和生产者。他不断地投入、挑战、批判博物馆的意义建构，向我们展示所谓历史和当代，都不过是一片流沙，而所有历史意义的构造只是不断地在沙上建塔。

据说，最早的策展人是18世纪欧洲那些贵族沙龙的组织者。在这个意义上，我愿意半真半假地说，在中国历史上那些"没有展览的时代"，雅集的组织者，园林的主人，甚至唐宋礼部那些组织国家庆典和社会仪式的官员，都是古典世界的策展人。当然，这多少只是玩笑话，现代意义上的策展人是伴随着博物馆体制的建立而出现的，在很长一段时间，策展都只是博物馆行政的一个环节。20世纪70年代，当哈罗德·齐曼（Harald Szeemann）把卡塞尔文献展的"百日博物馆"改成"百日事件"的时刻，策展才真正展现出了它独立的意志与能量。它不但深度地介入艺术生产和艺术史的发生，而且以激进的行动参与社会意识的塑造。

博物馆中除了静态的"物"，还有思考和活动着的"人"。经过半个世纪的斗争和演进，今天的博物馆已经是一个魔方般的场所，其中发生的不只是个体"观者"和凝视"对象"的关系，还有自我和他人的关系，不只是人和物的关系，而且还有人与人的关系。所以，博物馆中的作品不只是凝视的对象，还可以是胡思乱想的起点，是折射出公共交往和社会关系的一面镜子。

博物馆可以是社交场所，可以是论辩之地，可以是闲逛之所（在本雅明的意义上），也可以是思想斗争的场域，甚至是政治协商空间。关键是如何改变其中的观视关系（spectatorship），这是策展的根本任务。

二

1924年，以林风眠、林文铮、刘既漂、王代之为首的20余位旅法中国艺术家在斯特拉斯堡的莱茵宫策划了首个中国美术展览会，集中展示了近500件中国古今艺术品。这次展览作为次年巴黎万国工艺美术博览会中国馆的预演，成为那个年代振奋国人心志的一次文化宣言。正是通过这次展览，林风眠及其艺术群体进入中国现代教育先驱蔡元培先生的视野。四年后，蔡先生力邀林风眠组建国立艺术院并担任首任院长，中国高等艺术教育的历史由是展开。

"中国美术展览会"可以说是中国美术学院的一段"前历史"，而此历史正是从一群青年艺术家的"策展工作"开始。在那个时代，组织展览是为了"艺术运动"。从1924年被称作"海外艺术运动社"的"霍布斯会"开始，国美的创立者林风眠、林文铮、李金发等人就以推动艺术运动为志业，"介绍西洋艺术，整理中国艺术，调和中西艺术，创造时代艺术"。

对以林风眠为首的这批艺术青年而言，艺术学院不独像蔡元培先生所言"为研究学术而设"，而且是为艺术运动而设。林风眠时期的国立艺专与"艺术运动社"是同体共构的。直到20世纪30年代，"艺术运动社"成员已经遍布全国，他们策划举办全国美术展览会，组织西湖博览会，成为现代中国艺术创造和社会启蒙的重要力量。他们的艺术运动构成了国美策展的先声。就当代艺术而论，中国最早的策展活动始自20世纪30年代后期，因另一场艺术运动"85新潮"而发生，一方面是由当时的批评家们推动，另一方面则是出自艺术家们的自我组织。20世纪80、90年代的"策展"特别质朴、直接，没有花哨的话语，没有玄奥的理论，但是充满了行动的激情与能量。直至今日，艺术界已经到处都是策展人，但是其中的大多数，都只是艺术消费机制的执行者或者中间人,作为展览的组织者和张罗人,他们甚至没有意识到自己在社会系统内的位置。

中国当代艺术真正为国际艺坛所知是在 1993 年,那一年的两个展览奠定了此后十余年间西方对于中国艺术与社会的论述基础。首先是在中国香港总督府和香港艺术中心举办的"后八九中国新艺术"大展,由张颂仁、栗宪庭策划;其次是在柏林世界文化宫举办的"中国前卫艺术"大展,我院校友施岸迪(Andreas Schmid)参与策划;再加上那年"第 45 届威尼斯双年展"上的专题展览"东方之路",中国当代艺术在国际舞台上首次整体亮相并备受关注。

在这个过程中,张颂仁所推动的"后八九中国新艺术"尤为重要。在西方,其影响力波及艺术、政治、市场、意识形态各个领域;在中国,它创造了一个新的艺术时代,打造出了中国当代的文化表征。从 1993 年至 1998 年,"后八九中国新艺术"巡回 5 个国家、9 个美术馆;展览图录两次再版,数度重印,国际报道数不胜数。"后八九"作为整体形象,先后登陆威尼斯双年展、圣保罗双年展等国际上最重要的艺术大展,取得巨大成功。"后八九"中的艺术家们更是赢得了中国当代艺术几乎所有的荣耀,在相当长的时间里成为中国当代艺术界的执牛耳者。"后八九"应时而动,以其深刻的社会文化洞见以及强有力的图像学创造,表述出 20 世纪 90 年代的国人心事,创造了国际社会认识中国的一面镜子。随着"后八九"在世界范围的传播,中国当代艺术成为全世界理解中国的一个必要的中介。从这个意义上说,"后八九"不但引发了国际艺术界对于中国艺术的关注,而且触发了一种文化解释的机制。在这一机制中,当代艺术成为中国社会政治文化的面相和征候,也正因此,它被关注程度之深远,它的影响范围之大,都远远超出了艺术本身。

20世纪90年代，当代艺术的策展人在国际艺术舞台上的功用日趋重要。一方面，美术馆的系统化、艺术的市场化强化了策展人的学术权力；另一方面也相应地激发出独立策展人在新环境、新理论前提下的反向动作。世界各地大型双年展、艺术节的兴起，画廊界对艺术策展的重视，实验性替代空间对策展人的倚重……所有这一切使策展人在艺术系统中扮演着越来越重要的角色。20世纪末，这个博物馆的世纪最终成就了一个策展人的时代。

在世界范围内，中国美术学院的策展实践是非常独特的。从来没有哪个艺术策展机构如此深地卷入到文化政治的论述与社会思想的运动之中。2002年，卢杰、邱志杰策划的"长征计划"上路了。与此同时，许江、高世名、吴美纯等启动策划了"地之缘计划"。这两个几乎同时发生的策展计划不约而同地展示出了与当时惯常的策展迥然有异的思想姿态和实践路径——对全球文化政治的批判意识，面向历史和田野的思想能力，与知识界的跨领域互动，以及行动者的立场和姿态，更重要的，是一种超出艺术界推动艺术实践的决心。

2003年，中国美术学院正式设立国内第一个策展专业，机构名称定为"展示文化研究中心"，院长许江亲自担任中心主任，高世名、邱志杰、张颂仁担任副主任，卢杰、陆兴华等担任研究导师。可以说，这个中心是"长征"与"地之缘"两个策展计划的结果。它以"展示文化研究"为名，就是希望超出现行的当代艺术领域来探讨当代社会的视觉制度与展示文化，继而在更广阔的视野中谋划和推动策展实践。从一开始，策展专业的学科基础就被确定为文化研究、话语实践、媒体研究和意识形态批判。

从狭义上说，国美策展研究从一开始就聚焦"展示"问题，其目的是去探讨：一件艺术作品如何与它所处的物理空间和意义空间互相作用？策展人如何通过博物馆内外的策展实践参与到艺术史的书写之中？从广义上说，展示不只关乎艺术品的陈设与展览的历史，它还让我们重新梳理展示在艺术史进程中的结构性作用，重新思考艺术在不同历史时期、不同文化语境中的社会能量。

艺术展示在过去的五十年间发生了翻天覆地的变化。博物馆不再仅仅是艺术品的库房加展厅，随着策展力量的强势介入，这个传统意义上的缪斯栖息地，正在变成艺术自我颠覆和自我生成之所——它似乎已然变身成为一个剧院、电影院、教室、车间、议会和广场的综合体。同样，展示也不再只是为了陈设博物馆的丰富收藏，它本身就意味着情境的展开，公共性的构建，社群的生产。在这个意义上，展示文化通向展示的政治。所谓"展示的政治"，不是那些控制着展览策划和历史叙事的身份政治或者多元文化主义的治理术，而是指向劳动与作品、灵光与拜物、著作权和所有权、物体性和事件性、生产和消费之间复杂纠结的关系。

21世纪，德波（Guy Debord）所谓的"景观社会"具有了全新的内涵：通过我们每时每刻不可或缺的手机，以及谷歌、百度、GPS、Facebook、Twitter、淘宝和优步……我们的日常生活正在以大数据和真人秀的形式被展示和消费着。在这个网络时代或者"后网络时代"，人们逃脱了"老大哥"的显在监控，却陷入隐形的"全景监狱"，陷入"全流程备份""踪迹学治理"的社会机器之中。在这一状况下，艺术当然就不再只是博物馆、双年展、博览会、拍卖场中的那些物件，更重要的，艺术是我们从消费主义的Matrix中自我解放的行动，是自我构造的路径。同样，"展示"也不只是某种现成艺术物的呈现和表述，更涉及我们每个人的"此在"和"在此"。在这个到处都是定位监控装置的"被展示"的时代，如何重新理解艺术、艺术展示以及艺术的历史？如何通过更激进的展示寻回主动，克服我们被展示的真人秀状态？从这种问题意识出发，所谓"展示的政治"就成为与我们的存在息息相关的生命政治。

三

经典艺术史学常分为"内部艺术史"与"外部艺术史"，从策展的眼光看，艺术的历史并无所谓内、外之分，因为艺术史与社会史从来都不曾分离。策展是艺术实践同时也是社会实践。策展人不只穿梭游弋于艺术家、观众、美术馆、画廊这些有形的事物之间，同样连接贯穿着艺术史、媒介、制度、意识形态这些看不见的事物。这些有形之物和无形之物共同构成了艺术史、博物馆、大众媒体与艺术市场的大循环，而置身其中的策展正是要追问：在这个大循环中，艺术之"意义"坐落于何处？艺术之"价值"溯源于何方？艺术之"作品"与"创造"从哪里开始，又到哪里结束？

循着这种追问，我们会发现，策展人与艺术家的身份差别只是一种虚妄。艺术家是一个社会位置，而策展人不过是个媒介。通过这个媒介，我们将获得一种目光。这种目光可以穿透艺术作品的拜物教，穿透艺术创造的个人主义神话，穿透艺术—价值—资本的社会循环系统，进入到这种被名之为"艺术"的社会时刻。这是艺术起作用的时刻，也是艺术发生的时刻。在这个意义上，策展可以被视为九十年前"艺术运动社"的世纪回声。

正是出于这种思考，2010年中国美术学院的策展专业改组为"当代艺术与社会思想研究所"，纳入新成立的跨媒体艺术学院。当时主要考虑两个原因：一方面，在跨媒体艺术学院，学习策展的同学们可以接触到张培力、耿建翌、姚大钧、邱志杰、牟森、杨福东这些最优秀的艺术家老师，而且他们还可以跟同辈的艺术家同学一起成长，他们的思考和工作跟艺术家的实践彼此交织、互相砥砺；另一方面，在这个教育系统中，策展甚至当代艺术或多或少地被当作一种社会思想的路径。为此，研究所邀请了一批学术界、思想界的同仁如陈嘉映、陈光兴、孙歌、陆兴华、黄孙权、贺照田、许煜和约翰·哈特勒（Johan Hartle）等一起参与教学。他们跟艺术家们一样，成为国美策展教育的同行者和重要支持者。在他们的影响和帮助下，历史脉络、问题意识、发言位置成为每位同学自我批判的框架；社会感知、历史经验和现实感觉成为研究所中最常提及的话题。策展成为连接当代艺术和社会思想的一个智性枢纽，在感性与思想的激荡中时常转化出奇想和行动。

这套丛书由四册组成，系统梳理了国美策展的几条实践脉络：

第一册是《后万隆》，梳理了国美策展的文化脉络。自"地之缘"开始，探讨亚洲的地缘政治结构中当代艺术的发生与迁徙；经过第三届广州三年展"与后殖民说再见"、第八届上海双年展"巡回排演"，直至亚际书院知识网络的建立，以及对"后万隆"时代第三世界思想运动的提案，呈现出国美策展研究是如何在全球文化政治的话语批判中确立起自身的思想坐标与精神向度。第二册《感觉田野》，旨在梳理国美策展超出"艺术界的艺术"，在田野工作中汲取现实感觉的诸种方法和路径，探讨艺术策展实践是如何通达于社会意识和现实感觉，如何养成历史的感与观。一、二两册合起来是为"感知现实"的工作。

第三册是《把可能性还给历史》，重点解析从"后八九中国新艺术"，直到"八五·85"，再到"三个艺术世界"的一系列展览线索，探讨国美策展自20世纪90年代起是如何参与中国当代艺术的历史论述和形象建构，近年来，又是如何推动"中国当代"的历史批判和意识形态解构。第四册《未来媒体》，从"现象／影像：1996中国录像艺术展"、"后感性"系列到"未来媒体／艺术宣言"，展示了20世纪90年代以来国美策展对于新媒介、新现场、新感性的持续兴趣和激进实验。三、四两册合而为"重构当代"的意义。

通过十多年的实践和教学，国美策展专业共培养了上百名青年策展人、艺术家和批评家，慢慢地凝聚出对策展实践的一种理解，形成了一条独特的策展道路。在这条道路上，策展工作大致可以分为三个层面：

用作品建构议题，形成问题意识。这种问题意识或者说议题不只是在艺术圈子里的，而且是社会性的。策展人要学会在社会空间中将艺术作品展开，以艺术作品构造社会叙事。

建构批判性、创造性的生产情境。艺术的批判和创造是互为条件的：一方面，一切创造都是建立在批判之上；另一方面，唯有所创造，才能够超越政治、伦理的批判，成为艺术批判。策展的第二个层次，就是构造语境，或者说构造策展情境。艺术的生产与动员在此策展情境中得以展开。

开展艺术运动，推动社会进程。策展人的最高目标是以艺术创造向社会、向时代提案，继而催生一种社会进程。在这个层面上，策展是一种心灵的社会运动，一种社会性的精神生产，一种推动社会创新的行动。

策展是要构造出一种局面。在这个意义上，策展从根本上是社会性的——在今天，只有先政治而后才能社会，正如我们只有先成为艺术家而后才能真正成为主体。策展人的公共行动不是政治宣传式的，也不是商业推广式的，而是要在整合化、自动化的社会中生产出歧见和异质的空间。在这个意义上,策展是当代社会的解剖工程学,是要把单数的社会（society）重新切分成复数的社群（societies）,把逐渐同质化、观念化的抽象大众重新变成异见丛生的分众。

在这里,要区分两种展览:一种是构想出某个主题,拉艺术家的作品进场,安置在现成的观念框架之内,让作品在主题、分主题的等级化单元中各得其所,在主题性分类中各安其分;另外一种策展,是让作品得以完成的生产程序和社会程序暴露出来,让作品在动态的临时的集结中骚动起来、斗争起来,让感觉激荡,让意义暴动。用政治哲学术语来说,前者是 policy,是治理,后者是 politics,是政治。

要想摆脱治理状态而进入政治状态,策展人不但要介入艺术生产和艺术史的演进（这种演进非但是后设的,还相当虚幻）,而且要以艺术行动参与现实感觉和社会意识的塑造。这就是"排演",就是用事件性（event-hood）去拆解、改造艺术作品的物性（object-hood）,就是使作者与观者、个体与群体之间,形成符号和欲望、思想与感觉的交错撞击,凝聚起感知、制作与行动之间折射回荡的洪流。

海德格尔提醒我们:"对于行动的本质,我们还远远没有充分明确地加以深思。"在海德格尔看来,行动的本质乃在于完成（Vollbringen）,而完成意味着:把某种东西展开到它的本质的丰富性中,即生产出来。在这里,行动就是生产,就是让被锁定在各自社会阶层、各个历史阶段、各个关系单元中的消费主义个体,重新焕发出生产的潜能,催生出改变的愿望,生产出一种重新去想象自我、想象未来、发动社会的可能,一种自我更新和自我解放的力量。

在这个意义上,策展就是"排演"。而排演首先意味着缺席、反复、集结与狂欢,它通过身体、语言的连接和行动,开启一个公共之场所(arena),在这个场所中,人们可以获得生活的诗意和斗争的能量,可以重新定义自我和现实的关系,可以"无所畏惧地在一起"——格洛托夫斯基说,这就是节日。作为排演的策展,是一部"行动之书"。这部"行动之书"所书写的一切,不是关于拜物的艺术,而是为了开展出解放的艺术,召唤出未来的节日。

2017 年 12 月

目录

	总序
i	解放的艺术——策展作为行动之书 / 高世名

	导言
1	

7	第一章　我们的历史感觉
9	第一节　长征计划
12	长征——一个行走中的视觉展示 / 卢杰、邱志杰
21	"长征"沿途战报（节选）
37	"长征"现场批判会（节选）
51	第二节　中山公园计划
54	《中山公园地图》注解 / 邱志杰
61	寻找"中山公园" / 袁文珊
80	多重层面之现代性的翻转与位移——
	关于"中山公园计划"的访谈
89	第三节　中国摄影文献研究
92	"十里店：学术田野和艺术考察"序言 / 高世名
96	探寻一种"社会学素描"——
	"十里店"展览座谈会（节选）
106	"红旗渠"行走脚注 / 刘畑、陈晓琼

110		时间的显影与定影
113		从"文人与史诗"到"浙江摄影文献"(节选)/ 高初
120		文人与史诗——人物设定与情境建构 / 刘畑
126		关于"历史的显影——战争时期的中国摄影"(节选)/ 高初

143　第二章　人民的名字

147	**第一节**	**人民的名字**
148		"人民的名字"会议
152		人民的名字:如水的社群 / 郑波
164		迈向社会性艺术——
		艺术实践的知识关乎社会政治过程的知识(节选)/ 黄孙权
188		"杀马特"中的现代性——
		关于城乡空间生产之社会展示 / 黄孙权、刘益红
203		平等之为方法 / 雅克・朗西埃
217	**第二节**	**野草计划**
218		"野草计划"策划手记(节选)/ 唐晓林、闵罕
242		鲁迅的"不容已"/ 孙歌
255		论《野草》的听觉艺术 / 江弱水
274		《野草》:梦的颠倒 / 薛毅
291		艺术主体表达位置的排练——策展《野草》(节选)/ 陆兴华
311	**第三节**	**诸众之貌**
314		诸众之貌:寻找亚洲社会动力的种子 / 黄孙权
317		"你们需要看到对方"——
		从占领华尔街到合作社的社会运动实践(节选)

327		连结者峰会
330		"帐篷场"是什么？/ 樱井大造
338		"印度知识与科学委员会"探访行记（节选）/ 王岩

361	**第三章　网络社会**	
365	**第一节　网络化的力量**	
368		网络化的力量——第一届网络社会年会
370		我们需要什么样的网络社会研究？/ 黄孙权
382		为何网络化？/ 许煜
394		媒体、网络与平台 / 希尔特·洛文克
407	**第二节　与列斐伏尔前行**	
410		与列斐伏尔前行：算法时代的都市论与日常生活批判 ——第二届网络社会年会
412		打造前往可欲之处的理论与实践—— 第二届网络社会年会欢迎辞 / 黄孙权
418		时空的政治经济学批判—— 亨利·列斐伏尔的研究计划 / 西蒙娜·德·西莫尼
433	**第三节　智慧都市网络**	
434		智慧都市网络——第三届网络社会年会
436		挑战技术乌托邦的政治对话框架—— 第三届网络社会年会欢迎辞 / 黄孙权
448		城市大脑：一个城市的演化和突变 / 王坚

461	**第四节**	**网民 21：超越个人账户**
462		网民 21：超越个人账户——第四届网络社会年会
464		超越个人账户——
		第四届网络社会年会"网民 21"备忘录 / 黄孙权
488		新创公司目的论（或退入社群）/ 内森·施奈德

501	**第五节**	**超越人类纪**
504		感性的无产阶级化 / 贝尔纳·斯蒂格勒
525		雕塑、培育负人类世 / 贝尔纳·斯蒂格勒
546		人类纪：文化的危机、自然的危机？/ 许煜

导言

　　长征、中山公园、红旗渠、十里店……产生过重大影响的事物都不断受到后人评判。百年来的革命战争与社会主义生活的经验仍在影响着当代中国的社会形态，然而在意识形态抽象僵化的叙事和对它的表面化批判、消解下，历史潜能被截断、历史创伤被遮盖，艺术与研究丧失了历史性的自我理解，这便正是历史症结之所在。"长征——一个行走中的视觉展示"参照历史上的长征路线，在行走和实践中生产思考与对话，在本土语境的视觉文化中细微地追踪现代性的冲撞和乌托邦的到来与离去。"中山公园计划"探访遍布大陆与台湾的中山公园，它是传统价值观与现代社会需求的纠葛之地。该计划思考记忆的保存与表达，族群认同的建立过程，反抗一种伪历史，重新获得一种感同身受的能力。中国摄影文献研究所关心作为历史的影像和作为影像的历史，在对历史关系和事件的再造中建构出更多的意义、更激烈的现实和更强大的主体。"感觉田野"让历史现场再敏感化，在现代与传统、艺术与革命的复杂关系里，将革命史、家国史、生命史牵绊勾连出我们的历史感觉和再出发的动能。

　　无以计数的词汇被创造出来描绘社会的集合，人民、大众、人群、群众、诸众、阶级……从上而下的权力部署以语词调度赤裸生命,"感觉田野"则将之歧义化,"人民"没有名字,纪念无名者要比纪念知名者更为困难。在感觉田野中我们不是"作为民族志者的艺术家",而是以肉身重新认识与地方、与社群/社区感觉结构的异同,寻求一种有效的共同行动的方案,此乃重建当代艺术历史性计划的第一步。"人民的名字"会议探讨了艺术与不同社群概念之间的关联,从亚洲的具体情境出发思考介入社会的艺术实践,想象更多的社群可能。我们以平等为方法体认新的群体的生成,而非将其当作社会学、文化研究的对象。"野草计划"试图以鲁迅的散文诗集《野草》为兴,追寻自新文化运动以来中国民众所积聚的一种自下而上的奋发精神,一种强烈的批判意志,一种自我反省的、在绝望与黑暗中抗争出来的力量。"诸众之貌"建构关于亚洲社会运动档案的生产性、开放性平台,让我们看到一个群体如何在与其他群体的交往中展开知识与实践的自我学习、动员力的自主与联结,让诸众现身。

从 1970 年代的全球国际分工理论、依赖理论,到 1990 年代的全球城市与资讯服务理论,再到 2000 年后的网络社会与社交媒体研究,社会理论与文化研究急切地希望能够生产出解释现实发展的观点。不同于陶醉在新科技的研发与反省中的美国,地景停滞、科技被动,只能在知识论上不断反思的欧陆,在中国,一个新的网络社会空间已然浮现,我们需要关键的感觉田野来建立新的理论。网络社会研究所强调网络(network)而非网路(internet),因为我们更关注与信息技术联动之社会文化变革,通过掌握流动空间和实质空间的互馈生产,探究重组的社会关系、产业技术、情感认同与媒介表现,从而指导社会转型,框定社会实践政策,激活新的艺术力量,应对感性的无产阶级化。中国当代的网络社会研究应该能够综合欧美所长,另辟新径,逐步形成"由未来想象推定今日实践"的关键议题。

超越艺术界的圈层、历史主义的安逸和知识的旧有范式,我们走入感觉田野,为创造力开辟新的战略空间,重访历史重建能动性,回归那尚未被定义的无限杂多的芸芸众生。现实之真实在共同的欲望与行动中方现。

"诸众之貌"项目印度考察田野现场 2015 年

| 第一章 |

我们的历史感觉

第一节
长征计划

长征——一个行走中的视觉展示

时间：2002 年
地点：长征沿途 12 站
总策划：卢杰
执行策划人：邱志杰
参与者：超过 255 位国内外参与者组成的长征集体

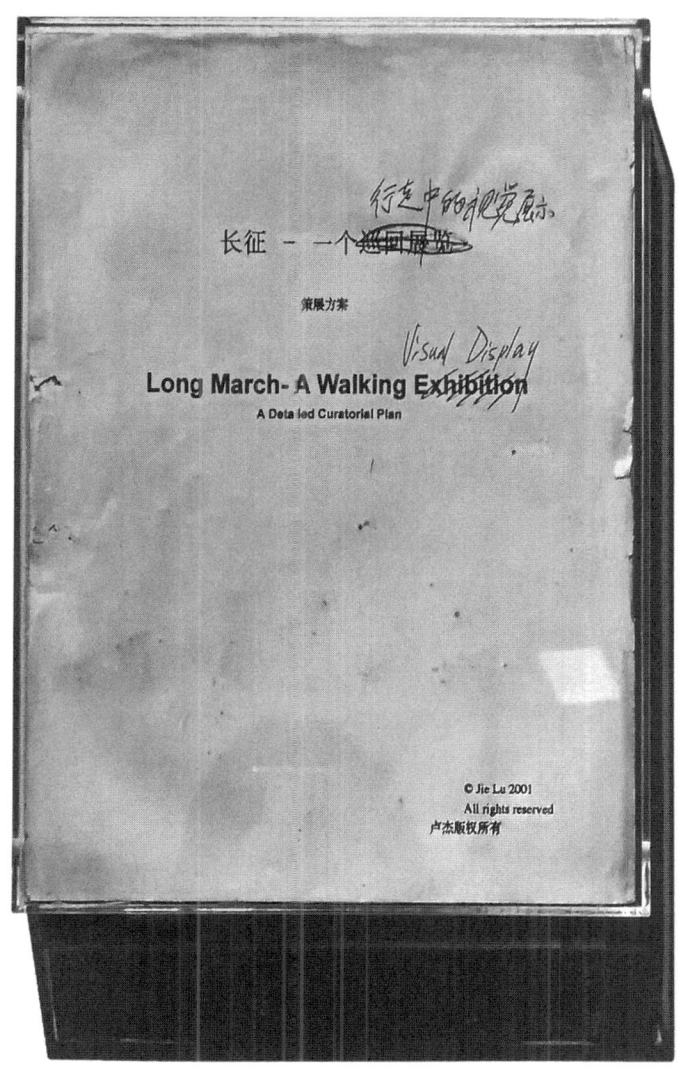

"长征——一个行走中的视觉展示"策展方案　2001年

长征——一个行走中的视觉展示

策展人的话

卢杰　邱志杰

重构记忆

　　作为策展人，我们对中国艺术的关注集中在展示文化所体现的艺术原创与接受的互动关系。而目前当代中国艺术的生态特征是艺术离开了受众，从民众向精英、从私人画室向科层机构（双年展、美术馆大展等权威视域）、从中国向海外这三者的直接出走，而陷入前卫直接进入市场的互为因果的迷境。国际舞台的出现是20世纪90年代中国艺术的重要事实，在中国的艺术社会学关系中，民众与精英、传统与现实的关系退居幕后，"中西之辨"浮上表层占据了主要视野，并成为干预理论思考和创作实践的最重要参数，制度性地生产了我们的尴尬与委屈感，这是一个艺术的消费方式左右到生产方式的典型案例。不可能天真地期待中国艺术的海外消费者理解水平的提高或中国经济力量的进一步成长会自动解决这一问题，我们还需从中国艺术界的自我理解入手，重提这些年退出视野的前两层关系，而其中，对于20世纪中国革命史的重读，对于当代视觉文化中的社会主义记忆的整理，就是不容回避的症结问题。

　　影响中国艺术生态之关键是艺术的流通形态。当代中国艺术的展示、收藏、交换之单向"从内向外"（在这里这个"外"主要局限于"西方")的流程，反过来也作用于它的自身经验之错位。我们认为当代中国艺术具有强烈的前卫虚拟性，革命停留在表面口号和个人情结上，而职业革命家往往是最不革命的。当代中国艺术注重的是意义而不是经验，说教在先，观念性太强。这些年来先是进口表现主义使之与传统的形而上合拍而大量生产孱弱的意象，接着是以漫画图式取代年画、连环画和插图图式，使艺术再次成为意识形态的注脚，接着连观念艺术都进入概念化的套路，这种集体意识或集体无意识是一个单一现象，还是在后殖民时代各非"中心"地区或多或少有所表现？这些地区如何面对传统/现代性等问题？与我们有什么异同？我希望我们能尝试用"从外到内"的方法来解读，我指的不是自视中心，再陷入"体""用"之争，而是在与其他历史、地理区域的纵横对比中，不是在和"西方"中心的强行比较接触中，来反思意义的游离过程。也就是说，在本地语境中重新审视已有的、我们已习以为常的单一标准。这种把望远镜倒转，"从外到内"的做法或有益于中外艺术的咀嚼、消化和补中益气。

"体""用"之辩是被动地经受外来的逼迫与刺激之后所做出的策略性的反应，而不是自觉地意识到中国文化的创造性解释和转型的必要性，它对文化传统和现实情境的判读仍然停留在本质主义的幻觉中。当代中国艺术从这种思路出发，无论对于传统资源、几十年来的革命文化资源，还是海外资源的运用都是策略性的：它略过了本体论和方法论的更新而侧重于效果的层面，与"西方"对中国的僵死误读共享了对于中国的本质主义理解，从而也成为自我误读。由于对自我理解的问题已经不加考虑，由僵化的定义出发所进行的功利主义的操作，不得不靠一种成功的、拥有特权的幻觉来激励。这使中国艺术陷入了恶性循环——由于过多地关注了自己在国际上是否受到肯定和重视，一方面放大了个体成功感从而进一步脱离了地方文化生态，另一方面则放大了受挫时的委屈感而抱怨地方文化生态。我们期待能从自我理解入手清理，来养成一种建构性的态度：重要的是我们还能够从我们自身的历史和现实经验中转化出什么来贡献给世界。不是去无效地计较发言权与音量的大小，而是首先要言之有物，从这个自我解释和重构的过程中去呈现出可能性。

如何面对"西方"，实际上就是如何面对自己，而唯有批判性和创造性的自我理解才能构筑起面对西方的基础。这个老话题还是中国当代艺术面临的主要问题，它联系着当代中国艺术的其他问题：它的生存状态，如何面对中国的社会，如何从意识形态、市场机制、艺术教育的误区中走出。十几年来中国艺术"从内向外"的展示方式有很多众所周知的积极因素，它的缺陷也在不断显露。其中，艺术生态中意识形态的表面化反而阻碍了对意识形态的真实认识，表现在表面化的批判和消解，以及一边倒的对中国革命、乌托邦和理想社会的失望。中国本地语境的深化，尤其是一百年来与现代性的冲撞和乌托邦的到来与离去，革命之彻底与不彻底，民族主义与国际主义的互动，所有这些西方意识进入中国过程中的贡献、错位、误读、再生、重组、本地化，都已经深深进入社会和个体的意识，而如何从视觉方式上去重访，是对未来的再出发。这不仅是中国的工作，而且是中国对全人类要做的贡献。需要从这里，从内部深层意识开始，共构人类社会的权力共享，而视觉艺术担负着的是重构深层意识的重任。

百年来的革命战争和社会主义生活的经验，不但仍在影响着当代中国的社会形态，也已经积淀为最深刻的人民记忆。它渗透在当代中国视觉文化的各个角落，成为当代中国艺术时隐时显的资源。

因此，这种重构的工作既非将其仅当作社会生活中的保守性或权威性因素，进行消解性的反讽与颠覆，也不是以怀旧心态去神化历史，简化地维持宏大叙事的完整性。我们的工作方法将是细微地追踪它在今天的视觉文化中的踪迹，将其由含混的无意识状态和已空洞化了的话语中重新解析，分别寻找它与各种当代思潮的接合点，使之再敏感化与再现场化，以测试其正面与负面的能量。它必然是田野调查与话语分析的结合，考古与建筑的结合。长征故事所具有的事件的戏剧性和场所的丰富性，所涉及的课题的复杂性和根本性，都为我们提供了这一重构的极佳线索。

关于展览

这是一个行程中的视觉创作和展示活动。它沿着长征路发展，策展宗旨是把中外当代艺术实践带去给人民看，并在他们身边实践艺术。中国人民正在另一段长征路上，这是一段走向有中国特色的社会主义市场经济的征途。长征老兵邓小平说："发展是硬道理。"这个改变时代的大工程成果显著。在过去十多年来，中国经济的年增长率保持在9%左右，迅速的城市化和商业化在长征路上发生，伴随着发展过程中产生的文化流失，还有意识形态的真空。同时，一种新型的文化也在致富光荣的新中国语境中形成。今日的人们是如何看长征路上所播种、宣传的对共产主义理想社会的向往，如何看那场把撤退变成成功和胜利，用"中国现实"、"本地语境"取代外来"真理"（教条）的革命实践过程？如何看待那个在二万五千里路上发生的权力转换所带来的对理论与实践问题的中国式解答？从视觉文化的角度，长征开创的文化是一种传教式的、宣谕性的视觉文化，它使一种来自民众、服务于民众的文化成为有效的主流话语，超越了它所根植的具体的权力诉求而成为集体记忆。

近二十年的中国艺术很大程度上反映了社会和历史的变革：水墨画在传统的怪圈中盘旋，从艺术的接受上来考察，它重归精英艺术高高在上的位置，成为小圈子里的形而上软糖，而同时面对外来意识形态和市场机制的冲击，它基本上已弱化为精英市场中的点缀，提示着传统文化的尴尬；而所谓的前卫，不仅采取了与传统断裂或标签化借用的态度，更成为泛意识形态化的概念艺术，同时却迅速地占据精英立场，以市场的成功来巩固权力。

中国当代艺术最大的问题是它的受众局限于海外的机构和市场，以及中国部分中心城市，而大多数的中国民众没有直接面对和参与艺术的机会。而且，正由于长征路上的城镇与北京、上海这样的中心比要"落后"，民众与"西方艺术"的接触更是微乎其微，因而，向他们展示中外当代艺术实践就具有特别的意义。本活动试图在长征路上重温革命史和新中国文艺思想的形成因果，尤其是毛泽东关于"文艺为工农兵服务"的思想，以及"西方"同时期类似的思想和其后受毛思想影响而出现的思潮在中国之外的表现；分析"西方"思潮和艺术在过去和现在是如何影响了中国艺术的原创与接受；我们对"西方"的书写与阅读，"西方"对我们的书写与阅读，是如何对彼此对于自身的认识和再造起着重大影响。就像其他对于中国文化的简化或误读，西方毛派可能也从他们自身的权力诉求出发积极地误读着我们的历史。我们需要的是将误读厘清为误读，并正视误读的创造力。因而这个展出也包括了不同国家地区的当代艺术作品，就像曾经发生在长征路上的那样，在中国现实和语境中，来审视外来的思潮，而结合了中国式解读与注释的外来思潮又连带上毛泽东的游击战术一起返回了它们的原生地。这个思想的大转移过程，以及民族大迁徙过程，资本的大流动过程，文化的大挪位过程，人/神，个体/集体，现实/乌托邦的交锋、交叉、交错、交换、交还、交接，在长征中不仅是向往与跟随，而且是寻找与创建的过程，一段深深影响了人类历史进程的征途。

历史上的长征所创造的工作模式带给"长征"艺术活动的，并不只是课题的内容，还具有形式上的价值，那就是对当前主流展览文化的批判。当代中国艺术正处在制度建设的初期，当我们正以攀比的心态大规模地引进以美术馆和双年展文化为中心的艺术消费模式时，我们需要及时地反思它们与新老殖民主义和当代旅游文化的结构性关系。当形成艺术中心的热情成为都市的国际化指标之一时，我们需要保持对于非中心视野里的另类艺术生态的敏感和尊重。否则，以反对话语霸权为口号的本土艺术体制的营建最终会沦为新的殖民主义机器。"长征"活动的运动形态，把艺术生产、消费和阐释这三个传统上时空隔离的环节置于同一现场，力图改变观众与创作者的习惯距离，弥合被割裂了的主客关系，并寻求新的空间理解，使展示与创作合一，消费与生产真正地互动。

"长征"是一个关于展览的展览，它不是传统意义上艺术物件与空间关系恒定的作品悬挂和置列的那种展示，它把人类的展示文化扩展，通过即时性和他时性的并置，在长征老路上策划的二十个活动，是历史、政治、地理、艺术语境之间的互动过程，每个活动由三个部分组成：创作、展示和讨论。展示部分是原作、幻灯、录像、电影、书籍；讨论部分在艺术家、策展人和长征路上的工农兵学商等人民群众间进行，其中以观念艺术、行为艺术等方式工作的艺术家的作品可能既涉及展示部分也涉及讨论部分，与观众间有更多的互动。通过向民众展示中外当代艺术，与他们一起重读中国与西方不同文献，重访历史和记忆，收集他们对新、旧长征的记忆和阐释，记录下这些交流过程，每次时间、事件、谈话，把这些视觉和文字的材料重组，加入进去，成为下一个活动部分。这样，整个展览得以在路上不断发展，成为每个参与者不断调整思路和视角的流程。

因此整个"长征"计划将成为一个多媒介、多层面的艺术人类学与社会学的写作，一种链接在乡村与都市、现实与想象之间的超文本。由于它与当代国际艺术思潮的互相注释，这也将是对战后艺术史的一次重写。

"长征——一个行走中的视觉展示"在长征路上完成后，一个有关这个展示的展览将作为整个活动的下半部分，在中国的其他空间和世界各大洲之大型公私艺术博物馆及另类空间巡回展出，同时出版一册整个活动的大型文献录，长达 20 集的系列纪录片和一部互动多媒体电子出版物。

2002 年

展览 - 革命

学习
后马克思主义理论,西方对马克思主义的最新论述,德里达 '马克思主义的幽灵',托罗茨基的 '中国革命的问题'（文本）,托氏是在中国最受批判的共产党员,在中国革命史上,托派分子意味着政治生命的结束。托派在今日已经不是禁忌,但人们对他也失去了兴趣。毛泽东思想,斯大林主义与马克思主义的关系究竟如何,何为正统马克思主义？共产主义是如后冷战阶段西方宣称的失败了,还是失败的不是真正的共产主义？

展览 六十年代西方左中国的视觉想象
放映戈达尔(Jean-Luc Godard)的 '中国人'（电影VCD）

Problems of Chinese Revolution, Leon Trotsky

Trotsky, Dong Fan, 1998

Jean-Luc Godard, "La Chinoise," 1967

策展方案中在第 1 站瑞金的计划

电影将在毛主席故居和他挖的井边广场上请农村电影队放映,以回忆七十年代在工厂、农村室外公共场所放映电影这一社会文化活动,这部电影只在小部分中国专业影圈里交流,而广大观众将很奇地看到毛泽东思想在巴黎也曾有革命性的回响,同时播放冰岛艺术家埃罗(Error)以毛主席在威尼斯开会为内容的作品(油画作品幻灯),回顾把红旗插遍全球的理想,重新审视现实。

讨论 - 国际主义、纪念碑与立新功

与农民和游客讨论俄国艺术家塔特林(V. Tatlin)的 '第三国际纪念碑' (幻灯-素描),和美国艺术家丹·弗拉文(Dan Flavin)的 '塔特林纪念碑' (幻灯-素描,霓虹灯装置)。在长征前,中国革命接受的是第三国际的领导,二十八个布尔什维克的教条主义使红军失去了根据地而不得不开始长征,讨论扩展到国际主义建立乌托邦的梦想和纪念碑式建筑的联系,与当下经济建设中丰碑式建筑的关系,结合当前共产党人为给中国人民带来好日子而努力的得失,同时讨论 '国际视野-视觉艺术走向新国际主义' 和国际艺术批评家大会在94年斯德哥尔摩会议后出版的文献 '当下生存策略'。

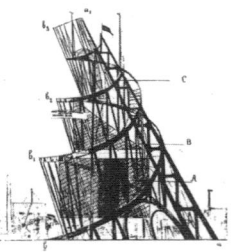

Vladimir Tatlin, Elevation of
the Monument to the Third
International, 1919

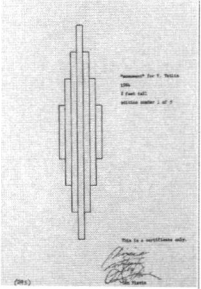

Dan Flavin, "Monument for V.
Tatlin," 1964

Dan Flavin,
"Monument for V. Tatlin," 1967

策展方案中在第 1 站瑞金的计划

"长征"沿途战报(节选)

第 1 站　英格·甘特(Ingo Günther)作品《难民共和国》展
在原中华苏维埃中央临时政府前展出

第一章　我们的历史感觉

第1站　江西瑞金

背景：反思马克思主义，托派和中国革命的溯源

重访：20世纪60年代西方对中国的视觉想象

——戈达尔（Jean-Luc Godard）

主题：国际主义理想与立新功

时间：2002年6月28日—7月7日

沿途战报

7月2日 瑞金市青少年文化宫："红土地：革命题材绘画展暨研讨会"。

7月3日 叶坪革命旧址群："傅新民雕塑展"、"展望雕塑展"；原中央邮局旧址："李天炳父子摄影展"；原中华苏维埃中央临时政府：英格·甘特"地球仪作品展"。

7月4日 瑞金红都广场："瑞金摄影家协会作品展"，瞿广慈作品《谁是第三者？》和《新长征标兵》的代理人"瞿广慈"到达瑞金，开始实施作品。

7月5日 瑞金市文化馆："瑞金书法家协会作品展"。

7月6日 九堡镇密西村：夜间放映活动播放戈达尔电影《中国姑娘》(*La Chinoise*, 1967)、洪浩版画作品《新世界地图》(1997)及其他一系列当代艺术作品。

第2站　江西井冈山

背景：反思苏维埃根据地乌托邦和中国革命

重访：20世纪70年代西方对中国的视觉想象

——安东尼奥尼（Michelangelo Antonioni）

主题：中国艺术之转折与迷思——意识形态与社会现实

时间：2002 年 7 月 8—12 日

沿途战报

7 月 8 日 井冈山茨坪黄洋界：王晋现场实施《墙上吊刀，刀倒吊着》（装置 / 行为）。

7 月 9 日 井冈山茅坪：策展队伍在旅游纪念品摊布置"九十年代中国艺术回顾展"。

7 月 10 日 井冈山茅坪：李放现场实施《记忆的记忆》（装置 / 行为）。

7 月 11 日 井冈山行洲—朱砂冲哨口—黄坳—茨坪：策展队伍实施"行走中的雕塑展"，全程展示隋建国雕塑作品；邱志杰《左 / 右》（行为，全程实施作品）；红军医院门前停车场：夜间放映活动播放安东尼奥尼纪录片《中国》(*Chongkuo*〔*China*〕，1972) 及其他当代艺术作品。

第 3 站　广西道中

背景：长征的开始

重访：20 世纪 80 年代西方对于中国的视觉想象

——霍克尼（David Hockney）

主题：征途 / 朝圣 / 建立偶像—人物 / 历史片段 / 建筑的阈限

时间：2002 年 7 月 13—18 日

沿途战报

7 月 13—14 日 全州县枧塘乡：蒋济渭（当地村民）《语录山雕刻》（雕刻，1971 至今）。

7 月 15 日 广西龙胜县途中集市："长征事件：为艺术摆摊"；龙胜县平等乡红军楼：宋冬"转轱风景系列"（摄影，2000）。

7 月 16 日 三江侗族自治县：冯倩钰《四渡赤水之过气胶卷版》（装

置,2002);侗族乡寨鼓楼广场:夜间放映活动播放伊文思(Joris Ivens)电影《风的故事》(*A Tale of the Wind*, 1988),其他当代艺术作品以及王晶导演、周星驰主演的《鹿鼎记》(1992)。

7月17日 三江—桂林:长途汽车上放映活动;桂林:寻访1980年代中国画坛的"神童阿西";桂林阳朔西洋街:夜间放映活动播放大卫·霍克尼《与中国皇帝共游大运河一天》(*A Day On The Grand Canal with the Emperor of China*, 1991)及其他当代艺术作品。

第4站 云南昆明

背景:毛泽东思想与群众路线

重访:20世纪七八十年代至今西方对中国的文本想象与叙说

主题:云南的艺术生态

时间:第一阶段:2002年7月19—22日

第二阶段:2002年8月2—5日

沿途战报

第一阶段

7月19日 昆明创库工作室:甫立亚实施《水问》(行为,2002)的第一部分。

7月20日 昆明创库叶永青办公室:沈萌现场展示《长征宣传队》在纽约的工作成果(行为/装置,全程实施作品);"瞿广慈"与策展队伍造访创库工作室的艺术家。

7月21—22日 云南讲武堂:"教化——当代艺术展",展示张培力、宋冬、朱青生、马晗、何迟等人的作品。

第二阶段

8月3日 昆明创库:"关于展览的展览"关注作品被形塑的机制与过

程；诺地卡艺术中心：参观"蜕——大理水墨工作室作品展"并进行集体水墨创作。

8月4日 罗旭土著巢："声音艺术展"分三个展厅展出王功新、乌尔善、陈晓云、李勇、马杰等艺术家声音作品；昆明知青餐厅：放映活动播放蒋志作品《食指》(纪录片，1999)。

8月5日 云南艺术家美术馆："泸沽湖汇报展"展出第6站泸沽湖女性艺术家作品档案。

第5站 云南丽江

背景：忽必烈与贺龙经过后的人间净土香格里拉

重访：西方由来已久的"我的中国心"旅行写作和想象

主题：对本地的文化生态和历史的综合考察——关于民族性

时间：2002年7月23—27日、7月31日—8月1日

沿途战报

7月24日 参观洛克（Joseph Rock）故居，把故居变为《国家地理》杂志借阅点；拜访"丽江三怪"；丽江飞虎队机场旧址：邱志杰《左/右》（行为，全程实施作品）。

7月26日 丽江石鼓镇：石鼓镇民众与长征队伍共跳"十送红军舞"；丽江木王府客栈：郭凤怡对话朱迪·芝加哥（Judy Chicago）；东巴文化研究所：邱志杰请东巴师徒翻译微软视窗操作系统，制作《WINDOWS 东巴文版》（多媒体作品，2002）。

8月1日 丽江沐王府客栈："丽江制造——人类学家/策展人/艺术家的田野报告"和"想象的异邦——新媒体艺术展"。

① 第 2 站　策展队伍在"行走中的雕塑展"中呈现隋建国雕塑作品《马克思在中国》
② 第 3 站　长征集体在广西龙胜县"为艺术摆摊",展示作品与宣传品
③ 第 4 站(第一阶段)　甫立亚实施《水问》第一阶段,
　　将男女观众对假如女人统治世界的回答封入玻璃瓶
④ 第 4 站(第二阶段)"关于展览的展览"在云南昆明创库开幕现场

②

③

④

第 6 站 云南 / 四川泸沽湖

背景：母系社会与共产主义社会共同的乌托邦色彩

重访：中西方有关女权的论述以及艺术实践

主题：从母系社会两代人个人经历看女权为主社会的乌托邦因素

时间：2002 年 7 月 27—30 日

沿途战报

7 月 27 日 泸沽湖落水村：朱迪·芝加哥在会上提出将奇地山庄变为"女性之家"。

7 月 28 日 泸沽湖：展览改为"泸沽湖——朱迪·芝加哥与中国女艺术家对话"，共计十六位女艺术家现场实施作品，并有多位女性艺术家展示方案。

7 月 29 日 泸沽湖：艺术家实施现场行为。

第 7 站 贵昆列车上

背景：群众路线是共产党成功的保障 / 长征是播种机、宣传队

重访：20 世纪七八十年代西方对中国的想象和中国对西方的想象

主题：艺术家与公众 / 艺术品与外空间 / 如何向民众讲马克思主义 / 向兔子讲艺术

时间：2002 年 8 月 6—7 日

沿途战报

8 月 6 日 贵阳到昆明"艺术车厢"：策展队伍实施"突然与必然"项目，其中马晗、王楚禹现场实施行为作品。

第 8 站 贵州遵义

背景：历史的转折，毛泽东建立权威的一次会议

重访：中国对外国人的想象和叙说

主题：策展国际会议——仪式化与视觉空间的阐释

时间：2002 年 8 月 7—13 日

沿途战报

8 月 8 日 遵义革命纪念碑：管郁达等《贵州艺术家欢迎长征队伍到遵义》（行为）；王楚禹《宪法》（行为）；姚瑞中《乾坤大挪移》（行为/摄影，全程实施作品）。

8 月 9 日 遵义文化宫：集体创作"小燕子"（赵薇）大型肖像；贵阳金翠湖度假村：长征计划会前预演。

8 月 10—11 日 贵阳金翠湖度假村：策展队伍发起"2002 遵义国际学术研讨会——中国语境与展览策划"，邀请 32 位国内外嘉宾参与；会后实施作品，王楚禹《民主长征》（行为）；肖雄在实施其全程作品《进与出》（行为/装置）途中在遵义与策展队伍相遇。

8 月 12 日 遵义市大洋外国语学校：实施"中外领袖肖像展"。

第 9 站　贵州茅台

背景：毛泽东的军事天才和哲学理念

重访：中国对外国人的想象和叙说

主题：不同文化体系中个人与集体的价值尺度——切·格瓦拉（Che Guevara）/ 波洛克（Jackson Pollock）

时间：2002 年 8 月 13—15 日

沿途战报

8 月 14 日 茅台镇江滨餐馆与毛主席过河处餐馆：王楚禹实施作品《热烈庆祝》（行为，2002）、展示爱米莉·陈（Emily Chan）作品《文化符号》（绘画，2002）；放映与展示"切·格瓦拉肖像展"、"波

第 5 站 "丽江田野报告展"在沐王府客栈现场

第 6 站 摩梭人参观"假如女性统治世界"奇地山庄展场

第7站 承载着艺术作品的贵昆列车驶入站台

第8站 "2002遵义国际学术研讨会——中国语境与展览策划"在邮政度假村召开

洛克电影展"；长征集体发起"茅台人民酒量与个性关系的调查"；发动茅台人民集体创作波洛克式抽象画。

第 10 站　四川大凉山西昌卫星发射站

背景：红军对阶级斗争／民族对立的处理

重访：意识形态与市场形态，资本主义艺术市场的生成结构

主题：艺术与科技的功用

时间：2002 年 8 月 16—21 日

沿途战报

8 月 16 日 重庆渣滓洞和解放碑：姚瑞中《乾坤大挪移》（行为／摄影，全程实施作品，2002）。

8 月 17—19 日 成都、重庆、西昌：工作准备。

8 月 20 日 西昌卫星发射中心：展望《新补天计划》（雕塑／行为，2002）；卫星发射场：刘成英《一定要解放思想》（行为，2002）。

8 月 21 日 西昌大通楼：与西昌市美协／文化馆联合主办"精神与物质"研讨会，与航天艺术家交流；分别展示科技、货币相关题材的作品。

第 11 站　四川磨西

背景：传播与教化

重访：红军路与基督教

主题：物与理、世俗与宗教的置换、并置

时间：2002 年 8 月 23—28 日

沿途战报

8 月 22—23 日 四川西昌—四川磨西：姚瑞中实施《乾坤大挪移》（行为／摄影，全程实施作品，2002）。

8月26日 磨西：准备金花寺展览；为姜杰《送红军——为纪念长征路上的母亲而作》（雕塑/行为，全程实施作品）找到收养人。

8月27日 磨西镇三教合一金花寺：组织展览，展出温·德伊沃依、隋建国、刘大鸿、刘瑾等艺术家作品，贡嘎山夕阳红老年俱乐部进行现场表演；石青实施了《大洪水》（行为/表演，2002）；放映影片《太平天国》（2000）、石青《救世启示录》（影像，2001）、邱志杰《西方》（影像，1999至今）。

第12站 四川安顺场到大渡河

背景：红军前卫队伍创造了历史，使他们免于覆没，还是历史创造了前卫的传奇

重访：有关前卫的论述

主题：历史事件的历史语境 以及有关的叙述和阐释

时间：2002年8月28日—9月1日

沿途战报

8月29日 泸定桥：长征事件"盲人过桥"；邱志杰《左/右》（行为，全程实施作品）。

8月30日 泸定桥：瞿广慈《新长征标兵》（行为，2002）第二次票选结果公布。

8月31日 从安顺场到泸定桥：组织当地村民展开"向行为艺术致敬（十送前卫）"；汪建伟徒步十公里，实施《中间地带》（行为/影像，2002）；策展队伍决定改变十月份在延安完成的原计划，宣布暂停，回到北京修整。

9月1日 离开长征路，回到北京，建立北京二万五千里文化传播中心（长征空间前身）。

① 第 9 站　集体绘制波洛克风格的抽象画
② 第 10 站　展望向卫星基地领导捐赠《新补天计划》作品
③ 第 11 站　磨西冰川奇石博物馆的肖洪刚"认养"了姜杰的婴儿雕塑，取名为肖淑娴。该项目持续至今

②

③

第12站 长征事件"盲人过桥"
盲人按摩师小邓说:前卫不会改变历史的走向但是会影响历史的发展

"长征"现场批判会（节选）

时间：2003年4月10日
地点：三联书店咖啡厅
组织：《读书》杂志李学军
参与者：王明贤、卢杰、朱金石、高建平、杭间、李学军、汪晖、汪建伟、旷新年、孟晖、张广天、黄平、韩毓海、田霏宇

卢杰：长征的过程非常艰难。一个是我个人的问题，学术准备不足。更大的一个问题是，想象和策划毕竟是想象和策划，到了路上，是路带着你走，整个状态完全不一样。民众的任何一个因素，空间的任何一个因素，都会和我们的想法形成互动。过程里面，一切不断在变化。可能在当时会觉得特别有障碍，或者，觉得这个事情做得失败？但是我们特别开放，这种失败是一种经验，一种材料的积累。

但是走到第十一站的时候，我开始萌发一个想法："不行，得停。"然后到第十二站的时候，就不断地和艺术家，还有我们的队伍，就这个问题开始讨论。到最后，我们就决定停，宣布一个未完成的完成。

提前结束的原因，一个是路途带来的障碍，在准备的时候，或者是在实施的过程里面，无论是参与者还是我们队伍对这个事情都有误读，其中也包括我个人对中国当下艺术的工作环境的一种误读和想象。另一个是我们出发之前没有很好的公共基础，所以这个事情做到最后就变得非常圈子化。在当时拉起这个队伍的时候，队伍

里面大多数人说的都非常理想主义，但在做的过程里面，还是不断地习惯于自己的工作方式，把自己的很多圈子化的东西带出来了。另外媒体和社会大众不太知道这个事情，那么你如何使这个东西成为一种播种机？我们这个事情如果想要铺得那么大，想要渴望社会对它产生一种互动的话，这么圈子化，我觉得非常遗憾，等于最后真的就变成一个主题性展览。它里面的话语太少，所引起的对话太少。今天特别渴望能够有个对话，对于话语的一种渴望，对跨学科的思想层面的渴望。我们特别希望能够停下来，回来，徘徊一段时间。实际上也对应当时长征那个语境，泸定桥之后，雪山、草地基本上是路线斗争，以及个人如何再一次超越自己。

我们应该回来，把前面不足的给补充起来，看看如何把它做得更好，不一定为了完成而完成。这反而使我们去考虑一个学术命题，做展览的时候，考虑到了如何开始，有没有考虑到如何结束？我们这样去结束它，对现在流行的展示体制是个挑战。没有任何一个庞大的展览，能够有条件说停就停，或者宣布失败，是不是因此现行体制的功能就有很多可质疑的地方？

下次再做呢，应该是第二次长征。

朱金石：西方现代艺术体制是有问题的，但是你最后的比较，你说你该停的时候停住了，西方艺术体制就做不到。但是我觉得这个结局本身还是不算成功，因为最后结局表明，署名权或者说权力还是从策划人的角度体现出来。长征如果能继续走下去，实际上你已经看出了问题，你觉得这个东西被局限在一个圈子里面，包括"遵义会议"（策展人会议）。当年遵义会议毛泽东找的范围不仅限于红军，他还要找各方面的人。

张广天：你这个长征的展示，跟毛主席的长征是有对应的。我现在发觉，有一个非常大的对应，甚至跟历史上的革命也对应。你跑到石达开那个地方，跑不下去了。毛主席过去了，你没有过去。我在想，你为什么过不去？一个非常简单的道理，不管是老百姓还是知识分子，还是其他行业的人，对这种形式可能觉得云里雾里。在长征的时候，毛泽东他们带着话剧到遵义去演也是这个感觉。当时拿马克思的头像到遵义的天主教堂去贴，老百姓也和看你这个东西一样陌生。我不怀疑大家的理想主义，也不怀疑作品的成功。二十八个半布尔什维克，二十八个半艺术家干的一件事。这个东西必须要进入中国民众的生活。你们做了一些成功的事，像火车上的事就是成功的，但是你在茅台做的事就不成功。

汪晖：去年跟你谈的时候，在我印象中你说，你不但想走，还想以后把它体制化，要把长征变成一个持久的像双年展的东西。这样一段我们自己社会走过的历史好像完全被遗忘了，突然有人把这个话题重新用这种方式拿出来谈，用艺术的方式，就我所知道的，在现在知识圈里头对这个东西有真知灼见的人是非常少的。

长征到今天给别人的一个印象，基本上是一个真正的乌托邦。它在现代历史里面不是知识分子的想象的乌托邦，而是在那么困难的条件下，从最草根里面慢慢发展起来的，又有外面的理念，产生出一个乌托邦。如果我们回到现代的这个语境来看当代的全世界范围——如果在文化上有我们所谓的 20 世纪、21 世纪的历史——做一个思想、文化和艺术状况的对比的话，我觉得最大的一个区别是乌托邦的消失。这个作品无论是从做它的动力，到它的无疾而终，都反映出这个困境。除了物欲横流、资本主义等这些说法之外，你还会发现圈子成为乌托邦自我解构的一个很重要的因素。在学院里头过去几十年盛行的解构主义使其他一些属于建构乌托邦的努力没有办法成功。文化界圈子出现的这个现象，不过是一个结果，不是因为它要搞解构的理论，或者什么都是"后"的，它才没有能力，而是因为它没有能力了，它才会用这个方式。

权力的问题当然是当年乌托邦在现实当中最终被自我解构的一个原因。这个失败，在一个艺术实践里头，好像看起来只是非常小的规模，不过放大了看，它里面是没有办法克服的。换句话说，乌托邦实验本身有一个与生俱来的内在矛盾。现在这样来处理，我觉得还是比较好的。因为无疾而终比你硬终了还要好。因为一定程度上，它反映出一个内在逻辑上的判断。

汪建伟：我从一个参加者的角度来说说这个事。1997年以后，中国的公共环境可能稍稍开放了一点，有很多艺术家就直接进入公共空间。但是产生出一个问题，西方的逃离是要从博物馆体制里逃离，而我们根本没有逃离的感觉。进入公共空间，实际上是把个人的封闭的空间带到公共的空间里，但是个人的那个东西并没有打开，老百姓根本跟作品之间毫无关系。说到长征，我在美国跟卢杰谈的时候，对它印象最深的是两点：一是我觉得这种乌托邦，实际上是想打开这个空间；二是乌托邦精神，艺术界本身内部的这个东西，大家都不太满意，想通过这个长征，把作品本身的概念打开，当代艺术在欧洲绝对不是一个圈子运动，而是一个社会化的东西。所以我当时感觉到，我参加长征，实际上在这里应该叫作乌托邦。但是我觉得现在有遗憾，这事做完了，最后卢杰给大家做了一个不同的提供艺术家做产品的场所，我估计卢杰可能不满意这个。

汪晖：今天看作品以后，我觉得确实有乌托邦的意思。但看具体的参与过程，作品基本上是反乌托邦的。看得很清楚都是反讽的，因为这完全是一种潮流，艺术界在这一点上跟思想、文化领域没有差别。毛泽东说长征是播种机，是一个开放的想法。他想的是我走过去了，我也不知道要走到哪儿去，但是这个地方，因为有过这件事情，因为有过这个交流，这个世界发生了变化。可是我无法假定用什么样的方式，另类的艺术才能把那个想法的意义展示出来。比如说，你们走过了，对你来说或许不满意，但是对那个地区的某一个情景，也许忽然就因为一件事情的出现，发生了极大变化。但是因为这不呈现在我们的视野里面，没有被博物馆收藏，没有被艺术理论家评论，好像没有什么。可这个部分你怎么放到你的那个视野里面去？

汪建伟：是啊，刚才汪晖说的有意思。知识青年运动现在来讲，不管是失败了，还是成功了，它有时候真的打开了那个地方的门。现在是不是艺术才能承当这个功能？以一种教育的形式，或者以其他的形式进入其中，它能不能在样式上不算艺术或者不像艺术，它能不能就不叫艺术？实际上"长征"里这个东西也没有打开。

黄平：要实现当代艺术的长征，除了有这种理想主义的出发点，其实还有一个是和当地已经存在了各种可能的民间艺术的结合点。不是说只有我们是艺术的，然后我们去播种的问题，而是我们要从当地汲取养料的问题。而这个就是包括刚才广天说的精英和民众在以前历史革命中并行，其实也是两股线。红军一直在路上搞快板书、三句半，不断地和当地寻找一种结合，使青年农民能够加入，这样它变成了一种真诚的行走。

汪晖：我觉得长征涉及一个主要问题就是，乌托邦的建构原理是跟我们通常讨论的乌托邦完全不一样的。后者是我们自己想的，而长征是战略转移，然后再真正地从里面走出来。长征当年在中国艺术史上是一个很重要的事件。20 世纪 30 年代到 40 年代这个时期，五四开创的现代主义走不下去的时代,在这个历史机遇里,我们还没有任何社会运动像当时的中国革命这样,把民间的资源发掘到我们最主流的艺术里去。三句半、川剧、汉剧、十三道辙,当时讨论的全是这个,所有的形式都发生了大的变化。最后被统一到革命文艺里头,所以又完蛋。但其中的生机确实是从来没有过的,是中国艺术史里特别值得总结的一面,它动员和发掘的能力和它最终为什么会失败,现在反乌托邦就是跟这个有关吧。从这个意义上那次长征是一个没有完成的试验,这次的长征也是这样。

卢杰:我们长征特别容易给人一个误导,是送画下乡,把艺术带给人民。而且说这是布尔什维克从外面学回来的国外艺术反主流的实践。不是这样的,我们不仅仅要把我们的东西带去,我们要带去被检验,同时又把那边的东西带回来,长征一直关注的是这么一种双向的东西。我们不仅仅是到现场去做新的东西,而且把20世纪八九十年代的所谓有公共性的作品带去,把它的欺骗性或者虚假性的东西真正拉到民间去遛遛看,是不是不堪一击,还是确实有它的敏感性?

第三个问题回到刚才诸位都谈到的乌托邦,没错,这件事情的形式有一种浪漫主义的意味。其实我们这个活动,个人的目的是办实事,我并不是在这里要谈一个乌托邦。我实际上想通过这件事情,至少把视觉艺术这一块有些东西摆摆正,把应有的资源拉出来,无论是传统的艺术、社会主义记忆或者当代艺术跟民间的关系。目前创作流向基本上是冲着外面去的,所以你是在一种翻译的思维方式里面生存,更别说你做出来是反映民众。很遗憾我的合作者邱志杰今天在日本,不能来参加。他在"遵义会议"有一句话说得特别好:"我们中国艺术已经到了不长征活不下去的时候。"

我在策展方案里强调20世纪90年代至今的艺术里面，过多的调侃、游戏和反讽，没有真正去正面面对政治资源和现实，其中包括对乌托邦，对革命的理解。现在是一边倒的简单定论，我们通过做长征这件事情，是想要通过重新整理和理解，重新出发。你能不能站在一个更充实的、实现自己可能性的角度，而不是处在一种文化完全被对方消费的立场。对徐悲鸿拿民国的钱，去欧洲办中国大师水墨展，最后惨败而归的事情，我一直耿耿于怀。还有文化部在改革以前，把剪纸弄去威尼斯，弄得非常悲惨地回来，我对那个事情也耿耿于怀。那种策划是有问题的。

长征这个事情我是有一些策略考量的，想要让里面一些大家认为没有关系甚至对立的东西发生互相关系。我们的策划案里大量涉及俄罗斯先锋派和十月革命的关系，西方很多艺术家和共产主义运动的关系，就是想说一个事实：当代艺术、先锋前卫，跟革命并不是对立的。我们社会层面目前对当代艺术的极端不信任使我忧虑。前卫被过分地敏感化为一个所谓地下意识反主流，实际上就是思想根源上有一些错位的地方，造成了不仅仅是政府或者主流意识形态，也包括社会大众，长期以来认为当代艺术是反革命的，而当代艺术应该是革命的。

张广天：我觉得卢杰刚才说的那句话听起来挺危险的。其实我理解他的意思，他在告诉我们，革命跟现代主义艺术是一对孪生兄弟，这个东西不冲突的，但你要把这个符号在中国今天的社会呈现出来，有多少人要向你扔板砖。但是你要成功的话，又是多么的厉害，有群众来支持你。多少人就活不下去了。

韩毓海：那肯定的。长征在中国的确是不断回返往复的一个主题，就好像《国际歌》一样。《国际歌》是一个全世界联合的问题，长征实际上是一个实践的问题。因为长征的时候确实没有目标，它的确像一个很特殊的、有点行为艺术的感觉的事，有强烈的实验色彩。所以毛泽东在概括的时候说是宣言书，是一个政治宣言，革命的领导阶层和那个革命的地方可能性联系起来了。我记得多少年之前，北京市曾经举办了一个前卫艺术双年展，找我写了一个序。我当时考虑到20世纪30年代中国左翼艺术，鲁迅晚年支持过的，鲁迅支持的这个东西和红军长征后来表现出的那些内容的确有相同处，而且历史上这两件事发生得都有相近处。后来红军到了延安以后，那些在上海搞左翼艺术的人就有据点了。中国当年在城市搞的左翼艺术后来的确是通过红军到了陕北，结合起来了，《黄河大合唱》等等之类的东西都出来了。我当时这样写序，中国的好多前卫艺术家觉得应该把这段删去。就像刚才汪晖说的，20世纪30年代中国左翼、五四以来的现代主义的记忆被非常有意识地拒绝。

汪晖：我们在《读书》开了这么多与艺术有关的会，我感觉好像所有人最大的焦虑是西方，艺术家最大的焦虑是西方的影子太大了，包括博物馆的体制、艺术的潮流等。中国革命这段历史提供了一个非常重要的经验，在长征里头，他们什么都学，那个西方也在。延安的时候，大家现在说的是民间，但是你如果仔细看，整个的形式里头大量是西方，《白毛女》的歌剧形式、《黄河大合唱》等。还有当时拉丁文运动，那么大规模的红军战士跟农民，拿的是用拉丁文书写的方言来念抗日宣传材料，有那么多的印刷物是用拉丁文写的方言，大家仍然不觉得这是个焦虑的问题，这其实对知识界和艺术界提了一个问题。

朱金石：汪晖说的那个拼音文化跟当时的时代有关。没有革命运动，没有革命背景，很难有革命成果。现在他的长征是没有革命背景。艺术和民间的互动，不是一个像你们所想象的关系，民间还没有到这么一种程度，如果说有那么一个程度的话，应该不会是艺术家个人去创造。我觉得那一定不是简单地从民间吸取的关系。说到吸取，我觉得城市的艺术家要到外面去吸取，这些艺术家本身就是贵族化的人，他们的模式是针对双年展和文献展，吸取方式是通过展览得到什么。西方双年展的做法，艺术家是很清楚的，就是名利得失。这个长征，能不能当成跳板？另外一个问题是，有没有艺术家真的想跟你长征？一定有，但他们不一定是在路上。一定要跳出这样一个概念，所以它不是一个简单的事情，能够通过到民间去吸取来完成。

张广天：有没有人真的想参加长征，这个问题蛮厉害的。这个问题我们所有参加长征的人都要自我检查。

高建平：说到延安的文艺为什么会成功，刚才讨论比较多的是精英和民间、西方和中国，在这样一个关系里，摆什么姿态的问题，也就涉及教育、吸收。延安和根据地后来生长起来，可不是在思考要一个什么姿态，怎么对待理念和对待姿态的问题。它是一个很现实的问题，就是我面对抗日战争、土地改革，我要教育农民教育士兵，当时是有一个固定的受众。那个时候的艺术，实际上直接存在于那么一种生活、一个革命的需要里，所以它成功了。第一批的受众，非常非常重要，《黄河大合唱》首先唱给谁听？虽然今日它成为一种符号了，但当时它是为了第一批的观众而作的。你现在是在寻找一批什么样的受众？把你放在一个什么样的生活情境中？是成功还是失败，是继续还是将来再试？

杭间：刚才大家谈的比较温和，而且都是建设性的，这取决于你的文本，大家都很喜欢这个文本。但假如说红军长征，毛主席在走以前手里有这么个东西的话，那也就不是这个长征的概念了。我觉得你是以当代文化界对长征的认识为背景，跟这些当代艺术的主要话题非常巧妙地找到一些点结合在一起，这个是好的，但是你又老是和原来历史上的长征纠缠在一起，我觉得它已经不是原来意义上的那个长征。你可以从长征的路线出发，中间可以不断改道，可是你又始终抱着个汪晖刚才说到的乌托邦不放。你在欧洲留学，已经打破了原来在国内所接受的专业美术学院的知识教育体系，当你回到国内做这个事时，选择艺术家，你选择的还是从中国艺术角度出发，不是从你文本角度选择想要的艺术家，而且你选的艺术家有百分之八十都已经成名了，都是带着个人的东西进入。这样就必然产生很多矛盾。再说到民间艺术的问题，跟毛泽东的群众路线比可差得远了，就是花点钱让他们举着作品，或者找文化馆合作。当代民间文化的精髓到底在哪里？这些是当代精英阶层、学院背景的艺术家或雅文化角度对民间文化的曲解，张广天认为民间文化在于戏曲，我认为民间文化更是在居委会、KTV包房、发廊里面，一些很自然地产生的使人民觉得愉悦、冲动的场所都在产生民间文化。而你们如果以中外当代艺术的角度强行介入，在他们看来或者今后的观众看来都是笑料，是不自然的。它到底能产生多大的碰撞？对这些恐怕都是要思考的。我建议你把这个经验和这段过程，非常真诚地写一个文本，是比较值得的。

卢杰：有人这样建议过，认为不用去路上实施，就写个文本好了，也有人警告中国艺术家根本就不合适来参与这个事，只能写个文本。长征这个事，做跟说，想跟说，还是不一样。实际上它就是想通过这件事把大家现在是什么状态都摆出来，如果不走不做，它就不可能摆出来。我经常听到一种批评：话题太大、野心太大、想法太多。我觉得，就像我们为什么最后没有走完一样，可能是我这个人，或者这件事情框架一提出，就是一件会失败的事。为什么要列那么多话题？这些话题在那里就是意义。无论最后有多失败，目的实际上还是回到人的问题。

汪晖：核心的问题是能够带出话题来。二十年来，这个革命之后的反动可以说有两个极端，最后造成的是对整个20世纪历史的或遗忘，或歪曲。这段历史，我觉得在当代条件下需要被重新叙述。不是说把过去二三十年大家对革命悲剧的反思给简单地否定掉，反思是重要的，但这个反思不能变成反动，那等于是对现代性的告别。不能简单地把现代性给否定掉，因为这个现代性确实包含再造主体性的过程。今天谈的不仅仅是一个艺术实践本身的问题，的确是怎么看待19世纪到20世纪的整个历史的问题。

旷新年：我不懂艺术。现代艺术的概念、艺术的目的是什么？毛泽东的艺术目的和我们现在的艺术目的是不一样的。我们说这个活动失败，什么叫失败？从哪个意义上说失败了呢？

高建平：你提出了很有意思的一个问题。什么意义上判断它失败？是没走完，还是没有引起轰动效应？还是没有引起普遍的社会关注？还是没有实现真正有创造性的作品？

杭间：针对成功来讲，当代艺术到底如何？现代以观念为特征、以思想为特征的艺术，它的发生、发展过程和发生完以后对它的总结评价，对现实的影响是不一样的。所以，我觉得它是两个层面的东西，有些东西不是在现场的时候能够完全把握住。

黄平：为什么会是在八十年代之后，历史终结的时候，成为讨论马克思的一个好时间？因为马克思可能是黑格尔历史终结论以后的第一个思想家，也许就是那个失败给他提供了一个机会。就像汪晖刚才说的，五四的那个历史逻辑，在 20 世纪 30 年代终结的时候，为长征提供了一个可能性。

汪晖：在历史里面，真正最后被确认的，都是在一个最没路可走的地方发现了有可能性的东西，这才能够被历史所选择。比如说红军总结边区，几个交界的地方的可能性，陈独秀在上海就看不到。从这个意义上，你的视野、你对历史的态度起了极大的作用，而不是说一件事情的失败或不失败，我不相信有一个历史是没有任何可能性的历史。在看起来没有可能性的地方找到可能性，这就是我们确认的这个长征活动，它这样就成功了，否则的话，又没了。

黄平：现在中国的艺术、西方的艺术、面向外面的艺术如双年展等，我觉得都不行了。要重新来确立另类艺术，或者说新的艺术形式的可能。这就无所谓是成名的或者不成名的艺术家来参加，也许参加的人根本不是任何艺术门类的艺术家，那它就可以构筑一个新的艺术家群体和艺术形式。

孟晖：我比较赞同黄平的意见。你这次长征，既然是一个新观点，你可能就得找一批新人，必须有新人才会有新事。卢杰，我觉得从这个角度上说，是你的野心和雄心不够大，这个事既然做这么大你就应该彻底肩负起，对现代中国前卫艺术构成一个颠覆。

卢杰：汪建伟，我特别想知道你从艺术家的角度所想的。

汪建伟：长征它实际上解决的不是艺术问题。你要找另一拨人，其实是一样的。关键是你要找志同道合的人，这种志同道合我觉得不一定是跟你要走下去的人。接着汪晖的话说，长征就是解决一个我们的对象问题。为谁做作品？为什么要做？我觉得，可能并不见得脱离了美术圈以后，就会变得那么纯洁。你做的事情如果跟这个人无关，这个人就自动解除了。你的队伍必须要走起来、动起来，才有这个队伍,不能先坐屋子里想好了。

杭间:不是说绝对要把新、老分开,而是一些成名艺术家,艺术观比较成熟了,你要让他们完全地纳入到卢杰的这个体系来,肯定会有种种问题,与其这样,还不如再走另外一步棋。

田霏宇:好多人在骂我们老要把长征出口到国外去。我一直反对这个观点。中国艺术或者中国当代艺术这个概念,已经给我们带来了很大的限制。卢杰今天没有讲到长征的国际意义,但他有一个想法,要把所谓的中国艺术弄得复杂一点,把一些国外的艺术家拉来参与长征路,国外艺术家对中国的了解和想象的角度和程度会不同,比如把朱迪·芝加哥带去泸沽湖和中国女性主义艺术家合作,也是一种所谓的很成功的失败。

卢杰:实际上,长征还有很大的一部分是国际展。长征也一直在考虑如何在国际的艺术界里传播,但目前来说我们碰到的比较大的问题,说了半天,长征方式,竟然是为国外美术馆做的。特别容易有这么一种批评,一听说你这个人出国了,那就是卖国了。实际上,我们觉得传播相当重要,而且外面也特别渴望了解长征,外面有一些跟我们一样焦虑的人,一样的着急。

张广天:对这个问题,你可以回答他们,他们经常问我这个问题。张广天你排了这么多戏,都在这两三百人的剧场演,老百姓看不到,你口口声声为老百姓,你怎么证明这是无产阶级文艺?我说鲁迅先生的书你看得懂吗?有几个大教授能把这个看明白,大教授且看不懂呢,那拉洋车的车夫能看得明白吗?那鲁迅可以成为无产阶级文艺旗手呢?因为他杀伤了敌手,气死了敌人。梁实秋不舒服了,拉洋车的师傅就舒服了。拍地主老爷马屁的人不舒服了,我舒服。所以我觉得文艺有两个阶段,一个阶段它是属于斗争性,斗争就是一种对话，这个斗争性以后就可能有建设性，没有斗争就没有建设。

汪晖：现在中国革命的历史解释，只有两种：一种官方的，一种右翼的。不是官方化的就是右翼的。所以这个历史脉络很多人想找，但熟悉这个历史的人都很少，根本就解释不出。

李学军：时间也差不多了，本来组织这个活动，我想的有两个问题。一个是卢杰这个长征活动，他把长征作为一个抽象意义上的、革命的标志性实践，关键是乌托邦的精神，今天大家就这点谈得比较多。另外一个想法是，这事还需要去做，还需要对当时的历史条件、复杂的历史背景，有一个比较深的认识，就是有一些学理的准备。今天比较遗憾，我在组织学者参加的时候，想找对那段历史非常熟悉而且有研究的学者来参加，但是，现在中国年轻学者中，这样的人非常非常少。这本身就说明一个问题，我们自己在知识上已经把这段东西忘却得很厉害了。

第二节

中山公园计划

中山公园计划

策展人: 邱志杰
联合策展人: 罗秀芝
展览执行: 袁文珊、谭彬
各地展览发起人: 王琦、杨晖、吴明晖、拉黑子·达立夫、朱百镜
时间: 2012年10月—2013年10月
地点: 上海、厦门、漳州、南靖、淡水、花东、金门

《土楼剧场》表演现场,参与艺术家:贺冰、黄淞浩、曾晓嵛

《中山公园地图》注解

邱志杰

1. 这座"中山公园"遍布于中国各地，它以各种变体存在于地理时空中，更是中国现代史水印的底纹。一纵一横的十字形轴线把公园分成四个主要区域：右下角展示了中国社会管治体系从家族宗法制度到现代国家的转变；左下角讨论了休闲生活的诞生；左上角描述了"风景"的概念如何从中国文人的田园山水转变为《国家地理》杂志的探险；右上角则讨论了当今公共空间重建的机会。

2. 从有着地铁站和书报亭的公园正门进入，迎面而来的是政治宣传标语，左侧的宣传栏分别在传播政府理念、表彰先进人物。右侧的宣传栏则是科普知识：急救、卫生及优生优育等。正面花坛后面则是国父塑像。这个空间形式仿造了中国传统宫殿的中轴线对称结构，自我标识为"政治空间"。

3. 右侧一条小路通向乡土中国的深处。中国传统社会以宗族血缘为纽带，社区的公共空间是宗族祠堂和一些与家族生活密切相关的实用生活场所，如水井。举凡修路架桥之类公共事务、红白喜事、兴学修谱，都在宗祠议决。家族承担了教育、安全、扶贫、养老等职能。以家族为基础，在庞大的农耕国土上形成与国家郡县制并行配合的乡绅管治体系，并由科举制连接社会基层和国家治理。在这种模式下,老人政治与遗产战争往往成为不安的要素。而井口则是女性的政治空间,飞短流长的舆论形成其政治参与,小道消息时而改变历史。祠堂、祖坟和井口,成为千年来中国人乡愁的指向。

4. 随着农耕社会被现代工商业取代,国家逐渐接管原属于家族的各项职能。家谱被户口本、身份证、暂住证等一整套管治技术所代替。教养归于公立学校,孝敬被养老院所取代,邻里关系的调节归于居委会,安全责任归于公安局。人被从家庭切割出来,成为"国民"。1927年孙中山逝世后,中国各地纷纷把私人花园、前朝皇家苑囿等改造为公园,这本身是把家族血缘认同转换成国家认同的一个过程。在中山公园纷纷兴建的过程中,中国的"百姓"转换成了"公民"。

5. 小路上方的空间,描述了家庭再生方式,也就是婚姻的变化。传统的媒妁之言、父母之命不再有效,自由择偶成为国家的律令。然而空间并非更大。在上海人民公园,我们看到人头攒动的相亲角,焦虑的人们在这里进行婚配和择偶的讨价还价,给现代爱情制度和基于"知己论"的神圣婚姻观浇了一盆凉水。相亲角的边上是托福班广告和英语角,于是跨国婚姻顺理成章地出现。网吧的边上是网友见面会。各种交往方式都在解构传统婚姻模式。而教堂则成了婚纱照的首选背景。

6. 公园所提供的交往空间还包括露天舞会、露天卡拉 OK、棋牌室和茶室。公园的长椅,成为现代爱情的标准道具。

7. 中轴大道左侧是巨大的草坪和空地。这里有遛狗的人、用水在地上写字作为身体锻炼的老人。太极班是外国人的最爱,而气功班是癌症患者的共同体。除了放风筝,城市人还在草坪上搭起帐篷享受星期天的阳光,并呵护他们的中产阶级家庭生活。是的,星期

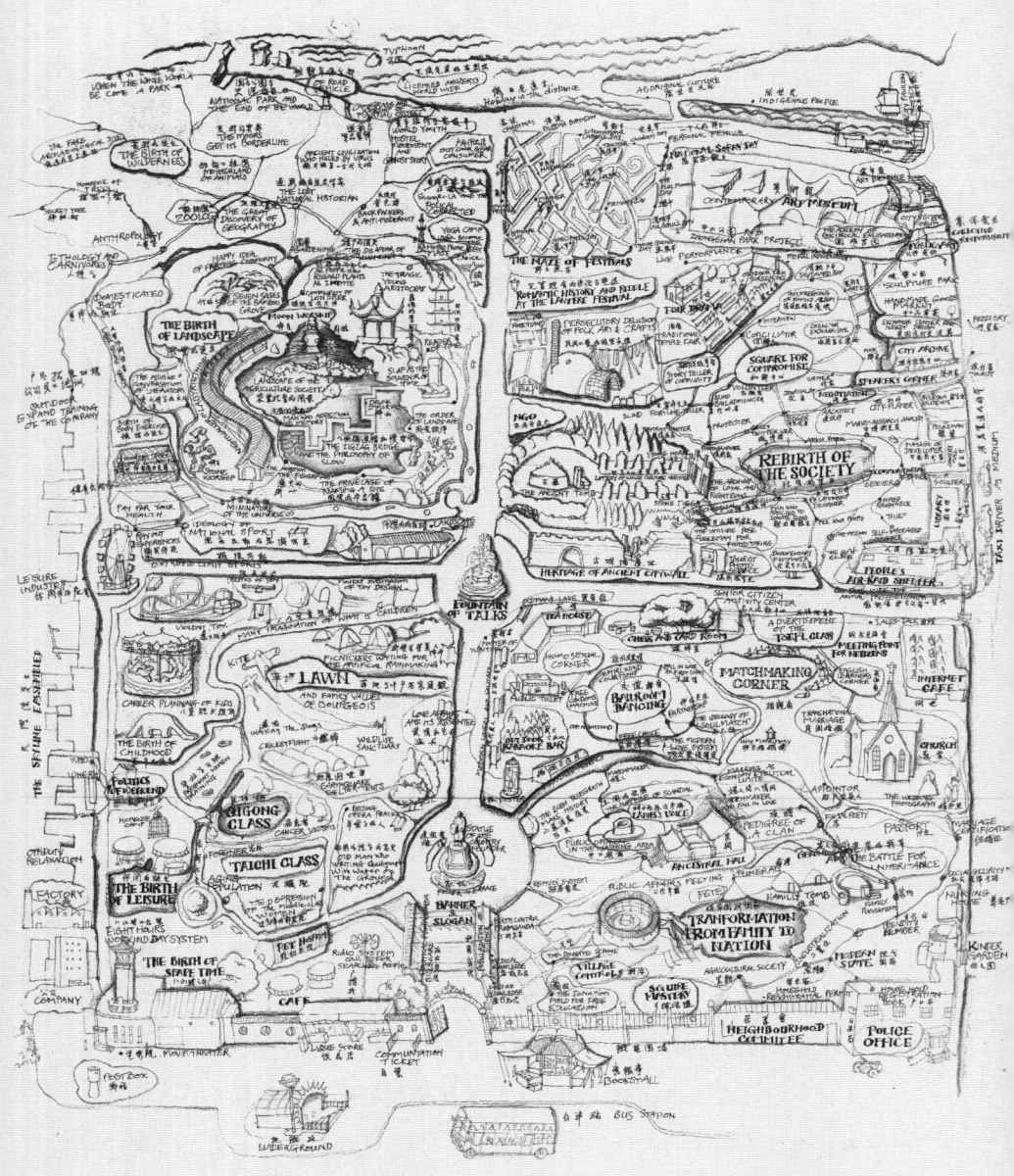

邱志杰《中山公园地图》2012 年

天，周末。休闲生活的兴起和现代工作时间制度息息相关。正是八小时工作制度创造了"八小时之外"的休闲时间。工作场所和家庭分离，使工作场所和家之外的第三种空间应运而生。我们开始了对于休闲的设计和掌控。从此，周末将成为隐形政治和资本的战场。我们投资周末，监控周末。

8. 游戏也因此成为产品。依据成人对于"何谓童年"的假定的刻板印象，我们重新设计了现代玩耍和玩具。通过玩具完成职业规划和社会关系讲解，我们为新一代的孩子创造了"童年"这样一种产品，并销售给父母。

9. 体育有着同样的诞生历史。劳作而需要休憩的身体，劳动技能的训练和展演，这些身体都渐渐地在现代体育中隐去。希腊人的身心和谐的健康概念最终成为一种工具：服务于团队精神、服务于国家意识形态。在更远端，它演变成一种体验消费。

10. 画面左上角的中国式的园林，其意识形态是农业社会的生活理想。九曲桥宣告慢的哲学，把天然石头作为雕塑加以欣赏，用于梦游的回廊，景点依照季节时序分布，渗透在其中的是对于时间的信任和匆匆过客的自我意识。作为风景的命名者，中国文人们在摩崖石刻上展开了一场场历时千年的集体创作。这是一群沉湎于回忆的人，每一座亭子和古塔都唤起黍离麦秀和雪泥鸿爪的情怀。这些各自以一种植物为知己的孤独者们，其实形成了跨时代的亲密的共同体。

11. 离竹林七贤不远，就是英式自然园林里的园艺家。隐逸传统一旦指向地理方位不明的桃花源，它离香格里拉也就不远了。而香格里拉的发现者是《国家地理》杂志。这里，另一种自然观渐渐崛起。它秉承着地理大发现的激情，将殖民地的动物和植物编入系谱学。当然，人类自身也被编撰在人种学和人类学之中，并经一条身体驯化的小径在画面左边通向现代体育。在探险的核心地带，"荒漠"诞生了，"野"不再是"田"之外广阔的未知世界，"野"获得了它的边界，成为国家公园。整个世界将渐渐变为公园。

12. 香格里拉，或者叫阳光与荒野的诱惑，是一整套的政治和经济。它在今天供养着越野车的销售和军事用品崇拜、青年旅馆和瑜伽训练班的生意、户外用品和数码相机商店。同时，作为早期地图绘制者的乐土，它为流行娱乐明星提供政治激情的表态对象，为国际政治角力提供一个好用的筹码。

13. 右上角的一系列图像把中山公园里的人群聚集和传统庙会联系起来。在国家接管了传统家庭的诸多职能之后，与农耕社会紧密相连的一系列事物都处于危机：古城墙和古墓一边在恐惧拆迁，一边在等候得到一张世界文化遗产的彩票，以便跻身为旅游胜地。从小吃到器物，民间手工艺者正在实用生活中作鸟兽散，政府和上蹿下跳的NGO提供的药方很难超越旅游业的想象力。然而这些危机正是知识分子重获激情的场所，把他们重新变成新闻工作者、纪录片工作者、摄影家、抗议者。

14. 元宵灯会的谜语与艳遇已成往事。今天的节日有四种：

依照自然时序展开的农耕节日，依然在新年来临时带来巨大的交通压力，制造着人类史上最大的人口迁移景观；

从满月、百日、成年礼、婚礼到葬礼，铺陈在人的一生之中的若干典礼，依然在提供聚会的理由；

而国家政治节日喜欢占有每个月的第一天，随着时间的堆积，它们越来越远离原有的政治含意，成为刺激消费的黄金周，加入了休闲产业；

外来宗教节日同样并不真的具有宗教意义，而是商家招徕时尚人群的利器。

如果所有的节日已经一起编织成消费的迷宫，我们有没有机会重新生产节日的神圣性？无论是它的政治激情还是宗教的凝重？如果不可能建立一个人自己的节日，除了在机场和购物中心擦肩而过，我们要以何种理由相遇在地球上的某处？

15. 地方戏台及其上演的剧种也成为世界文化遗产的申报者，它们不再是野老村妇真实的欢乐。几十年前中山公园里依然有露天电影在聚集人群。中山公园里有美术馆、图书馆或音乐厅，它们可以是国家的装饰，也可以是社会重生的机遇。这里还有防空洞的入口，它像是一种来自历史的提醒：曾经有一些时刻，人民相依为命。人民委托可信的人管理粮仓和防空洞。那时候，政治还不是牧羊，国家还没有成为利维坦。

16. 这里留出了大块的空地来让人们相遇：让收藏者交换记忆；让滑板少年竞赛技艺；让业余艺术家交换创造；让开发商代表和钉子户讨价还价；让规划师遇见传教者；让算命先生和心理咨询师一争高下；让官员微服私访；让叫卖者合唱；让动物保护分子和环保宣传家危言耸听；让出租车司机和微博控比赛谁更消息灵通。或许来自中国庙会的说书人传统，或许来自伦敦的演讲者之角，这里首先是一个故事会。当一个人可以说出自己的故事，它就有机会找到自己的社群归属。当不同社群可以说出自己的故事，价值的差异才被摊开在桌面上，需求的矛盾才可能寻求调节，利益的冲突才可能达到妥协。因此，这里被称为和解中心。

17. 被从传统家族的保护伞里"解放"出来的人，成为一个个的个体，暴晒在国家的烈日下，飘零在资本的狂风中。在恋爱中，在休闲中，在风景中，在游戏和体育中，他习惯了现代的暴力，拥有了无助的自由。然而在与某一个国家签订社会契约成为国民之前，我们本应该先成为天下人。我们先需要在那个称之为"社会"的故事里找到自己的角色，并理解这个角色所蕴含的意义：它的责任和价值。从而理解整个故事，理解其他角色的存在理由。这样，中山公园，才有机会像我们曾经的宗祠和水井，成为我们乡愁所系。

寻找"中山公园"

袁文珊

口述与视觉文献：尔冬强档案馆

时间： 2012 年 9 月 10 日
地点： 上海中山公园

在上海，很难通过外形判断一个人的背景，你若遇到说着一口流利上海话、苏州话甚至绍兴话的外国面孔也不足为奇。1843年上海开埠以来，不同身份的人涌入上海。曾经以宁波商人为主要外来人口的上海，被迅速涌入的各色面庞、南腔北调的语言以及不同的生活方式带来的新鲜商品所占据。这里成为生活习惯、文化习俗、价值判断相遇的最前线。同时，这里是中共一大召开的地方，还有民国政府希望借此树立民族自信心的"大上海计划"。上海的中山公园曾为英商私家花园与圣约翰大学的所在地。时至今日，来自意大利的大悬铃木与本土香樟树同时为卡拉OK、广场舞、相亲角提供着遮凉地。周末的草坪上布满淘宝购买的帐篷，里面躺着周末休息的上班族。准备参加马拉松的慢跑者们戴着计步器出没于公园的小路上。外来文化早已成为"洋泾浜"，传统的价值观与现代性相遇，八小时工作制与休闲产业为个体提供着现代都市生活想象，而我们更期待

①②"尔冬强视觉文献展"现场　2012年
③"尔冬强与108位茶客"展览现场　2012年

① 艺术修复集市现场　2012年
② 吴玛悧《新鸳鸯蝴蝶梦》访炎　录像　2012年

的是个体在此陈述自己的立场,进而成为各种价值讨价还价之所在;希望通过一个鲜活生动而又复杂的生命历程,重新进入复杂、纠缠、难以被言说的、由个体构成的历史。

"中山公园计划"的第一站位于上海的中山公园,呈现的是上海艺术家尔冬强的个展"口述与视觉文献:尔冬强档案馆"。口述史是现代意义上的大众史学的基本研究方法。不同于"资治"的官方治史,以口述史为途径,现代意义上的大众史学更加强调由小及大、由近及远、由个人及天下。尊重历史沉浮中的个体命运,是中国民间史学传统借助现代记录设备的复兴。从朱家角的茶客到旧上海美国学校;从寻找圣约翰大学、震旦大学毕业生到胡适的演讲,透过这些面孔和声音,让我们穿过历史尘埃看到一位民间影像历史学家强悍的意志与善感的心灵。在此次展览中呈现的各个部分,正是他持续关注的"中外关系史"的精神所在,也是中国现代国家进程中的历史细节。这些鲜活的记忆直击人心,为今日重建社会价值提供了想象。

对话的艺术——厦门站

时间: 2012 年 12 月 22 日
地点: 厦门中山公园、百家村

作为经济高速发展的新兴城市,近二十年来厦门涌入了大量外来人口,这些人在物理空间上成为新厦门人的同时,心理归属似乎很难同步发生。而这样的问题在以厦门为代表的新兴城市中似乎并不少见。中国现代民族主义国家的诞生,伴随着个人地缘位置的松动,个人从家族、家乡中出走,成为了公民与市民,国家机构接管了原属于家族的各项职能,但是这种边界清晰的行政划分并不能处理身份模糊的、情感认同的、价值沟通的问题。人们在城市公园的大块空地、亭台楼阁相遇,似乎为建立社会关系提供了另一种可能性:寻找共同的爱好、诉说遭遇的困境、争论不同的观点。于是不同的兴趣小组在这里产生,形成新的社群;各种故事在这里汇集,价值观的差异开诚布公,矛盾与冲突讨价还价,产生调解、解决的可能性。

"中山公园计划"厦门站由年轻的跨领域艺术工作者王琦担任在地策展人。厦门站以不同"事件"展开,通过与民众的交流沟通代替传统意义上的展览形式:艺术家们在不同地点发起不同主题,民众通过参与对话,与艺术家共同完成。台湾艺术家吴玛悧通过对厦门中山公园内相亲角的调研,发起了对话性创作《新鸳鸯蝴蝶梦》。"相亲"这一曾经由与双方父母熟识的媒人进行的社会活动,随着现代户籍制度的开放、城市发展带来的人口流动而逐渐消失,家长们独自走进公园,进行婚姻的讨价还价,让现代爱情制度与基于"知己论"的神圣婚姻望而却步。《新鸳鸯蝴蝶梦》借由都市爱情和婚姻观的讨论,牵扯出宗族观念、现代伦理、流动的城市经验、独生子女政策、城市价值观等多重社会议题。

与此同时,在厦门的百家村,一场以"沟通"为名的"艺术修复市集"正在进行。艺术家来到都市化进程的遗留物——百家村,通过物品修复这一契机,搭建了艺术家、手工艺人以及旧物主人之间的合作关系。他们沟通、协商,尝试修复改造这些"废弃"的日常物品。在此过程中,艺术家打破当代艺术自身话语系统与修辞方式所造成的沟通障碍,通过具体的日常语言来探索一种作为对话的当代艺术途径。

方圆造镜——土楼剧场

时间：2012 年 12 月 31 日

地点：南靖土楼水云间

  土楼是闽南地区特有的群居式建筑，以造型奇特、风格独特而被誉为"神话般的山区建筑"。这种用以抵御"外寇之出入，蠡贼之内讧"而建构的环形大楼，是人与人之间互相协作、共同生存的奇迹。这种紧密的社会关系是中国传统社会民间自我组织的经典方式：以宗族为纽带，以祠堂为核心，内部协商，以集体意志面对外部危机，贯穿当地农耕社会始终。而在土楼被宣布成为世界遗产的那一刻，生活其中的人们便主动沦为历史的道具，他们表演着自己祖辈的生活，贩卖着义乌生产的旅游纪念品，边上是作为非物质文化遗产的偶戏传承人们的办公室。这一切装点着旅行者们的香格里拉想象，在今天成为各种资本角逐之地。基于这种现实，"中山公园计划"希望探索社群能量是否有再造的可能性与途径？宗族传统中的共同生活对于今日社会关系与意识形态有何影响？而"土楼剧场"正是对上述两个议题的思考。青年艺术家们在南靖土楼展开田野调查与文化研究，通过口述史打捞民间记忆，通过当地民间传说重塑文化想象的可能性，试图以表演的方式回应景观化的今日土楼现实。

漂流·站立——花东站

时间：2013 年 1 月 5 日

地点：台东美术馆、铁道艺术村、都兰糖厂、月光小栈

  台湾东海岸的人口结构复杂，不同民族构成的原住民人口占四

分之一，是原住民的高度聚集区。作为最早聚居于台湾岛的族群，原住民一直是不同外来族群建构其自身认同过程的重要"他者"。对其起源的论证，不管是日本殖民时期的"南来论"还是二战后的"西来论"，都是借由不同的"当代"语境发现"过去"的方式。而20世纪80年代，伴随着"台湾民主化进程"与"国际原住民"运动的热浪，台湾少数民族也自觉加入这一趋势，赢得了某种程度上的政治权利与关注。花莲的"中山公园"是曾经的日本神社，而后被国民党改造成为"中山公园"。这里是不同政治势力与文化想象相继占据的场所，而其想象的统治对象的复杂性很难以"原住民"这一明确身份所统摄。如今，在全球化的背景之下，在传统文化的断裂、集体记忆的破碎、资本逻辑的入侵带来的困境中，不同文化背景的我们遭遇到了同样的问题：如何在当代语境中定义自己的身份？正如策展人罗秀芝所提到的："在这样的历史景观中，每个个体都是永恒漂流的身份与认同的寻找者。""中山公园计划"以"漂流·站立"作为花东站（花莲、台东）主题，邀请阿美族艺术家拉黑子·达立夫作为在地联络人，二十余位艺术家汇聚于太平洋西岸，讨论全球化语境之下不同地域的相同遭遇，意图从彼此的当地经验中寻找出路，以它山之石攻己身之玉。

城市记忆——漳州站

时间：2013年1月12日
地点：漳州画院、碧湖展览馆

  城市的记忆镌刻在不断变化的天际线与地景之间，存在于一代代人的口口相传之中，混合了个体生命经验与集体记忆的历史，进

① 《方圆造境·土楼剧场》现场　参与艺术家：贺冰、黄淞浩、曾晓嵛、王子月　2012年
② 王子月《迷蒙半壁》定点装置　2012年

① 峨冷·鲁鲁安《叠影》装置　2013年
② 总策展人邱志杰为观众导览中山公园计划花东站　2013年
③ 拉黑子·达立夫《陷阱》装置　2013年

① 吴明晖《中山公园植物考》装置 2012 年
② 杨晖《转身》摄影 2010—2012 年

① 漳州图书馆讲座现场　从左至右：邱志杰、罗秀芝、峨冷·鲁鲁安。拉黑子·达立夫　2013 年
② 中山公园计划漳州站开幕现场　2013 年
③ "城市记忆"展览现场

而塑造了城市的性格。历史文化名城漳州的府衙，在1918年由陈炯明改建为漳州第一公园，1927年更名为中山公园，数年后漳州被中央红军攻占。今天漳州的中山公园中，清代府衙仰文楼成为孙中山纪念馆与漳州画院，何应钦的碑文与闽南革命烈士纪念碑东西呼应，南音传人在这里表演。中山公园及其周围老街区是漳州当地文脉的延续，是文化共同体的承载，而漳州城百余年的历史激荡也都浓缩其中。"中山公园计划"希望在此探讨历史文脉延续的可能性，当下城乡差距不断扩大的背景下计划生育政策对于传统中国社会结构的改变，以及全球资本语境之下乡民契约以及随之而来的传统手工艺人的劳动价值问题。

而在另一个对漳州充满未来想象的碧湖展示馆中，一个联系着过去与未来的展览也同时进行。这里展示的是漳州艺术家们根植于生活世界之中的持续性工作，这些工作组成了一部鲜活生动的当代漳州地方志。"中山公园计划"漳州站的在地联络人杨晖对如今已经消失的四个村庄进行的影像记录和声音采集，形成了碧湖的影像档案记录。吴明晖的《中山公园植物考》，则与碧湖公园内移植来的植物形成概念上的连接。以闽南侨乡的历史背景出发，以植物学为线索进行的人类学、地缘学研究，同时关照了漳州悠久的贸易史与开放史背景。这部在野的、民间的地方志将触角延伸到民众的生命体验之中，是当地精神共同体的凝聚与延续。

除了这些短暂的展览，漳州站谋求未来在漳州落地建立"漳州城市记忆中心"。"城市记忆中心"既是一系列展览计划，也是一个文化活动的策划机构。它出现在城市快速发展的转型期，致力于延续城市文脉、采集集体记忆、参与公共议题的讨论和引导，并集合学术力量，为城市发展和公共政策的制定提供参考，一定程度上充当智库的职能。它将成为政府、民众、知识精英三方良性互动的平台。城市记忆中心将以"公共体故事会"、"乡贤系列展"等方式展开工作。作为一种公共文化设施,它可以理解成一种新的"社会器官",在民众中培育尊严感和自治精神、互助精神和共同体情感,缓和发展与记忆的矛盾。

风景·流变——淡水站

时间: 2013 年 3 月 14 日
地点: 淡水街道

在淡水,"中山公园计划"成为一种行动的昭示,一种对于都市的美学想象。区域经济发展的不平衡导致大城市周边地区成为附属。淡水作为台北的卫星城,因诸多古迹、秀美的淡水河被规划成为节日胜地。事实上,淡水老街上的传统老店早已消失,消费社会塑造的香格里拉想象催生了景观中的异质风景。另一方面,淡水的中山公园并不真正存在。当局政策与资本介入,以利益最大化的标准规划着人们的居住空间,使得淡水的城市规划中并没有大规模的公园与绿地。人们借由街角的闲谈、路边慢跑、树下休息昭示对于公园空间的想象。因此,以"风景·流变"为题的淡水站,讲述当局政策、资本主义操作下的"风景"与公民意识、地方知识精英参与而不断形成的"流变"。公园变身为行动,在淡水寻找各种异质的公共空间,将"公园"作为随时可能的公共生活。公园不仅仅是地点,更是生存方式,是对于生活的想象。而这种工作,淡水已经持续经年。淡水拥有黄瑞茂以及竹围工作室为代表的都市更新运动先锋力量,此次展览是他们持续性工作的冰山一角。

① 黄瑞茂带居民重新发现淡水 2013年
② 朱百镜组织行动讲座 2013年

上海当代艺术博物馆展览现场　2013年
①"对话的艺术——厦门站"
②"口述与视觉文献：尔东强档案馆"
③"漂流·站立——花东站"

淡水站邀请朱百镜作为在地策展人,十余位艺术家参与其中。采用整片街区作为展览呈现空间,透过寻找"公园"的艺术行动,形成不同层面的都市"图绘"。猫的行动地图、街角空间的改造,或是染布工作坊在老街寻找可能的学习基地,都成为认识这座都市及其转变的契机。黄瑞茂与淡水社区工作室进行的"穿梭于山水间的城市游廊"导览,引导民众重塑对于淡水的想象。艺术家们通过与社区小朋友合作的方式,探讨不同社群对于淡水的都市美学经验。

回声 —— 上海回顾展

时间: 2013 年 4 月
地点: 上海当代艺术博物馆五楼

"中山公园计划"自 2012 年 9 月在上海中山公园启动,历时半年间,在海峡两岸多地,入山涉海,走街串巷,在乡土和市井中,在生活和记忆的腹地,生产艺术,展示艺术,或许更重要的是,谈论艺术。如果说,"重新发电"主题展是一种表态,是表达立场,是一种决心书,那么"中山公园计划"就是由这种决心所驱使的行动。这个展览有意思的地方在于,这里的每个作品都去过当代的小地方,或者直接就是产生自这些小地方。它们来自街头田野和海岸,有一些从来没有听说过双年展,或许永远不会踏进美术馆的人触摸过它们。它们带着公园的阳光和社会的空气,它们带着各种口音。这是一种使用方言的当代艺术,所以不要用普通话来矫正它们。

上海中山公园的尔冬强档案馆展示了一个摄影家向民间历史学家蜕变的过程。在闽南土楼,艺术家的工作聚焦在乡土如何避免沦为景观。在台东,树木提供了漂流者和站立者的原料和隐喻,每个人都是身份的迁徙者和回归者，每个人都是原住民。越海回到漳州，艺术家们转而面对一个城市如何保存它的记忆的难题。而在厦门，话题转向积极的日常生活，我们将如何修补，如何唤醒每个人身上潜在的艺术家？再越海来到淡水，贯穿前述所有项目的共同气质完全明晰起来，那就是公共意识和对话精神。无论空间与时间的局限，只要我们对话和倾听，公园就还在，家还在，故乡还在，天下还在。天下为公的大道，或许还有机会。

在上海双年展主题展落幕之际，"中山公园计划"在上海当代艺术博物馆登场。它是"重新发电"的社会互动意识和共同体意识的回音。呈现在此的都是曾经在各地实施过的作品，有的直接产自在地的事件本身。中山公园计划并未完成，8月在金门尚有一番作为。对话中更多的火花，将在各地化身为意志甚至机构，持续发电。行吟者与大地的对话，回音不绝于耳。

岛屿·剧场——金门站

时间：2013 年 8 月 4 日
地点：建功屿、翟山坑道、朱子祠、雄狮堡、尚义机场等

随着冷战大幕的落下，金门摆脱战地身份，成为大陆游客往来台湾的重要口岸。随处可见的炮台、坦克、坑道、碉堡向我们诉说着这个小岛的前世今生，历史的炮声还在不远处隆隆作响。而如今，这些昔日的战争机器成了温柔的风景，冷战意识形态的痕迹所形成的独特景观成为发展休闲产业的良性契机，集体记忆与资本主义再生产在此形成的张力，成为"中山公园计划"在金门的有益思考，"岛屿·剧场"之名应运而生。

戏剧性由并不遥远的历史遗存赋予我们，贯穿在我们的日常生活的每个角落，并非简单的叙述可以覆盖。它时不时地就会从日常中腾跃而起，袭击我们的按部就班和惯性。深刻地理解这种戏剧性，既是理解历史，也是理解日常生活的钥匙。此次金门艺术节的意旨，就在于将历史记忆与未来想象有机地融合于公共话语之中。今天的金门，既由冷战记忆构造，也由后冷战的想象构造。日常生活的微小细节与世界历史的宏大叙事在这里如此深刻地融合，远甚于世界上任何一个角落。我们有机会从日常生活出发，重新叙述和想象世界，因此，这个文化如何定义和叙述，依然是一个公共的场域。"中山公园计划"的最后一站落脚于金门，意味深长。这是一个戏剧性的终点，也是一种日常性的起点。在这样一种深深地渗透戏剧性的日常生活中，金门的未来充满开放性。

后记

"中山公园计划"抛出的诸多问题在不同的时空经验之中得到回响。这种回响是基于对切身问题求诸他者后的反身思考。吴玛悧、黄瑞茂这两位社群艺术与都市问题的专家在大陆讲述他们多年的艺术实践；拉黑子·达利夫、峨冷·鲁鲁安等优秀的台湾少数民族艺术家的作品首次亮相大陆；孙懿柔、许哲瑜等年轻艺术家到访漳州；王琦、谭彬、贺冰等优秀的大陆青年来到花莲、淡水和金门。"跳出陈腐的意识形态话语的绑架，丢掉集群和种属的偏见和陈词滥调，反抗一种伪历史，从个人的故事分享开始，重新学习感同身受的能力。"策展人邱志杰如是说。"中山公园计划"所期待的是，一个超越宗教信仰、时空变迁、语言障碍的新的共同体的出现。

然而，如果我们把社会改造当作一种诗的写作，那么"中山公园计划"就仅仅是一个开头,它甚至还没有在实践的层面触及最关键的、最棘手的那些要害,以及我们将要面临的更加错综复杂的意象(现象)、思想和问题。最关键的,"诗"还要成为我们日常生活中的兴奋来源,让我们对日复一日的日常生活保持兴趣并提高警惕。

"中山公园计划"是一个开放的项目,它提供了一个呈现问题、交流意见的平台,一种公共交流的空间,对于可能性的渴望促使它甚至开始寻求一种新的公众交往模式。参与其中的每一个人都是带着自己的问题进入的,而这些问题的交叠,促使他们凝聚成一个"共同体",它关乎天下、人间的思想。

多重层面之现代性的翻转与位移

关于"中山公园计划"的访谈 *

采访人：王柏伟（以下简称为"王"）
受访人：邱志杰、罗秀芝（以下简称为"邱"、"罗"）

王：策划"中山公园计划"的缘起？

邱：这个计划起因于我在中国美术学院教书时，开始构思如何将社会调查纳入策展方法学及艺术教育，所以我试着请学生们去调查随处可见的中山公园与中山路。2005年遇到秀芝，我们谈到族群迁移与认同的问题，当时就已经萌生了以这种方式共同探索两岸族群及认同的想法。2012年在我担任第九届上海双年展策展人的时候希望尽可能地拓展社会空间，并将双年展带到核心都市之外，因此我就在上海双年展的架构下植入了这个计划。

罗：诚如志杰所说，我们在之前就讨论到中山公园这个方向。当他在2012年再次跟我讨论时，我觉得或许可以从不同面向来思考中山公园背后所牵动的庞大议题。中山公园之于大陆与台湾，其实具有不同的意涵。在大陆，中山公园指涉的是将一般老百姓变成公民的革命事件，在台湾，中山公园的意义内涵就更复杂些，它并没有革命的积极意义和全然的正面意义，而主要是作为国民党政权的象征。台湾的中山公园有些虽然是国民党到台湾之后新设的，有的

---

* 本文原刊于《典藏·今艺术》2014年第5期，经作者同意略有修改。

却是国民党将日本神社抹去其某些文化特征改造而来的，这样的历史演变让中山公园成为汇聚多条集体记忆脉络的地方。

王："中山公园计划"中的路径规划是否有其特殊的意义？

邱：就"中山公园计划"而言，与其说我们是要去强化民族认同，倒不如说我们是要去检视到底有哪些其他的认同被掺杂到民族认同里面来。福建南部的土楼是我们刻意的选择，因为这代表着中国传统的家族文明在面对民族建构时做出的某种调整。于漳州和厦门，我在文献中读到当时漳厦警备司令部的企划书，他们提到要建造一口钟，改变当时市民的时间观念，很明显地就是现代性中城市发展的面向渗透到了民族的建构之中。在上海，虽然1949年之后中山公园是个政治性的设置，然而这三十年来的商业发展，让上海中山公园成了许多高楼围绕的天井，中山公园旁边是资本聚集之处，许多本地与外地的中产阶级会在周末来到中山公园赏花野餐，这也凸显了现代民族国家的复杂构成。从这些例子来看，我们会发现中山公园本身具有的丰富命题远远溢出了单纯民族国家认同，不仅包含了政权争夺、节日、从家到国的天下秩序，还包括人与人相遇的模式。我们做这个计划，也不过是为这种人与人的相遇模式打开一个新的空间，但是这个可能性空间并不会在计划结束之后就结束了，相反地，它一定会继续编织它自己的节点与疆域，继续向外扩展出去。

罗：对我来说，选择这几个地点当然有其物理意义上的考虑，像花莲寿丰的中山公园就历经了日本与国民党两个统治时期，如何思考台湾少数民族、日本人与汉人移民之间的关系，就是这个地点的特殊之处。不过，正是因为我把策展当成是一个社会实践，我们就从可见的、物理性的层面走到一个更为抽象的、不可见的空间路线层面上来了。对我来说，上升这个层面，最主要的就是为了启动德勒兹（Gilles Deleuze）意义下的战争机器，尝试召唤一种只对自身忠诚的潜在能量。我想这与志杰所提的"重新发电"有异曲同工之妙。这也是我们在思考淡水之于这整个计划的意义时，从德勒兹那里借用了流变（becoming）这个概念，以 Becoming Landscape 的主轴来组织淡水这个点的原因。我认为这种能量所立基的是一种诗意的生命态度，用以打破线性的、集体性的规训时间，超越实体的物理空间。最大的能量是扩大在场的能量，我们希望动员这种解编码、反规训、解域化的能量来反抗权威与宰制。

王：在罗秀芝所提的个体性的诗意生命态度与集体性的在场能量之间，策展人的位置何在？所扮演的角色又是什么？

邱：对我来说，策展往往是一种出于对现状不满所从事的治疗行为。我认为，在个体与集体之间有非常多的层次，在个体想象与集体记忆之间、展馆与公共空间之间、双年展的中心城市与边缘地区之间、艺术节庆展演与日常生活之间都存在着许多必须要被修正的，或者就像我刚刚说的，要被治疗的部分。就此而言，策展最核心的部分是思想力加行动力。如何能够判断什么是正确的时机？要从事什么样的行动、策划什么样的展览？这些问题就是策展人所面对的最重要的问题。让我们回到"中山公园计划"，如果只看计划说明，很容易先入为主地以为这是一种统战式的思考方式。可是当我们看到计划执行的过程之中所发生的那些变化，包括从概念的层面下降到实际操作层面的时候，拉黑子这样的个体是否能够被台湾少数民族的概念所简化？漳州与厦门各自的历史是否能够被闽南的称号所化约？当上海与花莲的艺术家彼此遭遇，并发现他们之间共同与差异之处的时候，原本在大脑之中的那些以为正确的历史顿时成了伪历史，成了被揭露的意识形态。从这样的相遇上升到一种集体性的关系，重新改写了官方记录中的叙事内容。这是我认为"中山公园计划"最重要的成效之一，也是我认为已经达成某种疗效的地方。简单来说，如果我们重新来谈论一个公园，那么应该是一个布满小人物雕像的公园，而不是一个理性的公园。这是我所谓点状的、网络型的事件所可能构建起来的能量。

罗：对我来说，策展人与当代艺术家没有太大的差别，他们都是去创造一些新的事物与新的价值。策展人与艺术家正是这样一些走钢索的人，这也就是艺术展演成为社会实践之处，他们在实践中创造观点与差异，让以往被官方历史叙事所覆盖的可能性与被隐藏的空白重见天日，在行动及思想上越轨。这种越轨像是将被编码的围棋，具有更大的灵活度，我认为，正是在这样尚未被编码的能量动员上，策展人与当代艺术家的行动具有强烈地导向任何一种政治（包含艺术美学、人与人之间的微观政治）上未来情境的开创，策展人透过发动这样的计划提供一个平台，诱发集体与个体在这个平台上的交汇，共同创造尚未存在的未来。

王："中山公园计划"不仅是记忆政治学的考古，也是记忆政治学的重新发电，那么在考古与重新发电之间，被动员的是什么样的集体意识？是公民、国民、殖民、世界公民、还是游牧民？

邱：我会从传统中国的"天下"概念来思考这个问题。在"天下"这个概念的背后，支撑着的是认为"国家兴亡，匹夫有责"的个体。这种个体并不会将公共与私人一刀两断式地切分开来，所以不管是邻里的问题还是"国家"的问题，这些个体都会积极主动地参与。公领域与私领域之间明确地划分开来，当然是现代民族国家兴起以后的演变，在这种现代性的影响之下，个体将自身的政治与社会责任让渡给专业人士，而这个将自身参与公领域的责任让渡出去的个体就变成了一个旁观者，失去了参与公共生活的能动性。就此，我认为"天下"这个传统观念所内含的集体性价值远大于支撑现代民族国家政治性的个体基础，我希望恢复的就是从集体性到个体性的平滑过渡，而不再是一刀两断式的公私领域区分。

罗：志杰刚刚谈"天下"，恰恰我就想谈另一个与"天下"有点分立而治的"江湖"，这两个概念在中文里都指称世界，不过江湖是反叛的、自由的、潜藏许多可能性的、涌动的、不可捉摸的。正是在现实世界令人无法忍受的时候，个体就会退到江湖，从事反抗的事业。不过，江湖也是有秩序的，它弹性非常大，具有变动性极强的组织轮廓。这是我想先提出来谈"公共性"的部分。与江湖这个集体层面相互呼应，在个体的层面上，我强调一种"诗意的"或"诗的"生命态度，这是一个人的原初的艺术本能。我在这里承接的是海德格尔（Martin Heidegger）援引荷尔德林（Friedrich Hölderlin）所提出"人，诗意地栖居"的概念，在"中山公园计划"中，我更想将它推向"诗意地交流"：一种以个体原初的艺术本能来达成的集体状态。

邱：我所理解的"天下"就是一种世界的显在规则，而秀芝刚刚提到的"江湖"，以我的理解，就是一种社会的潜规则。我在这里之所以使用"天下"，并不是从君王的角度来看，而是王道式的、由每个人的人心所共同组成的、世界与图式的公理规则形式，是一种人心共治之的集体状态，这两者我认为并行不悖。

王："中山公园计划"如何思考计划自身的艺术性与政治性问题？在艺术政治与政治艺术之间，策展人如何拿捏这两者的平衡？

邱：在这点上我全然同意秀芝对于"诗性"的强调。要是没有这个部分，它就会变成单纯的社会工作。所以我非常强调我们放进公共空间的对象必须具有强烈的诗性特质，甚至必须以其无目的性来达成它的目的性任务。对我来说，好的艺术家不只是在作品的层次上具有创造诗性物质的能力，也在社会调查与精神层面上具有诗性生活的态度，这样的艺术家，不一定是艺术相关背景训练出来的，他们甚至可以是其他领域的专业人士。对我来说，只在意作品表现形式而不具其他关怀的创作者，不过是艺术的形式主义者。

罗：对我来说，所有的艺术就是朝向未来的政治。艺术是政治的未来式，在这点上，艺术与政治两者对我而言是没有区分的。我们还在创造新的价值，还没有政治与艺术的清楚分化。艺术可以分享所有的文化与价值，所以我们透过艺术所做的，就是致力于提出具有创造力的未来。如果你的问题是关于作品到底是否必然是艺术作品，那么正如同你为"中山公园计划"金门站"岛屿·剧场"所提出来的命题"艺术就是生活"一样，只有艺术能够成为一种生活，生活能够抱着一种诗性的态度，我们才有可能不断地拥有丰沛的能量，并致力于提出关于未来的各种充满想象力的方案。

马克·卡萨格兰《牡蛎人》2013 年

第三节

中国摄影文献研究

大卫·柯鲁克《农会成立大会》摄影 1948年

"十里店：学术田野和艺术考察"序言

高世名

1947年，英国共产党员大卫·柯鲁克（David Crook）与加拿大人类学家伊莎白·柯鲁克（Isabel Crook）夫妇来到晋冀鲁豫解放区，以"国际观察员"的身份详细记录了土改试点十里店村土改复查的全过程。1950年代以来，他们的著作 Revolution in a Chinese Village: Ten Mile Inn（中译本《十里店（一）：中国一个村庄的革命》）、Mass Movement in a Chinese Village: Ten Mile Inn（中译本《十里店（二）：中国一个村庄的群众运动》）先后在英国出版，成为国际社会理解中国社会主义革命的重要媒介。十里店，这个太行山下的普通村庄，连同大卫·柯鲁克所留下的700余张照片，也因而进入国际学界的思想视野。

今年10月，我与台湾高雄师范大学跨领域研究所的黄孙权、北京青年摄影学者高初和王烁三位老师带队，与32位同学（来自跨媒体艺术学院、高雄师范大学以及香港城市大学）一起到十里店村"下乡"。这个因柯鲁克夫妇的"土地革命"和"土改"报告而闻名的村庄，今天的生活景象已与成千上万个城市化进程中的中国北方农村没有多大差别，令人怀疑当年的"土改"是否真正发生过。

在探访过程中，我们竭力寻找柯鲁克700余张照片所留下的遗迹，试图用手中的相机印证这个当下的记忆现场。革命是个快镜头，柯鲁克的相机却为我们提供了一个历史的"慢镜头"，使我们得以一天天地观察1947—1948年前后十里店村所发生的故事与事件。在柯鲁克夫妇的叙述中，中国革命不只是暴力战争，而且是社会生活的全面革命，统摄生产方式、社会关系、日常生活以及文化、性别等方方面面。打破旧秩序、建构新秩序是革命两方面的内容。而大卫·柯鲁克拍摄的乡民，那些憨厚的土里土气的乡民，既是革命的对象又是革命的主体。

然而，来自远方的柯鲁克夫妇当年记录下、构造出的"十里店"在今天还留下什么？我们今天如何从当前的记忆现场中唤起场所的幽灵？如何使博物馆、纪念馆与教科书中的历史回落到当下的现场？如何在我们身上养成历史感和现实感？现在所面对的这个遥远的现实，与我们有何关系？在历史理解与社会感知之间，艺术和影像能够做什么？

半个多世纪之前，柯鲁克夫妇要呈现的是一个村庄里的中国革命和群众运动。而今天我们希望去理解的，是"中国革命中的一个村庄"。革命反复，但村庄永在。除了当年的几个孩童，今天已是八旬老人，柯鲁克照片中的乡民大都过世，他的摄影现场也已为陈迹。现实生活就像一张层层累积又反复涂抹的画布，而且是唯一的一张。历史一次性发生，我们没有其他选择，唯有在此刻的画面之前踟蹰或者继续。

在十里店，我们首先自我追问的是——"下乡"这个中国社会主义经验中重要的文艺传统，对今天美术学院的学生来说意味着什么？80%的农业人口跟我们所从事的这个行业毫无关系，这个声称要介入社会的当代艺术，却从未试图与这块土地上的大多数人民建

大卫・柯鲁克《十里店全景》摄影 1948年

立任何联系。你可以画出一个人，却画不出一个家庭；你可以画出一幢房子，却无法描绘出一个村庄。你画不出的是什么？是人的生活、社会关系、幸福或苦难、困顿与憧憬，是村庄的前因后果、家庭的悲欢离合……"下乡"首先意味着学会用常情常理去观察和理解社会，"下乡"不仅是看到远方的景观，而且要通过远方的生活磨练我们的现实感受力，通过与他者的交往强化自我的批判力。社会学出身的黄孙权老师在十里店的夜场讨论中反复强调"行动社会学"的基本原则——与对象共同建立一套知识来解决问题，而这需要"以身为度，如做我事"。而我所期待的，只是让我们的所想所为"在人间"。希望"下乡"能够让我们学会用心灵感知社会，用情意连接他人，希望"下乡"能够唤起我们对平等的爱，对世界的善意。

十里店：学术田野和艺术考察汇报展

展期： 2014 年 11 月 20—30 日
地点： 中国美术学院 4 号楼 2 楼
学术支持： 高世名、黄孙权、高初
策展人： 张骅、张晨
策展助理： 陈晓琼、魏珊、白清文

探寻一种"社会学素描"

"十里店"展览座谈会(节选)

时间:2014 年 11 月
参与者:孙歌、郑振满、李凯生、高世名、高世强、高初、叶为亮、张骁、张晨、陈晓琼与全体参加十里店下乡课程的同学

张骁:在刚进入十里店时,我们不可避免地对土改历史有一个预设,带着特定的目的来到这个村子——十里店。我们像所有刚刚进入陌生村子的人一样,做今夕对照,会用我们看到的和预设的来定义这个村子,关心只有我们关心的问题,但是这反而是一个很真实的呈现,所以展场的第一部分叫"初见"。主要是呈现三组照片和两部影像,照片的内容是村庄的整体风貌、集会空间、关于毛。两部影片,一部是讲本村的外乡人——淘宝店老板,他坚持在本村创业,梦想成为新版的马云;另一部是地主的后代,我们与他进行了一个当下问题的讨论。第二部分是"途说",我们希望通过影像和现场来塑造一个对话的矛盾能量场,也希望第二部分成为整个展览的一个讨论场。第三部分是"寨上的预言",被遗忘荒弃的寨上是不是就是未来的十里店,还是说它会像迈克·戴维斯(Mike Davis)《布满贫民窟的星球》里所说的那样,被就地城镇化?这是我们要思考的。此刻的我们又是否发现:过去其实从未离开,现在还在继续,未来却已经到来。多个时空一直相遇于此,只是我们一直察而不觉。最后我们以"进入十里店,我们是谁,离开十里店,我们又在哪

儿？"来做一个收尾。我们希望我们自己，以及进入展场的每一个人都能够通过这个展场来经历我们所经历的十里店，在离开的时候带走我们的最后一个问题，在切身与反身之间，希望我们做的十里店不仅仅是十里店，而是大家身边的任何一个地方。

张晨：这个展览是源于一个探讨影像与历史的课程，同时又是一个田野课程的汇报。在十里店下乡期间，我们每天晚上都会有一个讨论课，从晚上八点开始，一直讨论到晚上十二点。当时，老师们提出了一个问题：作为一个学生，当我们进入田野当中时，我们可以去画一个人，画一个家庭，但我们如何去画悲欢离合、社会关系？于是，从这个问题开始，我们带着这个问题进入十里店的每家每户。在整个展场当中，大家看到有很多的句子贴在墙上，这个是来自于高世名老师布置的一份作业——每个同学写一篇五百字的感言。我们截取了这些感言中的句子，将其弥散在展场中。展场中也有同学们在整个下乡过程中完成的"一生一本"。

高世名：补充一下，当时在十里店有一个游戏规则，每组做一个 3—5 分钟的影片，必须用上柯鲁克（Isabel & David Crook）在 1940 年代在十里店拍摄的照片。刚才谈的核心问题是田野经验，是"我"在十里店村子里的感受，回来之后我们必须做个展览，做个作品。怎么用一个作品表达感受，这是个矛盾，这个矛盾是所有的同学都会碰到的。

好像陈晓琼你们组曾经试图用视觉人类学方法去工作，结果被黄孙权"灭"掉了。能不能讲一讲你们的初衷和后来的想法？一开始你们拿了很多照片，试图拿很多十里店的局部照片去讲故事？

陈晓琼：这是一个比较长的故事，是采访过程引发的思考。采访进行当中，我们突然想到，自己作为学生来到十里店时，是谁给我们权利来做田野呢？这仿佛有些暴力，特别是当我们跑到别人家，敲开门去问一大堆问题的时候。一开始我们的初衷是想为村民们留下一个节目，倪晓语当时的一个想法是想要排一场戏，使用十里店的空剧场，但不容易实现。后来就想，也许可以帮村民收集他们的记忆，我们想用一些照片去做投射，因为我们选的照片都是关于一些公共空间的物和景象。如果他们看到一些地方的影像可以想到一些同龄人的故事，这可能可以帮他们保存一些记忆。后来认为这样一种方法其实也还是把这些村民当作创作的工具，因为我们提取的也是他们的记忆。当时这个想法也被黄孙权老师批判了。

孙歌：批判之后你们怎么办了呢？

陈晓琼：我们就老老实实回到做故事本身。有个村民在十里店开了一个淘宝店，我们就想做这个人物的描写，拍了一段视频。当时想要老板做一个 TED 讲演，但是后来发现这个人身上矛盾点挺多，于是我们在片子里选择呈现了一段他的内心独白。回头想想，其实在十里店也可以看成他在采访我们，从他的视线看我们。

高初：你们还记得杂货店的王老板吗？你们这组的作品，我一直试图找一个脉络。从供销社，到杂货店，到淘宝店，你们在做淘宝店的时候前面那两个的经验是用什么方式穿插进去的，还是就抛弃掉了？

高世名：哪怕不做明的对比，当你们呈现淘宝店老板的时候，杂货店的老板也应该在场，但现在的作品里显然是不在的，这个淘宝店老板相当于空降了。他的脉络跟王老板相比，一个是充满了积极向上的成功的希望，的确生意也做得不错，另外一个是老早就想关掉杂货店了，但因为各种关系把他牵绊在那里，关不掉。其实你们的片子可以挖得再深些。

正好我们郑老师、孙老师都在这里，大家可以讨论一下：以前画画的"下乡"是触及不到很多问题的，今天的这个田野方式有没有办法解决？我们有没有可能去探索一种叫"社会学素描"的东西？它不是像一个画家面对他的对象那样去工作，而是一定程度的介入、交流，谈论问题，如何把对话的状态保留在创作当中？我们去做社会调研，是对话状态、交流状态，后来要做作品，做展览，就变成了我自己的创作状态，有没有可能把对话状态保留在创造状态里面？这是一个我关心的核心问题，这个问题我们始终没解决。这是美术学院的同学做田野的一个核心问题。

"下乡"是社会主义的一个大传统，是当年毛泽东关于延安文艺工作的讲话，那里面的核心是说你搞艺术是给谁看的，要给群众看？他问的不是这个问题，他跳过了这个问题。按理说要让老百姓看懂，要让群众看懂，毛泽东说不是，你首先要懂群众的语言，懂群众的丰富和复杂的语言，然后他们才会喜闻乐见。他直接跳过了喜闻乐见的问题，他直接说你要懂群众的语言。你是从上海来的知识分子，你以为就掌握了知识，实际上还有很多知识你不懂，老百姓说的很多东西你不懂。他是这个意思。我们下乡的传统来自于此。但是在今天，似乎我们不太自信地去这么说了，但至少我们要把艺术这个玩意儿打开、开放，然后从一个更加丰富的群体，他人群体那边获得你的另外一种知识，另外一种感觉，这一点是至少要得到的。要不然我们很多美院的学生去下乡，只是换个模特儿，换片风景，其实没有切入到真正的现实的深处、社会的基底，其实没有哪一个人的身上是没有历史的。

郑振满：作为现代知识分子，我们以什么身份进去，以什么身份出来？这个问题比较复杂，涉及太多太多，也许不同的学科有不同的路数。我们做人类学，做乡村调查和你们艺术类的不太一样。还是毛泽东说得不错，我们要学习当学生。费孝通认为，田野是什么呢，田野是一种文化的反思，我们去田野干什么，是拿来反思自己。不要以为我们现在的生活是理所当然的，因为你去做了田野，会发现我们的社会有很多理性的东西。首先是我们自己在学，我们在反思我们自己的生活，包括城市，包括现代，包括整个社会。

刚才我们听你们读自己写的下乡感想，觉得很多同学是没有进入状态的，其实还是没有真正了解田野的意义。但这不要紧，以后你们还有很多机会再去，但这个经验非常重要。我相信这一次十里店经验会跟着你们一辈子，很多时候你们会想起十里店，它会变成是潜移默化的东西。如果在你们的创造，你们的思考里面要使用到一些十里店的东西，或一些素材，当然最好的状态是对话。这个就是"离开十里店，你们在哪里"这一类的很哲学的问题，反身人类学就在处理这个问题——如何把自己放进去，如何让自己在脉络里。自己必须把自己摆进去，这是个很困难的事情。

你们并不是真正在做田野，所以才会觉得有暴力的感觉。老师叫你去，并不是你自己想去的，没有得到村民的同意，你推开人家的门进去了，等等，这不是真正的田野。进入田野是有一个过程的，还有很多田野的技术，在田野里怎么发问、怎么样交流、怎么样提问题，有很多很仔细的技术。我们不能把我们的问题直接提出来，我们现在很多的提问是在诱供，是预设的，人家根本没想过，被你逼了以后才回答的。你们已经把答案预设在那里了，这个在田野技术上是有问题的。他们面对这种状况的时候有很多他们的对策，他们要去试才知道。

我还有一个问题，十里店你们为什么要去呢？因为有很多柯鲁克的老照片，本来是有个历史深度和历史感，需要连起来，但是现在没有连起来，现在基本上没有把历史和现实做对话。起码我没有感受到这种强烈的对话。

高世名：除了田野技术之外，有一个问题，历史的纵深感没有出来，这是因为没有真正地深入到现实当中去。

孙歌：世名刚才说的问题很重要，做田野，不管你做得成功还是失败，你总归去了一个陌生的环境，带着这个经验回来以后怎么在你自己的专业里面激活它。其实这个难度可能比做一个合格的人类学的田野还要大，但这是绕不过去的。

高世名：你们在调研的时候，在现场还是一种对话状态，虽然是"诱供"和"预设"，但基本上是一个相对打开的状态，一回来杭州又封闭回来了，又成为单向度的表述了。这是核心的症结。

孙歌：他们真正的感受没有表达出来。

高世名：是的，还有一点在历史纵深感的问题上。在作业里面预设了你必须要用上柯鲁克的老照片，这个预设就是为了给大家强迫性地制定一个规则，让大家去触碰历史的纵深感，但看看大家片子里用老照片的方式，基本上是在逃避。

孙歌：刚才世名说到一个词很有意思，就是"社会学素描"。素描是什么东西？一定不是画得像就行。好的画家来画素描，并不是照本宣科的把一个活生生的人挪到他的纸上，而是从这个对象里面去发现别人的眼睛看不到的东西，所以素描的标准不是像，而是传神。艺术作品一定是这样的。柯鲁克的照片为什么好？因为它传神。他有那个瞬间感觉，能把那个人最传神的那部分表现出来。

这个"社会学素描"需要的是能够挖掘，能够呈现，能够把不可视的东西变成可视的，需要那样的目光你才能够去素描。为什么郑老师是个资深的人类学家？因为他有人类学家发现的眼光，他看到的那些东西并不是就在那儿，人类学家绝不是去一个现场拿现成的东西，所以他说问题不能那么直接。

我看过很好玩的一本书，是一个留学澳大利亚的日本年轻博士写的关于历史的学位论文，论文叫作《激进口述史：关于澳大利亚的土著居民的人类学研究》。但他说他做的不是人类学，他做的是历史学研究，用了人类学的方式，就是进入，他进入一个澳大利亚的土著部落之后，不做任何采访，不做任何录音，也不做任何笔记，他就在那儿生活了两年，和那些人在一起。那个村子里有麦当劳，虽然是部落，非常原始，但现代的要素也在那儿。早上吃完了早饭，部落的几个长者就会坐在村中间的大树底下，坐一整天，有的时候闲谈，有的时候一句话不说，其实他们很忙，因为全世界的信息在他们坐在树下的时候都向他们奔涌而来，比如鸟带来了什么信息，云彩带来了什么信息，风带来了什么信息。然后到了有一天，这个酋长起身说"我们该走了"，整个部落就一起迁徙了。作者记录了这整个的过程，他要做的不是一个人类学家的田野报告。他说澳洲土人的历史观在美国历史学界被看成是没有客观记录的一个主观的叙事，而他们关于自己的历史的叙述在美国历史学的眼光里来看是不够客观的，因为没有史料的支持，而且有些明确是杜撰出来的。他们认为肯尼迪总统曾经来过澳洲，还有那年澳洲发大水了，其实这是根本都没有发生过的事情。但正是被美国历史学视为神话的那一部分记录，对澳洲土著来说，就是他们真实的历史。作者的这一本书挑战了现有通行的历史学叙述的常识。

我并不是建议大家去模仿这个历史学家，我要说的是，他的这种做田野的方式，其实最终完成的过程，是一个改变自己的过程。

他让他自己获得了一双原住民的眼睛，而且让他自己用原住民的方式去面对这个世界。对于我们这些从小就受英语翻译过来的一套知识系统教育的人来说，其实原住民对于风的感觉，对于鸟的感觉是没有什么意义的，但那是原住民世界里非常重要的信息。原住民坐在大树底下，饿了就去买个麦当劳的汉堡包回来吃，吃完之后继续他们这样的一种体验世界的方式。在这样的价值系统里面并不存在单纯的传统对抗现在，但它确实是另外的一套感觉系统。

刚才班长有两句话给我印象深刻，一句是：这没有什么特别的，稀松平常的，我在家的生活就是这样的。这句话给我非常深刻的印象，我觉得这个很重要。第二句话是他后来讲的，其实很多东西可能是你们感觉到了，或者是你们看到了，但你们不知道用什么来传达。问题是你看到了，看到后不是把它放下，而是让这部分慢慢去生长，去积累。找到一些方式来表达的话，高老师的问题就可能往前推了——回来之后怎么样不把自己放回到一个没有这十天经历之前的那个状态。

所以你讲的那个问题很现实，但是你这个现实的问题其实并不真实——真实的问题是，你们这一代人被限制在一套已经预设好了的感觉系统和表述系统里面，所以当你去一个陌生的环境的时候，可能感受到了一些东西，但这些东西不足以改变你自己。当然十天要改变你自己的话，还需要其他的条件，那个条件就是你在去之前和回来之后，都对自己现有的生存环境和生存的方式有某种不满足。

这十天不构成足以让你挑战现有生活方式的能量，因为太短。但问题是，它是不是能够成为一个媒介，一个契机？因为这十天里，你看到了什么不重要（实话实说，你们也没看到什么），问题是，这个经验对你们来说恐怕要大于内容，因为你们知道，在你们的世界之外还有另外一个世界，而那个世界——那个村子——不会因为你们而改变，但你们应该因为这个村子而改变。如果你们没有改变的话，不管"十里店"的展览多成功，我认为此行都是失败的。如果改变了，哪怕撬开一条缝，那么从今以后在杭州城里看到的事情的含义都会有所变化。

高世名：班长当时还爆了一句话比较猛，他说：我们这个状态是不是有点像媒体去包装一个乞丐？把乞丐包装成明星，但他最后还是乞丐。这是个伦理困境。

郑振满：最重要的是孙老师说的：这样的一种经验，在你们未来的生活里面应该带来新的可能性。我记得上午高世名跟我说，你们和其他学院不一样，因为你们有这个田野的传统，长远来看，这一定会使你们和其他的学院不一样。

孙歌：对。所以你们最后挖的坑真的很重要！你们跳不进去也很真实。但那个坑必须得记住。因为说到底，最后还是你们自己嘛，不在于十里店，而在于你们自己。

张晨：我对于十里店来说，既是一个打扰者，也是一个学习者。其实最开始黄孙权老师就问过，我们会给十里店带来什么？或者十里店给我们留下什么？我们的确也没有给十里店留下什么，也许将来和十里店也并没有什么交集，但至少离开十里店之后，"我在哪里"这个问题可以这样看：任何地方都可能变成我们去过的十里店，包括杭州。我们可以从身边的田野学到东西，学习怎么样以一个对话的方式来跟我们身边的人，或者离我们很遥远的人进行交流。我们会希望不断从我们身边的十里店当中得到这样的力量，对话的力量，还有改变自己的力量。

高世名：通过这样的一次次下乡，每一次都要撬动我们对自己生活方式的理解、设定，撬动我们对艺术家这个社会位置的理解，以及思考：展览是为了什么？展览现场之于观众，之于十里店，之于你们，是个什么关系？那也是一个现场，这是我们下乡的核心问题。

最后一句话，乔伊斯写的《尤利西斯》里，布鲁姆就是一个人类学家。大家去想想这个话题，可能对我们有用。

"红旗渠"行走脚注 *

刘畑　陈晓琼

"红旗渠"首先意味着一种距离。两个引号之间的距离，一个名称激起回声。历史的影像和观看者之间的距离，正如所有的星光都来自亿万年前，观者永远是迟到的人。行走，就朝向着这不可跨越的距离，问题和回答之间的距离。

它是长度七十公里的石筑水渠，它从一个县级工程，成为了国家级的精神象征，它凿穿天险太行山，被誉为"人间奇迹"。把工程、神话、肉体和石头，还有无数劳动者的名字混合，这就是"红旗渠"，一段遥远的影像。它的确是一部四十四年前完成的电影的名字，在那里面，口号嘹亮，然而日益陌生。

我们总是向历史投去关切的目光，随着目光渐远，一系列的散漫如沙的过去事件相互勾连。历史学家可以从文献、碑文中获得确信，进一步以史料的形式完成体系的书写。由此，一切过去的人、物、事在这探寻的目光里都变得有迹可寻，在时间里获得位置。而

---

* "'红旗渠'行走脚注"，是基于中国美术学院中国摄影文献研究所 2015 年 10 月底至 11 月于河南林县红旗渠的下乡调研的一次展览。在这次调研中，来自中国美术学院跨媒体艺术学院和视觉中国研究院的老师和学生们从山西红旗渠源头出发，沿红旗渠绕太行山的渠上线路行走至河南林州，以实际探访和身体感受为起点，拉开了探访红旗渠的序幕。

站在如此边界分明的过去面前，现实也相互依靠紧密，如同苔衣紧裹岩石，有了历史沉下去的分量，当下和未来变得不容置疑。

在红旗渠，我们的目光所及，处处落入历史的窠臼。在纪念馆，一根清晰的时间线完成了红旗渠神话的当代重构，在任羊成（当时的排险英雄）的口述中，那些曾经饱含能量的革命标语，鲜红依旧，而一旁休闲旅游的享受消费符号又处处伏笔。我们亲历历史现场，得到的不是历史学家层层递进的证据确信，而是一个正在被时间分流、消融、化解的矛盾处境。我们拼凑不起任何完整的句子来获得意义。只能打捞起一连串脱离了语境，飘荡在时空中，封闭在符号里的词：人民、英雄、光荣、纪念碑、钢铁意志、铁姑娘、生产、学习……对这些词的反复注解，为他们寻找不同时期紧密连接的词条词目，让我们原本聚焦的目光四处分离，让每一次注解的意图都通向可能的历史意义。我们也希望通过此次研讨继续扩展词语的意义，探寻注解的路径。

① "红旗渠"行走脚注展览海报　2015年
② 红旗渠下乡考察　2015年

时间的显影与定影

当代艺术与社会思想研究所

简单说来,摄影从根本上就是——让不可见的被看见,把留不住的留下来。

在我们惯常的经验中,摄影似乎把时光封存了起来,成为"时间的琥珀"。那循着影像的轨迹被召唤回来的记忆和逝去的时光,如同确凿无疑的证物,是存在的线索,无法磨灭的印记。

我们此刻面对的,是一些超越"摄影艺术"的影像。这些多年前的影像,无论是战争时代的"纪实影像",还是那些工作室里的所谓"文人影像",抑或这些画中人的"生命影像",许多都已成为我们的集体记忆,支撑着我们的历史观,以及更重要的,支撑着我们的历史经验。

通过这些照片,我们可以感受到与学院里学的、摄影书上看到的完全不同的摄影。这些摄影经过血与火的铸炼,因而凝聚出一种动人的力量。这种力量此刻就在这里,这个展览的现场,沉默、凝结、安详、强大。

相较于郎静山先生那些著名的体现山水美学的风景,更值得关注的是这次展览中那些无名的山河、无名的人群,似乎这些影像更能够召唤起那些凝固下来的时刻。摄影显影的时刻是时间定影的时

"文人与史诗"展览海报

刻。在我们的经验中,照片展现的仿佛是历史长河凝固的一瞬,然而,这个展览中每个人的一生都是一条河流。那些凝固下来的时刻,那些决定性、非决定性的瞬间,无论对被拍摄者还是拍摄者而言,都是连贯的生命史的一个部分。摄影不只为时间定影,还让时间显影;不只为历史存档,还让生命现身。这场展览,让人感受到一种欲望——让消逝于历史长河中的无名的时刻与无名的"人们"重新现身。

历史不是冷静的史料研究,而是一种照面、一种看见。面对这些凝固的照片，我们看见那些风尘仆仆地行进在山河岁月中的战士的背影，看见他们九死一生的命运。面对这些凝固的照片，我们与某些时刻照面，与照片中的那些人照面，与照相机后的那个人照面。

我们再一次地遭逢这些被锁定、凝固的时刻，它们不只是时间的琥珀，更是时间的种子，因为照片不只是封存，还是开启时光的钥匙。

这些画面中的人，让我们反思究竟什么是所谓的"摄影艺术"？摄影绝不只是这个"世界图像时代"的景观机器，它同时构造出历史感知和自我创生的能力，把握时机与气象的能力，化凡庸为神奇的能力，在刹那中穿越时间的能力，为世－界造像、为时代写神的能力。

中国摄影文献研究所设立在中国美术学院，它所要做的，并非通常意义上的摄影史研究，而是对历史/影像的研究。它所关心的，是作为历史的影像和作为影像的历史。它所指向的，是要在对历史关系和事件的重访再造中建构出更丰富的意义、更激烈的现实和更强大的主体，是事件中不同历史线索的交错与鸣响，是历史之幽灵、光之印记中人的现身与解放。

此刻，想起高帆先生拍摄的1949年天安门城楼前那些无名者的背影，那是一个时代落日时分的晚照，也是一个正在到来的时代的讯息。这张照片揭示出摄影的历史性，它同时粘连着过去与未来。这就是摄影的本质——摄影是时间的摆渡者。

2017年3月

从"文人与史诗"到"浙江摄影文献"(节选)*

高初

1930年代至1940年代之间,从事艺术的青年走向战场前线,成为战争时期边区的主要战地摄影者,并在之后的几十年中作为新中国时期摄影的主要摄影力量。这里呈现的是国共两方的战场摄影者,由漫画速写转向摄影的俞创硕、由木刻转向摄影的高帆、由电影转向摄影的徐肖冰。本次研究的对象也包含1943年战死的诗人与摄影者雷烨,以及战地摄影记者(也是《晋察冀画报》《冀热辽画报》和《东北画报》的创办人)罗光达。

同一时期,也有摄影师延续民国的沙龙传统,转化东西方文化碰撞的巨大能量,继续着审美情态和个人风格的艺术探索。这里试图讨论颇为重要但被遗忘了半个多世纪的刘旭沧,同时也包括和刘旭沧的生涯有诸多交错之处,但是在1949年形成命运分岔口的郎静山,还有自二十世纪三十年代进行文人情怀的摄影实践与现代都市的摄影习作,在1950年代'自此没有拿起相机'的银行家骆伯年。

---

* 本文所涉图片均由中国摄影文献研究所提供。这一研究计划中,中国摄影文献研究所的高初和当代艺术与社会思想研究所的刘畑博士负责组织文献与策展空间两个层面的工作,陆怡舟负责徐肖冰的个案,魏潇洋负责高帆的个案,洪丹阳负责俞创硕的个案,齐萌负责罗光达的个案,陈晓琼负责雷烨的个案,祖宇负责刘旭沧的个案,吴凡蕊负责郎静山的个案,伍舒扬负责骆伯年的个案,刘益红和吴冰分别负责展览的主视觉设计和空间设计。

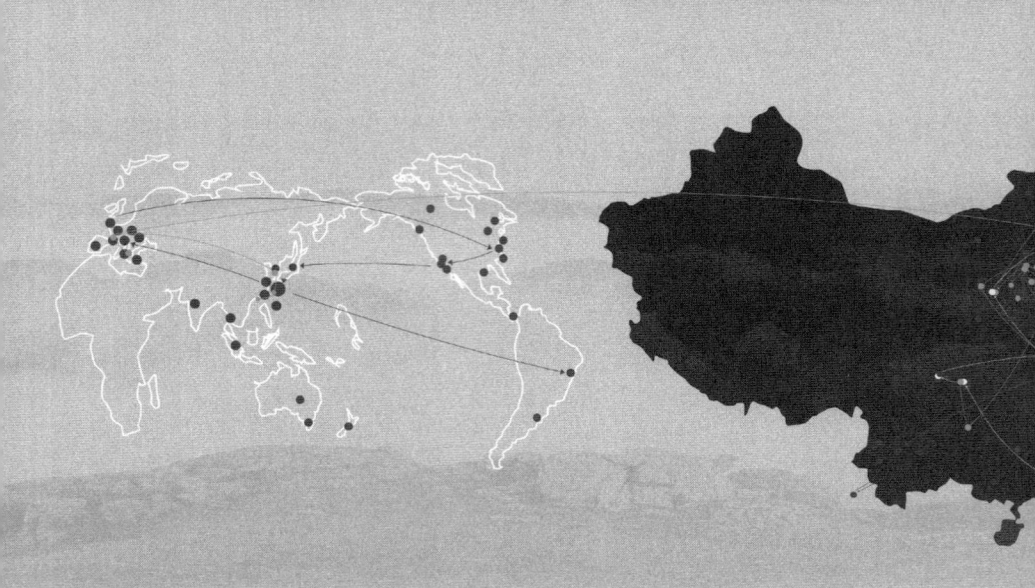

　　这八位艺术家的共性是，他们都来自浙江。从 1930 年代开始，因各自的职业与游历，他们的镜头摄取不同城市的风土人情，同时也折射着接受摄影作为西方现代性工具的好奇、模仿、争论和创新；或因大时代的命运，他们投奔战场，在半个中国的版图上行进；也是在这一阶段，摄影不但成为唤起大众投向救亡的有力手段，甚至也成为激励士气的拍摄仪式。中国摄影在战争的特定情况下，摄影的意义系统地从拍摄者转向到观看者，摄影的评价效果也在于对观看者的情绪触动和行动激发。这一拍摄者和观看者的主客体转换，意味着摄影的主体与观念、题材与语言、媒介与现场都发生了意味深长的置转和重组。这一对于摄影的观念、理解，在战争的炮火硝烟中建立，成为新中国时期乃至影响至今的摄影观念和操作机制。

　　在摄影家的行动轨迹地图中，我们试图描述在这一波澜壮阔的

八位摄影师的行动轨迹地图

大时代中，摄影家的颠沛流离、奋勇向前；摄影家对于个人生活、创作和审美的坚守，他们的家国情怀、所参与的历史现场，以及对于摄影的社会属性所形成的新观念和利用。

1949 年，这八个人的命运迎来新的分界点：徐肖冰所经历的 1949 是毛泽东读《解放南京》的号外和 10 月 1 日的开国大典；高帆所经历的 1949 是 2 月至 3 月的接收北平和毛泽东的西苑阅兵，在 9 月至 11 月间已经随着二野的进军进程转战郑州、南京、徐州、贵阳和重庆等地；俞创硕的 1949 是上海的第一面五星红旗飘扬，这位抗战时期中央社最重要的战地记者拒绝参与内战的摄影，等待的就是这一天；吟唱《国际纵队之歌》走向战场的雷烨没有等来他的 1949；对于郎静山而言，1949 是一张自香港去台湾的通行证，他只能将游历塞北江南所记录的景色堆叠集锦在摄影作品中，自台湾遥望大陆寄托家国之思；属于刘旭沧的 1949 则是对于一个新兴改权的期待和艺术创作的热望。

在这八位艺术家的生涯中，我们也在讨论艺术史的分期。1920年代的文人审美传统和对于德国、美国摄影的借鉴和习作贯穿骆伯年的生涯，直到1951年他"自此不再进行摄影创作"。1930年的画意、沙龙和现代主义探索贯穿刘旭沧和郎静山的生涯。刘旭沧在新中国时期有过跟随新的摄影要求的努力，而远避台湾的郎静山则将1930年代的上海都市的沙龙、画意与纪实发展出另一番令世界瞩目的摄影创造，成为民国摄影传统续写的篇章。而奔向战场的五位青年，他们在1930年代到1940年代所作的战场摄影，通过摄影训练班的人才机制和边区新闻摄影科的建立，又何尝不是书写新中国时期摄影的序篇？艺术家的个体的生命史、摄影的题材与风格、摄影群体和艺术阶段，都堆叠在政治史的分期中，有的成为了主流，有的成为了潜流；主流与主流之间，主流与潜流之间也在派生、演变、吸纳、转化、对抗、裂解和消寂，而这其中也牵扯着在地理空间和政治空间中的游移。

通过对这八个艺术家个案的讨论，我们还试图呈现另外两重层次：个人生命史与大时代，艺术媒介在1930年代的丰富状态。这些摄影师在历史中的位置是什么？呈现历史的媒介是什么？这次聚焦在1930年代至1940年代的摄影考察，正是在这样一种特定的历史结构中的观察：现代与革命、都市与战场、市民与战士。这一时期的中国艺术，在家国危亡的特定历史情境中，艺术家如何面对自身的处境，如何开展新的创造？在个人的艺术世界和外部社会的激荡之中，他们如何自处？又如何相处？

这一时期的摄影，和1920年代至1930年代知识精英的摄影实践相比，有着什么样的转化？又如何转化为新中国建立前后的一套图像制造和传播机制？这一时期的摄影，是民国摄影的高峰和尾声，也是新中国时期摄影的序幕和奠基。我们是否能借由这一时期的视觉文献，不但同时讨论民国摄影和新中国摄影的主体与观念、题材与语言、媒介与现场，而且讨论在两个时期的艺术的转化中个人的生涯和境遇，以及艺术作为社会动力的作用机制？［……］

"文人与史诗"只是浙江摄影文献四部曲的一个开场。我们期待研究项目的推进和更多的展览与出版物。浙江对于在地史料的抢救性整理，以及在对于摄影文献的汇集研究中所搭设的学术合作机制和国际视野，将构成对于摄影史的地域研究的一个样本。我们盼望在若干年后有回望和讨论的一次机会。

2017 年

① 郎静山《金波泛筏》摄影　浙江　1930年
② 俞创硕《八路军平型关大捷后胜利归来》摄影　山西　1937年

① 高帆《1949年,庆祝北平解放大会上,听北平市长叶剑英讲话的北平民众》摄影　1949年
② 高帆《北平市民在东长安街三座门看解放战争形势图》摄影　1949年1月

文人与史诗

人物设定与情境建构

刘畑

"文人与史诗"是中国摄影文献(SACP)2016年启动的长期计划,首回合的呈现聚焦于八位浙江籍的摄影师:俞创硕、高帆、雷烨、徐肖冰、骆伯年、刘旭沧、郎静山、罗光达。

然而,与其说我们试图去呈现的是八位"摄影师"以及他们的"作品",毋宁说,我们想要把握的是20世纪30、40年代的八个特殊的"角色"。

此次"文人与史诗"的策展思路:展览如同一部电影或剧集,八个角色、八条故事线、八根线索交织,形成一张网,从浙江这个地域出发,放射出复杂的路线图;每个人的剧情各自延伸,不知何时交叉;但本来似乎独立发展的情节,却渐渐被名为"历史"的无形之手编织到了一起……

其中,既有宏大的史诗视角、长线剧情,也有短暂却往往扣人心弦的插曲、交会时刻的戏剧性瞬间,以及一个所有人共享的时间节点、一个中转站(Terminal):他们各自的"1949"。

俞创硕+高帆:太行

两座太行山并峙。巨幅尺度的画面。

一幅，是高帆拍摄的《太行八路军出击晋中攻打祁县》；一幅，是俞创硕的《太行山中之正太路》。"登彼太行，翠绕羊肠"，这仿佛是高帆画面中的近景行军与远山迷离；"劈开太行山，漳河穿山来"，这仿佛是俞创硕的浪涛奔流与壁立千仞。

两人的所有照片都被安置在金属和木材组成的两条"轨道"之上，金－木的构成像是铁轨与枕木、枪管与枪托，甚至可以呼应于笔杆、相机的构成，在尺寸比例上，又像是胶片的"轨道"，令所有的图像重新获得一种运动、速度感。

俞创硕带着一种民国特有的意气风发。1933、1934年参加"国难宣传团"，西出函谷关，壮游几万里。高帆也一样，拍摄于枪林弹雨之中。戎马生涯几乎已经不可清晰盘点，对这种复杂情绪的概括，出自俞创硕晚年（1987年）收到国难宣传团的老友顾廷鹏寄自边疆（乌鲁木齐）的信件——

创硕兄嫂：

很久没有通讯了。你（们）我们都好！[……]我与创硕年轻的时候"挂羊头、卖狗肉"走荒漠戈壁[……]

一个补入的"们"字，令人感慨万千。

俞创硕的1949，他拍摄了上海解放第一面五星红旗在市府升起。

高帆的1949，是关于人民解放军进入北平的一系列记录，那时的新中国尚在襁褓。

雷烨：从曲谱到奖状

说他是一位摄影师，不如说他是一位诗人。这是一个以"文字"为主的空间，起点是一张曲谱：西班牙的《国际纵队之歌》，终点则是一张奖状："项俊文"（雷烨的原名）被追认为烈士，这已是多年之后，考证那位牺牲者的真名都颇费了一番功夫。曲谱和奖状间，是各种不同形式的文字：诗歌、日记、文摘、读物、剪报、通讯……摄影的图像，仅仅如同一扇扇小窗口穿插打开。

从最早受左翼文学的影响，典当掉自家的房屋，送弟弟去孤儿院，送妹妹出嫁，只身一人踏上革命道路的那一刻起，雷烨始终是一个理想主义者，一个"爱国文艺青年"，乃至神似又一个堂·吉诃德。

他把革命称为"她"。他说"不会在这个世界上白跑一趟"，他说"最后一颗子弹留给自己"，最后，他掩护自己的警卫员撤退，销毁手枪、从容就义……

他的生命如此短暂、纯净，像是主流革命大浪潮之外的小露珠，晶莹剔透，却又转瞬易逝。人生几何，譬如朝露。

雷烨，没有1949。

徐肖冰：延安

展览中呈现的创作很多都与战争有关，但徐肖冰呈现的则是一个独特的面向，发生在战争的另一端的重要板块：后方。此间展出的大部分的图像、影片都拍摄于延安，在他前往延安的路上，曾与俞创硕有过照面。

延而安之，后方的摄影少了前方争分夺秒的焦灼，但同时也自然要承担起建立范式的功能。一个黑暗的空间中，投影播放着影片

《南泥湾》。

他的 1949，是那张著名的毛泽东手持报纸、阅读解放南京新闻的图像。

骆伯年：身边的现实与超现实

在时代的狂涛中，他拥有安静的一隅。

这是一间银行职员的书房，一张办公桌、博古架，放置于角落，人们甚至会匆匆路过，忘了注意到墙上有郁达夫题词的照片，桌面上还有两本早年德国与美国的摄影年鉴——这是骆伯年开展他的摄影探索的视觉资源。

他拍摄的事物都来自他的"身边"：家人、花草、城市周边的风景、室内的小静物，这是"身边的现实"；偶尔从静物突然展开某些现代主义式的构成小实验，尽管不乏令人意外的影像，也依然是一种"身边的超现实"。

某一天，骆伯年突然停止了拍照，这居然如此自然而然。就像他的 1949，并没有必要去提炼出一个最强的高光。

刘旭沧：溶解在"显影液"中的摄影师

刘旭沧很少有原作传世，他服下了一瓶底片减薄液（氰化物配方）——本用于造影的物件，却令他消影。这位《良友》画报、三友影会最重要的参与者之一，最早的彩色摄影师之一，消逝为了一名"溶解在'显影液'中的摄影师"。在这个辩证的模糊身影背后，是时代中的个人，以摄影为媒介的宿命般的缘结。

此处，我们呈现的是一张张他在杂志上发表的页面，属于刘旭沧拍摄的图像是清晰的，但它们的边缘开始消融，共同汇入一片茫茫的底色中，成为在俯瞰洋面时看到的座座岛屿。

他的 1949，是一张辗转发现的合影。正如在杂志页面中搜寻他拍摄的图像，我们在不同的群体中定位他的存在，在合影的群像中寻找他的身影：1932 年的三友影会、1930 年代《良友》画报摄影师群体（包括俞创硕、郎静山等）、1935 年的《美术生活》、1956 年新中国时期成立的中国摄影学会……

郎静山：柔调沙龙

踏入郎静山的空间中，首要的不是视觉，而是脚底的触感：柔软的地毯让紧绷的肌肉放松，配上昏暗的光线，一个民国式的高雅的大师的"柔调沙龙"。作为一个从浙江出发足迹踏遍全国乃至全球的艺术家，除了战争，郎静山的拍摄几乎涉及了所有摄影领域。

《烟波摇艇》集锦了黄山、香港、台湾的风光，也集锦了他对于传统山水画的观看和山川的游历。集锦不同于拼贴，是经营位置、传移摹写。山河如锦绣，所集之锦中何为"山河"，又何为"祖国"？

他的 1949，是一份移居台湾的文件。

罗光达：至今的常识

掀起郎静山黑丝绒材质的门帘，后面还有一层，是麻布的材料，翻开，眼前顿时一亮，走入一个亮堂的晒场，充斥着标语和来自解放区的摄影，这是曾经将照片张贴（而非装裱）于马粪纸上举办的战地摄影展的现场。郎静山和罗光达共享的墙面两侧的反差，恰似《良友》画报是某种视觉方式的一极，而《晋察冀画报》直至《人民画报》是视觉方式的另一极。

空旷的展厅里是"我们必须怎么摄影"的战时摄影训练班教材的引文,烈士的统计表、训练班合影等文献星罗点缀在现场。罗光达不是一个人,甚至都没有几张他的摄影作品,这个现场是他所勾连的三本画报的几十个人,他们开创的事业,以及慢慢走向标准的摄影方法。一个终点,是1959年的那句将摄影盖棺定论的"总结性意见"。

如同《新闻摄影常识》中所强调的:反映现实、推动现实、有形保留现实。这里的重点,是去打开直至今天还沿用的某些思维模式、方法的源流和结构,它是一个(值得被讨论的)"问题"、(值得拿出来翻阅的)"材料"绵延至今的现场。

在纷纭的细节中流转、演进,"文人"不是千人一面的人物设定,"史诗"也非千篇一律的情境建构,"文人与史诗"是一个相互的塑造冶炼。正如这八位中的大部分人,可能都不会在拍照的时候以"摄影作品"或者"创作"来看待自己的行为,因此摄影本身才可以被称之为一种人类层面的行为。这时代的大剧作中的八枚运动的镜头,它们潜望、放大、望远、显微,它们在全景与特写中,把历史的现场与问题都向我们敞开,而我们最想知道的正是:

经由这几个透视的镜头,能否看出、推导出一个历史进程的精神结构?这些视觉的证据中,蕴含何种能量可值得今天重新汲取?而"今天",又是一个什么样的复杂进程的结果?

2017 年

关于"历史的显影
——战争时期的中国摄影"(节选)

高初

[……]最近几年,海外学术界对于沙飞与中国摄影史的研究有密切的交流与合作。哈佛大学艺术史系的汪悦进教授邀请学者深入参与到有关沙飞及同时期中国摄影师的研究与讨论中,并筹备在哈佛大学举办围绕沙飞档案与沙飞研究的学术研讨会。中国美术学院中国摄影文献研究所主任高初,作为哈佛研讨会的参与者,和汪悦进教授商议,由中国美术学院和哈佛大学联合举办这次学术研讨会,将其分为2015年12月(杭州)和2016年4月(波士顿)的两场会议,并将杭州研讨会的题目扩展为"战争时期的中国摄影"。一方面,"战争时期"的学术研讨会是中国摄影文献研究所围绕"中国摄影史论"和"中国革命的视觉档案"两个长期研究计划在2015年度的议题,也是研究所年度系列研讨、展览和出版的总结;另一方面,我们也盼望这次的学术合作,能够成为国际学术合作与跨学科的中国摄影史论研究的推进契机。

这一联合办会的方式,首要的好处是使得许多对于这一研究领域有热情的学者得以参加,在地理距离、语言交流和会议预算上都有所便利。

杭州会议的9个场次,将有艺术史、近代史、革命史、传播学、社会史、人类学、文化史、文学史、摄影史、视觉文化研究、画报研究、女性研究等各个领域的学者参加。围绕近代中国的视觉材料作为研究对象，如此广泛的学科之间的交流还是第一次。为此，近代史会场的召集人王奇生教授、艺术史会场的召集人汪悦进教授、传播学会场的召集人陈卫星教授、摄影史会场的召集人晋永权先生、摄影档案会场的召集人高初、沙飞会场的王雁女士和司苏实先生等都做了大量的与会学者的沟通工作，使得关于议题的讨论不但可以汇集和深入，也使得开放性的议题设置易于其他学科的学者参与讨论。这与摄影史这一学科在材料上和方法论上的特点是一致的。

杭州会议的第三个特点是将图像档案的整理（档案界）、研究（学术界）、展览（美术馆界）、出版（出版界）汇成一个完整的链条。这呼应着中国摄影史这一初建学科的特性：学者需要身兼口述采访人、策展人和图书编辑等身份，在汇集、整理、展览和出版摄影档案的同时进行研究。这种学术生产和社会生产的紧密合作，使得近年来摄影史的研究卓有成效：个案研究的文献展、学术展、回顾展，地域性的市级美术馆与省美术馆的学术合作，围绕某一历史议题的档案成果的集中出版，由双年展引发的国际策展界的讨论等，共同组成了围绕"摄影"这一社会性档案的整理、研究与讨论。中国摄影文献研究所作为摄影理论与史论的学术研究与教学机构，活跃在文献汇集、学术生产和展览实践的最前沿。杭州会议的出版界圆桌，汇集了过去十年来最有活力的专注于摄影文献、摄影译介与批评、摄影史论与理论的出版社。而策展界的圆桌讨论，则汇集了近年来活跃的文献展与学术展的策展人。［……］

高初、晋永权编《最前线：中国共产党抗战图像志》
金城出版社　2015 年

近年来战争摄影档案的整理、出版与展览

[……] 就摄影档案的学术性整理工作而言，最大的不便在于大多数摄影档案如同其他革命时期的档案一样，是非公开的资料，很少能为学术界所见。所以从某种意义上来说，抗战时期的摄影档案并非首先在档案界与学术界得到整理，而是通过这一摄影群体及其家属的努力而得以汇集、整理与出版。摄影家后代所做的整理汇编与结集出版工作，例如围绕高帆、吴群、袁克忠等摄影师，均有很好的成果。[……]

高初及其工作团队进入抗战时期的档案，有个人的情感经验和问题意识的指向。在几年的工作之后，能够总结出几点档案的整理和研究方法上的经验：其一是重视个案研究，这就意味着我们不单注重底片，也注意印相、手稿、木刻、日记等多种研究个人的材料，研究艺术家的生命史和研究他们的作品与风格是密不可分的；其二是重视口述史，随着每一次访谈重新经历历史的情感过程，而这情感的触动有时比学术训练形成的知识结构更能打开问题意识；其三是重视其他学科的方法论，如何将其引入到中国摄影史的研究，同时形成中国摄影史的学科边界和学科自洽。在口述史的工作中，每一个被采访者都成为了一个热心的线索提供者，甚至是我们的介绍人和担保人。正是在这种情况下，我们围绕着100余位战争时期（也是新中国时期）的摄影者，采访了200余位他们的战友、同事、子女等。我们最后发现，有时围绕一个战地摄影师的个案采访，缺失的部分会在对其他人的采访中弥补上。一个人碎片化的生涯和值得被讨论的部分，很可能在另一个意想不到的个案采访中得到关键信息，被慢慢弥合和补齐。在这样的经验下，我们的工作方式转变为对这一摄影群体的整体性的档案工作，一个人的个案研究是通过对摄影群体的整体研究完成的，这也和集体主义的社会情境、当时的摄影情况构成某种呼应。这一工作方法使得工作量大大增加，而且是在前期的档案和思考准备完成后，研究成果才开始集中涌现。

图像档案与历史研究（近代史）

[……]和新中国建立前后历史图集多由摄影界和画报界编辑出版不同，随着历史学者对于图像档案的兴趣与日俱增和调阅收集的图像档案的日渐丰富，近来有颇多历史图集是由党史、近代史学者与相关机构在考证的基础上编纂，一些青年学者和博士生也将近代图像作为研究与写作的对象。

以王奇生作为召集人的近代史会场，集中回应历史学者如何认识和解读摄影作为历史研究的史料这一话题。

到前线去：抗战时期的艺术创作（艺术史）

［……］自 1930 年代以来，中国摄影呈现出更为多元的面貌：其一是摄影者的来源更为广泛，职员和学生成为摄影活动的新兴力量；其二是伴随这一时期都市视觉媒介和画报的兴盛，摄影逐渐职业化；其三，摄影书籍和杂志的刊行、社团的活跃已经为摄影技术层面的讨论作出铺垫，各个门类的艺术也慢慢成为摄影得以汲取的养料；其四是对于外国猎奇的反思，以及对于民族文化的视觉语言的探索。

随着 1931 年的九一八事变和 1932 年的"一·二八"事变，自"美化生活、陶冶情操"的风景、花树、鸟兽、静物等呈现审美情趣的题材到进入表现劳动者的现实性的题材，进而在 1937 年的七七事变前后转向战场，转向士兵。摄影的传达对象，从社团内部的雅集交游，到参观展览的市民，进而到能被鼓呼而投入到民族救亡的一切国民。

这一时期对于摄影的讨论，也是逐步推进的。1936 年冯四知写道："仅只美啊，诗意画意的照片，不能算是摄影艺术，真正的艺术品，是能改变人的环境、生活、思想，有一种力的感动。"1937 年 6 月出版的《飞鹰》杂志第 18 期明确地提出：

> 在目前，全中国到处可闻到大众不平的吼声，社会上任何角落里，可以看到大众为争取民族解放而汇流的斗争鲜血［……］因为现在中国最大的问题，人人所共的问题，是民族

生存的问题［……］截取具有积极性的题材，固然可使一切不愿做奴隶的人们因此而奋起，反抗，战斗；但以暴露现实的丑恶为目标的取景，也同样可以因此引起被压迫者们的决心，挣扎，拼断所有加在他们头顶上的锁链。［……］摄影研究者们跟着时代的进展，正需有新的开拓，但这开拓，决不是一二个人的能力所能达，要有前进的研究者的加倍努力；保守者们的移步向前。这一方面，当然要从新的理论中去学习；一方面，当然也要由活的实践中云改进。

这一"积极性"的题材和摄影在观看后产生的效用，蕴含着在战争爆发、民族危亡的特定的历史情况下，中国摄影的意义系统从拍摄者转向到观看者，摄影的评价效果也转向对观看者情绪的触动和行动的激发。这一拍摄者和观看者的主客体的转换，意味着摄影的主体与观念、题材与语言、媒介与现场都发生了意味深长的置转和重组。"作为仪式的拍照"和"革命时期的宣讲式的观看"成为自战争时期至新中国，乃至今天我们讨论中国摄影的两个核心概念。进而言之，这一在抗战前后所发展的对于摄影的观念层面的认识和实践层面的操作，不但成为了新华社、各大画报社等为代表的新中国时期摄影的基本形态，而且影响持续至今。1980年代摄影思潮与摄影批判正是对这一现象的回应，但背离性的姿态仍无法摆脱这一话语的范畴。这是艺术史上颇为独特的一种社会和文化形态，在中国"摄影"反而成为问题汇集的一个焦灼点，这正是因为摄影在战争时期和新中国时期在国家能力和文化建构功能中发挥的巨大作用。从中国摄影史的分期而言，1936年开始的摄影争论和摄影实践，成为了一个意味深长的起点。

吴印咸《拓垦》摄影　1941 年

这一时期的中国摄影，就其内部而言，发生着剧烈而迅速的变化。对抗战时期的中国摄影的外部讨论也可以在两个结构里得到观察：其一是世界史的结构，其二是摄影史的结构。

对于世界史的结构而言，中国和日本都迫切地需要建立民众动员的政治视觉机制和说服敌对者的文化视觉机制。可以说，中国摄影史的重要摄影师和日本摄影史的重要摄影师，此刻相聚在中国的战场上，为各自的现代国家和现代民族的目标进行着视觉性的文化构造。图像的生产与传播，以及围绕图像语义的生产与传播，是这一事业的核心和途径。艺术家不但放弃了自身的主体性，投入到这一工作中，也正是在这一过程中生成了自身的主体性：建立视觉经验和审美情态，探索个人的风格。

对于摄影史的结构而言，战争时期和新中国时期的中国摄影史，是由摄影群体在战争时期和新中国时期的摄影生涯和个人的生命史构成。他们对于摄影的"效果论"的理解，他们驾驭的题材，乃至他们所参与的民族解放和国家建立的情感上的撞击，逐渐地内化于他们的生命经验和艺术风格。而在他们摄影生涯的早期，对于媒材和题材的现代主义探索也成为他们作品的重要底色。

东西方文化碰撞的巨大能量，从殖民地状态到建立新中国的精神气质，赋予了这一代摄影者在视觉性的实践探索和理论重建中的历史使命，以及具体的摄影题材和表现方式。摄影不但是这场剧变的记载媒介，而且是这场重建的组成部分。史诗叙事和革命动员逐渐成为他们生涯中被显现的情感结构和艺术状态。以现代主义为主线的艺术家个人探索贯穿他们的生涯始终，但是往往隐藏在具体的革命题材中。

他们生涯的第一个特点是"向下唤起"：放弃艺术家的主体性，

第一章　我们的历史感觉　133

将个人的审美倾向替换为"预设的观众"的情感倾向。对于照片成功与否的评价,要看通过展览和画报出版的动员的效果。他们生涯的第二个特点是"放弃制作作品":如果说西方艺术史是将艺术家的艺术品作为写作的对象,作品就是艺术家不断推进的艺术探索生涯的坐标,是艺术界的流通品,也是艺术批评和艺术史写作的对象。但是这些摄影师的作品一般只蕴含在"观看"的现场。他们真正的作品不在于展出之后留下来的相纸,而在于观者在这一现场"心里燃起一股热力"。这些无形的、在革命构造中产生的动能,才是对历史语境中他们摄影生涯的真正评价。

在艺术史会场的讨论中,我们试图将战争时期的摄影放到同时期的整体艺术状况中理解。一方面,摄影在前方战场和多种艺术样式有着密切关系,在胶片紧缺的情况下,摄影师通常也采用木刻作为创作手段,有时也参与到壁画的创作中。另一方面,摄影者的视觉经验的来源,他的家庭、教育、阅读,在1930年代和都市画报的紧密关系,如何被他们在战场中转化为创作?他们和同时期的油画、国画、雕塑、战地写生、木刻、漫画、壁画等艺术家有着什么样的交往和相互影响?

战争的图像:主体、媒介与美学(传播学)

传播学会场的召集人陈卫星对于议题有着细致的讨论。他在来信里写道:

> 我们有这样一个顾虑:如果每个单元的参与者要尽量保持自己的专业话语,这样讨论的成果是否可能仍是原有话语的重复?是否能有一个新的框架来展开更有成效的讨论,而非在固

有的路径中进行知识生产?

这次的讨论将分为三个板块。

第一个是历史与政治:探讨中国近现代史的阶段性期前中各个政治主体的角色功能、自我呈现和被再现的诉求、意志以及相关的话语特征和认同方式。第二个是摄影和艺术:探讨摄影如何成为现代媒介并介入到中国近现代史的社会进程,当中应该有两个问题,一个是透视美学对传统美学的观念冲击,一个是摄影语言的形式的表入所催生的文化主体问题。第三个是文化与传播:从摄影档案的流动与保存开始,探讨文化遗产概念的摄影作品如何从档案变成出版物和展览对象,演变成文化史和社会史的"硬件"。

事实上,对战争时期摄影档案的整理与研究,一方面经由底片、手稿、印相、木刻、日记等档案的收集、考证,以摄影者的个案研究为出发点,借助艺术史的研究方法进行深入的讨论和写作;一方面也在不断回到这些图片当时与事后的刊用、传播、观看和激起的反响,讨论战争时期至新中国时期图像生产和传播机制。

从战争时期摄影到新中国时期的摄影(摄影史)

[……]1930 年代至 1940 年代之间,和上海紧密相关的一批摄影师走向民族危亡的最前线,他们不但是战争时期最重要的战地摄影者,而且也是新中国摄影最为核心的力量,如沙飞、吴印咸、郑景康、高帆。同时,有一批摄影师延续民国的沙龙传统,转化东西方文化碰撞的巨大能量,继续着审美情态和个人风格的艺术探索,如郎静山、骆伯年和金石声。还有一位摄影师庄学本走向边疆,他的

摄影抓住人性中的闪光，远超出人类学和民族志考察的视觉性档案的范畴。

这三类人在历史中的位置是什么？这一时期艺术考察的关键词是什么？呈现历史的媒介是什么？我们能否借由来自一个地域、一个短时期的几个艺术家的文献，讨论"上海（或其他某地区）是什么"，"上海（或其他某地区）将成为什么"？这一时期上海的摄影和木刻（新兴木刻运动）、设计、商业艺术、都市媒介有着什么样的互动关系？1930年代至1940年代的中国艺术，在民族危亡的特定历史情境中，艺术家如何面对自身的处境，如何开展新的创造？在个人的艺术世界和外部的社会激荡之中，他们如何自处？又如何相处？

这一时期的摄影对1920年代至1930年代知识精英的摄影实践有着什么样的转化？又如何转化为新中国建立前后的一套图像的制造和传播机制？是否可以认为，这一时期的摄影是民国摄影的高峰和尾声，也是新中国时期摄影的序幕和奠基？我们是否能借由这一时期的视觉文献，不但同时讨论民国摄影和新中国摄影的主体与观念、题材与语言、媒介与现场，而且讨论在两个时期的艺术转化中个人的生涯和境遇，以及艺术作为社会动力的作用机制？

这种观察和讨论，带着艺术史研究当下两个指向性的研究方法：地域性的、分期性的。摄影史会场的召集人晋永权讨论从广东和上海出发去共产党边区的摄影师，他们对新中国时期的摄影产生了怎样深远的影响。这一话题意味着那些在之后几十年中黯然无声的民国摄影师的境遇也会被讨论。关于议题，晋永权写道：

清以降，广东、上海得影像文化风气之先，并形成鲜明的地域特征。二十世纪三四十年代，两地摄影人中部分精英分子，如沙飞、石少华、郑景康、吴群以及吴印咸、徐肖冰、高帆，带着各自的情怀与期待，经由不同路径抵达延安。在红色政权的意识形态诉求及组织管理规制下，身处特殊的战争环境，两个群体最终混合交互，并形成对摄影功能的共识，以及影像美学形态的塑造。

  包括实现这一目标的手段在内，这一结果，随着红色政权的全面建立，最终确立新中国的影像文化样态，成为影像文化的主导话语并影响至今。

沙飞《保卫国土,保卫家乡》摄影 摄于抗日战争时期

高帆《太行八路军出击晋中攻打祁县》摄影

第二章

人民的名字

邹县孟府"杨二碑",碑文:"杨二,不知何许人也。民七年佣于庆余堂黄氏之家。性和蔼,勤于所事,伙友皆爱之。问其家世,只一妻一子,妻以荒年再醮云,子亦落拓不务正,随奉鲁军当兵至今无音闻。二于十七年夏遘疫死,死无葬地,求东人隙地瘗焉。同人恐其岁久而就湮也,故立石以志之,庶其子他日归来,依稀认其父墓云。伙友王兴志、韩太和等敬立。民国十九年五月十日立石。"

楊二不知何許人也条七年傭於餘慶童
蓮民之家性和藹勤于所事窮友杜音次之
閔其家世因與妻一子妻以荒年再醮於
子亦落拓不羇正随奉璽董當六匠夫今無
音人二於十一年夏遭疫死死無墓地永
東人隙地歷為同人恐與歲久而就湮也
共立石以誌之庵子子他日歸來依稀認其对墓云
 窮友王興雲共款立
民國十九年五月十日立石

第一节

人民的名字

"人民的名字"会议

"人民的名字"会议海报

时间：2012 年 10 月 2—4 日
地点：上海金泽
召集人：高世名、郑波
与会人员（**按照首字母排列**）：陈界仁、高世名、贾可·西塞尔（Giaco Schiesser）、胡项城、李大维、牟森、拉维·孙达拉姆（Ravi Sundaram）、孙歌、德莫斯（T. J. Demos）、吴文光、张晖、张颂仁、郑波、朱伟诚
主题：探讨艺术与不同社群概念（人民、群众、诸众、公众、群体、阶级、集体、社区、公共体、反抗性公共体、社交网络等）之间的关联。

近年来，全球多个地区的艺术家积极推动介入社会的艺术实践，但相关的讨论大多着眼于欧美案例，聚焦在城市公共体。我们希望此次会议能够引起国内及周边学界对这一领域的关注，并通过研究亚洲的具体情竟（如中国的社会主义时期、市场体制、印度的后殖民与盗版现代性）提出新的问题。我们将同时关注城市与乡村，想象更多的社群可能。

"人民的名字"会议现场　金泽　2012 年

2012年10月2日

第一节

郑波：公共性诉求

拉维·孙达拉姆：群众之后——后媒体公共

张晖：乡土社会仪式政治与地方社区公共性的建构——基于河南省灵宝市"骂社火"风俗的考察

T. J. 德莫斯："第13届卡塞尔文献展"中的生态政治

第二节

牟森：人民没有名字

孙歌：思想史中的"人民"

朱伟诚：中国台湾同志运动的脉络理解与同志主流化的新挑战

贾可·西塞尔：不是做政治艺术，而是政治地做艺术

2012年10月3日

第一节

吴文光：《以记忆之名：镜头敲开记忆之窗——草场地工作站民间记忆计划》纪录片展映

陈界仁：《幸福大厦Ⅰ》

李大维：新山寨——全球黑客空间，开放源代码硬件运动及中国山寨产业

第二节

自由讨论

人民的名字：如水的社群＊

郑波

> 人的本质不是单个人所固有的抽象物，在其现实性上，它是一切社会关系的总和。
>
> ——马克思《关于费尔巴哈的提纲》（1845 年）

一

人民、诸众、大众、公众、群众、阶级、阶层、族群、群体、共同体、公共体、集体、同仁、合作社、社区、社交网络、朋友圈……这些概念都被用来描述社群。对不同概念的好恶可以透露出使用者的政治倾向，在第三部分透过介绍本专辑的论文再做说明。在此，先提出几个考察这些概念的维度，以便形成基本的认识。

首先，这些概念的尺度不同。人民常被用在国家的层面，中国人民是一个超过 14 亿人的群体；一个社区由几百到几万名成员组成，而一个人的朋友圈平均也就一两百人。其次，这些概念有虚和实、抽象和具体的分别。规模越大的概念越抽象，规模越小的概念越具体。一个豆瓣小组的成员可以相约聚在一起，而生活在中国这

＊ 本文为《新美术》2014 年第 2 期"思想"专题"人民的名字"导言。

个政治文化空间中的人民不可能同时同地聚合成一个可见的实体。我们很难把握中国人民到底是什么样子,而难免会将自己的有限经验推广至宏大的规模,众多争论的根源或许就在于此。

我们不妨看看百度搜图的结果。红色是最明显的色调,人民的革命色彩依然没有褪去。标语、口号、国家机构、宣传画("人民利益高于一切"、"为人民服务")大约占了半数的图片,凸显人民这个概念的政治性和抽象性。在其余那些出现具体人群的照片中,最突出的元素是民族服装:一群身着民族服装的男女聚在一起就代表了中国人民。在前五十张图片中仅有一张涉及人民主权这个概念:一位抱着小孩的妇女正将选票投入红色的投票箱,背后的红色横幅上写着"×××妇代会"。这张照片是 2007 年 10 月 19 日《青年时报》头版文章《人民民主是社会主义的生命:解读十七大报告发展社会主义民主政治的重要论述》的题图。

再者,这些社群概念的开放程度不同,有些边界清晰,有些边界模糊,有些强调稳定,有些强调流动。无产阶级、少数民族、班级集体、公司同仁,这些团体的成员都拥有明确的身份,在档案、户口簿、学生证、工作证中以文字的形式固定下来,受到国家和市场机制的认可和保护。NGC 志愿者团体、豆瓣上的小组、公园里老人组织的合唱团则可以相对自由地加入、退出,通常不受国家机制的限制和保护。这些群体的成员身份不具有本质性,而是因行为、兴趣、行动而产生,更多地强调自发性而非强制性。当下社群的形成越来越是自下而上的;自上而下、依靠国家机构组织的社群对年轻人缺乏吸引力。

阶级、族群的边界既是对内的——强调成员之间的共同之处;也是对外的——强调与其他阶级、群体的差异。无产阶级与资产阶

以"人民"为关键词在百度搜图的结果

级相对，少数民族与汉族相对。划分是阶级、族群存在的前提。在人群的划分上，社会经济地位依然是我们最敏感的维度。虽然毛泽东时代的阶级词语——无产阶级、资产阶级、全世界无产者、劳动人民、工农兵——已经渐渐淡出，但新的词语又不断被发明和引入："白领"、"小白领"、"农民工"、"高富帅"等。

对社会进行划分大体出现两种模式：二元对立或多元共处。毛泽东时代多采用二元对立的模式，进步的劳动人民对反动的资本家，革命群众对反革命分子。这种模式强调冲突、斗争、革命。改革开放后，社会阶层观逐渐取代了阶级对立观，研究者依照职业、资本、教育程度等维度将中国社会划分为多个阶层。2002年出版的《当代中国社会阶层研究报告》（陆学艺主编，社会科学文献出版社出版）最具影响力。中国社会被划分为10个社会阶层，即国家与社会管理者阶层、经理人员阶层、私营企业主阶层、专业技术人员阶层、办事人员阶层、个体工商户阶层、商业服务业员工阶层、产业工人阶层、农业劳动者阶层和城乡无业失业半失业者阶层。这些阶层中显然有强势与弱势之分，但阶层之间的流动取代了阶级之间的斗争。大家普遍希望向更具优势的阶层流动，加入他们，而不是要打倒他们。值得注意的是，2008年全球金融危机爆发，占领华尔街等西方社会运动提出了"我们是99%"（We are the 99%）的口号，再次启动二元对立的模式——99%的劳动者对1%的全球富豪。阶级对抗的观念是否会再次席卷全球，对全球资本主义构成有效的威胁，尚待观察。

在中国的都市年轻人中，多元共处是当下的主流价值观。大家关注的往往是规模较小的社群，而文化已经成为凝聚社群的核心动力。文化趣味当然与社会经济地位息息相关，但因后者而结盟会受到诸多因素的限制，从政治上的管控到文化上的陈旧感。因此，艺

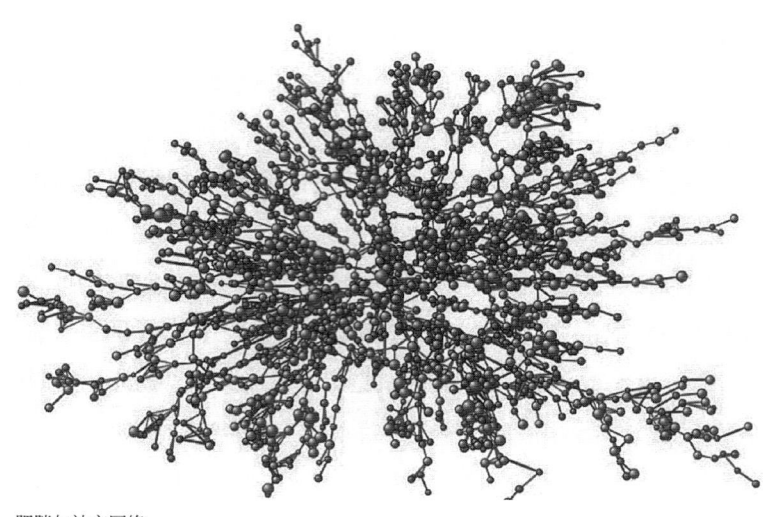

肥胖与社交网络

术与社群的关系日益紧密,这也是为什么关于社群的讨论会出现在一本艺术期刊的原因。

二

随着网络和移动终端的普及,社交应用令社群的形成、维系和联结变得越来越便捷和紧密。同时,人与人之间的交往被记录、保存、跟踪、分析,交往内容成为信息,被数字化、图示化。信息可视化(data visualization)和信息图(infographics)的兴起是当下最重要的视觉文化现象之一。它们与社交网络相伴,让社群变得更可感。今天,任何一个微信或 Facebook 用户都会同意一百七十年前马克思所做的判断:人的本质是一切社会关系的总和。

在描绘社交网络时,几乎所有的视图工程师都会采用同一种方法:以点代表个体,以线代表个体间的链接,点的大小、颜色和线的粗细、长度被用来代表某些变量。

左图（见第 156 页）出自一篇发表在《新英格兰医学杂志》的公共医学论文，作者将 1971 年至 2003 年间美国麻省弗拉名汉姆镇的 12067 名居民的体重/身高比（点的大小）和他们的社交关系（线）绘制出来。我们可以清晰地看到胖人多和胖人交往，瘦人多和瘦人交往，肥胖随社会链接传播。社交网络图在社会学、公共医学、传播学等学科以及销售、营销等市场领域都成为重要的分析工具，越来越多的公司通过挖掘社交网络信息捕捉商业价值，越来越多的研究经费也在投向数据人文学。

社会生活的数据化、信息化、可视化会为社群带来怎样的变化？前文提到，基于行为、兴趣的社群（比如清晨傍晚在街头一起跳舞的老人）通常以自发的形式聚集，其成员身份并不以证件的形式固定下来，也不受国家和市场机制的管控。随着人们的交流转移到网络平台，本来外在于国家和市场的社群越来越容易受到国家和市场的监督。另一方面，随着信息采集的步步深入，那些原本规模庞大、无法确切描述的人群变得越来越可测量。比如，社会阶层的数据将越来越准确、细致，每个人都能快速为自己定位。到底谁属于那 1% 随时可查。"美国梦"和社会流动性或许会被大量数据证明只是神话。阶级身份是否会越来越明晰，再次成为每个人首要的、公开的身份标志？此外，每个人可以准确搜索到自己希望加入的群体（比如，喜欢植物的基督教徒），社群是否会变得越来越稳定、封闭？对公共生活至关重要的陌生人之间的偶遇和交流是否会越来越稀缺？

在媒体艺术领域，随着社交网络的兴起，社群也变得越来越重要。在延续早期媒体艺术针对视觉和技术所进行的实验性探索的

阿伦·科布林、克里斯·米克尔　the jonny cash project.com　网站截图

同时，越来越多的创作者着力于将技术与社群结合。众包（crowd sourcing）是当下最常见的手法之一。艺术家构建一个网络平台，邀请公众参与，每位参与者只需完成少量的工作，艺术家再将大量参与者的工作聚合在一起形成最终的作品。2010 年，为了纪念乡村歌手约翰尼·卡什（Johnny Cash），艺术家阿伦·科布林（Aaron Koblin）与音乐录像制作人克里斯·米尔克（Chris Milk）制作了网站 the johnny cash project.com，邀请全球参与者利用网站的绘画软件逐帧手绘约翰尼·卡什的最后一首音乐录像《不是什么坟墓》（*Ain't No Grave*），录像长 2 分 51 秒，包括 1370 帧画面。来自 194 个国家的超过 56 万人已经参与了这个项目。网站会按照观看者的选择（最受欢迎的画面、最新画面、写实、抽象等）实时生成录像。

与此类似，作曲人埃里克·惠特克（Eric Whitacre）从 2009 年开始通过众包的方式制作虚拟合唱作品。他将自己谱写的乐谱上传到网站，邀请公众在家里演唱片段。他再将参与者传送来的视频汇集起来，加上后期动画，形成最终的合唱作品。2013 年发布的《虚拟合唱团（四）》包括来自 101 个国家的 5905 位参与者贡献的片段。在这件作品中，参与者的视频被安放在虚拟城市大厦的一个个窗口，惠特克作为指挥则出现在一座大厦楼顶的大屏幕中。与他之前的作品一样，作品充满了宗教色彩，惠特克总是赋予自己上帝的光环。

现有的众包作品都是邀请个体在私人空间完成相对简单、基于兴趣、不具有现实政治诉求的工作，艺术家再通过技术把众人的工作整合起来，将现实的异时异地转化为虚拟的同时同地。参与者之间并不产生交流；群体只是视觉形式，而非社会机制。媒体艺术作品能否促生不同规模、不同性质的社群，而非简单的"虚拟兴趣圈"，有待探索。

三

2012 年 10 月，在高世名的提议下，我们在上海金泽组织了题为"人民的名字"（Publics & Beyond）的研讨会。来自文学、艺术、人类学、媒体研究领域的一位中外学者和艺术家吴文光、陈界仁、胡项城一道开启了对文艺与社群的讨论。此次专辑是我们的第二阶段工作，收录了七篇论文。

身处雾霾中的我们都不难理解公有之物（commons）的重要性。公有之物并非国有财产（如公路），而是不可被占有的、所有生灵共享的生态、文化、历史环境。法学教授乌戈·马太（Ugo Mattei）在他的文章《公有之物的现象学初考》中指出，现代社会之所以无力保护空气、水、土壤等公有之物，其历史根源在于 17 世纪科学范式崛起后，对事实的验证和对价值的判断被看作是截然不同的问题，分配正义因而被排除在现代法律体系之外。他提出，与商品不同,"公有之物乃是一个基于包容、开放、社群责任的质的生态学的范畴",我们需要借鉴传统社会的整体观,建立一套基于共享和协商的法律体系。文章尚未涉及的一个问题是规模:传统乡村的社群规模小、流动性低,公有之物是可感可及的。当代城市的规模庞大,如何让两千万人对一个城市的空气抱持公有之物的态度?

马太除了教学和研究,也参与社会运动。他是罗马"占领山谷剧场"(Teatro Valle Occupato)运动的成员之一。这个运动正在尝试通过剧场的形式营造出基于"公有"(communing)理念的社会、政治、文化形式。有兴趣的读者可以参考他们的网站teatrovalleoccupato.it。

接下来的三篇文章分别从中国、日本、美国的历史情境出发,通过具体的案例阐发作者的社群观。

肖铁的文章详细梳理了民国初期,中国知识分子对群众这个新兴社会现象的理解和争论。争论触及三个关键问题:群众的行为是理性的还是感性的;情感是否有助于革命;无产阶级先锋与群众的关系应该是怎样的。文章的中心人物是青年哲学家朱谦之,他将中西思想结合起来,发展出一套独特的群众情感观。他对非理性群众的赞美,虽然与同时代人的观点不同,但在后来的土改实践中得到印证。今天,众(crowd)通过新的媒介再次成为重要的社会现象,围观、众包、众筹(crowdfunding)等近年来的热点观念展示了众在网络时代的崛起。20世纪的争论现在读起来依然新鲜,可以帮助我们更具历史性地考察众的演变。

水溜真由美的文章通过回顾森崎和江这位左翼作家在20世纪五六十年代的社会参与性写作,阐释她对同化型共同体的拒绝与反抗。颇为难得的是,文章将森崎的多个面向联结起来:在朝鲜长大的童年经验所引发的对日本殖民主义的反思，透过女性的生育体验来理解内在于身体的矛盾性，作为一名参与煤矿生活的活动家对矿工运动的反省。森崎相信联合，相信共同体，但在她看来，力图抹杀差异性、一味追求同质性的共同体是造成矿工运动失败的根本原因。反抗者在反抗强权的同时，务必要拒绝团体内部"无条件的同化"。

李善宇（Steven Lee）在加州大学伯克利分校任教，研究少数族裔的先锋文艺。他的文章从四个丰富多彩的案例：2006年的电影《波拉特》（*Borat*），小说《荒谬斯坦》（*Absurdistan*），一部关于二战时期韩裔哈萨克斯坦人的纪录片，以及1936年的音乐剧《马戏团》（*Circus*），来检讨美国的多元文化主义和苏联的多民族主义。他生动地揭示了多元主义的局限性：差异只在一定程度上被容忍；少数族裔只能作为装饰，永远无法成为前台主角；文化容忍在某种程度上为阶级不平等提供借口。值得强调的是，对多元主义的批判是在承认其进步意义的基础上召唤更加平等的理念，而非要退回到极端民族主义，甚至于种族主义。

接下来的两篇文章，《一起》与《别扭地在一起》，刚好形成又有共同语言又有差异的一对。

理查德·桑内特（Richard Sennett）是当代西方颇具影响力的社会学家和公共知识分子。他于1974年发表的《公共人的衰落》（*The Fall of Public Man*）为公共领域理论提供了诸多历史细节。四十年后，他重访公共生活这个主题，详细论述了合作的意义与方法。他指出，在人际交往中，那些不依赖基本共识、看上去漫无目的、视对方为旅途同伴的对谈（他沿用20世纪苏联文艺理论家巴赫金的术语，将其称为"对话"［the dialogic］）或许胜过那些具有明确路径、以达成共识为目标、视对方为辩论对手的谈话（"辩证"[the dialectic]）。桑内特的文章并不涉及任何宏观的社群概念，但他对交往细节的分析无疑是建构社群理论的基础。

道格拉斯·克林普（Douglas Crimp）教授是视觉文化和酷儿理论的开拓者之一。他的这篇近作通过对安迪·沃霍尔 1966 年的电影《雀西女郎》（Chelsea Girls）的细致解读，内敛而坚定地提出酷儿文化的核心理念：一群不那么对劲、但互相理解的怪咖，酷、贪玩、在一起、别扭地在一起、在边缘、不同于异性恋的耦合（coupling），充满偶然、随机，没有所谓的大结局。他将电影的内容（沃霍尔的"工厂"聚集起来的各色人等）和电影的形式（没有固定程序的双投影）糅合在一起，不经意间为我们描绘出 1960 年代非主流文化兴起的活力景象。

克林普和桑内特的研究与写作都非常成熟，都能以举重若轻的方式将极具颠覆性的理论立场融入真实的个人体验，而不囿于空洞的理论推演。

在档案部分收录的《加密无政府主义者宣言》是本辑中发表最早的文章（成形于 1988 年至 1992 年间），也是唯一的关于互联网的文章，它常被看作是比特币的思想源头。表面上看，文章的立场和本辑的其他文章截然不同，作者似乎在鼓吹透过加密手段达至完美的自由主义。但作者设想的其实是对社会权力结构、知识产权的彻底颠覆，加密带来的恰是公开与信任。以维基解密为例，将美国政府的恶行公诸于世的解密者依赖的恰恰是加密技术（这样文件才能传输出来，解密者之间的联系才能避开监控）、无政府主义信念和比特币捐款。《宣言》提醒我们，网络带给社群的或许远不只是简单地将人与人的交流从线下搬到线上。

概括来说，本辑的几位作者从不同角度探索着同样的问题：如何让社群像水一样保持动态的联结，既不蒸发为孤独的汽，又不冻结为极权的冰。

迈向社会性艺术

艺术实践的知识关乎社会政治过程的知识（节选）*

黄孙权

艺术评论家约翰·伯格（John Berger）即便隐居阿尔卑斯山脉下的农村，快乐地骑着重型摩托车，仍振笔著书的唯一原因，是他对视界（艺术）批评世界仍抱持希望，如他所说："我会根据一件作品能否在现代世界里帮助人们宣扬其社会权利，来判断其价值。今天，我依然秉持这样的标准。"[1] 作为一个评论者，伯格无须解释艺术生产与社会权利的关系，因为艺术评论者对艺术进行外部生产，透过自身观点将作品与社会联结起来。然而他留给我们的问题悬而未决，艺术实践的知识为何？社会权利是什么？谁的社会权利？思考社会权利可作为艺术实践知识的标准吗？与"文以载道"和政治美学化又有何不同？

约翰·伯格又提醒我们不能只动容于美学情感（aesthetic emotion）而避开艺术与自然的关系，以及艺术与世界的关系。艺术并非模仿自然，而是模仿创造，有时它提出一个全然替代的世界，有时

---

* 此文原为 2013 年 2 月 5 日，接受陈界仁与立方空间之邀于树林幸福大厦"拆除前夕论坛"之演讲，原题为"历史即'诊断'"。感谢在场朋友陈界仁、王墨林、徐文瑞、侯淑姿、谢英俊、王家浩等于演讲讨论时之宝贵意见。本文经作者增删校订成论文格式。

1　约翰·伯格：《观看的视界》，吴莉君译，台北麦田出版社，2010 年。

则只是去强化和肯定自然带给社会的短暂希望。他以东欧几乎每家农户常会悬挂于屋内，都会制作的精致松木制白鸟，对着我们提问："火炉上的暖空气摇动着白鸟，户外，零下二十五度的真正小鸟正在冻僵。"似乎指出这就是艺术实践的核心：视界（艺术）之"替代"或"肯定"世界的两种作用。

要回答艺术的这两种作用，及其与社会权利的关系，首先必得回答我们的艺术实践的知识来自何处，如何被建构与传递。当代艺术理论臣服于哲学家巨笔，端借他们的眼睛审美，相比之下，艺术实践的知识似乎只剩技术，那些我们会教导大学生本科专业的技术工具，或者经销管理须知。尤有甚之，艺术或审美理论还不是由于艺术家受到了哲学启发，而是透过策展人中介了解各种当代哲学与社会思潮，或者因应全球双年展的"社会倾向"与"标新立异"的需求，艺术实践的知识由教师们猜想市场走向和维持学院机制生产而来。艺术理论与艺术实践的知识实涉及了不同的认识论（而非是认识论与方法论的差别），是"什么是艺术？"和"艺术当如何？"的差别。本文透过检视西方艺术主体性生产之历史，然后［……］图绘（mapping）艺术当如何的基础如何由历史社会过程的知识所形构，如此或有机会可以回应艺术可以是什么的问题。

本文企图证明一个有实践意涵的假设："艺术实践的知识关乎社会政治过程的知识"，提出"社会性艺术"的刍议。自从到艺术学院教书后，我一直思考艺术实践的知识是什么。是造型原理、技法、表现工具？是美学、哲学、文化理论抑或田野工作、社会调查、社会参与？是文化行动主义？或者其实就是人生际遇？"跨领域"现在火红得很，但"跨领域"艺术实践的知识到底意味着什么却很模糊。无论如何，美学或艺术生产，总是从属于某种认同体制、某种可视性、可能性以及散布与分享的机会。在中国台湾，一流学院优秀的学生能够接触更多另类的、左派的艺术理论，也一直培育出画廊与展览大赏的常胜军，那么政治上的激进与美学市场的成功意味着什么？我们要理解这意涵，势必要对艺术实践之论述进行两项工作，一是再历史化，另一是将其空间化。历史化和空间化艺术生产为的是要指出，无论我们如何不情愿，作为有特殊形式之内容的艺术，总是比我们自己想象的还要接近那些我们不屑的对象。在台湾，艺术理论鲜少面对艺术存在的时空（spatio-temporal）变化尤剧的条件。

一、艺术与社会：西方现代艺术主体性之建构

布尔迪厄在《艺术的法则》一书中引用了法国有名的小说家达妮尔·萨勒娜弗（Danièle Sallenave）在 1991 年写的《死者的遗产》（*Le Don des Morts*）：

> 我们难道听任社会科学将文学、人们与爱情一起造就的最高经验，简化为我们对娱乐的探索，而无视我们的生活意义？[2]

社会科学家似乎是谋杀美学感动的杀手，这也是艺术圈总排斥社会科学家对他们做分析，觉得这样一来就丧失了美学感动和创作的能力，作品与感动被"解释掉了"，创作意图必须要与社会脉络关联使他们失去自主性。重要的左翼艺术社会学家阿诺德·豪泽尔在 1974 年出版了德文版的《艺术社会学》，于 1982 年被翻译成英文版。

2　Pierre Bourdieu, *The Rules of Art: Genesis and Structure of the Literary Field*, Polity Press,1996, p. XV.

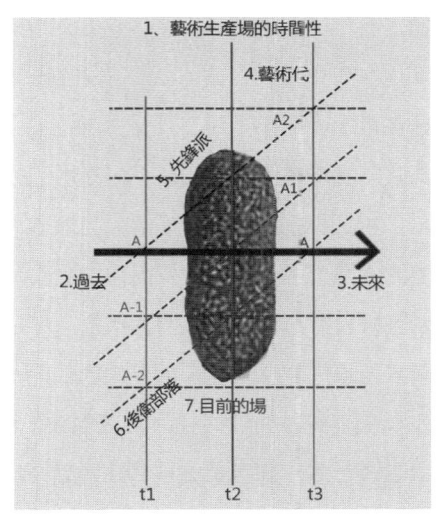

艺术生产场道德时间性（引自布尔迪厄《艺术的法则》）

他曾写过一句话："我们可以想象一个没有艺术的社会，但无法想象一个没有社会的艺术。"[3] 对他来说，艺术要放在社会结构和历史里头看，艺术固然是社会的产物，艺术创作服膺于既定统治者的阶级意识形态，然而艺术也有可能回应、批评并且挑战既有社会体制的实践。艺术作品是一种辩证的结构，不只是有形式的内容，不只是有一个接受的"你"跟一个说话者的"我"两者，而是作者跟观众之间连续的互动所发展的对话，一个互惠参照的关系系统。于是，社会也有可能是艺术的产物（society as a product of art）。我想从这两个不同的看法开始讨论。

1. 艺术主体性

麻老图（上图），是布尔迪厄在分析艺术场域的状况时所描绘

3　Arnold Hauser, *The Sociology of Art*, University of Chicago Press, 1982, p. 92.

的。我将原本的中心形状的区块由台湾传统食物麻老替代,这是艺术代在历史中存在的方式。过去到未来的时间轴里头,先锋派永远是在最上面的那条线,就是 A 到 A2,主流艺术是 A-1 到 A1,"后卫部队"就是 A-2 到 A,这三条线也可更简单阅读,当一个艺术家,如 A,在过去是属于先锋部队,当顺着时间轴走到中心时,就成为主流的中坚分子,若无改变而往未来去,就会落在后卫部队的队伍中。真正被权力与体制承认的艺术生产场是在麻老内部,也就是艺术场,而"艺术代"指的是麻老的右半部,从现在到未来的那个区块。

在有着时间性的社会场域里头,没有固着的艺术世代。任何一个先锋艺术,都有机会成为主流艺术,但如果太前卫了,则会出了艺术场认可的范围。透过这个图示方可理解我们谈论的艺术主体性如何在社会结构里被创造,而拥有一套相应的实践知识。过去的先锋派可能是边缘的、进步的,如能存活下来,则在当代占据了艺术生产的领导位置;若无自我更新生产,就走出了艺术场域,太激进或太保守的其实都会在艺术场域里头被排除掉,中间的艺术场是艺术生产的结果,这是艺术场域的动态过程。

社会场域生产也需要历史化的看待。塔夫里是意大利威尼斯学派非常重要的建筑史学家,他曾经在一篇简短访问《没有批评,只有历史》[4]中谈过,所有的建筑批评(包含艺术批评)都有一个主要问题:批评者都在做意识形态再生产的工作。如果把艺术批评分成几种类型,第一种类型称之为操作型批评,比如看到一个作品,我们会说这个作品如果怎样改会比较好,或是如何布置空间感会比较好,好像是在帮艺术家决定他如何可以更好的可能,是一种工具主

4　Manfredo Tafuri, "There Is No Criticism, Only History", in *Book Review*, No. 9(spring), 1986, pp. 8–11.

义或修补式的操作；第二种批评称作意识形态再生产，只是顺从艺术家的作品和理念来谈，比如陈界仁的《幸福大厦I》作品，它如何可能是一个微型感知与临时社群，论者其实只是复制了艺术家的意识形态，然后重新帮他生产一次。对塔夫里来说这些不是批评，对他来说只有对意识形态的批评才是批评。批评是一种解密工作，真正的批评功能唯有历史才能达致，历史学家必须创造一种人工距离（artificial distance）来进行批评，要对时代的差异与时代精神（mentality）有所洞视，对艺术家生平与作品系列有连续思考，要有历史反覆之思，才不会让批评沦为意识形态再生产的危险。既要对艺术生产的场域有所体会，也需要历史地看待场域变化的逻辑，进行批评之解密工作，我们可以先从西方现代艺术主体性浮现之历史开始。

2. 欧洲：双重拒斥结构

波德莱尔和福楼拜都活跃于1840年代左右，那时候是广泛艺文现代主义的诞生，波德莱尔曾说：

> 指出我们在资产阶级和社会主义这两个相反的派别中看到相似的错误，真令人难过。说教吧！说教吧！这两派都以一种传教式的狂热叫喊着。[5]

法国有几次重要的革命，1789至1791年路易十六与玛丽皇后上了断头台，影响了整个欧洲；1830年七月革命波旁王朝覆灭，1842年第一次由中产阶级与工人阶级携手建立了共和体制 拿破仑的侄

5　Pierre Bourdieu, *The Rules of Art: Genesis and Structure of the Literay Field*, p.47.

子路易·拿破仑·波拿巴上台,一开始他是个共和主义者,他的登位是无产阶级跟资产阶级联合携手所成就的,但他后来在1848年自立为帝,将法兰西由第二共和国领向第二帝国(1852—1870)。这场革命对马克思而言是失败的,也让马克思重新思考历史反覆性与资产阶级革命之限制,思考就在他写的《路易·波拿巴的雾月十八日》(1852)一文中。从1842年至1871年三月巴黎公社成立(推翻了路易·拿破仑)这中间,正好是现代艺术主体性浮现的语境,就是我们现在谈论现代主义萌生的时间点。波德莱尔(1821—1867)、福楼拜(1821—1880)、巴尔扎克(1799—1850),稍晚的马奈(1832—1883)、莫奈(1840—1926)、塞尚(1839—1906)等所谓(后)印象派,都在那个年代慢慢成名并影响后世。

当时的艺术家遇到一个非常根本的问题:如果他们(资产阶级艺术家)不要再跟皇室维持依赖关系,他们可以怎么办?那时候的法国皇室定期举办沙龙,艺术家参加沙龙如果得到法国皇室的奖赏,就可以得到年金。新一代艺术家常不屑这种为奴的比赛,比如BBC资深艺术记者威尔·贡培兹的书 What Are You Looking At?: 150 Years of Modern Art in the Blink of an Eye(中译本:《现代艺术150年》),描写了印象派与古典主义(皇室派)间饶富趣味的斗争。书中有一段描写莫奈、马奈等艺术家一起坐在咖啡店里商讨要办展览,席间竭尽可能地嘲笑皇室沙龙展,他们要的是办一个自己的"真正"艺术展。[6]然而,他们也不喜欢当时住在巴黎河左岸那些拉丁区穷艺术家与穷艺术学生们(这跟当时巴黎新增加了许多艺术大学有关),如蒲鲁东(Pierre-Joseph Proudhon)这些无政府主义者。他们认为

6　Will Gompertz, *What Are You Looking At?: 150 Years of Modern Art in the Blink of an Eye,* Viking, 2012.

艺术不应该为皇室阶级服务，可是也不应该为人民服务、为社会服务。波德莱尔、福楼拜（别忘了，他们都是家道中落的资产阶级）等艺术家在当时亟欲解决的困境。

从整个欧洲文艺复兴以降的艺术发展来看：资产阶级的需要生产了艺术市场，而后才有艺术家的需求，艺术家从早期的皇室委托人（工匠）一直到画廊的出现（艺术家职业），大概从文艺复兴16世纪到1840年代左右才渐渐完成，自由市场中的艺术家于焉出现，艺术家主体性的论述于焉出现。

欧洲现代艺术的主体性是透过双重拒斥完成，抗拒社会艺术（social art），艺术不应该为人民服务，也抗拒为皇室服务的艺术，艺术应该也只能"为艺术而艺术"，这是在法国两次人民革命期间慢慢建立起来的现代艺术的自主性。艺术家透过拒斥双重结构以建构资产阶级本身的艺术自主性场域。同时，此种特定阶级的社会认同与美学观点是一起打造的，这样才可以理解法国印象派和后印象派在1870到1910年代期间，绘画的主题总是跟阶级斗争中的"休闲"意涵有关，这是著名英国艺术史与艺术评论家克拉克的观点。[7] 这段时间内，印象派或后印象派有非常多绘画主题都在描写中产阶级的城市地景与休闲生活，这是以前皇室画家不敢想象的。以往不曾出现的都市中产阶级生活、街道景色、草地上的野餐、咖啡馆、小酒馆、吧台女或仕女服饰成为绘画主题。显然地，现代都市生活对艺术家来说是崭新的经验，时空结构建筑了阶级意识与阶级美学，类似的主题画作是此阶级对于新浮现之都市生活的"享用"与认同。

---

[7] T. J. Clark, *The Painting of Modern Life : Paris in the Art of Manet and His Followers* Princeton University Press, 1986, p. 204.

别忘了，这时的巴黎乃是豪斯曼（Georges-Eugène Haussmann）改造过的巴黎，是拆毁巴黎旧城与旧生活的现代都市规划区域的开端，以宽敞大道取代旧市区的巷弄，避免街垒战的再度发生，也方便政权更容易以大军镇压人民的革命行动。另一方面，塞纳河的西堤岛上的贵族们还有蒙马特区的上流社会将塞纳河左岸的波西米亚年轻人、穷困潦倒的艺术大学生、无政府主义者永远隔绝了，这正是资产阶级透过都市计划划分空间阶级的开始。[8] 对塞尚、马奈而言的美妙都市休闲生活，乃是建立在区隔贫富、防止革命发生的空间计划之上。艺术不仅仅是个人意识形态的反应，艺术创作过程包含特定情境下的艺术家如何再现世界与自己的关系，在特定的空间（法国印象派都市生活与豪斯曼进行的大巴黎改造计划）与历史条件（法国1848—1871年之间）下，布尔乔亚阶级与小布尔乔亚阶级（petit-bourgeois）为了区分不同阶层，有意识地（虽然部分是反映了自身阶级的条件，但非必然）打造了自为阶级（class for themselves）。如此才能解释艺术家有意识的美学创造与社会实践的关系。

3. 美国：冷战文化下的艺术主体性

西方的现代艺术主体性，直到1940至60年代，才由格林伯格（Clement Greenberg）完成最后一曲，建立了"防卫性的主体"。格兰·凯斯特（Grant Kester）在《对话性创作》中延续了布尔迪厄的观点："艺术家对社会主义不再迷恋，又讨厌资本主义，他唯一的避难所就是躲在具防卫性的主体里，并且完全拒绝'可能理解性'。"[9] 凯斯特的批判有其社会历史条件，其透过拒斥欧洲的现代艺术主体，

---

[8] David Harvey, *Paris, Capital of Modernity*, Routledge, 2003.

[9] 格兰·凯斯特：《对话性创作：现代艺术中的社群与沟通》，吴玛俐、谢明学、梁锦鋆译，远流出版社，2006年，第66页。

从而建立一套反（欧洲）精英论的艺术生产方式，他说：

> 在格林伯格对于媚俗的刻板模式上，以及福莱德对于剧场化的批判里，都假设这种开放性只有以漠视（或侮辱）观者及其联想和之前的经验时，才能得到。一旦作品透过共同的语言、熟悉的视觉惯性与观者互动，或隐含认知到观者处于同个空间中，它就等于是遭到天谴和否定。[10]

对凯斯特来说，欧洲的艺术自主性排除了对话可能性，任何有意图和功能的、可供理解或诠释的作品都是大众流行之鄙物。然而，他所提出的"对话框架"却让艺术作品免责了，让艺术家从美学形式与伦理要务中解放出来，为人民说话转化成让人民说话，却不保证人民说话的有效性，以及让"什么样"的人民说话的政治判断。艺术家也无须为自己的作品形式负责，因为这是人民参与或是持续对话的结果，这样一来，连带着将社会艺术为底层人民（工人、学生、穷苦大众）发声的意涵都一并取消了，人民变成个体的集结而已。

凯斯特的"美学民主化"其来有自，是文化冷战意识形态的延续。美国自二战后透过CIA、洛克菲勒中心向欧洲挂销抽象表现艺术，企图将艺术中心从巴黎移至纽约，"文化是冷战的宣传品"，"抽象表现主义是冷战的武器"是许多当代艺术教科书中的开章说法。艺术家如杰克逊·波拉克（Jackson Pollock）常被视为冷战斗士（cold war warrior），如路易斯·梅南（Louis Menand）2005年在《纽约客》（*The New Yorker*）杂志上写的一篇"Unpopular Front"文章中

10　同注9，第80页。

提到，冷战时期的文化斗争早已不是秘密，甚至连 1946 年成立的福布莱特奖学金（Fulbright Program）也扮演如同 CIA 的角色，也是冷战思维下的产物。依娃·卡克洛夫特的文章就写得更清楚了。[11]美国文化宣传的对象是国外的精英，左翼或有左翼联结的，或者同情苏维埃或毛主义的，使他们仍然维持前卫的左翼思想，但只要反共产党就好，这是美国在战后的全球布局。

觉得艺术和 CIA、洛克菲勒中心没有关系，这恰好是艺术维持中立保持干净的幻象。为了积极与欧洲、中国左翼分庭抗礼，有自己的文艺地位，基金会、大学、文化中心都是重要工具。除了主动推销自己的政治美学外，另一方面则透过半殖民地的"使馆艺术"来作为冷战的文化武器。

台湾地区的素人画家洪通就是最好的例子，洪通第一次个展是在台北美国新闻处林肯中心（1976 年），1987 年美国文化中心艺术家杂志社在他死后举办了回顾展，回顾展结束后，台南县立文化中心才收藏了三幅。洪通这辈子总共画了三百多幅，最后穷困潦倒地死掉了。他的第一次个展是美国文化中心办的，死掉以后也是美国文化中心办的回顾展，在美国强力的促销下，台湾似乎才惊觉到有这号人物，随后台南县立文化心才收藏，没有什么比台湾的"本土"是美国"发明"的来得更讽刺了。另一例子是爱荷华国际写作班，台湾地区早期有许多的文学家和艺术家去参加过，像陈映真、林怀民、蒋勋、高信疆、痖弦、台静农、向阳、商禽、蔚天聪、管管、姚一苇、殷允芃、季季、楚戈，等等。这形塑了早期台湾地区文艺

11　Eva Cockcroft, "Abstract Expressionism, Weapon of the Cold War" In F. Frascina (Ed.), *Pollock and After: The Critical Debate*, Harper & Row, 1985.

的意识形态，将美国提倡的意识形态带回台湾，是台湾现代主义的文学传统如此地与美国价值亲近的原因，现代舞蹈上林怀民则是最好的例子。大陆也是一样，1980年代左右的北京使馆艺术区，像后来的八五现代美展，就是使馆区里开始的，台湾和大陆的艺术历史，都受到美国的冷战思维下推展的经济文化布局所影响。

如果说欧洲历史前卫主义关切的是精英艺术与日常生活的界线如何缝合，高低艺术界线如何突破，积极挑战艺术机构所垄断的艺术生产方式，达达、超现实一直到1970年代的激浪派（Fluxus）都有这种特性，其展现了对现代艺术逐渐专业化与体制化的反思与抵抗。美国在战后需要的不是挑战精英艺术与艺术机构，他们都还没有呢，这才能解释为何抽象表现主义与波普艺术（Pop Art）看起来泾渭分明，道不合谋的两股艺术风潮没有冲突地为美式政治美学形式开疆辟土，美国也同时持续建立大型的美术馆与艺术机构，例如MoMA来增加自己在文化艺术上的影响。我们或可说，美国终结而非继承了欧洲的历史前卫主义，美国将欧洲历史前卫主义与知识分子对于体制批判，以后现代式的、波普艺术口吻的、巨型艺术机构、商业画廊的商业机制取代。[12]

美国的现代艺术主体性还有一些更复杂值得深究的过程。在二十世纪六七十年代从后格林伯格艺术实践上逃脱的人，他们把英国原有的社群艺术（community art）传统，于美国的新类型公共艺术（new genre of public art）结合在一起，透过作品、策展和论述，与美国逐渐在全球取得主宰性地位后向外传播。1980年代之后，在

---

12 安德里亚斯·胡伊森：《大分裂之后：现代主义、大众文化与后现代主义》，王晓珏、宋伟杰译，麦田出版社，2010年。

冷战文化武器逐渐失去效益后,以英美为主的艺术家与策展人找寻可以替代欧洲中心主义的艺术理论的实践,来接续 1960 年代美式波普艺术后期无力和快速商业化的困境,以民主、对话、参与形成艺术实践知识的主轴,替换了欧洲历史前卫主义的未成使命。比如说之前所提的凯斯特的《对话性创作》,他强调连结性的知识、对话性的框架、强调实践式的艺术操作[13];雷西(Suzanne Lacy,编者按:大陆译名莱西)的新类型公共艺术[14];伊恩·亨特(Ian Hunter)及西莉亚·拉纳(Celia Larner)的"潮间带艺术"(littoral art);毕晓普的参与艺术[15];法国艺评家尼古拉斯·伯瑞奥德谈的关系美学[16]等。我们可以如此重读凯斯特的话:"穿过(欧洲)画廊的墙壁,直接面向(美国的)世界,把主体间互动的新形式(媒体)和(美式民主的)社会运动结合。"[17]

简言之,1920 年代达达主义、意大利未来派、1960 年代超现实主义与国际情境主义者,他们努力将艺术推到社会脉络与政治框架里。1960 年代后,苏联式的英雄写实主义不再流行,大陆在推行"文化大革命",欧洲战后元气大伤,这个意识形态空当由美国填补,到了 1980 年代像丹托之流把艺术推到历史终结之后,肯定了后现代及其政治美学,[18] 弃置了现代性未完成的计划(哈贝玛斯所关切的)

---

13 同注 9。

14 苏珊·雷西:《量绘形貌——新类型公共艺术》,吴玛俐译,远流出版社,2004 年。

15 Claire Bishop, *Participation*, MIT Press, 2006. Claire Bishop., *Artificial Hells: Participatory Art and the Politics of Spectatorship* (1st ed.). Verso Books, 2012.

16 Nicholas Bourriaud, *Relational Aesthetics*, Les Presses du reel, 2002.

17 同注 9,第 23 页。

18 Arthur C. Danto, *After the End of Art: Contemporary Art and the Pale of History,* Princeton University Press, 1997.

之一切努力。[19] 丹托说的"事事都是艺术品",或是博伊斯(Joseph Beuys)说的"人人都是艺术家",其实没有改变艺术生产的方式,只改变了艺术被认知的方式。素人画家极速消失,他们也永远不会变成学院里的艺术教授。如丹托自己承认的:"只是艺术家各吹各的号,各自行事。"这些说法基本上都是由市场认证、学术部署、美学风格的生产,增厚了美学价值的目录而已。晚期英美发展对抗欧洲中心的模式,是从政治斗争(冷战结构)到美学的"民主论述"(文化冷战)的空间争夺的历史,欧洲一开始筑起围墙(艺术主体),然后努力要打破(精英与民众)围墙,而美国自始至终都是要想尽办法迈到围墙之外。

民主美学的全球化,与美式民主在全球推销是有亲近性的。美式民主美学化最具代表性的是安迪·沃霍尔(Andy Warhol),他曾说麦当劳是全世界最民主的地方,不管是总统去买一份麦克鸡块,还是一般人去买一份,内容物是一样的,不会因为你是总统就多给你一点。然而他没说的是,世界人民因为麦当劳的兴起而变得更为肥胖、不营养,丢掉了传统食物和与之关联的文化,速食不是消除阶级而是消除国界。对资本家来说,最美妙的事情莫过于无论总统还是平民,中国还是非洲都非得买单。美国现代艺术主体性是跟美国在冷战结构后取得全球世界史之有意义的角色(黑格尔观点)有关系,吾人才能理解为什么创作性对话艺术、新类型公共艺术等参与艺术的观点,能够那么快变成另一种实践典范的原因。[……]

19　Jürgen Habermas, "Modernity: An Unfinished Project" in M. P. d'Entrèves & S. Benhabib (Eds.), *Habermas and the Unfinished Project of Modernity: Critical Essays on The Philosophical Discourse of Modernity*, MIT, 1997.

三、迈向社会性艺术

上述组织感性材料的知识系统的方式：作品化，特殊群体感情键结，再历史空间化，是艺术再生产工作，它与艺术生产构成生产关系，把未来可以实践的状况当作介入现实讨论的可能。然而，在艺术生产的层次上，仍必须重新锻造艺术生产的知识，即我所谓的"社会性艺术"，或可称为起义式的艺术实践论。

1. 多孔性战斗

迈向社会性艺术的首要战略是对于"多孔性战斗"的想象。让我借用大卫·哈维（David Harvey）在《希望的空间》（*Spaces of Hope*）一书中《行动中的反叛建筑师》这章的谈法来说明其意义。[20] 哈维认为每个特定时空下的反叛政治实践是一条长长的战线，每个人都有自由意志与创造力，并不是资本主义下劳动的固体，每个人有多孔性的证明使其成为政治人的可能。面对不同思想与行动的"剧场"，重要的是我们要彼此互相看见。哈维提出八个长战线的剧场，个人即政治、社会构造、集体政治、战斗的特殊主义、中介机构与人工环境、翻译与渴望、普遍主义、社会生态秩序剧场。我们可能身处其一，也可能在几个领域重复。他提醒我们，建筑师是掌握资源与建造世界的人物，我们都在"翻译"各种不同历史政治下众人意图将之转化成现实世界的渴望。重要的是，我们要坚定地成为一个反叛的建筑师，就要"拥有各种资源与欲望，可以立志成为一名破坏分子，制度内部的第五纵队成员，把一脚坚定地踏在某个替代方案阵营中"[21]。没有人在资本主义的外部，而多孔性战斗基地

---

20 大卫·哈维：《希望的空间》，胡大平译，南京大学出版社，2006 年。

21 《希望的空间》，第 233 页。

就是从内部开始反叛的想象与实践,将上文的建筑师替换成艺术家,又何尝不是如此?

新自由主义像乳酪,固体内有很多孔缝。有些人将孔缝抵抗当作是抵抗的全部,有的人则把孔缝内的抵抗视作是可鄙的、无用的抵抗。我们要怎么联结这些孔缝里的志士成为有利的破坏通道?我们如果只考虑在同一文化场域展现自身,看到自身剧场的战斗,沉迷于自身剧场成功而没有全局的观点,没有看到战线、战壕里其他同志在做什么,就不可能产生真正有意义的抵抗联结,艺术家终归乐得取得市场胜利,热心的驻村帮建商美化街区,赚取容积,即便在当代全球双年展的疯狂中,议题设定与政治艺术也仅是获取这个单一剧场的聚光灯,没有任何外于此场域的抵抗意义。多孔性战斗可能性基础在于如何坚定地一脚踏入替代方案的阵营。把当下的唯一现实(the present)变成复数(presents),或其中一个(a present),不把当前的事实看作唯一的、必然的现实。我们的当下与未来都与理解各种现实有关,所以我们要开始收集档案。搜集全球和在地发展的变化,也就是让一种现实变成可能的未来,这是福柯知识考古学式工作:我们要搜集各种不同的档案,另立历史空间(alternative chorology-historiography)。更重要的,面对全球分工与专业分殊日益剧烈,艺术实践更应回到列斐伏尔对日常生活之批判以及塞托(Michel de Certeau)日常生活之实践的思考路径,开始我们的战术。[22]

2. 离开所有权的"快感"实践

所有的艺术都涉及快感的问题,马克思说快感是资产阶级的专

22　Henri Lefebvre, *Critique of Everyday Life*. Verso, 1991.

利，大部分的欢愉与快感都是特定阶级的禁脔，他们有足够的社会条件得以享用，也将他们的标准变成普同的标准，如同美学感受一样。然而，艺术终究是感知的形式，新的任务在于从异类、底层、歧异的快感出发，从"巫"的与"听不到"里找到可以反对治理快感的政治快感之路，找到新的而具有反转关系能力的快感，属于读者的，属于观众的，属于美术馆之外的，如罗兰·巴特（Roland Barthes）在文学理论上的提醒，而艺术仍有待开发。快感政治是透过快感重新赋予主体动能，艺术如杜威（John Dewey）说的，是种经验，那取回失去的经验就是快感政治的核心议题。

什么样的东西让我们愉悦？什么东西让我们不愉悦？每一种快感的来源都跟独占性有关。萨义德曾在《文化与帝国主义》书中引用一位14世纪印度学者说的话："作一个初学者，他热爱自己的家乡。作一个强者，他爱全世界。作一个完人，他什么都不爱。因为一个初学者，他会把他的爱全付出在一个地方；一个强者，他会把爱推及全世界；可是一个完人则对这世界止息了爱。"[23] 这与萨义德强调真正的知识分子永远是无家可归者（homeless）相呼应。我想从另一个方向来进行解释，我们爱护土地，乡土认同［……］，其根源都跟土地独占有关。意即爱乡土是对所有权不质疑而发展的意识，我之所以爱家乡是因为它是"我的"，如果没有土地我怎么爱家乡？我们如何想象去爱一个不属于我、没有我的家的地方，并发展出一个丰厚长远的地方之爱？移民城市、落脚城市皆是人们寻求生活之地，而非对土地固着之爱。对土地之拥有与拥有的历史会慢慢长成乡土之爱、国家之爱，可是这恰好是财产制所确保的地方之爱。想

23　Edward W. Said, *Culture and Imperialism* (1st ed.), Distributed by Random House,1993.

想那些没有拥有土地的人？例如某些外省第二代、城乡移民、都市原住民，我想爱……但哪里是我的家乡？台湾有些违建社区与老旧社区面临都市更新之所以值得为其抗争，不全然是因为人们居住过的历史，要反对的不仅是住灵失去可居之所，而是反对公共之地变成私人财团的建地。有时候，我们这种爱土地的感觉，常常会扩大到侵略别人的权利。快感、爱情、爱欲之意，都跟独占有关。当要谈多孔性战斗的时候，我们必须离开所属。当爱一个社区、爱中国台湾、爱世界，要从世界的观点爱台湾，从台湾的观点爱台湾，还是从台北的观点爱台湾？不同的政治实践有不同的答案，但属地的答案恰恰好是最不需要的一种。作为艺术家，想象要对这世界叙说自身感受，跟想象一般家庭需要什么样的艺术会有非常不同的结果，在国际艺术场域，想象如何帮台湾说话，与想象如何向世界说出第三世界的共感结构也非常不同。

其次，在1999年西雅图反世界贸易组织运动中开出丰富多彩的"艺术风格"花朵，将快感、欢乐、革命与艺术行动全都拉成同一阵线，如《无标志》的作者克莱恩所言："各种形式的反抗运动，万箭齐发。"[24] 又如其书《震荡定律：灾难资本主义的兴起》所记载与描述的场景一样：这个新的场景里，艺术既作为行动内容，同时又是形式；艺术如何生产与如何可能在街头实践。[25] 1990年代文化行动的口号"艺术为人人，否则无艺术"（Art for all or not at all），取代了1960年代学生运动的"让想象力夺权"。这种并联式而非串联式的"多孔性战斗阵地"，提供了游移主体合作的可能，也许我们在2008年的台

---

[24] Naomi Klein, *No Logo: Taking Aim at the Brand Bullies*, Saint Martin's Press Inc., 2000.

[25] Naomi Klein, *The Shock Doctrine: The Rise of Disaster Capitalism* (1st ed.), Metropolitan Books/Henry Holt, 2007.

北双年展得以一窥其貌，但真正的艺术并非发生在那里。"艺术若不是为了所有人，那它就什么都不是"，这当然不是真理，有意思的是它非常古老、朴素，老旧到我们都几乎忘记了，于是现在反而可以再度问问，我们用这种方法想艺术，那艺术可能会变成什么样子？

回想达达主义与国际情境主义留下的珍贵遗产，国际情境主义与达达主义那种将"给定现实"化成崩溃的笑话，挑战美学、制度生产、政治修辞、极权主义，将日常生活的诗学打铸成得以挑战官僚生产的武器。身为艺术家，开始想象日常生活对于艺术的需要，可能就已经改变了艺术制造的方法，想象寻常大众对于艺术的可能需求，想象艺术是来自家庭，而不是来自画廊与美术馆。这可能将彻底改变艺术非常多不同可能与实践策略。

3. 识异的政治

社会性艺术的第二点特性则是从抵抗性认同的政治转向计划性认同。抵抗性认同是基于情感、血源、社群而构成的封闭型情感键结，因为外侮产生抵抗，如社区反对变电塔入驻社区，反对邻近的艾滋病院或垃圾处理场之设置。因为透过抵抗本身就充满了拒斥运作的因素，也很难避免狭隘社群主义的陷阱，亦即邻避效应（Not in my back yard）。这是许多都市研究者，包含大卫·哈维的提醒："虽然'自在'（class of itself）社区作为一个较为广泛的政治学具有意义，但'自为'（class for itself）的社区总是堕落为排他与分裂（一些人称之为否定型的异托邦）。"[26] 我们要学习从抵抗性认同出发并转身，慢慢地过渡为反身性的计划性认同。也就是说，我们支持新北市乐生疗养院的反搬迁运动，不因为我们是乐生的居民，也

26　同注20，第235页。

与个人毫无利益关系，而是因为知道捷运路线选择与计划从头到尾荒谬无比，不公不义，是认同居民所实践的反抗是正义的，而非攸关自身权利。计划性的认同涉及的是一种新的政治，认识认同的肌理、运作，认同的目标与对立面，是经由反身性的计划转化成自我认同。[27] 这是绘图（mapping）的能力，是识异的政治。

台湾地区主流论述的社区共同体，或者依附于此进行的艺术进入社区，艺术进入地方，这在1990年代是有意义的，现在则显得保守停滞，当前的问题不再是打造社区认同而是保证其差异存在。认同政治牵涉到的政治正确与狭隘的社群意识陷阱，常使得艺术家陷入简单的立场判断和与社群三流意识合谋的困境。在后现代主张与社会正义的考量中，艺术需要保障差异文化关系的再生产，而非保障既定社群福利与为其伸张权利而已。例如，如何讨论社会正义与都市艺术？为了公平城市的公平艺术（just art for just city）何在？艺术美化了城市，增进了容积率，为城市开发商带来巨大财富，使得中产阶级享用高级的美术机构，城市地价攀升，但谁真正得到了好处？谁失去了原本在城市生活的权利？一个花一小时通车到台北美术馆看展览或者逛花博的市民，可能不晓得正是这些昂贵的展览使得他越住越远，抑或，他住家离展览所在地越远，他对艺术品的美学感动价值就越高？我们需要更多宁愿与边缘社群合作也不愿和中产阶级社区与机构合作的行动者。

4. 与现实交往

研究工运与后工业社会学的阿兰·图海纳曾经在《行动者的归

27　Manuel Castells, *The Information Age: Power of Identity v. 2: Economy, Society and Culture*, Blackwell, 1997, pp. 10-11.

来》这本书里谈过一种令人动容的社会学，如果有一种社会学叫行动社会学，那么这种社会学教导我们，社会学其实是研究者与民众一起生产的，为的是解决民众的问题，社会理论的生产是可以让民众透过理论来解决问题，而非麻醉他们，使他们忘记，或者从天上解释他们的问题，他觉得这才是真正的社会学。[28] 那么艺术呢？有没有一种行动艺术学，是为了艺术家与所欲处理的感性材料（或者客体），以及观众一同生产的，既可让彼此学习，又能解决问题？

现在谈台湾地区流行的艺术进入社区/空间，似乎是对凯斯特"对话性创作"的空间延伸版，然而艺术却从未认真思考社区在历史中的角色以及当前权力运作。社区先是作为美援时期获得补助的地方组织，后来在社区总体营造中才成为主体，成为新台湾文化的主体拼图游戏的基础。

台湾地区的社区营造过程可略分为三阶段。第一阶段是1993年陈其南任文建会主委时大力宣广的社区总体营造，那时社区从来就没有获得任何民主的权利，人民的家要变成什么样子没有人会告知，只有在三个月前公告时，人民才会知道自己家前面要变成马路或公园，社区总体营造政策要让从来没有获得民主权利的人开始享受到说话的权利；第二个阶段是让民主的表达变成可能的政治运作，社区开始进入建筑场域运作，社区规划师制度让优势社区可以排除不想见的，争取更多资源；第三阶段在2000年后，艺术或社区工作者要进入社区，已经不是聆听其表达民主的意愿，也不是支持他们政治实践的机会，而是要跟社区内部的权力与不同权力关系的社区斗

28　Alain Touraine, *Return of the Actor: Social Theory in Postindustrial Society*, University of Minnesota Press, 1988.

争,否则,什么都不做就是社区的主流意见。

这就是与现实交往真正的含意。交往的意思不是放弃主体与政治立场,刚好相反,那是社交。交往就是实在地在众人面前表达自己政治实践的行动,于焉公共空间才浮现,交往是生产,是政治实践,是汉娜·阿伦特(Hannah Arendt)一再提醒我们,政治实践保证了公共空间,而非相反。历史看来,艺术进入社区、空间、民间的趋势,强调参与过程,并没有解决艺术的伦理要务,而是解散伦理要务,或者将其"搁置",解散与革命不同,前者撤其判断的藩篱,等于让现实(权力)成为理所当然的仲裁者,而后者是反转被政治社会分类的阶序,在不同的历史阶段都不尽相同。参与本身不是艺术的目的,如同政治正确不是增加同一性(identity)而是增加差异(difference)一样。参与也不是为了参与而参与,而是认识自身与诸众相异。严格来说"与社会交往的艺术"不成立,没有一种外于社会的艺术。与社会现实交往并不是为了要做艺术,或者将艺术视为社会交往的核心,而是要回答如何反转社会交往的权力运作。参与和政治正确不是好艺术的允诺,本雅明说的"与无产阶级站在一起"才是,因为艺术的斗争不是发生在资本主义与美学之间,而是发生在资本主义与无产阶级之间。

当代艺术实践如何与研究对象(表现客体)一起讨论出一套方法,并做出艺术作品来,我不会说这是艺术生产的唯一方法,但起码应该让它被承认。要与现实交往,一方面我们必须掌握社会政治过程,另一方面正是我近年来致力田野研究、学习与不同群众沟通,田野即剧场的尝试。艺术家很习惯说出自己的话,但一旦与现实交往时,你感受到某个议题,感受到特殊群众,起码要与欲再现的对象一起讨论艺术实践如何可能,以及应该具备什么样的知识。

5. 小结

面对当下的快感、认同以及与现实交往等问题，艺术实践更应积极理解当代政治经济过程的知识。[……]

社会性艺术不是政治艺术，它非以宣言式、事件化处理政治美学或揭露政治阴谋，也非以政治正确与否作为好艺术的判断；社会性艺术不是参与艺术，不是为了对话而对话，它非以解除艺术独特形式的伦理要务为目的，不断强调民主表达（有时候恰恰相反），不是将空间、社区、群体变成再现的客体，成为创作工具的磨练；社会性艺术也不是 19 世纪巴黎的社会艺术（social art）为弱势发声或教条地为社会主义宣称那种资产阶级救赎意识，不是让中产阶级看到贫民或异文化的展示，而是让"他者"有生产/接近/使用艺术的权利，主张接近艺术的权利（the right to art）。社会性艺术乃是基于历史诊断，基于对政治社会过程知识的理解，基于对日常生活的重新获取，基于重新分配所有权，基于田野认识而产生的，社会性艺术是联结的行动，是取回主体与经验，是对各剧场具有图绘能力，它没有固定方法，它可能有很多不同的方式去想象、去生产、去实践一种差异关系的再生产。社会性艺术另立（counter-）而非反对（anti-），是社会的对抗而非政治的对抗，主张公共历史就是公共艺术（public histories as public art），恢复少数人的历史、记忆、习俗与权利，是重写猎物的历史而非重叙猎人的成功，以便回答约翰·伯格所谓的"艺术为人们伸张的社会权利"为何的实践方式。

艺术（art）这个词原本是源于拉丁文的 ars，它有四种含义：第一种是大众对于艺术一词的普通认识，它是技巧方法和技术；第二种是拥有这些专业知识的人，比如艺术家；第三种意思是透过这些专业技术做出来的作品；ars 本来还有一种意义在现代艺术发展里已被排挤消失了。这个遗失的意义却最常被行动主义者恢复：艺术就是让人们手拉手一起完成一件事情。对行动者来说，艺术不是将文化行动或者社会运动努力的成果变成作品或展览，而是"出现在行动的现场，那些标语、行动剧或各种充满想象的抗争方式和组织人们表达意愿的魔术就是艺术"。

"杀马特"中的现代性

关于城乡空间生产之社会展示 *

黄孙权　刘益红

> 新贵们很富,想吸引人注意,但是他们富贵的历史不长,不炫耀就引不起人注意,所以他们不会嫌什么东西太贵,也不会嫌什么东西太铺张。
>
> ——阿诺德·豪泽尔（Arnold Hauser）

　　上述景象中国人都有同感,然而这不是描写当今中国富豪们的消费倾向,而是艺术史学家豪泽尔勾勒 19 世纪 60 年代法兰西第二帝国新浮现的资产阶级面貌。巴黎作为现代性城市的特征,正在一百五十年后的中国城市以 OVA（原创动画录影带）的方式上演：都市规划更新,土地金融扩张,历史街区与传统生活商铺消失,漫游者与小资产阶级兴起,移民与城市户口之间的摩擦,工人劳动条件恶劣,艺术品市场蓬勃,等等。说是以 OVA 的方式,是因为西方已经进行过"真正的"现代化,其他世界的发展不会太新鲜。想想斯图亚特·霍尔（Stuart Hall）老早让我们谨记"西方和其他"（The west and the rest）的道理。当然,也因为马克思提醒我们第二次常以

---

* 原文为参加 2016 年世界艺术史大会文章。

闹剧收场。

有关城市、现代性与展示的关联在第一次现代化时被充分地论述。19世纪60年代的巴黎，在本雅明笔下，傅立叶的乌托邦由于技术条件成熟（当时人类已经能使钢铁大跨度弯曲，制作大尺寸玻璃，成为展示的最佳材料）方能想象，拱廊街满足了当时技术与社会发展的潜能，终而让世界博览会里的各国文明成为商品，城市本身已然是拜物教。在大卫·哈维笔下，资本主义创造了适合自身积累的空间模式，土地金融资本替换了圣心堂收容公社革命分子的象征，资本主义城市是资本文明和代表人类的最崇高和最积极的尝试。在克拉克（Robert Sterling Clark）笔下，是印象派的兴起，一群能够享受都市休闲权利并将其作为画作主题的新兴阶级，是受到阶级意识形态作用的特定历史时刻之表征条件。在布尔迪厄笔下，则是现代艺术如何建立自治领域，新兴阶级审美理念胜出的时刻。再晚一点，1899年争议不断的凡勃伦嘲笑了炫耀式消费和有钱有闲阶级的《有闲阶级论》（The Theory of the Leisure Class）出版，断定了城市贫富的征候。随后齐美尔（Georg Simmel）两篇经典文献，1903年的《大都会与精神生活》和1905年的《论时尚》，补足了现代城市生活的后续面貌，大都会的人们既需要一起（同）也需要个性（异）的精神状态，而中产阶级对上层阶级衣着抄袭成为流行时尚动力。这些主题，在今日中国几乎无须什么理论训练就能心领神会了。

19世纪中叶后的短短五十年，城市、景观、资本、阶级、意识形态、现代主义全面铺展成为今日我们习惯的一切。在居伊·德波提出景观社会之前，我们早就活在"影像为中介的社会关系"里了。无论如何，从19世纪60年代到20世纪60年代，社会现实的共通性，逼使现代主义的理论家们希望能在剧烈都市过程中窥见社会、资本、技术统合的真正力量。借由看到其"展示",琢磨"展示"背后的阶级、意识形态、景观与现代性如何协同地构筑特定展示形态,如此便可揭开展示的神秘面纱,抓住刺客,真实显现。如马克思所言:"我们在现实中建立自己的结构之前,就已经在想象中把它建立了起来。"时代的完满乃由于它的形成而非存在。辩证地来看,只要我们能够处理特定历史时刻下的技术——社会条件,亦即表征条件,那么展示的生成就在那儿了。

一、捕抓杀马特两种观点

2013年11月5日,中国一个有172万粉丝的用户在新浪微博上贴了三张爆炸头青年男子为背影的照片。他开心地写道,"在街上活捉一只杀马特",还补充说他的发型像"某种病毒的分子结构",随后引来各种转帖、评论与嘲讽。凤凰网2014年的一个图片新闻《车间里的90后》,刊登了一群90后的姑娘小伙在广东珠海某企业车间里的工作照,他们发型怪异、穿着夸张、气质诡异。躁动的年纪却做着流水线上单调且乏味的工作。图片注解中提到,他们都是一群来自农村或城乡接合部的90后新生代农民工,媒体称之为"没有故乡的一代",中国独特城乡二元格局之外的"第三元"。代表性看法是孙立平的"断裂三部曲",中国城乡二元结构的叠加导致农村进入城市,把农村一部分结构移植到城市中,形成了一种新的"三元结构":一个是真正的城市社会,一个是真正的农村社会,还有一个是夹在两者之间的农民工社会。尽管中国制度特殊,然而孙立平的观点是直觉自然式的断分,是芝加哥都市社会学派的基本看法,都市过程中社会文化的混杂纹理是马赛克镶嵌区块,很难融入都市文明。杀马特工人的处境使他们拒绝来自农村的父辈文化,他们向往都市品味却没有足够的社会资本。于是，差异与认同、都市的生活方式、群体的定性描写，有的还多了宽容与理解，成为舆论和中国社会学界捕抓杀马特的基本功夫。

在文化上，"杀马特"起兴于网络文化，是那些把自己化装成来自农民工流出地或二线城市的主流文化红人，恶意地使用这套语言和形象，用以嘲讽取乐生活在城乡接合部的青年。与之前流行起来的"洗剪吹组合"、"乡村非主流"、"农村工业重金属"一起，构成了中国新生代农民工形象，网络上改编韩国 SHINee 组合的《杀马特遇见洗剪吹》是最好的代表。有些学者以西方次／反文化做对比，认为杀马特是 C2C（copy to China）系列之一，是一连串西方都市过程的中国版青年次文化，可以接续着泰迪青年（Teddyboy）、光头仔（Skinheads）、摩登派（Mods）、朋克（Punk）、20 世纪 70 年代的华丽摇滚、日本视觉系、韩国偶像歌舞团体等。文化研究要我们找出或理解其中反抗的意涵，解读表意实践（signifying practices）的可能性。只要能拆解其符码、霸权、权力、知识的某些深入的、无意识的宰制，效果就会显影，存在于后面的"真实"世界即会浮现。提防媒体上的报道，因为媒体不仅记录了抵抗，而且还把这些抵抗行动安置在意义的统治架构内。亚文化被收编为有趣的奇观、"民间恶魔"，作为低劣群体臣服于支配神话的事实。简单说，在英国伯明翰当代文化研究的脉络中，抵抗是关键词，否则无能对抗当时撒切尔保守主义所倡导的英国性。在优秀的模范生迪克·赫伯迪格（Dick Hebdige）手里，所有的符号都是具抵抗意义的，就算女朋克手上刺了纳粹标志只是想引人注目，也是有意义的。《通过仪式抵抗》一书中，文化是"［……］这样一种层面，社会群体在该层面上发展了一种独特的体验形式，赋予其社会以物质的体验的表现形式"。如果我们把它作为切入点，那么，我们会发现，每一种亚文化对"社会原料"的处理方式各有不同。

主体透过仪式（体验的表现形式），能够对应到大叙事（象征与意义的世界），我们只要建构其关联（解码），找到社会原料物质化的证据就行了。在原料跟表现形式（express form，马克思语）间，"处理不同"显然是展示问题，里头没有必然性，反而充满意识形态解释的武断性。比如说是文化研究建立了朋克，还是相反？无论远古还是今天，社会文化仪式（体验表现形式）都严格得不得了，但没有仪式是不能变的，这说明了即便抓住刺客也不能证明什么。另外，这里假设了大叙事（象征与意义）有本源性存在，有一个仍未被组织的"社会原料"在行动者与意义之间。但如果不存在对应关系，编了码却无须解码呢？当我们发现中国杀马特不能像英国朋克乐团"性手枪"（Sex Pistols）嘲笑英国女王一样叛逆又该如何？

二、OVA版本的杀马特（网络空间的杀马特）

1. 城乡接合部

这里引用的是两张中国当代主要的视觉形象：土豪金（bling culture）与杀马特（smart, shamate）。一人在天津港的豪华私人游艇里抱着小狗舒服地坐着，另外一人在发廊洗头工作。前者展示优渥，后者房东不让摄影师进房，只能在租屋外拍摄，姑娘还在墙上写上"我爱你"。他们的穿着与出现的空间一样重要。城市中的青年模仿朋克，也是逊一点的朋克而不会变成杀马特，上海、深圳的老区或北京六环不会是城乡接合部，只是城中村或城市边缘。城乡接合部与生活其中的年轻人同时被指认为"怪胎"，"暂时性社会构成"，不是现代性城市及其文化，只是迈向现代性之路的短暂痛苦，劳力工作与低廉消费的原物料表现出来的病征。根据联合国 1996 年的报告，中国大约有 8000 万流动人口，其中大部分在找工作。国家计划委员会预测五年内，国有企业大约 2000 万工人下岗，有 1.2 亿人会离开农村，希望在城市找到工作。约在 1988 年国有企业职工全面下岗，随着改革大幅推进，市场自由化也符合了此报告内容。现在中国有 14 亿人口，近半数住在城市中。据估计到 2025 年前还要增加 3.5 亿，其中超过 2.5 亿新增人口将来自农村。中国的特殊体制，集体性国家解放了分散的个体化自由市场，借着垄断性集中与分散竞争的平衡策略，在短期内可以累积巨大的财富和提升经济力量。这是阶级垄断式地租展现在空间上的垄断式竞争。如果这是痛苦，恐怕不会是短暂的。因为城乡空间的生产方式——城乡接合部——有助于统一此种矛盾。

2. 中产阶级的意识形态

一般说法，土豪金与杀马特的名字都来自城市里的小知识青年（屌丝）的创作。屌丝源于李毅吧的争吵怒骂语言，被骂的敌手遂以屌丝自称。屌丝嘲讽发型夸张，使用便宜山寨手机，拙劣模仿的农民工子弟。杀马特也自成团体，并在网络社群自我增生。这是不酷的中国版酷儿（queer）故事。

因为对迈向现代之路有所想象，我们也可以如此解释，这三个几乎在同一时间（2012 年 3 月）出现的网络词汇与团体形象，土豪金、屌丝、杀马特三者都被不在场的适切的中产阶级（decent middle class）的意识形态所区分出来。他们被不在场的集体意识形态所展示。中产阶级作为现代主义的中坚分子，中国改革开放新浮现之阶级，必须建构出自己的意识形态力量，其表现形式是对他者的否定，而且是双重否定。对于农民工的第二代，他们否定其社会

第二章 人民的名字

资本，对于新富阶级，他们否定其文化品位，而执行者是他们失败的胚胎屌丝们。艺术史上类似的是现代艺术家，他们因为不满于巴结贵族的艺术（bourgeois art），也瞧不起为了工人的艺术（social art），所以只能暂时悬置艺术的意义与内容，强调"为了艺术而艺术"。中产阶级是一个空的符征，没有准确刻度的量尺，只能透过两边的界线移动来决定自身。

由是，"杀马特"是被统治的统治者——知青——对城乡接合部文化的指认，现代指认未现代化的美学斗争，是网络的、次文化的、空间生产的斗争。意义的竞逐战场，是拉图尔（Bruno Latour）所谓的交引缠绕的实践（entangling practice）。

3. 故事消费资料库消费

杀马特犹如动漫的写实主义。要解释此种肉身化、物质化的动漫，我们势必要从赫伯迪格转到东浩纪深刻的研究成果。东浩纪以"后现代的动物性"来掌握日本御宅族文化的特性与萌之构成，以故事消费结构与资料库消费结构来区分现代故事与后现代网络文本。日本动漫是从美国山寨而来，因为技术不足，只能以更低阶的技术有限动画（limited animation）方式呈现，反而造就风靡全球的日本动漫表现形式。御宅族对日本的执着，并不是成立在传统上面，而是成立于传统被消灭以后，战败的心灵使得日本巫术与西洋魔术、魔幻与机器人可以混种而生，希望能用美国生产的原料来恢复战后曾经美好的日本。御宅族文化与网络原生小说表现的是社会—技术条件转变。被认知的御宅族普遍有着"以交换为中心，欠缺深度沟通"的特征，在有限的资讯空间里勉强地维持自我形象，且在沟通变得比过去更为淡薄的前提下，提供一种人为的补偿。

80后、90后的杀马特成长于下岗工人与移民大潮相互竞争工

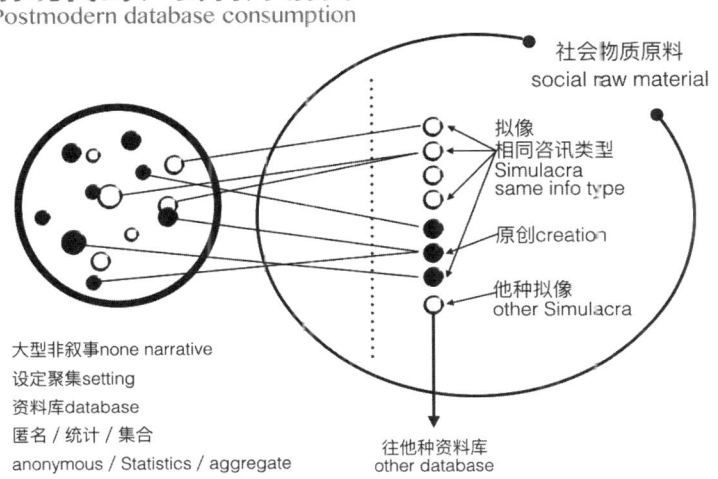

杀马特的文化及其社会展示

作、都市过程最为激烈的时刻。他们的出现时间晚于御宅族却享有类似的社会沟通不良,非社会的且孤独的动物化的处理情感方式,更贵的资讯空间成本与更低的资讯流通可能。他们活动在城乡接合部的火车站、小卖店、发廊、工厂,也会集体出现在公共场合斗舞,在火车站与广场上面对面肯定彼此。

网吧为他们提供了四元钱一小时的娱乐,在这个唯一能够消费得起的休闲空间里,他们上QQ刷闪钻(在线时间越长等级就会上升),装扮QQ空间(花钱设计网页)成为红人,闪钻的级别、QQ装扮的级别,提供了现实里别无选择但虚拟空间可以升级的阶级框架。透过劲舞团、QQ炫舞等游戏,他们成为键盘上的音乐朋克,乡村非主流。因网络交往晋升为更聚核的杀马特族群 如"杀马特葬爱家族"、"残血贵族"等族系建构外敌斗争,用火星文创造自己

第二章 人民的名字 195

家族徽章（他们的id都会出现家族符号）。他们所沉浸的网游就是他们实践网络身份、提高认同、交友与奋斗的教科书和创意工程，几乎是他们人生能够成名，能为之奋斗的唯一机会。玩游戏就是他们的人生。山寨手机拯救他们免于数码鸿沟脱线（unplug）。这是一个网络自我增生的社会展示系统，透过"仪式"打造了超级社交机器（super social apparatus），杀马特既存在其中也自我制造。换句话说，他们并非是在文化层面上去体验的表现形式，他们就是社会物质原料及特殊体验形式。他们生产自己，是奈格里（Antonio Negri）抱以希望的生命政治的自我生产（Biopolitical production），类似的情形同时发生在富士康工厂中，科技产业链中组装线的手工劳动者，被讯息化的新劳工阶级身上。

生命政治生产形式是网络社会的特征。如果生物权力（biopower）是透过故事消费（反映了相同世界观的作品群）来幻想自身能够被社会主流叙事接受，是福柯的规训效果——如《小时代》里新兴中产阶级的爱情故事或《欢乐颂》里和谐的阶级相处——那生命政治在数码原生世代（Digital natives）的网络文化中就是"资料库的消费"，他们从同样的资料库中无限地编织出作品，既消费自身的编织品，也消费设定的集聚。

杀马特们运用可负担的低廉打扮，自由地在英国朋克、日本视觉系、韩国唱跳团，甚至工人西装、农民光棍、直播网红明星装扮的资料库元素中编织作品，创意编造小故事来确定"属性资料库"的特性（桀骜、自由、贵族、狂），成立家族创造传说，构成被注视的第一层次消费。其次，他们也消费了网络上相关设定的集聚（流行文化中有关发型、穿着、自拍、美颜、舞步等；网站设计的排字动图、背景图、火星文等）。设定的聚集是非叙事的集合，是匿名/统计/网游的世界。

　　杀马特不是山寨，因为他们并非以复制来完成原创的传承，他们留着朋克头但不是无政府主义或动物保护者，化装成日本视觉系却不歌唱，韩式美白颜值哥也未必跳舞。他们是东浩纪所谓的"另种的拟像"，指向他种资料库。所有对杀马特（土豪金亦同）的攻击都是从原创观点（中产阶级意识形态）出发，第二次创作是模仿，何况劣质模仿？然而，网络文化中评断复制品好坏的不是像不像原作，而是与资料库中的角色，设定和特定（如"萌"）要素有关，衡量好坏的是复制与资料库的距离而非与原创的距离。拟像好坏是由关联的资料库元素来保证的。假设没有既有的视觉系形象资料库，浓妆、尸妆、黑暗但闪亮、社会性别模糊元素，将毫无展示的效果，无法被指认到特定群体所参照的资料库。资料库并非现代性那种有本源存在的属性，而是网络不断生产，通过匿名、统计、文本累积与算法累积而成。杀马特风格，不是复制和原创的传承关系，受限于自己资讯空间，他们对既有的资料库部分搜寻运用后，创新加入日常生活可得之元素，番外篇大量涌进正文本。网络上的杀马特形象多半来自他们自己的创作与解释，他们增添他们所参照的资料库，于是成为另种的拟像，指向他们自己的资料库，他们的"江湖"。

　　展示（无限地编织作品）就是杀马特创造意义的全部。这也是为何文化研究的仪式抵抗在其中很难发现对应关系。能够辨识真正的朋克文化，是因为我们参照现代性某种完形，在西方已经发生过的设定及其叙事结构。同样的，对现代性的重要议题与理论生产，都有其参照的叙事结构来决定什么是真正的重要的"现代性"问题，是否"现代过"。

　　也因为杀马特的技术与社会资本不足，他们创建的形式很快地陷入重复，新添的形式逐渐被操作性的登录僵固下来，成为更有效率的资本累积符号。这注定了杀马特在 2012—2014 年如火如荼却快速退去的原因（土豪金和屌丝也会如此），至今只剩被高度辨识的风格，能够被反复演绎、展示的符号。资本倾向支持任何的社会解放形式，只要不妨碍控制劳工的整体策略，不阻碍资本积累，不妨碍可资利用的独特利基市场。杀马特无论顶着何种发型上生产岗位，只要能够明日照常上班，通宵上网购买新发型与论战，让电商与网络公司赚钱，有何不可？

4. 形式吸纳

杀马特图像向公众展示的过程很能说明资本主义的形式吸纳（formal subsumption）。刚开始，杀马特借故事性组图引爆网络讨论，有理发店中的杀马特、春运火车站返乡的杀马特、公共广场聚会合照的杀马特、网吧视频截图中的杀马特，还有撰文杀马特传奇的家族人物风云榜，高度关注的是发型与反萌要素。第二阶段是淘宝出现一批杀马特风格假发配饰店，更有杀马特家族签名风格制作设计服务网，将杀马特表皮造型商品化，通过快手应用软件和直播软件借题发挥创造网红大号。2014 年之后杀马特群体真身退温，外部主流文化进入了对其围剿与再次演绎贩卖的狂欢。

中国年轻的网络艺术家苗颖的作品《当"杀马特"遇上"洗剪吹"遇上哔哩哔哩》是非常好的"终结"杀马特的例子。她采样了两个视频（左上角是来自油管［YouTube］的视频莱特［Dizzy Wright］的官方音乐录像带《时尚》［Fashion］，另一个来自弹幕视频网站哔哩哔哩的一首山寨音乐录影带《当杀马特遇上洗剪吹》），并配合左下角芬达的动图和王老吉的静态图片。右上角是一个时装模特，神情看似在注视着背景图片中拥挤嘈杂的人群。艺评家霍姆

艺术家苗颖的作品《当"杀马特"遇上"洗剪吹"遇上哔哩哔哩》截图

斯（Ros Holmes）指出艺术家热情拥抱中国的多元性和不可预期的结果，认为中国原生网络文化不仅只是全球消费的副产品。苗颖站在乐观态度看待亲特网（Chinternet）的产出，而非一咉指责为拙劣的模仿和荒谬而已。尽管如此，我们更宁愿说此作品只是从消费现实的"属性资料库"中选取拼贴而已。她贴近了杀马特刚刚开始的本质，却远不如杀马特有创造力，她落后于她要为之争取的大众。她选取的是已经被定型的资料库形式，将杀马特不甚稳定的形象加入已有的商品符征系统，定位登录，终结资料库栏位。人们才能辨识商品消费符号对比出来的表现形式。她什么都没有多说，也不可能说出什么。因为消费里头没有意义，拼贴各种消费景象也没有意义，消费仅仅是资本主义必须克服的难题，必要的时候，资本主义会给出任何可以应对的价值。

5. 赛博空间

杀马特的出现也引起我们对赛博空间（cyber space）的思考。2010 年，由一百多位 80 后网友参与制作的《看你妹之网瘾战争》引发大量的讨论。视频首发于艾泽拉斯国家地理论坛，随后即被转载至各大视频网站，在短短几天内获得了上百万的点击量。影片以九城和网易两家公司争夺《魔兽世界》的运营权为主要框架，融入了与戒网瘾有关的"杨永信电击疗法事件"。电影把对游戏内容的审批、两家公司的明争暗斗、文化部与新闻出版总署对运营权的争夺等都嘲讽了一遍，还穿插了当年的网络热点事件，如钓鱼执法、杭州"70码"案等。王洪喆对于此事件分析的文章《不可折叠的时空与不可降维的身体——电子游戏的城市空间社会史》非常有价值，简洁勾勒了以网游/网瘾问题所构造的虚拟与现实空间，如何透射出改革开放以来城市文化、青年身份、社会焦虑变迁。

在互联网刚刚兴起的年代，赛博空间被设想为另一个新世界，可完整自主存活运作。渐渐地我们发现赛博空间不是另一空间，也不是无空间（spaceless），而是与现实空间的脉络叠加而成的。meetup.com 的成功表示了人们仍有面对面的需要，在网络空间里找寻同好并在物理空间碰面。两款以 GPS 和 AR 技术为基础的 ingress 和 Pokémon GO 游戏更显示了赛博空间如何反映具体的城乡差距。舍基（Clay Shirky）影响广泛的书中清楚提及透过网络确实有建立社会新资本的可能，但这与现实需求息息相关。网络可以满足特殊需求，少数癖好，让坚持己念者找到同好，也为少数偏激意识形态分子找到宣传与认同的管道（如支持厌食和 ISIS）。对照舍基书中段落与《看你妹之网瘾战争》里片中最高潮的一段网民心声，会发现如此的契合，这也能解释杀马特的现象。杀马特是在网络与城乡接合部里的空间生产中诞生的。网络建造了更为坚固的认同，填补了原本社会在都市过程中失去的功能，从而使得城乡接合部可以继续矛盾统一维持下去。

过去要人们聚集在一起非常难，而要让已形成的群体瓦解却很容易。而现在，要集合潜在的群体很简单，而且群体一旦集合在一起了，在面对大环境的冷漠甚至是直接的反对时非常团结坚定。

三、迈向现代的杀马特（聪明）之路

展示意味着有人有意地、系统地组织材料公布于公共领域，或作为机制或制度代理人，实行有目的的公众宣传、沟通、意识形态的说服。是左右两个世界都熟悉的媒介操作，也是文化霸权的核心斗争。群体视觉生产过程在本文中称为社会展示（social display）的原因，是因为并非有人收集特定的物件与图片来展示给公众，而是透过群体相互指派以及自我区分、自我增殖生产而形成。在网络空间上，社会展示有亲密的群体支持，如贴吧中敌我分明的对战，脸书和推特、微博上的赞与转帖，论坛上的狂顶和家族的动员等。在实体空间中，社会展示则是差异地理学的视觉特征。

社会展示多半由宰制性的（常常表现为隐性、否定性、遮蔽性）意识形态所作用，有时候可以打破认知秩序而成为抵抗否定性、揭露性的力量。"被杀马特"的风格是中产阶级意识形态否定他者，遮蔽自身立场的作用，祛斑清洁消毒后迈向现代性。杀马特风格则是打破认知秩序，取消（误认或者根本不知道）认知秩序应该对应的象征意义世界的关联性，从而自我生产。当帝国已经没有实质空间可以征服，身体是最后的疆界时，杀马特之路确实比较聪明。杀马特使得芝加哥都市社会学派的分析失效，让文化研究可能是最坚固的传统——透过仪式的抵抗——找不到为之辩说的方式。他们绕道去了能够被指认之处的后方。可惜我们花了太多时间在辨识他

们，而不是接续他们的工作。

　　对作为"社会表现"的杀马特，仅仅将其美学放在政治审判席前面仔细检阅是不足的。发展中国家跟随在西方"发生过"的第一次现代性之路后面，他们的纠结如现代与后现代之争成为我们现代性推延的苦恼。精致与低俗艺术（high art / low art）、现代的与庸俗的、全球与本土、西方与中国，这些二元论述都要追溯其对应的大叙事结构里的象征意义才能成立。由是我们常常错过生机蓬勃、转瞬即逝的"路边风景"。路边风景就是 OVA，就是他种拟像，对应着尚未被收录辨识的匿名 / 统合 / 算法 / 增殖的资料库。如果我们已经熟悉且心领神会第一次"出现过"的现代性道路，那么聪明的方法是将视觉和交往变成社会和空间过程来对待，作为推进生命政治再生产的、暂别曾经带给我们巨大影响的图像学研究。

平等之为方法 *

雅克·朗西埃（Jacques Rancière）

陆兴华 译

我给了今天的演讲这样一个题目："平等之为方法"。这题目听上去怪怪的，大家不会认为平等是一种方法，平等要么是一个事实——一种有效的关系——要么是一个观念。而方法，大家会认为，应该是一个程序的集合，通过这些程序，会产生某种效果，或会产生一条道路，我们不得不沿着它去获得一种新知识或新技巧。基于此，思考方法与平等的关系时，我们会采取两种正常的方法：第一种方法不应该专门针对那些关于平等和不平等的问题，它只针对它自己的进展和结果。第二种方法，寻找平等，是一个很好的目的，但我们仍必须想方设法地去对待它。这意味着，我们必须先定义自己想要去建立的是怎样一种平等，其次是去定义有可能去建立这种平等的道路和步骤。我现在就要证明，为什么我们必须质疑这种正常的看法，为什么我们必须使平等不要成为一个有待达到的目标，而是要使它成为一个向前走的途径，这个途径将决定它自己的目标。做这事情的最好方式，我认为，是回溯我这一代人的精神历程。

---

* 本文根据 2013 年 5 月 9 日在中国美术学院的演讲整理而成。

年轻时，我们被告知，政治和社会平等是一个美好的目标，但为了达到这一目标，我们必须按部就班地去着手。我们总听到这样一个论点：主导和剥削是各种社会关系形成的整个机制的后果。主导是通过意识这面意识形态的镜子，倒转自己，给被主导的主体看，才强加到每一个人头上的。那些反抗主导法则的人，大多数时候，是头痛医了脚：其中有些人，因为是工人，就被钉在了他们的工作地点上，于是就无法感知总体的社会结构的运行；其他的人，因为他们是小资产阶级知识分子，由于没有关于阶级剥削的具体经验，也就不知就里。因此，那些具备了社会结构的知识的人，必须向这两类人证明，不平等是如何运行的，并向他们演示，应该如何才能改变这种不平等。因为，光是正确地知道，是不够的，你还必须正确地运用你的知识。这样的逻辑，就导致了一个奇怪的循环：一方面，人们被主导，是因为他们被钉在了他们的工作地点上，因为他们对那些主导法则是无知的；另一方面，他们无知于那些主导法则，又是因为他们被钉在了工作地点，这就妨碍了他们去认识主导的法则。总之，他们处于那一地步，是因为他们不知道为什么他们会处于那一地步，而他们不知道他们为什么会处于那一地步，是因为他们已处于现在那一地步。这一理论循环，成了一个无尽的螺旋：掌握社会科学的人，总是领先一步，替我们去发现那些压服和不平等的新形式。他们总是在那些以为自己知道不平等的人的意识里，找到一种新的幻觉，而这种幻觉，成了一种新的不平等形式，压制了那些以为自己正在走向平等的人。想达到平等这一方法的第一个结果，是不仅去证明，我们离达到平等仍有多远，而且也去证明，我们离理解它到底能否达到，已有多远。

正是在这一上下文中，我们第一次听到了中国"文革"的那条

朗西埃中国之行第一站在中国美术学院举办讲座"平等之为方法"
从左至右:陆兴华、朗西埃、高世名　2013 年

口号:"造反有理"。或者用法语来说,"自己造自己的反,是有道理的"(法语里,"造反"也是一个自反动词),这句话在法语里还有更多的意思:不光造反是有道理的,而且在造反中,才有理性(道理);而这转而又有这样的意思:造反是有道理的,但造反也隐含着一种理性的形式,即造反本身是揭示各种社会关系之现实的方式。行动并不源自对于社会结构的知识的良好运用。在造反中,行动为自己创造出了关于那一结构的新的知识形式:这一新的知识形式,总是先已改变了它所对抗的现状,因此,也使进一步的行动,变得可能。这一点,已被 1968 年的法国学生所证明,那时,他们同时打乱了学术知识、来自马克思主义策略的教训,法国工人响应他们的造反,开始大罢工了。重点不是将科学带给工人,使他们有觉悟,变得积极。他们根本用不着去了解剥削的法则,他们需要做的,只是去造反,造反会改变他们去知道并成为改变自己地位的方式本身。

我无意在这里深究当时法国对中国"文革"的感知和"文革"

第二章　人民的名字　　205

在当时中国的真相之间的关系。我只是在考察,"文革"这一观念本身,如何改造着对方法的思考与对平等的思考之间的关系。我认为,它有两个矛盾的后果。一方面,它教导我们去质疑方法作为一个意在达到某一目标的各种做法的集合这一观念。它教会我们,并不只是目标在决定我们该沿着走的道路;却是因为,它是方法,是使它自己向前走的方法,这才决定了我们认为可以设想和达到的目标。平等因而不是一个经由方法必须去达到的目标。平等本身就是方法,一个着手的方式,问题只在于我们如何来感知这一平等。有两种感知平等的方式:要么是逆转等级,要么是取消等级模型本身。我们对中国"文革"的感知,走的是第一种方式。由于只是颠倒各种位置和地位,我们对"文革"的感知中,也仍然保持了那一不平等的分配的核心。旧的方法,是要将关于社会的深层结构的知识,与其表面的意识形态倒影,对立起来。同理,它将先锋队的智力,与来自底层的人民的无知,对立了起来:它总认为无知的青年和工人,是无法看清他们自己在社会中的位置的。在推翻这一特权的同时,"文革"在其自己的范式中,却保留了关于高与低的对立,同时还保留了一个特权的位置:那个处于正确位置上的主体,能理解不平等的法则,并知道推动平等的方法。至今为止,正确的位置,就一直是那个高的位置,只有从那里,才能统括一切;现在,"文革"了,正确的位置,是那个低的位置了,是群众的位置了——作为第一步,学生的位置打乱了教授的虚假知识;第二步,是工人的位置,他们赋有生产和社会实践的科学,是他们用这种科学创造了共同财富。当时的法国毛泽东主义者采用了"工人才是我们的老师"这一口号,并开始通过体力劳动,来实施对知识分子的再教育。这不仅仅是出于将体力劳动的工人理想化、无视"再教育"真正意义的无知的年轻学生的幼稚，它也重新树立了那一旧有的等级模型，里面还是那个旧有的核心：有一种体现于某一特殊主体身上的特权智力。这就是为什么平等的过程重又成了那些对平等和不平等的事务具有正确知识（由于他们的结构位置）的人来引领的教育远程。这就是为什么这么多对中国"文革"如此崇拜的法国人，现在却成了不平等秩序的坚定拥护者的原因。

我刚好走了另外一条路。在那些动荡的岁月之后，我开始了对法国工人阶级的思想史的研究。那是基于19世纪的工人档案，是这些工人发明了工人解放的观念和方法。令我震惊的，恰恰是下面这一事实：那些工人不将解放与对工人智力的推崇等同起来，恰恰相反，他们感到，人们要颁给工人特殊的智力，其实是想要让他们待在他们的位置上。19世纪的资产阶级表扬他们在体力劳动方面的能力和辛勤劳动的责任感，20世纪的左派们表扬他们的集体精神和在社会斗争中的狂野能量。总之，他们常被表扬的那些品质，恰恰定义了他们在资产阶级社会或左派心目中的身份。但对于那些工人而言，寻找解放的道路，恰恰在于要走出这些身份。这一解放可能开始于走出工人的智力和工人的文化。这种解放可能开始于证明他们的权利，而不是通过力量来强加这些权利；解放开始于让他们的凝视忘记他们双手的工作，看到窗户之外；解放在于夜间阅读、相遇和讨论，而不是先睡觉，为明天的工作储存能量；解放在于写出抒情诗，而不嚎叫出他们的生存苦难；解放在于过一种个人的生活，创造出各种基于相互亲和性，而不是基于某种条件的限制的团体。如此，他们才会在他们的存在、生活、感觉和言说的方式中，在此时此地享受到平等，而不是使平等成为某个过程的结果，不是在一个具有特权知识的有特权的主体的引领下去获得。他们激活了一种

"平等之为方法"讲座海报

加入共同世界的能力,这种能力是基于一般的人类能力,是无论任何一个人都会有的能力。这就是"解放"这个词中所隐含的意义。

正是在这一点上,我们才有可能重思平等,不再将它看作地位的逆转,而是看作对任何地位的等级分配的消除。这一点也隐含于19世纪30年代法国教育家或者说反教育家约瑟夫·雅科托(Joseph Jacotot)提出的智力解放这一观念之中。他的那些文本早就被忘记了,我很幸运地撞见了它们。在雅科托的时代,进步的精英们推崇的,是那种基于对人民的教育的未来平等。雅科托激烈地质疑这一逻辑的核心:这是一种用当前的不平等,去生产出未来的不平等的原则。他建立了一条基本的原则:不平等只能生产出不平等。老师与学生之间的不平等关系,还有精英与下层人民的不平等关系,据说是为了向后者传播那种最终使他们与老师和精英平等的知识之途径。但这其实只是无限地去再生产出不平等的方法。老师不光是知道无知者不知道的东西，他们还知道无知者应如何才能从无知走向有知。这就是教学行动中会典型地隐含的东西：老师的解释，才使学生"理解"课堂内容。解释所要传达给学生的，并不是新知识，而是一种距离感，这种距离感隔离了学生和知识，它使学生时时感知自己的无能：不经解释，就什么也学不会。他/她了解得越多，就越被按在了无知者的位置上。不平等在这时就成了制造不平等的方法。因为，实际上，雅科托说，无知者其实早已无师自通地学过了所有知识中最基本的知识：他们的母语。他们听到别人向他们说，听到他们在周围说。他们存留、模仿和重复，侥幸地成功，然后又按部就班地开始，在没有任何老师向他们解释之前，就已学会了他们父母所讲的语言。而且，在这一过程中，他们也证实了他们与自己的父母有一样的智力，与那些用一样的方式学会了自己的母语、并且还学会了许许多多别的东西的人，有一样的智力。不平等的方法排除了这一种学习方式，也撇开了这一自信。对于解说者而言，这只是无知者的智力，是一种低人一等的智力的展现。真正的智力，老师的智力和有学问的人的智力，是通过理性来了解事物，是通过由浅入深、从部分到整体的方式来进行。只有这一智力，才能引导无知者的教育。这就是不平等方法之核心：它将知识上的差异，转变成了智力上的不平等。从这一点开始，整个方法就成了对于它的基本预设的证实过程：对不平等的预设。这就是雅科托所说的教育的拔苗助长：这不光只是在教育方法上如此。解说的方法，无尽的对智力不平等的证明，是社会主导的核心。主导并不是像我们被教导的那样，通过不让无知者知道秘密来得逞。相反，主导恰恰是通过没完没了地向无知者解释那些"秘密"——向他们证明，总有某种暧昧的东西在后面，无知者自己绝难看得清楚的东西在后面——才得逗的。

解放的过程，是对那个与不平等的预设对立的预设的验证：对智力平等的预设。智力平等并不意味着，每一个人都做出一样的智性表现。它只意味着，所有的智性表现，都是对同一种智力的展现。智力平等并不是说学生与老师知道得一样多。智力平等的意思是，学生和老师都同时既有知，又无知。学生总是知道了一些东西，可以帮助他们去猜想出老师正在说的东西；而老师对于他/她讲课的后效，总是无知的。师生都是在用他们知道的东西，去搜寻他们并不知道的东西。因此，我们可以改变这一问题的限定条件本身。我们可以用"研究"和"艺术"，去替代"无知"和"有知"。研究和艺术，不是对立的，它们也并不定义任何等级。科学家和小孩、体力劳动者和艺术家、理论家，都在做假设，他们都在探路，想要将还不知道的东西，与已知道的东西连接起来，犯错，再纠错。他们的假设的范围和后效，是不一样的，但他们是从同一种智性力量出发，并且是以同样的方式，去证实的。而这智性的力量并不属于特殊的主体，并不是说，群众或普通人或工人的智力，与精英的智性力量对立。在那些正拔苗助长的圈子内，这样的对立仍然存在，在那里，群众屈服于精英们的智力主导，作为补偿，群众又反过来，蔑视精英们的无知或怠惰。不平等就是通过这样的机制，来统治社会：这一机制通过使低人一等者感到他们是比低人一等者更高一等的，甚至在某些方面比高他们一等者更高一等，而使他们留在了自己的位置上。在中国的"文化大革命"中，和当时法国毛泽东主义者们喊出的"工人才是我们的老师"这一口号中运行的，仍是这一不平等的逻辑。智力解放通过预设一种并不只属于特殊的主体，而是任何人，无论哪一个的平等的智力，来突破这一逻辑。

因此，可以说，不平等和平等都是方法。它们都是预设、隐含着去证实自己的方式。预设平等，并不仅仅是一厢情愿，也不是对穷人和无知者的虔诚好意。对平等的预设，意味着使智力领域总体汇聚。不平等的方法，用了各种屏障来覆盖这一领域：它使有知与无知对立，使理论与实践对立，使艺术与知识对立，使观看与行动对立，使所见与理解对立，主动与被动对立。它使哲学家的方式与历史学家或社会学家等的方法对立。智力平等会打破这些屏障，去建立一个没有障碍的智性宇宙，一个经由事物和符号的森林，去通达由多重的道路、死胡同、迂回和十字路口构成的宇宙。绝没有所谓的从无知通向有知的路径；只有从一种知识通向另一种知识的路径；绝没有从理论通向实践的路径，只有从这一系列的智性行动，通向另一系列的智性行动的路径。在理论或艺术中，正如在体力劳动或政治行动中，起作用的，只是同一种智力。将已知与未知连接，总之不过是研究的事儿；使这一连接明确化的，总之不过是艺术。

我在自己关于工人解放的研究中意识到，消除这些障碍，对于理解我们所称的理论或艺术，会带来一些后果。我不得不突破科学研究者的正常方式，所谓正常的方式，是要考虑到，研究者的研究会带给他/她一些信息，而那是他/她的理论所要提炼出来的。从那一角度看，19世纪的工人写出的文本，揭示了他们的生活状况，表达了他们的情感或觉悟，为他们的斗争服务，等等。然后才是历史学家、社会学家和哲学家的任务，由他们来理解它，将它带回到他们的事业中，等等。用这一正常方式，最后就隔开了两种语言和两种智力，科学研究者的文本就被认为是用科学语言写成，告诉我们工人们想说的意思的真相。但如果智力平等对我们意味着什么，那么，这一区分必须被取消。科学研究者说的是他／她的研究对象在说的同一语言。我的研究"对象"，也就是工人的日记、文章或诗，是另一种研究过程，同样也是一种智力冒险，工人们也是通过它，才开始去思考他们的状况的；而且，这是一种艺术的形式，通过它，他们想要去改变自己的状况。理论于是成了对研究的研究，就艺术做艺术。这就是我做的：不得不抹掉关于我的研究对象的信息，与我自己的解释之间的距离。我不得不抹掉叙述和论争之间的区分，将我自己的声音与工人们的声音混同，去创造出一个文本连续体，这一连续体会进一步去替换工人们的冒险。平等之为方法改变了理论写作的感觉和质地本身。

对平等的预设，因此不仅仅是对我们的同伴中最卑微者的同情而已。这也是构造一个新的感性、智性上的共同世界的方法。因为，这一方法融化了那些我们为设立尽可能多的等级而使用的、分隔智性活动诸领域的僵化范畴。它告诉我们，我们应该去思考实施于那些领域的所有资质，将它们看作是建立在人类的一般能力、无论哪个人都会有的能力之上的研究形式和艺术形式。约瑟夫·博伊斯的"人人都是艺术家"这一很有争议的陈述，可能也应这样去理解。如果我们认为这句话的意思是，我们必须将任何一个糟糕的业余画家画出的画，都当成艺术品，那就没意思了；如果这句话竟导致艺术家去做出壮观的装置或表演行为，去证明任何庸常的物品或任何庸俗的活动，都可被贴上艺术的标签，那也是没意思的。这种挑衅式的方法，仍只属于不平等的方法，属于那些急于将艺术世界的社会现实，揭露给那些据说是没能力自己去感知到的可怜的傻瓜看的解说者——艺术家。在这一情形中，宣称艺术与非艺术之间的平等，成了肯定解说者和傻瓜之间的不平等的方法。在当代艺术中，我们说了太多要消除艺术与非艺术之间的界线这样的话。这一不作区分，已被表扬为或被谴责为一种犯规的形式。我认为，如将这看作是拓宽的方式，是为了使作为特殊的实践的艺术，更靠近作为穿越各领域的边界的一般人类能力的艺术，也许会更有意思。

这个道理，我想通过让大家来看葡萄牙导演佩德罗·科斯塔（Pedro Costa）的电影小片断来阐述。他称这部电影为《前进青春》（Juventude Em Marcha），是对苏联时代的电影制作者们爱用雄壮的词给电影起名字的反讽式回应。这部电影是科斯塔献给生活于里斯本郊区的穷苦的非洲移民和贩毒药者的三部曲之一，同时也献给来自佛得角这一小国的民工凡丘拉。我从电影里选出的片断，讲了一个关于艺术与非艺术、平等与不平等的寓言，这比博伊斯的"树"和"郊狼"有意思多了。

这一寓言式教导有好几层。最明显的那一层，讲的是石匠刚亲手建好美术馆，马上就被赶出大门。但电影导演并没兴趣使经济剥削和阶级斗争的严酷法则，与艺术的虚假纯洁相对抗。他反而是用一种艺术，去对抗另一种艺术。他让摄影机在树叶和美术馆园子里的圆形露天剧场内做循环运动，来形成另一个艺术表现的舞台。这个被从美术馆赶出来的可怜的外国民工，也是一个艺术家，能带给他同伴们的身不由己的奔波一种史诗般的尊严，使他们与那些穿过海洋去征服神秘的远方城邦，或历尽艰辛要回到他们的土地和宫殿的帝王将相一样，也成为远古史诗里的主人公。一方面，与关在美术馆大墙内的艺术对立的，是与人民的生活相联系的艺术——叙述者的艺术，或者说在这部电影的另外地方所调动的流行歌曲或情书式的艺术。但另一方面，这一与生活连接的艺术，也仍是艺术。石匠凡丘拉并不是一个向访谈者讲述他的生活的工人。他是一个艺术家,正在朗诵他的文本,表演他的角色,使他的生活故事成为他的艺术之作品。

"平等之为方法"在这里意味着,导演不再拥有那个解说者——艺术家用来揭示资本主义的剥削机制的工具,他是一个与另一个也处于研究、接近、犯错和改正等之中的艺术家合作着的艺术家。这还意味着,导演抹掉了在纪录片的现实领域与艺术的虚构领域之间做出分隔的那条界线。他要抹掉这一条界线,是因为,这条界线本身就是对世界的等级划分。戈达尔(Jean-Luc Godard)曾经反讽地说,史诗是给以色列人拍的,而纪录片,则是给巴勒斯坦人拍的。当然也可以说,巴勒斯坦人太不幸,只会处理最严酷的日常现实。同样,一个外国民工石匠,在记者前来采访这个或那个事件(工作中发生了事故或工人罢工)时,本应该来告诉我们他的苦难,由一个访谈者问,他来答;这样一个故事有时会占据电视屏幕一分钟,来证明穷人仍在那里穷着。这就是那种主导逻辑,也就是解说的逻辑。而这个外国民工慢悠悠地去扮演他的生活这一点所打破的,正是这一逻辑。这个外国民工这样做,是冒着第二次失去他的生计的危险的;而在这个"先锋"导演的作品里,他创作这部并不符合现存的任何格式,或任何现存的观众的口味的电影时,也使导演的艺术,冒了极大的风险。因为,平等的方法必须忍受这一后果:它的产品并不是专门针对格式化的观众的确定的消费。它留给观众这样的自由:观看这种平等方法下做出的作品,并将这样的作品融合到他们自己的智性冒险之中,去做出新的理解。但要做到这一点,须满足一个条件:观众可以遇见这些作品,尽管并没有一个地方在收留这些作品。

应当澄清的是,我评论这部电影,不是为了使它成为榜样,不是要说，这就是艺术家们今天应该做的。我从不热衷于告诉别人该做什么。而且，我的演讲主题也不是艺术，我只是想要使"平等之为方法"这一奇怪的观念变得容易理解。"平等之为方法"恰恰意味着，只有通过追随自己，你才能发现什么是你不得不做的。同时，我还是认为，对这一奇怪的方法的反思，会给我们所说的艺术这一活动类型，带来一些新鲜观念。

第二节

野草计划

"野草计划"策划手记（节选）

唐晓林　闵罕

> 于浩歌狂热之际中寒；于天上看见深渊。于一切眼中看见无所有；于无所希望中得救。
>
> ——鲁迅《野草》

2019年，是五四运动一百周年。

一百年前的1919年，在那个转捩与新生交叠的时代，五四运动爆发。1939年，在五四运动二十周年之际，陕甘宁边区西北青年救国联合会规定5月4日为中国青年节。毛泽东撰写《五四运动》一文，发表在当年5月1日延安出版的中共中央机关报《解放》第70期上，文章开宗明义："二十年前的五四运动，表现中国反帝反封建的资产阶级民主革命已经发展到一个新阶段。五四运动成为文化革新运动，不过是中国反帝反封建的资产阶级民主革命的一种表现形式。"[1] 同年，毛泽东在延安各界纪念"一二·九"运动十周年大会上发表《一二·九运动的伟大意义》讲话又指出："五四运动以后，产生了中国共产党，促成了第一次国共合作，掀起了五卅运动，发动

1　毛泽东：《五四运动》，载《毛泽东选集》第二卷，人民出版社，1991年。

了北伐战争，造成了第一次大革命。那么，很明显，没有五四运动，第一次大革命是没有可能的。五四运动的的确确给第一次大革命准备了舆论，准备了人心，准备了思想，准备了干部。"[2] 经由毛泽东的论述，"五四"被叙述为"反帝"和"反封建"的双重性质，将当时民族救亡和文化启蒙的两种诉求整合起来，从而确立了"五四"在现代中国历史上无可取代的位置——构成中国"现代"的起点。

1979 年纪念五四运动六十周年之时，时任中宣部副部长的周扬在《光明日报》发表《三次伟大的思想解放运动》，文中说："五四运动不仅仅是反帝反封建的政治运动，同时也是空前未有的思想解放运动。"[3] 这把"五四"与"文革"结束之初迫切要求"思想解放"的时代命题关联起来，也以之为其背书。

今年，时值五四运动百年之际，国家主席习近平发表要论指出：

> 五四运动，以彻底反帝反封建的革命性、追求救国强国真理的进步性、各族各界群众积极参与的广泛性，推动了中国社会进步，促进了马克思主义在中国的传播，促进了马克思主义同中国工人运动的结合，为中国共产党成立做了思想上干部上的准备，为新的革命力量、革命文化、革命斗争登上历史舞台创造了条件，是中国旧民主主义革命走向新民主主义革命的转折点，在近代以来中华民族追求民族独立和发展进步的历史进

---

[2] 毛泽东：《一二·九运动的伟大意义》，载《毛泽东选集》第二卷，人民出版社，1991 年。
[3] 周扬：《三次伟大的思想解放运动》，载《光明日报》，1979 年 5 月 8 日。

程中具有里程碑意义。[4]

共青团中央紧接着发表评论文章《以青春之我成就青春中国》，认为"五四运动作为首次真正意义上的群众性爱国革命运动和伟大的思想解放运动、新文化运动，确认了救亡强国实现现代化的目标，廓清了发展道路的迷雾，准备了领导政党的诞生，开启了新民主主义的新阶段"。[5]

的确，回顾、讨论与纪念"五四"，从来都不只是停留在考证和挖掘"史实"的层面，它更关系到每个时代如何定位自己在历史当中的位置，关系到人们如何看待自己时代的核心命题。

作为五四新文化运动的中坚力量，鲁迅先生始终屹立其中，与他的时代同行，无法遮蔽、无法取代。1930年代初期，正值中华民族内忧外患的危难时刻，经由鲁迅的大力倡导，以进步青年为主力的中国新兴木刻运动开始兴起。鲁迅最早翻译、写作和出版引介外国木刻艺术，珂勒惠支、麦绥莱勒这些名字不仅代表着一种木刻艺术的语言特质，更是引导青年艺术家直面残酷困厄的社会现实，思考危机饱和的历史境遇。他选择版画，很重要的原因是："当革命时，版画之用最广，虽极匆忙，顷刻能办。"他与木刻青年保持密切联系，引导他们开展木刻创作，让他们不模仿，不复刻，而是"捏刀向木，直刻下去"，提升艺术感受力，才能加强艺术表现力。1931年6月，杭州艺术专科学校（中国美术学院前身）部分学生组成的一个木刻艺术团体"一八艺社"在上海举办木刻展，鲁迅欣然为他们

---

[4] 习近平：《在纪念五四运动100周年大会上的讲话》，引自：https://www.guancha.cn/politics/2019_04_30_499796.shtml?s=zwytt，2019年5月检索。

[5] 仲青平：《以青春之我成就青春中国》，载《中国青年报》，2019年4月23日01版。

提供支持和帮助,并特为展览写下了《一八艺社习作展览会小引》,称这些"新的,年青的,没有名的作家的作品","以清醒的意识和坚强的努力,在榛莽中露出了日见生长的健壮的新芽"。[6] 1931 年 8 月,鲁迅在上海举办木刻讲习会,邀请内山嘉吉为青年讲习木刻创作方法,十三位学员主要来自杭州的国立艺专。鲁迅支持青年们在全国范围举办木刻展览会,亲自为第一届全国木刻联合展览会撰写序言,还于 1934 年亲自挑选木刻作品寄去法国举办"革命的中国之新艺术展览会"。他帮助木刻青年挑选作品推荐发表与结集出版,使木刻从创作到展示都直接面向普罗大众,从而发起了一场席卷全国的艺术运动。鲁迅对新兴木刻运动给予深切的关怀和引导,一方面是寄望新兴木刻担负起救亡图存的使命;另一方面,他又富有远见地启示,要以新兴的美术运动进行民族精神的重塑。早在 1913 年,鲁迅在教育部美术科任职时,工作内容就包含组织全国美术展览体系的建制,他根据蔡元培所倡导的美育思想撰写了《拟播布美术意见书》,文中写道:"美术云者,即用思理以美化天物之谓。"谈及"美术之目的与致用"时,他所列的"可以表见文化"和"可以辅翼道德"即十分贴切于蔡元培的美育思想。他在文中明确建构了播布美术的方法:建设美术馆、美术展览会、剧场、奏乐堂和文艺会,保存著名建筑、碑碣、壁画及造像、林野,研究古乐和国民文术。[7]然而,当时处在北洋军阀统治之下,这样的抱负无法伸张,鲁迅只能俯身抄碑。当时所倡导者,直到十几年后,才经由倡导新兴

---

[6] 鲁迅:《一八艺社习作展览会小引》,载《鲁迅全集》之《三闲集 二心集 南腔北调集》,人民文学出版社,2005 年,第 316 页。

[7] 鲁迅:《拟播布美术意见书》,载《鲁迅全集》之《集外集拾遗补编》,人民文学出版社,2005 年,第 50 至 55 页。

木刻终于得以开始付诸践行。这实践的目的，就是要创造一种新的视觉艺术，这新艺术"刚健，分明，是新的青年的艺术，是好的大众的艺术"[8]，由此面对普罗大众鼓舞一种新的时代精神，树立一种新的人——用蔡元培的话说，就是"破人我之见，去利害得失"，"借以真正地完成人们的生活"！后来，这场艺术运动与1930年代初席卷全世界的左翼文艺高潮汇流，与撼动全世界旧体制的社会革命运动结合起来。

中国美术学院作为这场艺术运动的策源地之一，有责任把握这一机缘，做好历史性的梳理和创造性的继承。

为纪念五四新文化运动一百周年，中国美术学院从2018年9月起开启了"野草计划"。在一整个学期里，学院陆续邀请了孙歌[9]、江弱水[10]、薛毅[11]、陆兴华[12]这几位学者、研究者连续举办了

---

[8] 鲁迅：《〈无名木刻集〉序》，载《鲁迅全集》之《集外集拾遗补编》，人民文学出版社，2005年，第406页。

[9] 孙歌，日本东京都立大学法学部政治学博士，中国社会科学院文学所研究员。曾任日本东京大学、美国华盛顿大学客座研究员，日本东京外国语大学、一桥大学、德国海德堡大学客座教授等，研究领域为日本政治思想史，主要著作有《主体弥散的空间》（江西教育出版社，2002）、《竹内好的悖论》（北京大学出版社，2005）、《文学的位置》（山东教育出版社，2009）、《把握进入历史的瞬间》（台湾人间出版社，2010）、《我们为什么要谈东亚》（生活·读书·新知三联书店，2011）、《思想史中的日本与中国》（上海交通大学出版社，2017）、《历史与人：重新思考普遍性问题》（生活·读书·新知三联书店，2018）等。

[10] 江弱水，浙江大学传媒与国际文化学院教授、博士生导师，1983年毕业于安徽师范大学，1999年于香港中文大学获哲学博士学位，主要从事比较诗学研究，有专著《卞之琳诗艺研究》《中西同步与位移》《古典诗的现代性》《湖上吹水录》《诗的八堂课》等，并有诗集《线装的心情》，随笔集《赖床》。

[11] 薛毅，上海师范大学教授，主要从事中国现当代文学研究、文化理论研究、鲁迅研究等，著有《当代文化现象与历史精神传统》《无词的言föl》，论文有《人文精神的讨论》《世界观转换中的幽灵》《鲁迅与1980年代思潮》等，主编有《鲁迅与竹内好》《陈映真文选》等。

[12] 陆兴华，同济大学人文学院教授，中国美术学院跨媒体艺术学院客座教授，著有《哲学任务之急——当代法国思想六论》《当代艺术做什么?》《让快乐排好队：巴尔特全书》等。

"野草"展览海报　2019 年

十场主题为"鲁迅散文诗《野草》细读"的系列讲座,带领中国美院的师生共同研读鲁迅的《野草》。[……]

鲁迅作为五四新文化运动的中坚力量,以为历史作证的自觉,为这个立体的多面向的思想与文化革新运动提供了一层无法遮蔽也无法取代的底色。而《野草》在鲁迅的精神世界里占有特殊重要的位置,它挑战并打碎常识经验,打造出一个新的感觉空间。可以说,以十场讲座来开启"野草计划",实是我们的幸运,因为正是这一系列讲座帮助我们把心中那种隐而未彰的感觉明晰起来,从不同层面回答了为什么中国美院要以鲁迅先生的《野草》作为题眼来展开对五四新文化运动百年的纪念。正如中国美院副院长高世名所说:"新

第二章　人民的名字　223

"野草"展览现场 2019年

文化运动具有一种强烈的自下而上的奋发的精神,一种批判的意志,一种自我反省,一种在绝望、在黑暗中抗争出来的力量,没有什么比《野草》在中国新文化的文学史、新文化的精神史上更能够体现这种力量。"[13]《野草》呈现出来的精神力量在整个20世纪的中国汉语史中都是最强有力的,我们希望把这最强有力的文本和最强有力的视觉艺术结合起来——那就是黑白木刻。

于是,在《野草》细读讲座陆续举办的过程中,中国美术学院师生的艺术策划与创作也启动起来。但是,我们要做的不是一个木刻展,而是"野草"展。

2019年5月4日,"野草——献给五四新文化运动一百周年"展

---

13 高世名于2019年5月18日接受"野草计划"策展组采访时所述(暂未发表)。

览在中国美术学院美术馆开幕。展览不做开幕仪式，以美术馆的日常状态面向公众开放。"野草"展览将鲁迅先生的《野草》文本，与在他的激励与感召下开启创作木刻的几代艺术家的历史性珍贵作品，以及今天中国美术学院在校学生的黑白木刻聚集一堂，并特别有一个多人朗读《野草》文本所构成的大型声场作品。如陆兴华在他的讲座中所期望的，"野草"展览将《野草》这个文本搭建为2019年的一架"文学机器"，为我们同代人所操作与使用，让它重新轰鸣，从而构建起一个百年超时空对话情境。这不是为了怀旧和重返，而是要引爆时间的维度，创造出艺术的新向度和新维度。展览将《野草》作为供语义学、句法学分析的语料库，重申中国当代艺术的批判性与问题意识，将艺术创作与文化研究置回中国社会之中，突显正在成形中的、尚未达至完成状态，却向着完整性演化的"新青年"艺术实验。《野草》的文本弥散在整个展览空间，事件的气息以物质波浪的形式扫过整个展览，从极速的痉挛、冲突、变化的启蒙与变革，到文学主体与艺术主体的发声与自我排练，个体自身的主体性重构、自我组织与强烈的现实参与，并有不同时代文化价值观的撞击与冲突。这些动力线和谐、集中，或者冲突、动荡，交汇在一处，使观者从中得出启示性的旋律。这是中国美术学院纪念"五四"的姿态：看到"五四"由文化、政治、群众运动以及社会革新等力量互相激荡而成的复杂特质，看到它所包含的蓬勃的生气、战斗的精神、批判的果敢、爱国的热忱，以及创造新世界的勇气等复杂综合的精神内涵，并将之化入创造性的工作，把节日化入日常，使日常成为节日！

"野草"展览分为四个板块，分别以《野草》中的四句话作为每个板块的标题。

"野草"展览第一板块展览现场　2019 年

一

> 叛逆的猛士出于人间；他屹立着，洞见一切已改和现有的废墟和荒坟，记得一切深广和久远的苦痛，正视一切重叠淤积的凝血，深知一切已死，方生，将生和未生。

作为木刻艺术家心中的导师，鲁迅的形象自然成为几代木刻家创作的重要母题。他们用木刻为鲁迅先生刻像，同时也用从事木刻艺术的行动投入生活，自我塑造，从而刻画出自己的人生。他们心怀鲁迅先生的感召，站在民众之间，刻画革命年代中国人民于践踏中艰难求生的面貌，于绝望中举起投枪的身姿。李桦、胡一川、野夫、陈烟桥、力群、张漾兮、杨可扬、彦涵、黄新波、赵延年、俞启慧、韩黎坤、邬继德、李以泰等几代老木刻家的代表性经典作品汇集在这个板块。李桦、胡一川、黄新波等特别将呐喊、召唤的声音元素纳入作品画面，形成了一系列富有力量、感性与动势的木刻语言，从而产生强烈的动员效果。观众站在这些富有感染力的作品面前，仿佛要跟着画面中的人物一同呐喊，一同冲向战斗的前线。野夫的一套连环画《卖盐》创作于1935年，木刻家以质拙的木刻语言讲述了贫困的老百姓因贩卖私盐被抓，后愤而反抗的故事，这是中国最早的革命题材的现代木刻连环画之一。张漾兮的五十多张珍贵木刻一同展出，精要地勾勒出一条他的创作光谱，成为展览的亮点之一。他的刀笔主要记录下1940年代中国社会各个面向的苦难民众，包含打石工、村头酒贩、街头疯妇、卖唱母女、伤残兵士、苦力、矿工等，这些画面富有新闻报道的意味，画中人物带有明显的雕塑感，他的艺术语言非常早就趋于成熟，为中国的现实主义艺

"野草"展览第一板块展览现场　2019年

术做出了特殊的贡献。这些木刻家也是革命者,是"叛逆的猛士",他们或刚健有力或坚韧质朴的木刻创作也是他们锐利的战斗武器,在他们这里,艺术革命、革命艺术以及社会革命相得益彰,实为一体。在不同的时代,这些木刻的题材和形式演变与当时的社会思想形成共构关系,它们犹如一丛一丛的野草,成为横站于历史之中的证明,证明这黑与白的命运交响曲激励着永恒不断的可能新生。

二

> 我以这一丛野草,在明与暗,生与死,过去与未来之际,献于友与仇,人与兽,爱者与不爱者之前作证。

鲁迅的写作深刻地影响着百年来现代汉语的发展,也塑造着艺

"野草"展览现场 2019年

术家的视觉创作。在不同时代，总有许多木刻家终生以他们的木刻创作与鲁迅对话。犹如鲁迅以终生的工作、以《野草》的写作来辨伪求真，为历史作证，一生不辍的创作便是木刻家们对鲁迅的应和。热爱鲁迅作品的读者可能早已在他的书籍中见过不少他的作品插图。这一次，赵延年的《野草》与《狂人日记》插图，张怀江的《狂人日记》插图，赵宗藻的《社戏》《祝福》《在酒楼上》插图等经典的木刻原作，都得以在展览中成套集结。

赵延年的那张《〈野草〉插图》被我们选择作为此次展览的主视觉。这张作品创作于 1978 年，画面上一颗新绿的野草，从黑沉沉的土地深处挣扎向上，经历了一次次的曲折与回转，终于在地面探出些许新芽，虽然天空中压着许多黑云，还很暗沉，但是却已经开始露出光明。这野草艰难生长的痕迹就是野草本身，它是一条道路，也是一道闪电。我们在这张作品上看到了强烈的存在主义意味，这是在萨特的《存在主义是一种人道主义》的意义上来说的——生命的价值与它的行动、它的创造性紧密相关，或者说，生命的意义就在于行动与创造。

特别值得一提的，还有两套《狂人日记》插图。张怀江的一套四十张《狂人日记》插图创作于 1980 年，艺术家以锐利的刀锋刻画出一个接受了新式教育，剪掉了长辫子，对吃人的礼教最先警觉、最先抗争的革命青年形象。整套作品可谓现实主义艺术创作的经典。赵延年的一套三十八张《狂人日记》插图创作于 1985 年，他则将狂人塑造为留着长辫子的旧式文人形象。他多用平刀进行切、压，以大黑大白构筑画面，每一刀下去都塑造出一个形象。作品以现实主义为理念，以经典的浪漫主义视觉，以感人的力量对黑暗进行了批判。同样是在经历了一段狂热和动荡的极端不平凡的历史时期，同

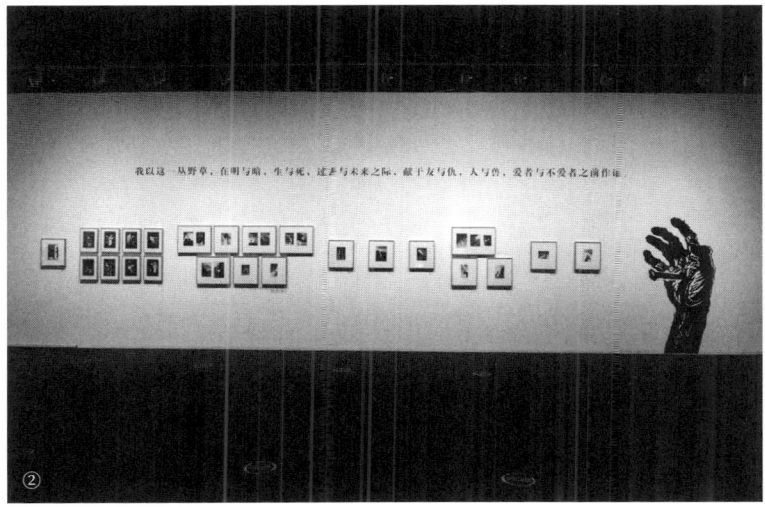

① "野草"展览现场之赵延年《狂人日记》插图　2019 年
② "野草"展览现场之赵延年《野草》插图　2019 年

样是面对小说《狂人日记》，艺术家们将那种危机饱和的感受、时代的冲击和岁月的磨砺凝练入画，却在文字与图像的汇流中激荡出殊异的浪花。这两套《狂人日记》插图启示我们，要以更加开放和通融的态度带着历史感觉去面对艺术的现实主义与现代主义之争，而不应被冷战思维所左右，刻意简化或固化一方，阻碍对艺术的深刻性与丰富性的探索。

我们看到，不少版画家是在"文革"结束、恢复创作自由之后，立刻回头重新面对鲁迅先生的作品，在 1970 年代末 1980 年代前半段形成了一个鲁迅作品插图的创作高峰。他们借鲁迅先生及其作品帮助自己面对并反思那个危机饱和的生命状态，帮助自己在"在明与暗，生与死，过去与未来之际"反省并重塑自我，创作有情有义的艺术，[14] 并以之作为他们在自己的时代、为自己的时代真正地生活与工作过的证明。

三

> 人类便应声而起，仗义直言，与魔鬼战斗。战声遍满三界，远过雷霆。终于运大谋略，布大罗网，使魔鬼并且不得不从地狱出走。

这个展览板块是一个"《野草》声场"，由策展团队和青年声音艺术家李洪祥共同创作。我们邀请了不同世代的人们来朗读《野草》

14　赵延年在 2004 年接受高世名采访时讲述自己最为核心的艺术理念：每一刀下去都要做到有情有义。

的篇章、段句与字词，朗读者中有一家三代的美院人，有退休的老木刻家，有在校的艺术师生，有青春萌动的初中学生，还有美院附小的十岁娃娃。

　　因为《野草》是鲁迅在四十多岁的时候写作的散文诗，其中多有黑暗、复杂和矛盾，并且常不避讳死亡的话题，所以我们设想初中和小学的孩子们恐怕很难真的理解《野草》，于是摘录了其中一些相对"积极"、"正面"的词句给他们；又因受江弱水的讲座启发，我们摘录出《野草》中相对"中性"的描绘声音或色彩的双声词、叠韵词，请孩子们自行挑选，一人朗读一句或一组词语。开始录音前，除了需要让孩子们挑选朗读内容，也需要安排朗读顺序。小学四年级的这组孩子中，有一位很有领导能力的核心人物，他自告奋勇地组织大家挑选和排序。过程中，有人提出，想朗读那些已经被别人挑选的句子；又有人提出，想跟自己的小伙伴一起朗读；还有人询问，是否有可能让所有人一起朗读一个稍长的段落……于是，一番讨论之后，大家一起决定，先由每个孩子单独朗读三句，择优选用，完成后再进行自由组合。录音过程中，我们不时需要提醒这些十岁上下的孩子避免过度抒情，也偶尔需要鼓励内向的孩子放开喉咙，勇敢地大声朗读。我们挑选了《好的故事》中的段落作为集体朗读材料。第一遍录音时，虽然这些孩子对内容并不熟悉，但却很轻易就形成了齐声朗读，而且甚至连语调都很相近，很像在教室里齐声朗读课文。于是我们提议他们争取读出错落与参差。一番尝试之后，每个人都渐渐地读出了自己的感觉和特点。我们把这两遍朗读都放进了声场。而初中二年级的这组孩子却和小学组非常不同。他们当中没有一个"核心人物"，挑选段句和安排顺序时，他们就通过手心手背、剪刀石头布的游戏加上口头协商迅速决定下

"野草"展览第三板块现场《野草》声场　2019年

来。他们也自行组成朗读小组，不限于相同性别，有的小组还用不同声部朗读出有趣的和声。在集体朗读时，每个人基本都按照自己的节奏来朗读，很少有人被别人轻易同化。在他们的集体里，这些十四岁左右的少年们迅速找到合作的规则，以游戏的心态和方式进行自我组织。朗读时，他们几乎每个人都会努力争取好的表现，不会轻易让集体淹没掉自己的个体特性，平和友好的氛围中不乏竞争向上的意识，但也不会有人刻意凸显自己而掩盖别人或破坏集体朗读的节奏感。邀请初中和小学的这两组孩子来朗读《野草》，让我们看到了年轻的下一代的进步和希望。他们呈现出的各不相同的群我模式，正启发了我们对整个"《野草》声场"作品中声音的相互关系的处理。

之后，我们逐渐展开对在校师生和退休老艺术家的朗读声音的采集。惊喜的是，不少人都曾熟读《野草》，而且对之抱有深刻的理解和深厚的感情。老木刻家赵宗藻已经八十八岁高龄，一段《〈野草〉题辞》却仍读得铿锵有力；老木刻家邬继德带着绍兴口音，一篇《我的失恋》读得别有人生况味；创作中常以梦为题的木刻家陈海燕朗读了一段《颓败线的颤动》，她那深沉缓慢的女中音，让人听出经过岁月磨砺之后生命的华彩；艺术家许江朗读一篇《这样的战士》，五遍"但他举起了投枪"，渐次强烈、渐次深刻，虽经世事艰险复杂，而战斗姿态愈加坚定……于是，声场里有凛然刚健的高呼，也有深沉细腻的沉吟；有独立自我的抒发，也有似懂非懂的学语；有个人独白，有两人对话，也有众声喧哗；还有不同年龄、不同性别的声音朗读同样内容的错落、叠加与回响……这里是声场，是意境，混响与回声皆具，肉身与文本扣连，四维互切，五感发动。可以说，创作《野草》声场的过程也是理解《野草》的过程，这是一次社会测量，也是一次特殊的自我艺术教育,"《野草》声场"与我们这些各不相同的人面对《野草》的状态之间呈现出一种共构的关系。

四

> 地火在地下运行,奔突;熔岩一旦喷出,将烧尽一切野草,以及乔木,于是并且无可朽腐。

中国美术学院绘画艺术学院版画系的任课教师带领二三年级的本科学生一同参与了持续一整个学期的《野草》细读讲座,也自行进行文本细读与探讨。与此同时,他们把《野草》插图创作纳入该学期的版画创作教学课程,参照陆兴华的方法,打捞出《野草》中供语义学、句法学分析的语料库,进行文学主体与艺术主体的发声与自我排演。版画系三个工作室分别组织本科学生面对不同的文本单位进行版画创作。有的工作室让学生们分别挑选《野草》中的一篇文章,然后以连环画的方式,用10—20张小尺幅的连续版画为该篇文章做插图。教师要求同学们着重学习和摹仿老一辈木刻家的木刻技法,以及学习制造插图之间的连续感。这里的难点在于,前辈们以往创作连续版画时多是面对小说等具有叙事性的文本,而《野草》是富含哲理的散文诗,要在哲理和诗意的高度呈现连续性,实属不易。有的工作室让二年级学生各自挑选《野草》中五个左右的高频词,然后对应这些词语分别创作一幅版画。有些词比较具象,例如故乡、风筝、赤练蛇、冰树林、过客,等等,似乎容易图像化。而有些词,例如大欢喜、暗夜、空虚、青年的魂灵、梦、死火、腐朽,等等,却需要发挥更多的想象力才能下刀刻画。而针对三年级的本科学生，教师们则给予他们更多的创作空间，让他们分别挑选《野草》中印象深刻的两句（段）话，每人创作两件大尺幅的作品。当然，这些词语、段句并不能孤立地看待，要想把它们图像化，实在非得放回原文语境中来思考不可。创作过程中，不同工作室的教师相互交流，并到别的工作室串讲、指导。学生们也密集地沟通和探讨，互相配合、砥砺，激发起全身心投入的创作热情，甚至有学生说第一次产生了创作的高峰体验。

经过一个时间段的集中创作，本科学生们拿出了二百多件作品，作为这次自我排练的阶段性展演。展览中，他们的作品以工作室为单位，以集体的面貌呈现。有的作品对传统木刻技法有比较好的继承，或借用民间木刻年画的图示和技法，或发扬革命木刻的刀味。有的作品则开始纳入自己对今天的视觉现实的感受和理解，或突出版画与摄影之间的关系，或把生活环境中的风物与印象加以整合，呈现出混合现实的感觉。虽然这些青年艺术家的木刻技法尚未纯熟，但他们已经开始通过绘画去观察和体味自己的时代。的确，艺术家不能装作还处在古典时代，而必须面对今天的媒体现实。只是，年轻的他们可能不再对现实采取批判和抗争的姿态，而更多是一种调和的姿态，他们通过绘画来认识今天的现实情境，来调和眼前的物理现实与混合现实。绘画，是人们把目光投向世界时获得的回声。绘画，是为了自由而创造。但这自由不是为了成为造物者，因为那个"造物者"后来只是成为了主人，绘画是为了摆脱作为被造者，绘画是为了创造一种世界，一种可以真的与之交往的世界，借此，我们真正地成为自我。[15]

15　高世名语。

① 中国美院版画系第四工作室本科三年级学生依据《野草》中的段句创作的插图　2019 年
② "野草"展览评图会　2019 年

"野草计划"将在"野草"的隐喻意义上继续展开,它将是一个长期持续的艺术教育计划,用当代艺术的策展方式加以动员和延展,提倡通过创作来理解世界,以创作回应创作,目的在于发扬一种自下而上的奋发精神,一种批判意识,一种抗争力量,一种创造能量。"野草计划"将是一种思想的行动,它朝向的是人间思想,是感同身受的思想、有情有义的思想,是在人间的思想,是为人间的思想[16];"野草计划"将是一种艺术的行动,它要打破艺术疆域的局限,强调艺术创作的直观经验和切身体悟对于思想的意义,让艺术作为一种社会思想进入到公共领域。

2019 年

---

[16] 参考高世名撰,《〈人间思想〉发刊词》,载《人间思想第一辑 作为人间事件的1949》,金城出版社,2014 年。

鲁迅的"不容已"*

孙歌

2018年仲秋,应中国美术学院的"《野草》计划"之邀,我在杭州开设了一次细读《野草》的系列讲座。原本只是为了讲座而重读这部经典,不料想这次重读却激发出不期然的收获,让我此前的鲁迅理解中那些难以表达的感觉获得了初步的轮廓。

《野草》在鲁迅的精神世界里占有特殊的位置,这一点已经被很多先行研究所关注,并引发了众多的讨论。在重读这部特异的作品时,我暂时放下了先行研究中那些充满魅力的解释,试图让自己赤手空拳地闯入鲁迅精神世界的深处。我所依赖的,仅仅是算上序言在内的二十四篇作品以及鲁迅的若干其他作品之间的"互文性"——它们之间潜在的相互补充、相互诠释的功能,使得难以理解的每篇独立作品变得更加丰满充盈,引导着我摸索进入《野草》这座迷宫的路径,尝试面对鲁迅深厚而敏感的内心世界。

《野草》没有在常识意义上写作,所以也不能在常识层面阅读它。鲁迅为自己确认的"战斗"与"复仇"的主题,都不是日常生活的直观经验可以理解的内容;而他的希望与绝望的情感,由于其

---

* 选自孙歌:《绝望与希望之外——鲁迅〈野草〉细读》,生活·读书·新知三联书店,2020年。

孙歌在中国美术学院做"鲁迅散文诗《野草》细读"讲座　2018年9月—10月

达到的深刻程度，也超越了常识的范畴。毋宁说，《野草》恰恰挑战了常识经验，打碎了常识经验，并由此打造了一个新的感觉空间。

在这个新的感觉空间里，《野草》首先挑战了人们对于"黑暗"的想象。为了进入《野草》的文脉，需要自觉搁置自己在日常生活中那些通行的感觉，不带既定观念地阅读。只有在这种时刻，每个人内心或多或少都拥有的那种对于人性的洞察力才会突然迸发。于是，鲁迅的作品群便突然向我们展示出它的进入途径。

2019年是一个特殊的年份，按照我们人类对于整数的偏好，有不止一个厚重的日子需要纪念。其中的五四运动，以整整一百年的时间积淀，迫使我们思考中华民族的人文精神，思考我们这些后来者的历史责任。鲁迅作为五四新文化的中坚力量，为这个立体的多面向的思想与文化革新运动提供了一层无法遮蔽也无法取代的底色。它的功能并不仅仅在于引导我们进入那个时代的是是非非,更在于让我们以鲁迅特有的危机意识为向导,重新进入中国思想曲折的历史脉络。在那个断裂与重生的年代,五四新文化运动的爆发成为一个象征符号,象征着晚清以来一系列政治与社会变动进入新的历史阶段,象征着其后一系列思想与文化上反帝反传统的激进意识形态的兴起,也象征着历史转折期不可避免的迷茫与纠葛。

鲁迅登上文坛伊始,就没有与时代的最新思潮同步。尽管他并不反对各种新思潮的兴起,而且在声援新思潮的意义上,对旧传统中延续到现代的陋习进行了决绝的批判,但他却一直与不断起伏消长的新思想、新流派保持着距离,没有充当引领时代潮流的风云人物。五四运动勃发、反日情绪高涨的时候,鲁迅却着手翻译武者小路实笃;文学革命旗帜高扬的时刻,鲁迅却还在北京绍兴会馆里抄古碑。但是正如竹内好所言,这位没有扮演先驱者角色的思想者,却成为与历史共生的见证者。或许正是鲁迅与时代先驱者们的这种思想"错位",才使他得以承担非他莫属的历史重任。这个重任并非直接改变历史,借用鲁迅的说法,是为历史作证。

鲁迅痛心疾首于中国人的健忘,是人所共知的。没有健忘的习性,就没有阿Q的精神胜利法。阿Q的健忘正符合"造物主"的意图,造物主"暗暗地使人类受苦,却不敢使人类永远记得。"鲁迅这篇《淡淡的血痕中——记念几个死者和生者和未生者》,揭露健忘的怯弱者"也如醒,也如醉,若有知,若无知"的苟活状态,同时呼唤着叛逆的勇士:他"洞见一切已改和现有的废墟和荒坟,记得一切深广和久远的苦痛,正视一切重叠淤积的凝血,深知一切已死,方生,将生和未生"。

鲁迅虽然如此书写，却并未把笔下勇士"将要起来使人类苏生，或者使人类灭尽"的豪迈事业作为自己的使命。鲁迅知道，这是"地火"喷发才能创造的局面，绝非文坛能够胜任的事情；他一向认为诗歌并不能换算成炮弹，不赞同文人的大话和高调，但是他一生坚守文坛，并不曾因为自己的文字不能直接改变现实而有一丝懈怠。鲁迅坚信，诗歌不能成为炮弹，但是却拥有炮弹没有的功能，那就是拒绝各种形式的遗忘，在不断地与阿Q式健忘搏斗的过程中，为历史与人类作证。

为了记得深广久远的过去，每个时代都要留下证言，在中国这样有漫长史官传统的国度，历史上有操守的史官都需要冒着被杀头的危险而写史。写史，难就难在"写实"并不是摹写经验事实，它不仅要记录历史事件的真相，而且要记录历史脉动的'表情"。而无论"真相"还是"表情"，都不是固定的存在物，它们不但因观察者而异，而且总与不可视的"意义"缠绕不清。没有史家独特的眼光与感受力，写史就会流于记录通行的认识，甚至趋炎附势。以史家的勇气和创造性，在同时代史中客观地进行遴选和书写，这才是为历史作证——到《史记》的时代终于定型的这个写史的传统，从一开始就直面"真"和"伪"的问题。鲁迅并没有以历史学家书写历史的方式作证，但是他却深刻地领悟着历史表情的个十三昧。他知道，为历史作证绝非易事，但历史也绝非只由枪炮与权势构成。在真伪的问题上，文人之间的较量不亚于残酷的战争，然而却远比现实中的两军对垒难于辨认。为历史作证，因此也就意味着在文字的世界里留住真言，揭露伪证。

鲁迅为历史作证的自觉十分强烈。《野草》的题辞中明确地宣布："我以这一丛野草，在明与暗，生与死，过去与未来之际，献于友与仇,人与兽,爱者与不爱者之前作证。"如果把《野草》视为一个时代的证言,那么,我们从中能够读取什么样的历史信息?

《野草》在与"伪证"搏斗的意义上,见证了一个时代的巨大变动。与现实中的动荡相呼应,五四之后的思想界也充满着各种变数。通过多种渠道引进的多样"西方思想",与依然强大的传统文化要素交互作用,转化出旧瓶装新酒和新瓶装旧酒的复杂格局。所谓新与旧、进步与保守的对立关系,在这样的不确定之中,也变得扑朔迷离。鲁迅的特别之处,在于他对外来思想的关注并没有把他引向纯粹观念的世界,也没有固化他对大革命时代政治课题的看法,相反,他忠实于自己的身体感觉,忠实于无法被"先进"的观念所回收的现实生活。在他笔下,展开的是一幅混沌而顽强的生民画卷,它们如此地跟启蒙思想缺少哪怕是对立的接触点,如此地难以承载现代性的理念,却又如此坚持着寻找变革的途径。鲁迅并没有致力于给时代开药方,他通过自己的"国民性批判",几乎是本能地追问着一个根本性的问题:变动着的现实与变动着的思想之间,是否真的建立起了有机的对应关系?

在学界与思想界醉心于各种"先进观念"本身的时候,《野草》呈现的,却是鲁迅以自己的生命感知到的同时代历史脉搏。他"于浩歌狂热之际中寒,于天上看见深渊";"于麒麟皮下看见马脚,于点头恭维中看见杀机";"于一切眼中看见无所有,于无所希望中得救"。鲁迅告诉我们,不要轻易相信好名称、好花样,这一切都有可能是"作伪"。

虽然强调文学是余裕的产物,鲁迅一生在精神上却几乎没有得到过余裕。"运交华盖欲何求,未敢翻身已碰头。"鲁迅在有生之年饱尝了文坛的"千夫指",他并不从容。精神上的窘迫状态与鲁迅的多疑和激烈互为表里，凝聚成了《野草》各个篇章的凄怆基调，然而却与虚无擦肩而过。鲁迅的作证，如同眉间尺把头颅作为武器一样，是把自己投入历史的行为。他挑起和卷入大大小小的论战，他珍惜已然逝去的生命残痕，都并非只是个人欲望使然；他在一个不自由的时代里，通过论战创造了自由；在无可选择的"求乞"之中，他进行了有尊严的选择。然而，这自由与尊严，却是鲁迅式的：它们同样是不从容的，是挣扎着的，是自啮其身的，是踉跄而不容片刻停顿的。

鲁迅的多疑和激烈，究竟应该如何理解？对此鲁迅研究者们已经提供了出于不同视角的解释。无论是他的人生经历、绍兴的人文环境还是他个人的性格禀赋，甚至他疾病缠身的肉体感觉，都被用以解释鲁迅的论战姿态；近年来对那些被鲁迅骂过的文人，学者也进行了同情之理解的研究，证明他们中也确有委屈者。不过从思想史的角度看，个体气质禀赋等经验性要素，只有在对历史开放并承担历史功能时才能获得意义。换言之，在20世纪初期的中国思想世界，鲁迅式的多疑与激烈并不仅仅是个体的思想风格，它的是是非非本身还不足以成为问题，当它开启透视历史的窗口时，这种论战姿态才能获得意义。

鲁迅一生的论战，表面上似乎并不直接涉及重大的时代课题。在晚清和五四以及大革命时期，知识界对中国何去何从的辩论、对政治制度的设计、对社会改革的呼吁，似乎都与他无缘，鲁迅始终关注的主要是文坛内部的事情。透过文坛万象，他看到中国社会生活中以不变应万变的积习，他向这些积习展开了无情的讨伐。鲁迅对同时代一些重大事件虽也发声，着眼点却并不在于直接配合现实斗争；他对事件的分析，更多发表在事件过后，人们开始遗忘的时刻。鲁迅不仅不是社会革命的先驱者，也不是现实斗争的精神领袖。然而他犀利透辟的分析与辛辣幽默的讽刺，却使这些桂冠不请自来，变成了他的"华盖"。当人们反过来用这些桂冠要求鲁迅的时候，却发现了他的不合格：他"世故"、"油滑"、善于"装死"和逃跑。鲁迅没有在人们要求的意义上成为冲锋陷阵的战士，他的战斗要曲折复杂得多，而且往往以失败告终；人们在通俗意义上把鲁迅想象为革命的战士，不免忽略这位并不通俗的战士的失败及失败本身的历史意义。然而，与失败同样具有重要意义的，是这个在无物之阵中寿终的战士，至死都没有放弃他的投枪，他激烈的姿态从未松弛；用竹内好的话来说，鲁迅一直到死都是现役文学家。

鲁迅的多疑与激烈，并不仅仅针对他的论敌，毋宁说更是针对时代思潮中空泛与浮夸的趋势，针对人们在漂亮高调掩盖下的低劣用心。论战中的鲁迅并非如同人们期待的那样高屋建瓴，他睚眦必报的态度，往往暗示着他腹背受敌的险境。然而鲁迅的窘迫与决绝，却并不能只是归结为个人恩怨或对错之争，他的多疑与激烈，正是因其彻底性，方始获得思想史意义。回顾鲁迅一生的论战，他与旧派文人之间的龃龉只占少数，多数论战都发生在他与各种新派文人之间，发生在他与年轻于他的革命文学家之间。尽管论战的内容各不相同，但揭露"麒麟皮下的马脚"却是鲁迅一以贯之的视角："有时虽射而不说明靶子是谁，这是因为初无'与众共弃'之心，只要该靶子独自知道，知道有了洞，再不要面皮鼓得急绷绷，我的事就完了。"（《无花的蔷薇之三》）

晚清以来中国引进各种西方制度和理念，改良派与革命派纷纷以此为契机推动政治经济领域的变革，知识界也高扬民主与科学的旗帜，在救亡图存的危机意识下推动社会变革；但是这轰轰烈烈得风气之先的新思想，却并非鲁迅为自己设定的工作目标。鲁迅杂文中占比重相当大的部分，是讨论新思想落地之后的真实状况，以及应该以何种方式对待外来观念，以何种方式参与现实斗争。鲁迅以辛辣的笔触揭示了外来观念对阵传统旧势力这一思想图谱如何脱离现实，然而这也就使他与各种受到新学教育的文人处于敌对状态。鲁迅论战相当多的内容，都是对于人身攻击的反驳，这显然使他越发焦虑和激怒，使他越发欲罢而不能；把原本有价值的问题拉到人身攻击上去，在鲁迅是难以忍受的，他越是试图把问题拉回来，却越是无法自拔；何况鲁迅并不在观念层面写作，他在经验中求索的方式很容易结怨也很难自我撇清；他近于洁癖的"肉薄"，也因此总不免伴随打了空拳的失落感。在《秋夜》里他描绘"奇怪而高的天空"躲躲闪闪，在《希望》里他慨叹面前"竟至于并且没有真的暗夜"，在《这样的战士》里他痛恨"颓然倒地"后却胜利逃脱的无物之物，极为生动地描写了他无法真正交锋的处境，也极为形象地烘托出他"荷戟独彷徨"的寂寞心境。

《野草》见证了 20 世纪初期中国文坛的知识状况，以圆熟的艺术形式为中国思想史增添了新的一页。在这个重构传统的动荡时代里，"求真"又一次成为沉重的难题，而且比起前近代历史上相对单纯的"述而不作"的创造方式来，在这个外来思想大量涌入且占据高位的时代，何谓真何谓伪，更是需要艰难辨析的思想课题。真伪问题，在历史变动的时期从来就是有识者重视的焦点，但是如同鲁迅这样，把求真作为自己多彩论述基底的思想家却并不多见——鲁迅修正了我们的思考习惯，修正了我们"以成败论英雄"的集体无意识，也修正了我们对思想史的理解方式。

试图不仅从中国现代文学的角度，更从中国思想史的角度理解鲁迅、理解《野草》，这个尝试来自于我近年来对竹内好与沟口雄三相关研究的沉潜。这里特别值得一提的是沟口雄三的中国思想史研究对我的影响。为了翻译而研读沟口的著作，为了写中文沟口文集的导读而研读李卓吾，在我本是力不从心之事；而不知不觉之间，这个研习过程却向我展示了一个富于魅力的有血有肉的中国思想世界。在这个动态的思想世界里，李卓吾与鲁迅相遇，传统与现代交集；在李卓吾与鲁迅的情感深处，可以依稀感觉到中国思想的历史血脉蜿蜒搏动。如果说竹内好让我懂得了"中间物"并不是在先驱者面前自惭形秽的半新半旧，也不是为了下一代而付出的自我牺牲，只有"中间物"才是与历史共同摇摆前行的唯一形式；那么，沟口雄三则让我懂得，在中国思想史的视野里，个体生命经验的思想功能，在于它能够在"万物一体之仁"中重构观念的内涵。当沟口通过李卓吾建立了"形而下之理"的论述时，概念在思想史里与经验血肉相连，也因此不再可以轻易地提取和置换。在这个意义上，我需要思考，为什么同样强调个体生命的本真，明末的李卓吾以"不容已的真机"作为追问的原点，而现代的鲁迅却以生命逝去的余痕作为作品的品格？这两个生命感知方式的不同视角，是否意味着这两位思想家的历史定位有所不同？而他们与论敌对峙时那种决绝态度的高度一致，他们在求真问题上的深度关联，是否意味着中国思想史中存在着并不曾断裂的潜在母题？

这个历史定位的差异问题，实在不是本文可以容纳的内容。但是我仍然愿意冒着挂一漏万的危险，提出一个基本的问题意识：追求"新"而摈弃"旧"这一伴随着价值判断的思想行为，并不天然地发生在任何一个历史时期里，毋宁说，"新旧之争"及其在民国的意义，是明末并不具备的。在正统并没有成为"旧传统"的明末，李卓吾以"不容已的真机"挑战儒学的僵化格局并试图重新赋予儒家理想以生命活力，无疑是在倡导一种不见容于时代的"新"思想，然而他对垒的论敌却不能以"旧"定性；而新旧之争在鲁迅的时代却是个绕不过去的问题，不得不以中间物自居的鲁迅，则有意无意地让自己置身于"新"派之外。然而，在深层意义上，是否存在新旧之争这一时代差异是第二义的，是否存在西方思想与传统的冲突也是第二义的，相比之下，真伪之争才是贯穿了这两个时代甚至贯穿了整个中国思想史的基本脉络。

鲁迅激烈论战的"活法"，与其和他的同时代人相比，反倒可以在他很少提及的李卓吾那里找到相应的参照。明末关于"不容已"的激烈论战，在很大程度上也烘托出鲁迅论战的品格。所谓"不容已"，是指人不可克制的生命冲动，它不仅包括人的动物性欲望，也包括人的一切思维活动，它是人的生命状态没有受制于任何外在规定时的本源能量。不过，我们不能因此把不容已回收到弗洛伊德的"本我"中去，因为在明末，这个词汇指向了与西方现代精神分析学说完全不同的方向，它引发的李卓吾与耿定向之间的论战，是围绕着人的不容已冲动与儒家仁义礼智四端之心的关系展开的；论战双方都不否认不容已的正当性，都承认性命之道的伦理意义，分歧在于是使人的本来冲动符合儒家伦理规范，还是承认人的生命冲动在"本真"的意义上所具有的伦理性？李卓吾认为，百姓日常的伦理性，首先在于它的不加掩饰；心想其事，口便说其事，这就是"有德"。相对于士大夫把一切日常欲望都拔高到儒家规范的"作伪"，李卓吾认为真正的不容已是没有经过道德标准筛选的、不包含"应该"的本能性冲动，它的本真与它的无可规范才是真正的德行。当然，中国思想史的课题在李卓吾那里仅仅开启了一个新的阶段，他没有可能完成的思想任务，即欲望中的恶如何才能在社会生活中以主体内在的方式得到克服，是由清代的几代思想家后续推进的。因此，仅仅强调了欲望正当性的李卓吾，很容易被当时与后世的人们认为是在"鼓吹纵欲"或者"张扬个性价值"，而忽略了他著述主体的内涵。李卓吾用力之处并不在于个性解放，他只是把个人作为天地之道的一个点，一个载体；求真辨伪这件事，在社会史意义上强调了穿衣吃饭作为人伦物理的正当性和重要性，在思想史意义上则对僵化教条因而流于空洞的儒家纲常发起了"重造"。他把论述导向了无人无己，导向了心相自然，导向了真空，并不是否定个体生命的意义；在李卓吾那里，中国思想的天人合一不是一个抽象概念，而是生命冲动本身。不容已的意义，不仅在于从已然僵化为教条的经学中解放儒家思想的精髓，更在于它以自家性命的形式彰显了前近代中国式天人合一的自然能量。

鲁迅是反对儒家学说的，在与前近代思想并无直接可比性的20世纪前期，鲁迅与李卓吾却产生了关联性。这个关联性并不止于鲁迅对于"作伪"的憎恶，对于求真的执着；更深刻的关联发生在鲁迅式的"不容已"姿态上。在他们各自"不容已之本心"里，镌刻着不同时代的思想内容，就内容本身而言，似乎并无相似之处；然而在不容已的本能冲动上，在本能冲动的强度上，他们是一脉相承的。李卓吾一生激烈窘迫，任情适口，终至祸逐名起；鲁迅一生"一个都不宽恕"，至死都要在"正人君子"的好世界上多留一些缺陷。尽管生活在完全不同的年代，面对并无交集的思想课题，他们共有的那个踉跄前行的姿态，却跨越时空叠印在一起。

《过客》中过客说道："我愿意休息。但是，我不能……""然而我不能！我只得走。我还是走好罢"，这表述鲜明地显示了鲁迅内心强烈的"不容已"冲动：过客踉跄地前行，且料不定在有生之年能够走完；明知道前面是死亡的坟茔，却不肯稍微松懈自己的步履。这姿态最重要的意义，在于它是一种"无法自恃"的"主动"选择。它的情不自禁无法自已，暗示着作品中还有第四个角色，即没有出场却呼唤和推动着过客的"声音"。这个"声音"，与李卓吾所说的"是皆心相自然，谁能空之耶？"（《焚书卷四·解经文》）是相通的，它既外在于过客，又内在于过客；它使得过客成为天地之间的一个集结点，它是主体参与其间的那个浑然之道。在中国思想史里，这个不出场的角色一直不曾缺席，它就是在不同历史时期里以不同的形态呈现的"天理自然"。

鲁迅几部作品集的自序里，都谈到了"生命逝去的痕迹"。这并非是在单纯凭吊已然逝去的生命本身，而是对于生命尽头的自觉。《野草》把对于死亡的自觉转化为"大欢喜"，是对于个体生命被"用去"的欢欣。鲁迅对于论战的不能自已，与李卓吾求道的无法停歇，暗示了他们的不容已是不从容和不自足的，它体现了中国思想史潜在的特质：这种不从容，是个体生命融入"万物一体之仁"的标志。李卓吾说"夫以率性之真，推而扩之，与天下为公，乃谓之道"（《焚书卷一·答耿中丞》）；鲁迅说"可悲的是我们不能互相忘却。而我，却愈加恣意地骗起人来了"（《我要骗人》）；他们对自己有限生命的安排，是在主体意志与大于主体的自然之道交叠的过程中延展的。不容已的真心，在鲁迅激烈的论战中以现代的方式再生，在过客的踉跄步履中获得了饱满的生命能量；它体现了中国思想史不同于西方现代精神的别样特质，遵循着与李卓吾同样的反叛逻辑。在这个意义上，鲁迅以重构的方式砸碎了传统，以反传统的方式继承了传统。

对于《野草》的细读也促使我又一次重构了自身的生存感觉与知识感觉。前几年阅读李卓吾时的那种不能自已的思想冲动,以更强烈的力量推动着我进入鲁迅的精神世界。在社会科学的思考日益非人格化的知识氛围中,思想的人格性似乎被圈定在了个人品行的范围之内,情感的思想功能也被理解为个人的情绪特征;而失去了人格与情感特征的思想,不能不成为无法即物因而不向现实开放的静态观念。在历史的脉动里,这样的观念无法找到自己的根基,只能天马行空。在这个意义上,鲁迅不仅引导我审慎地发掘思想家情感世界中不能被情绪所回收的知性,而且更引导我重新思考中国历史的逻辑。不能还原为个人品质的人格性思想特征,这个对于今天知识界有些陌生的范畴,却恰恰是引导我进入中国思想史的理论思考线索;为了准确地阅读和理解历史的表情,鲁迅的《野草》,如同李卓吾的《焚书·续焚书》一样,为我提供了无可取代的思想能量。

2019 年

论《野草》的听觉艺术

江弱水

今天我们来讲《野草》的音乐。鲁迅在美术上有很高的造诣，但不见得懂音乐。他写过一篇《"音乐"?》，那是讽刺徐志摩的故弄玄虚。尽管没有专业的音乐修养，并不妨碍鲁迅用语言文字为我们谱写出最深邃精妙的乐曲。

《野草》是中国现代文学史上一个黑洞般的存在，是最难懂的文本，因为鲁迅处理的是他自己都没有答案的主题。我们读《野草》，能感觉到鲁迅内心中最幽暗的部分，那种疑难、困惑、绝望、虚无等东西的综合。所以《野草》读起来特别困难，而困难本来就是某种艺术的特别的品质。

一般认为，艺术就是要表现美。我们把对自然和艺术的欣赏都叫做审美，把西方的 aesthetics 译成"美学"，而其实应该是"感觉学"。中文所说的美，给我们的第一印象就是漂亮。但美或漂亮未必是艺术的最高标准，比如中国书法，绝不是以谁的字写得漂亮作为评价高下的标准。唐四家的褚遂良、欧阳询，字最漂亮，把汉字的结体表现到美的极致，可为万世之楷模。但宋四家的字就不以漂亮不漂亮来论了。苏东坡的字被称为墨猪，可见与一般人眼中的好看无缘。明末四大家的字就更谈不上漂亮了。黄道周、倪元璐的字怎么能说好看呢？王铎的字好处也不在这里。所以，熊秉明说，中国书法最高的境界其实是孙过庭《书谱》里的四个字："人书俱老"。用里尔克（Rainer Maria Rilke）的话说，"诗不是情感，诗是经验"。过去的世代老人经验多，所以，"人书俱老"即能表现人生经验的丰富性，而不单单是展示所谓美。我们看看杜拉斯《情人》那个著名的开头好了：

> 我已经老了，有一天，在一处公共场所的大厅里，有一个男人向我走来。他主动介绍自己，他对我说：我认识你，永远记得你。那时候，你还很年轻，人人都说你很美，现在，我是特地来告诉你，对我来说，我觉得现在你比年轻的时候更美，那时你是年轻女人，与你那时的面貌相比，我更爱你现在备受摧残的面容。

我们说老杜是千古诗人之宗，也不是因为他写得美，而是因为他反映的经验太广阔，太深沉，而且他的文字足以应对这一切。忧伤、惆怅、悲哀、恐惧、惊悚，杜诗经常给我们的这些感觉，其意象之丑拙、声律之拗涩，和从卑微粗陋的事物中发现诗，都不是一个美字所能概括的。所以美学或审美并不总是跟完善、舒服、愉悦相联系的，反而经常带来的是不爽、不适、不满。树木没有阴影，花朵从不凋落，但那只在美丽的童话里。波德莱尔的《恶之花》是罪之花。《野草》的故事也不是好的故事。陆游有一句诗，"诗到无人爱处工"。人家都不喜欢了，那就好了。绘画和音乐也往往如此。

江弱水在中国美术学院做"鲁迅散文诗《野草》细读"讲座　2018年10—11月

一、悖论的拧巴

《野草》是散文的形式,诗的内涵。亚里士多德《修辞学》认为:

> 散文的形式不应当有格律,也不应当没有节奏。散文有了格律,就没有说服力(因为好像是做作的),同时还会分散听者的注意力,使他期待同样的格律何时重复。[……]可是没有节奏又太没有限制;限制应当有(但不是用格律来限制),因为没有限制的话,是不讨人喜欢、不好懂的。

韵文的格律是有固定节奏的。你不能破格,一破格就会引起读者生理上的不舒服。比如旧体诗,平平仄仄后面,应该对应仄仄平平,来一个平平平平,你就很难受。又比如一种调笑的三句半,三个五言句,突然接上一个二字句,仿佛一脚踏空,你也就很搞笑。格律就是一个期待。艺术的舒适感就是让你产生了期待,同时满足了你的期待。朱自清的《荷塘月色》:

> 曲曲折折的荷塘上面,弥望的是田田的叶子。叶子出水很高,像亭亭的舞女的裙。层层的叶子中间,零星地点缀着些白花,有袅娜地开着的,有羞涩地打着朵儿的;正如一粒粒的明珠,又如碧天里的星星,又如刚出浴的美人。

很美的文本,读起来好听,很和谐,让人呼吸停匀,心绪平和,顺滑到能够把人催眠了去。但是,前面已经说过,艺术并不以美为唯一的追求。一般的艺术是所谓安乐椅的艺术,用美的线条、美的色彩呈现美的事物,让人沉醉在熟悉的环境里。但至高的艺术别有抱负,不是让你熟悉地知道,而是让你陌生地感到。俄国的形式主义文论家什克洛夫斯基有一段话,讲艺术的"陌生化":

> 艺术之所以存在,就是为使人恢复对生活的感觉,就是为了使人感受事物〔……〕艺术的目的是要人感觉到事物,而不是仅仅知道事物。艺术的技巧就是使对象陌生,使形式变得困难,增加感觉的难度和时间的长度,因为感觉过程本身就是审美目的,必须设法延长。

"陌生化"是我们打开《野草》的一把钥匙。我们翻开第一篇《秋夜》,第一句:

> 在我的后园，可以看见墙外有两株树，一株是枣树，还有一株也是枣树。

"在我的后园，可以看见墙外有两株枣树"（句子 B）。这样表述，不就得了？然而，这只是给你信息，给你事实，让你知道事物。"一株是枣树，还有一株也是枣树"（句子 A）。这就把感觉的形式变得困难了，把感觉过程拉长了，通过跌宕与延迟，好让你聚焦式地进行感觉，仿佛触及枣树的形状，甚至抚摸到它们的肌理。而从这个单调的语序里，隐隐的有一种失落，和心头的落寞。张闳在《释〈秋夜〉》里说得好：

> 它们传达了截然不同的世界经验和生存感受，句子 B 为我们提供了一个熟悉的世界。这个世界是明晰的、有序的、温和的，甚至可以说，是善解人意的、与人为善的。而句子 A 的世界则是诡异的、反讽的、僵硬的和隐藏危机的，它设有圈套，令人迷惑，出人意料，并且，因带有一种强制的重复性而令人不适。

正如什克洛夫斯基所说的，诗就是受阻的、扭曲的声音。《秋夜》里这样有意违背语法习惯的句子，遏止和破坏了读者对语音发展的期待，导致不爽、不适、不满。一句话，就是故意拧巴。

我们拿音乐来对比检视一番。古典音乐琢磨了声音的各种关系式，以"调性"（tonality）的和谐为最高原则。其旋律与和声在基础音和主调的支配与牵引下行进，使乐曲显得连贯而凝聚。古典音乐善待我们的期待，我们总觉得有一个声音和乐句在下面等着，结果也总是能等得到，十分符合格式塔心理学的"完形组织法则"。

听古典音乐就像走一段回家的路，知道在何时何地结束。但现代主义音乐是调性的瓦解，声音的解放。它扰乱了秩序，破坏了规则，颠覆了和谐，让不和谐、不优美的声音释放出来，让人惊愕而无所适从。

《野草》的音乐性，按照我的理解，是在古典音乐与现代音乐之间。一方面是连贯而凝聚的声音的运动，另一方面是突如其来的断裂、延迟、翻转，蹂躏读者的心理预期。我们不能以常理来衡量鲁迅，因为他是困难的、拧巴的，也是神秘的、晦涩的，归根结底是因为《野草》的抒情主体是自我分裂的，你永远不要期待他的声音有序、完整、和谐。整个的《野草》就是一个自我分裂的声音，是一个不解之谜。他想解，但是另外一个他，或他的另外一个声音，马上出来否定。比如《希望》，本来想肉薄暗夜，可是"我的面前又竟至于并且没有真的暗夜"，他自己拆自己的台。又比如《复仇》：

> 他们俩裸着全身，捏着利刃，对立于广漠的旷野之上。
> 他们俩将要拥抱，将要杀戮……〔……〕
> 然而他们俩对立着，在广漠的旷野之上，裸着全身，捏着利刃，然而也不拥抱，也不杀戮，而且也不见有拥抱或杀戮之意。

"拥抱"和"杀戮"这两个相反的意图和动作，同时存在于这两个对立着的裸者的身上，但是到底是拥抱，到底是杀戮？这样一个僵局未被打破。《野草》总是让你得不到正解，这是作者内倾化的独语气质与悖论式的思维方式决定的。

李欧梵的《铁屋中的呐喊》对《野草》有过一句经典的概括："他在多种冲突着的两极建立起一个不可能逻辑地解决的悖论的漩

涡。"《野草》充斥着根本无法解释的悖论，超越了我们逻辑，如"无地之地"、"无物之物"、"无血的大戮"、"无词的言语"、"无名的思想"等。它们自有源头，比如庄子有"不言之言"，王维有"无见之见"。钱锺书指出，这些都属于神秘主义的表达："神秘宗所以破解身心之连环、弥缝言行之矛盾者，莫非正言若反也，岂特一章一句之词旨而已哉！"整个《野草》的每一章每一句共同指向的意旨，就是想"破解身心之连环、弥缝言行之矛盾"。然而，说到底，鲁迅身心之连环不可能得到破解，言行之矛盾不可能得到弥缝，悖论不可以逻辑地得到解决。《野草》的语言于是充满了断裂、褶皱和浓缩的阴影，充满了内在的紧张。

二、正题与反题

《野草》的音乐性，是在正题与反题的不断的冲突与撕扯中，在语句的不断的重复与变化中实现的。我们以《复仇（其二）》为例，来加以分析。它是《马太福音》和《马可福音》里面耶稣被钉上十字架的文字的改写。

> 因为他自以为神之子，以色列的王，所以去钉十字架。
> 兵丁们给他穿上紫袍，戴上荆冠，庆贺他；又拿一根苇子打他的头，吐他，屈膝拜他；戏弄完了，就给他脱了紫袍，仍穿他自己的衣服。
> 看哪，他们打他的头，吐他，拜他……
> 他不肯喝那用没药调和的酒，要分明地玩味以色列人怎样对付他们的神之子，而且较永久地悲悯他们的前途，然而仇恨他们的现在。

开头的"因为"、"所以",要言不烦。接下来每一句都落在"他"字上,"庆贺他"、"吐他"、"屈膝拜他"。"拜他"是戏谑,"吐他"是侮辱,"打他"是惩罚,都是干净精到的短语。然后长句出现了,一个非常欧化的句子,跟前面短兵相接的白描形成反差,张力出来了,节奏也出来了。接着开头的"因为"、"所以",现在是"而且"、"然而"。我们一般用作连接的虚词,在鲁迅笔下真有实用,他放大它们,强调它们,借以制造拗峭的效果。

四面都是敌意,可悲悯的,可咒诅的。
丁丁地响,钉尖从掌心穿透,他们要钉杀他们的神之子了,可怜的人们呵,使他痛得柔和。丁丁地响,钉尖从脚背穿透,钉碎了一块骨,痛楚也透到心髓中,然而他们自己钉杀着他们的神之子了,可咒诅的人们呵,这使他痛得舒服。
十字架竖起来了;他悬在虚空中。

"可悲悯的"和"可咒诅的"也是矛盾的同构。句子很跳脱,两个修饰语放到后面来,这种倒装,可以突出每个词的位置,放大每个字的重量和质感。如果你要改写成"四面都是可悲悯而可咒诅的敌意"就完了,句子的力量瞬间瓦解。"丁丁"不读 dīngdīng,象声词读 zhēngzhēng,如"伐木丁丁山更幽"。"可怜的人们呵,使他痛得柔和",重复了前面的"可怜"和"可悲悯";"可咒诅的人们呵,这使他痛得舒服",又重复了前面的"可咒诅"。长长的句子后,又来了短的,"十字架竖起来了;他悬在虚空中",独立成行,形成强有力的聚焦效应。

《野草》大部分篇章的特点出来了:作者首先确立一个正主题,

然后设置一个副主题，让两者并置，交替发展，使彼此对立，相互否定，不断缠绕。这些中心词语和意象或明或暗地反复出现，构成了行文的节奏。熟悉的乐句会不断地起来，主题被特定的、反复的旋律所加强、深化。

《复仇（其二）》的核心就是悲悯和咒诅，然后它不断地变化了形式来发展。从"悲悯"到"可悲悯的"，再到"可怜的人们呵"；从"仇恨"到"可咒诅的"，再到"可咒诅的人们呵"，爱与恨交加，是把矛盾的感情和感受强行压缩到一起，如"使他痛得柔和"、"使他痛得舒服"，不相容的感觉糅到一起了。

> 他没有喝那用没药调和的酒，要分明地玩味以色列人怎样对付他们的神之子，而且较永久地悲悯他们的前途，然而仇恨他们的现在。
>
> 路人都辱骂他，祭司长和文士也戏弄他，和他同钉的两个强盗也讥诮他。
>
> 看哪，和他同钉的……
>
> 四面都是敌意，可悲悯的，可咒诅的。

这部分较多重复。前面的"他不肯喝"，后面只改成"他没有喝"，接下来都一样了。乐句重现，有些微变化，以表示演进。从"不肯喝"到"没有喝"，说明时间推移，这一幕已经过去了。"辱骂他"、"戏弄他"、"讥诮他"，依然落脚在"他"字上，就像"吐他"、"拜他"的回声。

长的短的都已经重复了，于是全篇最不同凡响的句子出现了：

他在手足的痛楚中，玩味着可悯的人们的钉杀神之子的悲哀和可咒诅的人们要钉杀神之子，而神之子就要被钉杀了的欢喜。突然间，碎骨的大痛楚透到心髓了，他即沉酣于大欢喜和大悲悯中。

他腹部波动了，悲悯和咒诅的痛楚的波。

遍地都黑暗了。

这是高潮。仿佛地火在地下运行，倔强的、不屈不挠的声音，长到透不过气，难以忍受到极点，然后，"突然间"三字一转，喷薄而出所有的不满、不爽和不适。我们在读这样句子的时候，仿佛要使出浑身的劲，一点都不能松懈。"手足的痛楚"似不经意，却正好呼应了、收拾了前面的"钉尖从掌心穿透"和"钉尖从脚背穿透"。同时，"痛得柔和"、"痛得舒服"，也演变为沉酣的"大欢喜"。

紧接着又是两个短句："他腹部波动了，悲悯和咒诅的痛楚的波。""遍地都黑暗了。"有如高音之后突如其来的静止和空白。鲁迅最喜欢一种波动回旋的动作，如：

朔方的雪花在纷飞之后，却永远如粉，如沙，他们决不粘连［……］在晴天之下，旋风忽来，便蓬勃地奋飞，在日光中灿灿地生光，如包藏火焰的大雾，旋转而且升腾，弥漫太空，使太空旋转而且升腾地闪烁。(《雪》)

这颤动点点如鱼鳞，每一鳞都起伏如沸水在烈火上；空中也即刻一同振颤，仿佛暴风雨中的荒海的波涛［……］惟有颤动，辐射若太阳光，使空中的波涛立刻回旋，如遭飓风，汹涌奔腾于无边的荒野。(《颓败线的颤动》)

雪的旋转而且升腾，波涛的颤动、回旋与奔腾，都属于《野草》最华彩的部分。《复仇（其二）》的波动则很简约，但依然伴随着强烈的视觉画面，仿佛波及黑暗的降临。这时，神秘的声音出现了：

"以罗伊，以罗伊，拉马撒巴各大尼？！"（翻出来，就是：我的上帝，你为甚么离弃我？！）

上帝离弃了他，他终于还是一个"人之子"；然而以色列人连"人之子"都钉杀了。

钉杀了"人之子"的人们的身上，比钉杀了"神之子"的尤其血污，血腥。

最后以警句式的议论结束。围绕着"钉杀"、"人之子"，句子依旧是环绕、纠缠，情绪依旧是拗峭、郁勃。

作者从以色列人对人之子的侮辱和欺压两种行为的描写，引出相对应的"可悲悯"与"可咒诅"这两种相异的情感，将它们强行糅合，平行延伸。句子在长短错落中，呈现出个性鲜明的节奏感，且刻意打破人们的心理期待。

《复仇（其二）》是一个标本，向我们出示了《野草》的音乐性的一个基本模型，也是其意义的一个解释模型。他总是提出一个主题的意象或乐句，紧接着出现了对立面，成为一个副主题，与前面的正主题互相否定、冲突和撕扯，不断重复，时常变化，并由此展开。如《死火》中的"冻死"与"烧完"，《希望》里的"希望"与"绝望"，《过客》里的"花"与"坟"，《影的告别》里的"光明"与"黑暗"，《复仇》里的"拥抱"与"杀戮"，等等。

第二章　人民的名字

这个正主题与副主题的交替发展，是通过反复与变化而实现的。在一定时间内，相同或相似的语句，有规律或者无规律地出现。这在他是一种高度有效的手段，不断制造读者的预期，然后满足或打破这预期，使你欣悦，或使你不快、不适。《野草》充分显现了鲁迅对自己的语调和文字的调控，他有时好像没有节制的词与句的重复，也是有意为之的控制。重复，重复了又重复，让你简直不能忍受，然后才转圜。这对于我们来说是反常的状态，在《野草》却是常态。天无三日晴，地无三尺平，整个《野草》都没有让人舒坦的东西。

三、佛经与庄子

曹聚仁《鲁迅评传》早就说过：“在《野草》里，比在《狂人日记》里更多的用了象征，用了重叠，来凝结来强调他的声音，这是诗。”但鲁迅《野草》的重复迥异于常。一般说来，汉语中重复超过三次就会让人觉得憋气。汉语相对比较短促，非常适宜白描，如鲁迅的小说。而白描的话，就没有复句、重句，还经常会省略句子成分。正因为如此，汉语的词句或音节，一旦重复过了三次，便会造成不适之感。但鲁迅《野草》里的重复，动辄四次、五次，甚至七次、八次。近乎强迫症的超长重复，超越了由单调而引起的疲倦，让人惊惧于一种执拗，似在刻意挑战读者的生理与心理底线——

> 饥饿，苦痛，惊异，羞辱，欢欣，于是发抖；害苦，委屈，带累，于是痉挛；杀，于是平静。……又于一刹那间将一切并合：眷念与决绝，爱抚与复仇，养育与歼除，祝福与咒诅……（《颓败线的颤动》）

> 日日斟出一杯微甘的苦酒，不太少，不太多，以能微醉为度，递给人间，使饮者可以哭，可以歌，也如醒，也如醉，若有知，若无知，也欲死，也欲生。他必须使一切也欲生；他还没有灭尽人类的勇气。(《淡淡的血痕中》)

这种重复的极致，当属佛经。当初把佛经从梵文译过来的时候，译经师往往用四字句、五字句的结构以整齐之，却并不押韵。如鲁迅曾经出资刻印的《百喻经》，南朝齐永明十年译成，第一则"愚人食盐喻"云：

> 昔有愚人，至于他家。主人与食，嫌淡无味。主人闻已，更为益盐。既得盐美，便自念言：所以美者，缘有盐故。少有尚尔，况复多也？愚人无智，便空食盐。食已口爽，返为其患。

这就是为什么佛经最会带节奏，有着咒语式的安抚，催眠性的诱导，入人最深。鲁迅深谙佛典。民国初年他最苦闷的时候，一年会买九十部佛经来读。佛经读多了，佛经的节奏自然而然进入了自己的语言中。而一旦出现佛经式的节奏，必是到了最凝重深邃的时刻，比如：

> 我知道伟大的人物能洞见三世，观照一切，历大苦恼，尝大欢喜，发大慈悲。但我又知道这必须深入山林，坐古树下，静观默想，得天眼通，离人间愈远遥，而知人间也愈深，愈广。(《华盖集·题记》)

《野草》里，此类佛经节奏所在多有：

"……有一游魂，化为长蛇，口有毒牙。不以啮人，自啮其身，终以殒颠。……"

我绕到碣后，才见孤坟，上无草木，且已颓坏。即从大阙口中，窥见死尸，胸腹俱破，中无心肝。而脸上却绝不显哀乐之状，但蒙蒙如烟然。（《墓碣文》）

人类便应声而起，仗义直言，与魔鬼战斗。战声遍满三界，远过雷霆。终于运大谋略，布大罗网，使魔鬼并且不得不从地狱出走。（《失掉的好地狱》）

诸影诸物，无不解散，而且摇动，扩大，互相融和；刚一融和，却又退缩，复近于原形。（《好的故事》）

汉语四个字的结构，经常稳定的是两个字、两个字的切分节奏。"关关雎鸠，在河之洲。窈窕淑女，君子好逑。"自然形成二二二二，偶尔出现一三一三。"洞见三世，观照一切"是二二二二，"历大苦恼，尝大欢喜，发大慈悲"是一三一三一三，然后，"深入山林"是二二，"坐古树下"是一三。"静观默想"是二二，"得天眼通"又是一三。二二二二是主调，一三一三作微调。鲁迅经常会给单调的节奏加以调整和变化，但是这种微调改变不了整个节奏的神秘的、迷幻式的行进。

佛经式的重复，给了《野草》单调的庄严。庄子式的变化，则给了《野草》造句的"汪洋辟阖，仪态万方"，那是大起大落、大开大合，长长短短糅合到一起去：

> 惠子谓庄子曰:"吾有大树,人谓之樗。其大本拥肿而不中绳墨,其小枝卷曲而不中规矩。立之途,匠者不顾。今子之言,大而无用,众所同去也。"庄子曰:"[……]今子有大树,患其无用,何不树之于无何有之乡,广莫之野,彷徨乎无为其侧,逍遥乎寝卧其下,不夭斤斧,物无害者,无所可用,安所困苦哉!"(《逍遥游》)

汪曾祺说韩愈道出了中国语言好坏的一个具体的标准,即"言之短长与声之高下"。他于是认为:"语言要耍来耍去的奥妙,还不是长句子跟短句子怎么搭配?"看鲁迅的怎么安排长句子和短句子的,就等于窥见了他的艺术之秘密的一半:

> 暖国的雨,向来没有变过冰冷的坚硬的灿烂的雪花。博识的人们觉得他单调,他自己也以为不幸否耶?江南的雪,可是滋润美艳之至了;那是还在隐约着的青春的消息,是极壮健的处子的皮肤。雪野中有血红的宝珠山茶,白中隐青的单瓣梅花,深黄的磬口的蜡梅花;雪下面还有冷绿的杂草。(《雪》)

鲁迅写句子就像庄子,好像故意跟你过不去,语不惊人死不休,各种各样的花样都有,句子千奇百态,想拗什么姿势就拗什么姿势。一旦不拗姿势了,那也是有意的。

白话文有两个代表,一个是胡适,一个是鲁迅。胡适的语言是让你知,而鲁迅的语言是让你感。鲁迅的遣词造句,用一种困难的形式延宕你感觉的时间,让你去触摸句子和词的那种粗糙或细腻之感。这是要消耗能量的,所以鲁迅的语言是一种非常耗力的语言。

哪怕写得最柔美的篇章，比如《好的故事》里，他都不会依着你，顺着你，比如：

> 我仿佛记得曾坐小船经过山阴道，两岸边的乌桕，新禾，野花，鸡，狗，丛树和枯树，茅屋，塔，伽蓝，农夫和村妇，村女，晒着的衣裳，和尚，蓑笠，天，云，竹……

一般人不会将一个一个词语罗列到这么长。鲁迅就像用点彩法（Pointillism）的乔治·修拉（Georges Seurat），把事物和事物之间的关系省略掉，只凸显事物本身。但是看上去随心所欲的罗列，其实非常讲究。"乌桕，新禾，野花"三个两字顿，然后"鸡，狗"两个单字顿，再接上"丛树和枯树"一个五字顿。细数起来，这个排列是：二，二，二，一，一，五，二，一，二，五，二，五，二，二，一，一，一……看起来让你觉得单调甚至烦腻，却由于节奏的微调，使整个句子并不是平滑的，它有切分，有起伏，有延宕。

像《淡淡的血痕中》，就是故意用三个字重复了："日日斟出一杯微甘的苦酒，不太少，不太多，以能微醉为度，递给人间，使饮者可以哭，可以歌，也如醒，也如醉，若有知，若无知，也欲死，也欲生。"运用之妙，存乎一心，从无所事事的地方，他也能给你生出事来：

> 夜半，没有别的人，我即刻听出这声音就在我嘴里，我也即刻被这笑声所驱逐，回进自己的房。灯火的带子也即刻被我旋高了。(《秋夜》)

注意三个"即刻"。我们试着换几个词，效果马上就不一样，就泯然众人矣：

没有别的人，我立刻听出这声音就在我嘴里，我也马上被这笑声所驱逐，回进自己的房。灯火的带子也迅速被我旋高了。

鲁迅在用各种手段拽着你，使你关注句子本身，关注它的声音，关注它的意义。

饥饿，苦痛，惊慌，羞辱，欢欣，于是发抖；害苦，委屈，带累，于是痉挛；杀，于是平静……（《颓败线的颤动》）

划分起来就是：二，二，二，二，二，二二；二，二，二，二二；一，二二……"于是发抖"前面是五个词，"于是痉挛"前面是三个词，"于是平静"前面是一个词，不，一个字，"杀"，仿佛一个逆转，打破了蓄势已久的一再推进，既是节奏定势的拆解，也是心理压力的释放。这妙到毫巅的配比，简直到了游戏的地步。但是这种游戏是由内心要表达情意的姿态控制的，他不得不如此。

四、结语

鲁迅用人人在用的语言创造了奇迹。《野草》的语言格外地绕，也特别地拗。为什么造物主要递一杯"微甘的苦酒"，为什么碎骨的大痛楚"使他痛得舒服"、"使他痛得柔和"？甘和苦是相反的，痛跟舒服、痛跟柔和也是不相容的。但作者捉并到一起，让它们撕扯、对冲。哪怕写一个简单的句子，都拧巴得很：

他们已经豫觉着事后的自己的舌上的汗或血的鲜味。(《复仇》)

　　对比艾青的《大堰河——我的保姆》中的一句:"我摸着新换上的衣服的丝的和贝壳的纽扣",也是四个"的"。陆兴华说鲁迅好用"的"是受日语影响,高行健说艾青好用"的"是受法语影响。不管如何,两人有高下之分。鲁迅"的""的"不休是从容的有意为之,而艾青只是力疲神惫的拖沓而已。

　　《野草》的声音是受阻的、扭曲的。里面一旦出现平顺的句子,那他是别有用心了。比如《狗的驳诘》:

　　"我惭愧:我终于还不知道分别铜和银;还不知道分别布和绸;还不知道分别官和民;还不知道分别主和奴;还不知道……"

　　比这更顺溜的,是《聪明人和傻子和奴才》:

　　奴才总不过是寻人诉苦。只要这样,也只能这样。有一日,他遇到一个聪明人。

　　"先生!"他悲哀地说,眼泪联成一线,就从眼角上直流下来。"你知道的。我所过的简直不是人的生活。吃的是一天未必有一餐,这一餐又不过是高粱皮,连猪狗都不要吃的,尚且只有一小碗……"

　　"这实在令人同情。"聪明人也惨然说。

　　"可不是么!"他高兴了。"可是做工是昼夜无休息:清早担水晚烧饭,上午跑街夜磨面,晴洗衣裳雨张伞,冬烧汽炉夏打扇。半夜要煨银耳，侍候主人耍钱；头钱从来没分，有时还挨皮鞭……"

七言接以六言，句句押韵，顺溜得近乎唱词。日本学者丸尾常喜认为，就像是绍兴目连戏中每每由乞丐等登场人物唱《孝顺歌》，在这里也可以视为奴才感叹自己的境遇时成为常套的《奴隶歌》。我看更像绍兴流行的莲花落。绍兴莲花落的传统书目《闹稽山》中，就有"诉苦"一段。鲁迅这段乞丐的诉苦，莲花落似的口滑，可见说了不知多少遍，都成了滥调俗套。奈保尔（V. S. Naipaul）在《印度：受伤的文明》（*India: A Wounded Civilization*）中说到印度人喜欢诉苦：

> 我遇到的人，无论男女，似乎都乐于被他人虐待。对他们来说，生活在悲苦中，谈论这种悲苦，沉溺于自哀伤悲，这是一种情感上的纵欲。在这些人中，交谈意味着讲述他们在大小官员、远亲近邻手下遭受的磨难。

鲁迅洞晓人类心理，他讨厌这种情感上的纵欲，讨厌这种作伪。他在《求乞者》中说"我厌恶他的声调和态度"，因为"一个孩子向我求乞"，"也不见得悲戚，近于儿戏"，反映在奴才身上，就是"他高兴了"，"已经舒坦得不少了"。诉苦诉到了高兴和舒坦的地步！难怪鲁迅会说："我不布施，我无布施心，我但居布施者之上，给与烦腻，疑心，憎恶。"我们要警惕一切张口即来、来得极顺、顺到口滑的表达。在鲁迅的公式里，心伪则口滑。

2019 年

《野草》：梦的颠倒

薛毅

　　以梦入文，古已有之。鲁迅编校的《唐宋传奇集》中有大量记梦的传奇。鲁迅说唐传奇"幻设为文"，富有文采与"意想"而脱离志怪模式（《中国小说史略》）。由梦而构筑"意想"的世界，而与梦前梦后的现实世界相对照，使"幻设"更有人生意味。"在梦寐中忽历一世"（《唐宋传奇集·稗边小缀》），转而让人面对梦中的一世，使精神世界有了很多层次。就像古人的记梦传奇不能简单称为一种表达方式一样，《野草》中的梦幻也很难完全解读和还原。在今人看来，鲁迅所谓的"神思"可翻译为想象力，但可以肯定，"神思"远不是创作方法意义上的想象力可以涵盖的。对鲁迅而言，"神思"是人本身的特质，它关乎人的内在性，关乎"主观之内面精神"（《文化偏至论》）。人出离眼前世界而进入梦幻，而看到鬼魅，置身地狱，与死尸对话，赋予草木以灵魂，这些当然都与现实相关，也与人的内在精神世界相关联。

　　鲁迅文章中的梦，还有另外一种用法。它首先用来概括20世纪初中国人的思想转换，所谓"由旧梦而入新梦"，"冲决嚣叫，状犹狂醒"（《文化偏至论》）。这是以梦外人的立场看晚清思潮。1918年，鲁迅作有白话诗《梦》："很多的梦，趁黄昏起哄，前梦才挤却大前

薛毅在中国美术学院做"鲁迅散文诗《野草》细读"讲座　2018年12月

梦,后梦又赶走了前梦。去的前梦黑如墨,在的后梦墨一般黑;去的在的仿佛都说,'看我真好颜色。'颜色许好,暗里不知;而且不知道:说话的是谁?暗里不知,身热头痛。你来你来,明白的梦!"用迭次出现的多种梦,来比喻新文化中纷繁的思潮和主张。在诗中,都有一个特点,梦自身申明梦是彩色的,而做梦人只感觉梦的墨黑。对"明白的梦"的召唤,钱理群说这"典型地表现了鲁迅为代表的先驱者的理想主义。尽管20世纪以来,一次次地经历着'梦'的破灭,以及'梦醒了无路可以走'的人生最大'苦痛',但总在不断地追求'明白的梦';追求,失望,再追求,再失望,又追求……构成了这一代人不屈不挠的精神历程"(钱理群《心灵的探寻》)。这首诗还有另外一种读法,就是强调做梦人的"暗里不知",梦也许有好颜色,但做梦人看不到,也不知道说话的人是谁。似乎做梦人居

第二章　人灵的名字　　275

然与梦本身是相隔绝的。这是一个非常困顿的局面。

1922年底鲁迅为小说集《呐喊》写自序,起首说:

> 我在年青时候也曾经做过许多梦,后来大半忘却了,但自己也并不以为可惜。所谓回忆者,虽说可以使人欢欣,有时也不免使人寂寞,使精神的丝缕还牵着已逝的寂寞的时光,又有什么意味呢,而我偏苦于不能全忘却,这不能全忘的一部分,到现在便成了《呐喊》的来由。

用梦和对梦的忘却,以及不能全忘却来总结自己,梦成为鲁迅作品的关键词,有了鲁迅最独特的用法。通常而言,人们将鲁迅的梦总结为前后两个,学医之梦和弃医从文之梦。前者由于幻灯片事件而破灭,鲁迅看到了日本人处决中国人而中国人围观的场景,而领悟医学不能拯救中国人在精神上的麻木。后者由于办《新生》杂志等一系列的活动而得不到国人的回应而失败。我觉得贯穿这两个梦的,有一个更为根本的梦:"想走异路,逃异地,去寻求别样的人们。"从小康之家而坠入困顿,经历了世态炎凉,鲁迅说"S城人的脸早经看熟,如此而已,连心肝也似乎有些了然。总得寻别一类人们去,去寻为S城人所诟病的人们,无论其为畜生或魔鬼"(《琐忆》)。这个梦使鲁迅从绍兴走到南京,走到东京。东京留学生乌烟瘴气,催使鲁迅决然地去了"还没有中国的学生"的仙台(《藤野先生》)。换言之,学医之梦与"寻求别样的人们"不可分离。许寿裳回忆鲁迅自留日伊始就孜孜不倦讨论"三个相联的问题:(一)怎样才是理想的人性?(二)中国民族中最缺乏的是什么?(三)它的病根何在?"鲁迅"后来所以决心学医以及毅然弃医而学文学,都是由此出发的"（许寿裳《回忆鲁迅》）。鲁迅从一群争天抗俗的摩罗诗人的世界中，寻找某种中国民族缺乏的精神素质，从西方世界的变迁中探寻西方科学和文化创造力的源泉，从中国朴素之民的信仰中探寻被儒家思想和时人否定的"固有之血脉"，综合成为"新神思宗"，强调中国人内在精神革命的重要性，这些构成了鲁迅全新的思想起点。他预想的是用办杂志和翻译弱小民族国家小说的方式来贯彻这些思想。这是鲁迅年轻时候梦想的最高峰。以今日的眼光看，鲁迅的一系列构想仍然是独到的，他的主观内在性革命的理想仍然有其意义。但是，当鲁迅用梦来命名这一切的时候，他展现的是当初投身期间和如今置身事外之间的巨大反差。所谓忘却云云，意味着与过去之梦不再有精神的思绪。而"苦于不能全忘却"却更能体现出鲁迅之梦的独特性。在这里，梦与人的关系与通常设想的相反，它不是受制于人的东西，而仿佛有一种客观性，能控制人，而人摆脱梦需要极大的努力却不能全部摆脱。1926年，鲁迅把几篇留日时期做的古文收入到《坟》中时，说起摩罗诗人，"他们的名，先前是怎样地使我激昂呵，民国告成以后，我便将他们忘却了，而不料现在他们竟又时时在我的眼前出现"。梦也是如此。它时而被忘却，时而重新出现。

所谓忘却，可以视作强迫性遗忘。鲁迅用"寂寞"一词来概括梦的失落后的状态，为了避免自己太痛苦，而用种种办法"来麻醉自己的灵魂"，"使我沉入于国民中，使我回到古代去"。"钞古碑"就是办法之一（《〈呐喊〉自序》）。也就是说，即便是忘却，那种精神状态还是与梦有着顽强的联系。过于消极的麻醉云云，也是在梦的反射下对自我状态的描述。一旦《新青年》杂志前来约稿，梦的潜能就会重新激发出来。而《野草》写作的年代，又是被激发的梦又一次失落的时候：

> 后来《新青年》的团体散掉了，有的高升，有的退隐，有的前进，我又经验了一回同一战阵中的伙伴还是会这么变化，并且落得一个"作家"的头衔，依然在沙漠中走来走去，不过已经逃不出在散漫的刊物上做文字，叫作随便谈谈。有了小感触，就写些短文，夸大点说，就是散文诗，以后印成一本，谓之《野草》。(《〈自选集〉自序》)

"又经验了一回"一句透露出鲁迅的轮回式的体验。换言之，在鲁迅的心灵结构中，办《新生》失败和《新青年》团体散掉，是一种重复。鲁迅也又一次面临"寂寞"的折磨。在一定程度上，我们可以把《秋夜》看成用诗的方式重新讨论梦的文本。环境是秋夜，它的萧瑟、寒冷，汇聚着鲁迅的人生感受，从"人有读古国文化史者，循代而下，至于卷末，必凄以有所觉，如脱春温而入于秋肃，勾萌绝朕，枯槁在前，吾无以名，姑谓之萧条而止"(《摩罗诗力说》)，到"曾惊秋肃临天下"、"梦坠空云齿发寒"(《亥年残秋偶作》)，贯穿鲁迅作品始终。他的小说叙述的环境，也往往是秋冬季节，道尽人间肃杀、冷漠。秋夜中，繁霜洒在野花草上，小粉红花"在冷的夜气中，瑟缩地做梦，梦见春的到来，梦见秋的到来，梦见瘦的诗人将眼泪擦在她最末的花瓣上，告诉她秋虽然来，冬虽然来，而此后接着还是春，胡蝶乱飞，蜜蜂都唱起春词来了。她于是一笑，虽然颜色冻得红惨惨地，仍然瑟缩着"。作为对比，枣树似乎是"无梦"的。枣树没有了果子，叶子也落尽。"他知道小粉红花的梦，秋后要有春；他也知道落叶的梦，春后还是秋。"似乎参透了春秋轮回，而不会在秋夜做梦。

这样的枣树可以说是《新青年》团体散掉后鲁迅的自况。当然，更真切的自况是《希望》中那个苍老的自我，头发苍白，手颤抖着，心分外地寂寞然而很平安，"没有爱憎，没有哀乐，也没有颜色和声音"，丧失了情感和感知能力。自我讲述自己的故事，以前的心也曾充满过血腥的歌声，"血和铁，火焰和毒，恢复和报仇"，这些令人想起留日时期参加光复会的鲁迅。但忽然这些都空虚了。拯救自我的方式是用希望来抗拒空虚。希望同样是鲁迅作品中的关键词语，它在很大程度上可以与梦相参证。鲁迅说"有时故意填以没奈何的自欺的希望"，更有梦的意味。《希望》中，鲁迅发现自我丧失希望身陷空虚的暗夜的包围，又发现他可以寄托的身外的青春也逝去了，"身外的青春倘一消灭，我身中的迟暮也即凋零"。

鲁迅面临着又一次人生决择。鲁迅说"人生最苦痛的是梦醒了无路可以走"（《娜拉走后怎样》），身陷虚无的暗夜，饱受寂寞的煎熬。这个无路可走的问题必须解决。但鲁迅不再用沉入国民中，回到古代去这样的老办法来"麻醉自己的灵魂"。《希望》用"绝望之为虚妄，正与希望相同"来体现自己的人生哲学。如果说希望是一种虚妄，那么，也需要认识到绝望同样也是一种虚妄。希望是一种自欺，绝望同样是一种自欺。这种人生哲学被研究者概括为"反抗绝望"。在鲁迅的书信中，见有这样的表述："我常觉得惟'黑暗与虚无'乃是'实有'，却偏要向这些作绝望的抗战。""虽然明知前路是坟而偏要走，就是反抗绝望，因为我以为绝望而反抗者难，比因希望而战斗者更勇猛，更悲壮"（《两地书》）。在《秋夜》中，没有了果实和叶子，护定皮伤的枣树，默默地直刺奇怪而高的天空。

在《希望》中,"我只得由我来肉薄这虚空中的暗夜了,纵使寻不到身外的青春,也总得自己来一掷我身中的迟暮"。在《这样的战士》中,战士身陷无物之阵,得胜的不是他,但他无数次重复"他举起了投枪"。这些都可以被理解为"绝望的抗战"的具体表现。通常,"肉薄"被理解为近身格斗,就是以身体为武器不惜生命地战斗。但学者孙歌认为,鲁迅的"肉薄"不能被理解为肉搏,它并不包含"短兵相接地搏斗"的意思,它是日语词,是指近距离的"逼近"、"迫近"。"肉薄空虚中的暗夜,就是逼近、迫近空虚中的暗夜,意味着不再把希望作为盾牌以求回避似有似无的暗夜,而是逼视它,迎上前去"。"'肉薄'包含了鲁迅冷彻的判断:如果要与暗夜对决,那么必须放下希望"(孙歌《希望与绝望之外》)。这是非常有创造性的见识。作为"绝望的抗战"的具体形式,"肉薄"设定了虚空中的暗夜的永恒存在,就是所谓"惟黑暗与虚无乃是实有",也说明了用自欺的希望和梦来抵抗是无效的。重要的是要找到一种生命形式,能拼全力永远与虚空中的暗夜对峙。鲁迅曾对许广平说"你的反抗,是为了希望光明的到来罢?我想,一定是如此的。但我的反抗,却不过是与黑暗捣乱"(《两地书》)。这区分了绝望而反抗者和希望而战斗者的差别。"捣乱"一词,今人看来过于消极,但鲁迅很清楚他的新一次人生抉择的意味。鲁迅说"我的戒酒,吃鱼肝油,以望延长我的生命,倒不尽是为了我的爱人,大大半乃是为了我的敌人——给他们说得体面一点,就是敌人罢——要在他的好世界上多留一些缺陷"(《坟》)。这并不能看作是愤激之词,而是与黑暗长久为伴的直白宣言。如果仅仅以《新青年》团体散掉,又一个梦破灭来看,这个抉择有其被动性质,"放下希望之盾"似属无奈之举,不得不如此。无梦的枣树和这样的战士身上都透着悲凉。但是,无论肉薄暗夜,还是直刺天空,举起投枪,都体现了鲁迅新的抉择的主动性。在《野草》中,梦想和希望并不一直表现为被动失落,也表现为主动放弃。

《影的告别》中说:

> 有我所不乐意的在天堂里,我不愿去;有我所不乐意的在地狱里,我不愿去;有我所不乐意的在你们将来的黄金世界里,我不愿去。
>
> 然而你就是我所不乐意的。

用"影"来命名自我,以区分于人。影是人的颠倒。问题已经不在于影子失落了天堂,失落了将来的黄金世界,从而跌到明暗之间彷徨于无地。问题变成了所谓的光明世界会使影消失,所以影必须离开奔向光明世界的人。整首诗是影的独白,仍然充满了无奈,充斥了对绝境的体认。不仅光明会使影消失,黑暗也会吞没自己。影只能存在于明暗之间,但时间在逼近,或者是黄昏,或者是黎明。影最后的抉择是"独自远行","只有我被黑暗沉没,那世界全属于我"。

一部《野草》,展现了一个无梦的世界,但是,它是以梦幻的形式来展现的。我们可以把《野草》的梦幻,看成是梦的颠倒。它拓展的不再是关于未来、关于希望、关于光明世界的想象空间,而是用梦幻的形式改写它们,也就是把人颠倒为影,把天堂颠倒为深渊,把火颠倒为死火,把前路颠倒为坟,把爱颠倒为复仇。

鲁迅的《娜拉走后怎样》说:

人生最苦痛的是梦醒了无路可以走。做梦的人是幸福的；倘没有看出可走的路，最要紧的是不要去惊醒他。[……]说谎和做梦，在这些时候便见得伟大。所以我想，假使寻不出路，我们所要的倒是梦。

但是，万不可做将来的梦。阿尔志跋绥夫曾经借了他所做的小说，质问过梦想将来的黄金世界的理想家，因为要造那世界，先唤起许多人们来受苦。他说，"你们将黄金世界预约给他们的子孙了，可是有什么给他们自己呢？"有是有的，就是将来的希望。但代价也太大了，为了这希望，要使人练敏了感觉来更深切地感到自己的苦痛，叫起灵魂来目睹他自己的腐烂的尸骸。惟有说谎和做梦，这些时候便见得伟大。所以我想，假使寻不出路，我们所要的就是梦；但不要将来的梦，只要目前的梦。

在鲁迅翻译的阿尔志跋绥夫小说《工人绥惠略夫》中，亚拉藉夫脱离了无政府主义暴动团体，而专注于写作，意图用理想、爱和忍耐驱除强权和压制。而绥惠略夫不相信黄金时代。有一次亚拉藉夫帮穷苦的教员付了房钱，但当爱读契诃夫的女孩被迫嫁人而寻求他帮助时，他无能为力。绥惠略夫问他是否想救一切苦人和饿人，亚拉藉夫否认，说帮人只是机遇。绥惠略夫问另外一些人怎么办，亚拉藉夫说人应该救助，凭能力。绥惠略夫质问他为什么不帮女孩：

> 伊来到你这里，因为伊爱你……因为伊有着纯洁的澄澈的灵魂，这就是你将伊唤醒转来的……现在，伊要堕落了，伊到你这里，为的是要寻求正当的东西，就是你教给伊爱的。你能

够说给伊什么呢?……没有……你,这梦想家,理想家,你要明白,你将怎样的非人间的苦恼种在伊这里了。你竟不怕,伊在婚姻的喜悦的床上,在这凶暴淫纵的肉块下面,会当诅咒那向伊絮说些幸福生活的黄金似的好梦的你们哪。你看——这是可怕的!

可怕的是,使死骸站立起来,给他能看见自己的腐烂……可怕的是,在人的灵魂中造出些纯洁的宝贵的东西,却只用了这个来细腻他的苦恼,锐敏他的忧愁……

你们无休无息的梦想着人类将来的幸福……你们可曾知道,你们可曾当真明白,你们走到这将来,是应该经过多少鲜血的洪流呢……你们诓骗那些人们……你们教他们梦想些什么,是他们永永不会身历的东西……

你们还不明白么,即使你们所有将来的梦,一切都自当真出现了,但与所有这些优美的姑娘们,以及受饿的"被侮辱的和被损害的"人们的泪海称量起来,还是不能平衡的……

鲁迅在《头发的故事》中也引用绥惠略夫的话来质问梦想家:"我要借了阿尔志跋绥夫的话问你们:你们将黄金时代的出现预约给这些人们的子孙了,但有什么给这些人们自己呢?"当鲁迅说万不可做将来的梦的时候,他要说明的是,这样的梦想无法改变他们目前的处境,而只能让他们坠入痛苦的深渊,"叫起灵魂来目睹他自己的腐烂的尸骸",《墓碣文》中的尸骸,正是梦想的结果。

我梦见自己正和墓碣对立,读着上面的刻辞。那墓碣似是沙石所制,剥落很多,又有苔藓丛生,仅存有限的文句——

"……于浩歌狂热之际中寒；于天上看见深渊。于一切眼中看见无所有；于无所希望中得救。……"

在鲁迅编校的《唐宋传奇集》中，有一篇李吉甫的《编次郑钦悦辨大同古铭论》很特别。有人在墓穴中得到一方刻着古铭的石头，上有小篆文字，剥落不少。便抄录后请人辨认。文章记录的是几位学问家揣测古铭文的意见。这篇文章既称论，当非传奇，所以今人小说选本不取。但鲁迅似对它的形式别有兴趣，也似触发了他写作《墓碣文》的灵感。但《墓碣文》中的铭文不是别人给尸骸写的，而是尸骸自己写的。直接地说，就是鲁迅给自己写的铭文。而由于"剥落很多"，给今人的解读造成了困难。"于浩歌狂热之际中寒；于天上看见深渊"，日本学者将这句解释为鲁迅在 1907 年抱着极大热情从事写作、翻译、办刊，而遭受无人问津的冷落，似乎过于实在。"浩歌狂热"应该与黄金世界的梦想相关，但鲁迅受这种梦的蛊惑，不会仅止于年轻时期。"中寒"也不应仅仅解释为外部世界对自己的冷漠态度。如果用《影的告别》参证，似可以理解为从梦想中发现自己不属于黄金世界。如果用《失掉的好地狱》参证，鲁迅有一个灾难性的预感，未来恐怕比现在更糟，而现在可以说是一个失掉的好地狱。"于一切眼中看见无所有"，钱理群《心灵的探寻》中用鲁迅翻译《出了象牙之塔》后写的后记一句来解释："在改革者的眼里，已往和目前的东西是全等于无物的。"但我觉得应该是进一步概括了鲁迅对梦想世界的怀疑。"于无所希望中得救"意思较为清楚，前三句说的都是和希望有关的事，由于希望的蛊惑而饱经折磨，"放下希望"后才摆脱这种折磨。随后：

……有一游魂,化为长蛇,口有毒牙。不以啮人,自啮其身,终以殒颠。……

这一段要解释清楚也不容易。普遍的理解是,游魂自啮发生在"得救"之后。但是,参照《工人绥惠略夫》和鲁迅《娜拉走后怎样》的说法,黄金梦想在人的灵魂中创造了些纯洁宝贵的东西,用来练敏了感觉来深切地感到自己的苦痛。那么,这一段等于是对前一段的重复。"抉心自食,欲知本味",也就是让灵魂目睹自己的尸骸。所以浩歌狂热对自己的结果就是变成死尸,"胸腹俱破,中无心肝"。也就是说,"得救"发生在"殒颠"之后。

用梦幻的形式,《影的告别》中,自我分解为"人"和"影","影"被对象化。《墓碣文》中,自我分解为做梦的主体"我"和"死尸",我目睹死尸,后者被对象化。墓碣文的阳面写的是灵魂对自己的理解,而阴面写的是灵魂仍然无法理解自己,"自食"的结果是无法知道"本味"阴面有"答我。否则,离开!"是对"离开"破落这个字的补充。"我就要离开",很明显这里面的"我"是没法回答死尸的。可是,"而死尸已在坟中坐起,口唇不动,然而说——待我成尘时,你将见我的微笑!我疾走,不敢反顾,生怕看见他的追随"。似乎成尘后才"得救"。《野草》多处写笑,而且多处笑与死亡或者自我的彻底消逝有关。"于无所希望中得救"也许是指自我的彻底消逝吧。《死火》中,"我梦见自己在冰山间奔驰",坠入冰谷而遇见死火。死火是鲁迅创造出的最奇特的意象,它有火的形状,但全体冰结。这是由极热和极冷两端高度复合的意象,是对"浩歌狂热之际中寒"的形象再现。死火被遗弃在冰谷里,行将冻灭,"我"的出现给予温热,让死火重新燃烧。死火面对两种死亡方式,或者冻灭,或者烧完。死火愿意和"我"一起出冰谷烧完,当出冰谷时,我突遇大石车被碾死,车坠入冰谷。

"哈哈!你们是再也遇不着死火了!"我得意地笑着说,仿佛就愿意这样似的。

"你们再也遇不着死火"中,"你们"指代不明,仿佛是对围困死火的冰谷而说。死火的消逝,和影沉没于黑暗,和尸骸成尘,都暗示着解脱和得救吧。

在《工人绥惠略夫》中,绥惠略夫是以憎恶的面貌出现的,他不信爱的说教,不信黄金世界。当他质问亚拉藉夫用梦想造成人的痛苦时,后者反问前者能给人们什么,绥惠略夫回答:"我——不给。我大概只是教他们将忘却的事,记忆起来……"记忆,类似《淡淡的血痕中》所说的叛逆的猛士"记得一切深广和久远的苦痛",在绥惠略夫身上,记忆凝聚成憎恶的利剑。但绥惠略夫随即进入幻觉世界,来客揭示他的憎恶不外乎牺牲一切的爱,绥惠略夫回答:

我不要听这个……我只有憎!为什么,我应该爱你们人类呢?因为他们猪一般的互相吞噬,或者因为他们有这样不幸,怯弱,昏迷,自己千千万万的听人赶到桌子底下去,给那凶残的棍徒们来嚼吃他们的肉么?我不愿意爱他们,我憎恶他们,他们压制我一生之久,凡是我所爱,凡是我所信的,都夺了我的去了……我报仇……我要指示你们,有一种权力,比爱更要强——就是拼命的,不解的,究竟的憎……已经够了……

由记忆凝聚的憎恶，产生的复仇心理，同样体现在《野草》的两篇《复仇》中。相爱相杀的一对男女在众人的围观中，转而放弃相爱相杀，观看众人，让众人得不到观看的快感，以此复仇。耶稣上十字架的故事则是《福音书》故事的改写和颠倒，在四面都是敌意的环境中，耶稣"没有喝那用没药调和的酒，要分明地玩味以色列人怎样对付他们的神之子，而且较永久地悲悯他们的前途，然而仇恨他们的现在"。在被钉杀的过程中，他沉酣于"大欢喜和大悲悯中"。但是，两篇《复仇》与绥惠略夫的用炸药和手枪向社会复仇，并不相同，鲁迅认为他的思想太可怕，"一切是仇仇，一切都破坏"（《华盖集续编·记谈话》）。《工人绥惠略夫》是一篇让鲁迅思考很久的小说，鲁迅的小说《孤独者》在很大程度上得自前者的影响，小说中魏连殳的复仇也比《野草》中的两篇《复仇》更有具体的行动。但是不同的是，鲁迅的小说用第一人称"我"来讲述魏连殳的故事。汪晖在《反抗绝望》一书中，概括了鲁迅作品的一个特征——双重第一人称。周作人说《在酒楼上》《孤独者》中吕纬甫和魏连殳这两个人的事很多是鲁迅自己做的事情。而且鲁迅所有作品中没有一个像魏连殳写的那样像鲁迅，跟鲁迅一模一样，连长相也相似。可是小说由"我"的故事展开，再纳入魏连殳的故事。魏连殳的故事已成定局，但"我"的故事并未终了。这样的结构方式一方面非常强调"我"与魏连殳的精神联系，一方面又拉开了两者的距离。可以说，鲁迅写作《孤独者》，不是告诉人们魏连殳是一代知识分子的宿命，而是通过写作，来摆脱这种宿命。这也是《野草》以梦幻入笔的意义。梦的主体，与梦中的一个个多重的自我相遇，后者是前者的种种可能，但是，梦的主体，进入梦，又推开梦，逃离梦，与梦中的自我拉开距离。

鲁迅选择"肉薄"的生命形式，与黑暗对峙，是非常决绝的。为此，他体验着一种与爱的世界彻底告别，斩断任何联系的人生态度。在《过客》中，当女孩给过客一块布让他裹伤时候，过客拒绝了，说：

> 我怕我会这样：倘使我得到了谁的布施，我就要像兀鹰看见死尸一样，在四近徘徊，祝愿她的灭亡，给我亲自看见；或者咒诅她以外的一切全都灭亡，连我自己，因为我就应该得到咒诅。但是我还没有这样的力量；即使有这力量，我也不愿意她有这样的境遇，因为她们大概总不愿意有这样的境遇。

仿佛有两个不能相容的世界，在过客的世界里，眼泪和同情不允许存在。如果存在，那么过客的世界不允许存在。在《两地书》中，鲁迅解释《过客》的意思是说，"同我有关的活着，我倒不放心，死了，我就安心"。过客说"我不愿看见他们心底的眼泪，不要他们为我的悲哀"，这也是影的"独自远行"包含的内容。

但是，如果说《野草》的梦幻是鲁迅的希望之梦的颠倒，那么，这个梦幻还是在希望之梦的反射下写就的。如同死火，一遇到温热就会苏醒。在《秋夜》结尾，"猩红的栀子开花时，枣树又要做小粉红花的梦，青葱地弯成弧形了……我又听到夜半的笑声"，鲁迅的透彻在于，他知道在秋夜，枣树能摆脱梦的牵绊，而季节改变后，梦还是会回来的。

《野草》的最后一篇是《一觉》。"觉"字有两种读音，意思相反，一种是表达从梦中醒来，一种是表达进入梦乡。如果从文本中寻找，恐怕符合原意的是"惊觉"。与大多篇目很不相同，这一篇很写实。飞机在上空飞行，四方小书斋窗明几净，鲁迅编校青年作者的文稿，惊异地发现了"不肯涂脂抹粉的青年们的魂灵"，显然这不是写作《希望》时的"惊异于青年之消沉"（《〈野草〉英文译本序》）的心境了，而且他看到的也不再是"星，月光，僵坠的胡蝶，暗中的花，猫头鹰的不祥之言，杜鹃的啼血，笑的渺茫，爱的翔舞……"那样"悲凉飘渺的青春"，他看到青年们苦恼了，呻吟了，愤怒而且粗暴了。

  魂灵被风沙打击得粗暴，因为这是人的魂灵，我爱这样的魂灵；我愿意在无形无色的鲜血淋漓的粗暴上接吻。漂渺的名园中，奇花盛开着，红颜的静女正在超然无事地逍遥，鹤唳一声，白云郁然而起……这自然使人神往的罢，然而我总记得我活在人间。
  我爱这些流血和隐痛的魂灵，因为他使我觉得是在人间，是在人间活着。

《一觉》事件写实，抒情直露，从《秋夜》到《一觉》，确有返回人间之感。鲁迅从青年的愤怒粗暴中，看到青年的灵魂，感受到自己"活在人间"。不仅返回人间，梦似乎也返回来了：

  在编校中夕阳居然西下，灯火给我接续的光。各样的青春在眼前一一驰去了，身外但有昏黄环绕。我疲劳着，捏着纸烟，在无名的思想中静静地合了眼睛，看见很长的梦。忽而惊觉，身外也还是环绕着昏黄；烟篆在不动的空气中上升，如几片小小夏云，徐徐幻出难以指名的形象。

昏黄环绕中,"各样的青春在眼前一一驰去","看见很长的梦"。很明显,粗暴的青年,能让他想起血腥的歌声,"血和铁,火焰和毒,恢复和报仇",光复会的岁月,拜伦那样的摩罗诗人,在《希望》中说"忽而这些都空虚了",在《一觉》中,忽而又降临了。这个"很长的梦",其潜能仍然会重新激发出来,让鲁迅"惊觉"。

2019 年

艺术主体表达位置的排练

策展《野草》（节选）*

陆兴华

我以策展的角度来进入对《野草》的研究。

这个项目的出发点是纪念 2019 年的"五四"一百周年。处于纪念者的位置是不好的，不正当的。纪念它，就要策展它，一次不行，就多策展它几次。我们通过策展《野草》来策展五四吧。策展就是要破坏原有的本体论。

我先来解题。首先，我借用的角度是，从作者文学主体的表达位置出发来看《野草》。在 1925 年至 1926 年左右，鲁迅和那时的中国人民使用白话文还不太熟练，不大习惯，他要在这个散文集里练习用现代汉语来做文学表达，要找到其中的新句法和新语调等，使自己成为一个成熟的汉语文学写作者。

巴迪欧的主体理论曾给了我认识文学或艺术主体很多的启发。搬到《野草》的作者位置上来考察，这一散文诗格式，是一个文学主体在做练习，主动操练自己。散文诗、警句写作的例子中，有一个作者是特别老练，特别经典的，那就是《查拉图斯特拉如是说》

---

* 本文根据 2018 年 12 月作者在中国美术学院所做"汉语文学主体发声的自我排练——将《野草》策展于人类世"讲座内容节选而成。

的作者——尼采。《查》这个文本被斯洛特戴克（Peter Sloterdijk）看作像是自闭症患者的 100% 的自我表达。散文诗里面说得最满的、最猛的，就是尼采的这一本。很多人说鲁迅学尼采，我做了很多的对比，发现《野草》是达不到《查拉图斯特拉如是说》的水平的，后者很可怕，是自大狂写作，是一个自大狂在写一个关于他自己的剧本，自己在演，所有的话都是满的，是在颠覆整个西方传统。鲁迅的《野草》不是这样子的。

回到文学主体的自我排练问题上来。文学作品里面，《查拉图斯特拉如是说》中的主体表达已不需要排练，语气已经满了。如果汉语文学要达到很高的表达境界，《查拉图斯特拉如是说》是榜样，但汉语文学主体的表达也许不需要达到这种程度。今天汉语的表达已经自由了，不像鲁迅写《野草》时，主体的表达还需要试探，需先摆一种姿态，像是要用温度表量体温一样，一点点被拔高，看能到达什么程度。

巴迪欧的主体理论是我们今天的主体表达位置之分析的主要坐标。有一个文学主体想要表达，我们就要分析主体的表达位置是由哪些坐标构成的。一个作者是由很多的语调构成，其中一个语调就是文学的语调。作家写日记、演讲、教书等，是文学主体的不同语调。文学的语调是单独的一种，像在一部歌剧里，人物被安排的调性位置一样。

《野草》里的文学语调是不连贯的。我感觉到这种写在时间线上还没有今天的朋友圈里表达得那么连贯。鲁迅的写是三心二意的，他可能是在练习，好像自己在排练，没有总体性，另外还给人感觉，他除了写这个，还在写另外的更严肃的东西。

《野草》的结构让我想到一个著名的音乐作品：穆索尔斯基的

《展览会上的图画》。作曲家用音乐把十二张画的意思表达了出来。画作之间没有连贯性，音乐只是用片段的方式把画一幅幅地表达出来，但片段之间，是有张力的。

我建议把《野草》里面的这些散文看成是当代艺术家的一次个展中的展品。这是指其中每篇的深度和广度都是不一样的，相互之间是不连贯的。它不考虑中间的过渡，相当于朋友圈里隔几天抛出一个话题。把《野草》看成是当代艺术的个展，来重新策展它，是我对大家的大胆建议。

巴迪欧在《当代艺术的十五条论纲》(Fifteen Theses on Contemporary Art)这篇文章里面的第六条讲的是：当代艺术的主体就是主题。研究当代艺术的人和当代艺术家都关心主题，比如生态、女权、难民问题等，以为这是艺术的主题或者艺术作品的主题。现在的双年展，如果按照主题分类去看，是非常无聊的，但所有的评论家、观众、媒体都在盯着主题去评论，这非常荒唐。很多艺术家也不懂这个道理，整天以主题诉说自己的作品。大家都没有看懂，这会使得当代艺术里面的主体表达自我封闭。

巴迪欧这篇文章很重要的功能，是打开了这个话题。他认为，当代艺术家的主体会跟某个重要的事件关联。我们平时的日常生活中是没有这种事件的。一个好的艺术家的主体表达位置，一定会跟他/她个人命运、生涯里面某一个重要的事件，比如失恋、破产、自杀等重大事件关联。在这个关联之下，他/她创作的作品、他/她对作品的解释就成立了，这对巴迪欧来说是很重要的：有事件，才有作品。主题不是找一个话题塞到作品里面，而是你的个人命运里的一个小黑洞与作品发生了关系。这个作者个人命运与事件之间建立的关系，就是主题，同时也是你的主体。

我这么说的前提是，日常生活里，个人命运与某一事件之间的关系是不清楚的，表达主体的语调是乱的，我们需要排练，才能将一种叫作"文学"的语调单独分离出来。个人生活里会发生很多事情，但那些可能都不够成为事件，需要文学，才能明确这个主体与某一事件之间的关系。我得把巴迪欧的主体表达位置这一说法用到对《野草》的排练，用到寻找我们跟《野草》之间的关系这一点上，也许那可以成为一个很好的衡量尺度。

从策展的角度来讲，《野草》必须被排练，才能变成你的《野草》，才能变成你的当代的《野草》，你的2019年的《野草》。策展和研究文学很不一样，文学研究是在已经有学者把《野草》的80%的意义挖出来的情况下，去寻找另外的20%，试图将它挖出来。而策展是：重新排练。

我怕大家也顾虑，好像说没有系统读过关于《野草》的所有研究，没有做过排除法，就不知道到底什么东西是新的，什么是前人做过的。所以，我推荐两本书给大家，一本是《语义学》，一本是《句法学》。你不需要整读它们，只要翻开各章节，把方法论挖出来用。我同时也挑出了很多《野草》的词汇，如果对这么多的词汇进行分析的话，语义分析可以帮你找到什么东西是之前没有了解的，句法学能够帮我们理解鲁迅在《野草》中自我练习和自我排练时到底是在练哪些技术项目。

要知道，语义分拣和句法捕捉，也是当前机器学习的重要门类，语言使用者自己因为处于自然语言的友好场景，会忘了这两者是人工智能捕捉我们的主要手段。但文学写作恰恰是要训练我们在这两方面走向野生。《野草》这种文学自我排练和自我训练在人工智能时代对我们意味着什么呢？文学真的是野生术吗？德勒兹就抱这样一种文学观：文学帮我们逃脱那个全球资本主义的异性家庭机器和全球单身剥削机器，走向野生。我们应该通过策展将这一层意思安装到《野草》中，难道不应该吗？

句法学和语义学这两个非常常用的方法论可以帮你很专业地做文学研究经常讲的细读。如果光从理解、情感的角度细读的话，也是会有漏洞的，从语义学、句法学的角度去一遍遍地捋，就有一些意外的发现，比你用软件去解读《野草》，效率也会更高，这就是康德和斯蒂格勒讲的：用先验想象去综合《野草》，而不是一次次被离散的细节转移了注意力。

供语义学、句法学分析的《野草》语料库如下：

（1）语义学分析（照出现频率排序）

我、梦、死火、地火、冰、空虚、大欢喜、大笑、歌唱、朽腐、冷眼、黑暗、故乡、喜鹊、老乌鸦

病叶的斑斓、战士、猛士、奴才、傻子、人与兽、爱者与不爱者、枣树、胡蝶、恶鸟、栀子花、小红花、宝珠山茶、单瓣梅花、蜡梅花、杂草、杨柳、山桃、乌桕、新禾、野花、鸡、狗、丛树、枯树、茅屋、塔、小飞虫、黑夜、一人、孩子

玫瑰花、赤练蛇、珊瑚枝、冰谷、长蛇、毒牙

蚂蚁、虫豸、草木、青年的魂灵、一丈红、松杉、坟、冰山、冻云、冰树林、农夫、村妇、村女、和尚、蓑笠、天、云、竹、槐蚕、路人们、他、基督、参孙

（2）句法分析

不如彷徨于无地。

我将得到自居于布施之上者的烦腻，疑心，憎恶。

我将用无所为和沉默求乞……

我至少将得到虚无。

我只得由我来肉薄这空虚中的暗夜了。

暖国的雨,向来没有变过冰冷的坚硬的灿烂的雪花。

以死人似的眼光,赏鉴这路人们的干枯,无血的大戮,而永远沉浸于生命的飞扬的极致的大欢喜中。

于浩歌狂热之际中寒;于天上看见深渊。于一切眼中看见无所有;于无所希望中得救。

我梦见自己在做梦。

我自身不知所在。

[……]都不能副任何一面的期望。现在又影一般死掉了,连仇敌也不使知道,不肯赠给他们一点惠而不费的欢欣。……

这大概是我死后第一次的哭。

我的可爱的青年们!

红颜的静女正在超然无事地逍遥,鹤唳一声,白云郁然而起……

各样的青春在眼前一一驰去了。

看见很长的梦。

如几片小小夏云,徐徐幻出难以指名的形象。

我列出来的词汇是我在阅读过程中捞了好几遍,最后确定的数据。现在,从我个人的文学经验出发,就可以对它们做语义分析或者句法分析。人工智能要打捞你的信息时,主要也用两个方法,一个是语义分拣(semantic sorting),一个是句法递归(recursive syntactic analysis),这两个恰恰是人工智能的首要手段,你现在必须用它们来回击。

所以,让我们整理一下上面的内容:先定性《野草》是这样一

陆兴华《野草》细读讲座　2018 年

个文学自我排练的结果，相当于鲁迅晚上在油灯下面写出来，像是录下来的唱片，先自己听，做修改，再给我们听。你假设自己是新导演，要用新的方法来导演它，这就很像策展了。

现在在新的戏剧理论里面讨论排练的时候，仍经常把导演的中心位置放错。自我排练就是没有导演在场时发生的。文学写作不可能由导演到场的，对吧？从策展的角度和当代艺术的角度出发的研究方法，要比文学研究更激进一些。当代艺术界的人会说，用《野草》排练我们自己，也包括将导演排练进去，得给导演安排一个表达位置，否则就不民主，毕竟我们是在后杜尚时代在当代艺术界做这个事。像我在这个教室里，就是一个不合格的导演，一个自我打败的导演。我作为策展人，相当于提词员一样。那么，我现在告诉你不要像导演或者文学研究者那样地去对付《野草》，而是可以更加放松地以策展的角度去处理《野草》，甚至让它来排演我们，将我这个临时的导演和策展人也排练进去。是啊，只有排练和自我排练才能救策展人和导演了。

我们面对《野草》，就跟走进 2018 年上海双年展差不多。如果你看了很多双年展报道，很了解这个展览，以艺术家的角度、作品的角度，或者当代艺术主题谱系的角度去看，专业是很专业了，但这反而不大好。设想我们是外行，一进展览现场，就发现有很多的视频作品，看完这个再看另一个是不行的，于是你看了五分钟就着急了，这个看了，另外一个就不能看了，你就感觉到对另外一个作品的接受会受到损害。你看这个视频的时候想到了另外一个装置，心里很乱，你像在排练自己那样地站到了导演的位置上了，对不？每一个观众都能够这样！这是我们的策展工作中必须假定的一个前提，这就是参与式展览作为策展的第一原则对我们的规定。双年展就是以这一原则来搭建它的框架：它必须主动将自己设定为这样的一个全球观众的自我排练装置。

我们在策展的时候已假设一个观众会很认真地站在一个视频面前五分钟。研究一下，就发现，事实不是这个样子的。双年展里面有大量的图像，70% 左右是视频作品，如果从时间的角度讲，视频的时间可以达到 15 个小时。观看视频的时间可能占到你参观整个时间的 90% 以上，因为每个视频会放很多东西，它也提供图像，跟画、装置提供图像没有区别。如果只有一个下午看双年展的话，相当于观众是导演，要找一些图像、元素、素材，根据现场的感受，自己当场就开始排练，然后他 / 她穿梭在这个全球精神空间里面，很自由。很自由，是因为他 / 她进入自我排练了。如果照策展人的安排来看，光视频，他 / 她就看得累趴下了，现在，他 / 她没有，反而很徜徉，自导自演得很嗨。其实，看国际双年展是非常舒服的，我把它称作在全球普遍性空间上的溜冰。观众感觉到所有的东西全在他／她手里，等他／她来用，是他／她自己在讲一个很大的故事，他／她的关心还特别居高临下，这种感觉当然是非常美好的，是双年展这一展示装置赋予了他／她这种特权感。

你进入双年展的全球普遍性空间，是和进入《野草》时一样的。你寻找到了自己的一个运动图像，然后就可以自己来处理它们了——进入自我排练。比如《野草》太短了，从我的角度讲，它的容量没有一个视频来得多。在我们这个时代，人人都有太多看视频或者电影的经验，讲一下《野草》这事，太简单了，鲁迅没有想到过，我们居然会在数码时代这样处理它们，加进我们自己的时间线。我要提醒大家，鲁迅和这个时代的我们的时空感完全不一样了，这个时代处理运动图像的经验已非常老练，鲁迅时代的人看电影，是很幼稚地认真的，他们一帧一帧地看电影，像看画展一样。这时代的我们看东西要更快，看得其实比视频更快，才有意思。《野草》放在我们这个时代太吃亏了，所以，我们需要给《野草》加速，谁叫我们是它的策展人呢。

现在来讲关于文学作者或读者的自我排练问题。书中文字上比较舒服的那些部分，都接续了18世纪末、19世纪初的欧洲浪漫主义的文学排练：把植物、山脉等很多自然物与人文现实搅拌在一起，有时甚至是粗暴地、血肉模糊地捣在了一起。这里我要提醒大家，将自然物、政治物和文学物搅拌到一起，这是朗西埃的著名说法。他在《词语的肉身：书写的政治》（*The Flesh of Words The Politics of Writing*）中说，把自然物、政治物和人类当代现实中的很多事实、细节搅拌在一起，使它们都成为审美物和文学物，是诗人、小说家和电影导演的政治使命（我想，这也不可能不是策展人的政治使命的）。这样一来，《野草》也同时变成对自然物、现实物（实在界）、政治物的搅拌的排练，成了鲁迅那时代的新的文学物、审美物（美学物）、心理物。最后，经过作家和诗人进一步处理这些文学物，就变成那时代的文学共同物。

因此我认为，到目前为止，中学语文课本编者或者一般的文学研究者认为《野草》的好，就在这里。它里面发生了比五四运动还血淋淋、血肉模糊的审美—政治搅拌。在对共同体的集体感性的搅拌这一点上说，文学真的比政治暴力得多。问题是，我们现在是要在人类世排练《野草》。我们这个时代的自然物、政治物、文学物不一样了，鲁迅也帮不了我们。我们必须像家里奶奶拌凉菜或沙拉般的生猛，敢于生猛才行。接下来我们要讲人类世需要什么样的文学物和艺术物来讲故事，前提是，我们认为像《野草》这种搅拌是不够文学和不够艺术的，必须得人类世才行。就这样拿来《野草》，它与我们现在的自然，或者跟我们现在的政治式自然或自然政治感（拉图尔）太脱节了，版本不够了，我们得给它升级。策展就是这一升级。

我们对《野草》的散文诗的表达主体做了个定位，里面有"我"，"我"不一定是鲁迅。《追寻逝去的时光》的作者是普鲁斯特，但里面的"我"不是这个作者，作者里面还有"我"，好像至少有三层关系。作者等于是第三性的。鲁迅以"我"的角度在《野草》里面担任作者，以此邀请我们读者的主体作为"我"，到其中做新文学的自我排练。排练是像我们中小学里学英语时的句型练习那样，但这次是将《野草》当作我们的排练装置。《野草》的散文诗里面有很多像警句一样的句型练习，它就是一个发声练习，也是文学练习,也是主体的自我练习,也许还有政治练习在其中。排练就是自我练习,不是大家说的启蒙。就是练,练练胆子就大了。我把《野草》和尼采的《查拉图斯特拉如是说》反复做了联系,这样做可能对《野草》不大好,但这更能让你把它看成像是描红本、练声曲。大家有没有这样的体验:我们住在很拥挤的城市的屋里,下午放学后的时间里,突然听见邻家的女生在学声乐,那经常让我们从下午的困倦中突然醒来。就像我家隔壁经常在下午四五点有一个女生在吊嗓子,完全可以以这样的宽松的态度来看待《野草》——它是从隔壁传过来的练声曲。这就是策展的态度,比电影导演寻拍一部小说,还可以放松很多,是吧?

很多东西本来有需求关系、历史关系,前后逻辑关系的,但策展是很野蛮的,把所有东西都变成了倒装句,变成了一个个有待被使用的状态,这也是克服我们在鲁迅这样一个权威作者面前的害羞或者胆怯的方式。

对文学作品的排练在今天可取两个主要的角度。第一个角度是关于文学表达位置的定位问题:到底谁在说、让谁来说?上面讲到双年展以观众为中心的定位问题,一个观众到了大的展览厅里面到底是怎么看作品的,我们应该如何扶持他/她?我刚刚的结论是,观众到双年展的展厅里面拿起了很多图像自己搞艺术,相当于观众在双年展的展厅里面自我排练后当场演出了。如果你把读者身上已经有的文学能力用出来,发挥出来,让这个冲动表达出来,这已经是很成功的艺术实践了。做文学排练也应以这个为目标,文学也一样。

第二个角度是文学艺术练习者的表达位置。在鲁迅那个时代里面是很明显的,就是要让使用现代汉语的文学主体更老练地来发声,在技术上给他/她加宽、加固。像他的散文诗的实验里面，就有一种白话文表达里还没有的、还不够老练的地方，他就要放开来，主动试验和实验，边练边使它成长和成熟。也就是说，文学作者主动将自己看作是写得还很稚嫩的，将自己的表达推进练习状态，处于教学（法）状态。可能在读了很多日本或者是欧洲文学作品之后，作者感觉到现代汉语的文字表达不够老练或还有很多潜能未被用出来，就应该多描红、排练、实验。这个态度在文学上是出手很重的，布莱希特的教育剧，就是一个很厉害的例子。

假设你写一个文本，或者读一个文本，不是对这个文本本身要做什么。这个文本本身是什么样，不重要。重要的，是要用这个文本在作者、读者身上发生一个事情，那就是，通过读这个文本，而让我们平时在用的现代汉语、当代汉语后面的那个"大汉语"发生到作者或读者身上。我读文本是为了让这个大汉语来统领我的身体，最后使一切说都成为它的说。这就是罗兰·巴特说的"写"或"文学"。不是我们去写、设计文学，而只是通过文本之写，来促成这一大汉语来到我的身体上，然后让这一大汉语来驱使我们表达，这一过程，就是"文学"。它到来了，文学就完成了，与作为小说、散文诗文本其实事后关系也不大了。拉康说做爱也是这样，性高潮到来时，只能让它去，由它来接管一切吧。与爱人的身体的关系也是符号性、象征性的。他说，做爱是用爱人的身体来手淫，性高潮的欲望、动力、生理结构都是自成的，是按了按钮后一体地连续完成，当事人反而是遭受了它，无法控制它。也就是说，"文学"不是我们可以控制它，要它这样或那样地发生的。

罗兰·巴特的文学理论里面有一个很重要的立场：文学是用文本撬动而平等地来到我们每一个人身体上的整个语言，是我们对于母语的整个到来时的一种逆来顺受的经验。它是发生的。"文学"是性高潮那样地发生到我们身上。对我们产生作用的，不是文本里面的某些符号或者某些作者的意象，而是那一前来统吃的大汉语在我们身体上的到场。

而阅读比如普鲁斯特这样的文本，哲学家德勒兹说，我们是在建一架文学机器。像我外婆在门口街边生一个煤球炉那样，我们写读文学式文本的目标，就是为了搭好这一文学机器。一搭好，炉子旺了，就发生了文学，文学就是炉子旺时的状态！

为什么鲁迅要用《野草》里的这种写，去训练他自己和他的读者的文学句型？因为，他想要帮我们搭出文学机器，像进入性高潮那样地进入"文学"。进入后，要干吗？什么也不要干，就只是为了让"文学"发生。它是事件。它是黑洞。文学式的写和读，就是为了到达这种状态。在这一状态里，作者、读者和评论或研究者之间，就达到了审美平等。朗西埃经常指责我们：专业文学研究者、先锋电影导演到达这种"文学"或"艺术"的事件黑洞，还远远不如民工来得快。虽然前者还总是老三老四地要去教民工如何去欣赏文学和艺术。

我们不是从《野草》找到文学的味道，那里是没有文学的，文学是在我们自己身上像火山一样爆发出来的。《野草》因此可被认作一个排练装置。海德格尔说，作品是一个蹦床。不管《野草》写得多么好，它只是一个蹦床，主要是帮助你我翻跟头，跳到很高，做出花动作。在现场，这是最重要的。我们不是要在《野草》里面找到所谓的文学，我们是在检查这个蹦床，看一下这个蹦床的设计、功能够不够好，或者还可以怎么样升级一下。德勒兹在《普鲁斯特与符号》中说，普鲁斯特的这些文本是要给读者搭出一架文学机器，作者搭了一半,不够好,读者要替他继续搭。我想这也应该是我们今天的策展的姿态。把《野草》看作读者进一步搭出的文学机器,这是比较中立、客观的态度,如果我们认为鲁迅搭得不好,那我们可以继续搭,进行改写。所以,对它的策展是必然的。

下面我们来看《好的故事》。选这个文本是有原因的,这故事发生在我童年住过的地方。里面的注释说"山阴道"在绍兴西南部,这可能不对,因为西南部都是山,没有这样的地方,所以应该是指我父母家边上的靠近运河的地方。

这文本写的半梦境、半回忆的东西,我以前认为本身没有什么特别的意思,但我现在就认为这是企图在搭一个文学机器。一个古籍读下来,是没有什么意思的,但是有当前的更加鲜活的,更加跟生命靠近的东西在,有新文学的、白话文的东西搅拌到里面,"文学"就容易在我们身上被启动。读文本,是为了搭出文学机器,在我身上发动"文学"。

这风景或场地我很熟悉,但鲁迅写的是近一百年以前的样子,所以,在同一片风景里,鲁迅的描述和我的体会就不一样了。但这次我再读时,突然感觉到,我儿童时代的回忆其实也是不可靠的。这样的东西已被我看得太熟悉了,需要重新搭建,才能被重新认识。这不就是布朗肖(Maurice Blanchot)说的各个时代之外的"文学史"吗?在这种文学史里,我此时的怀旧和童年的记忆能与鲁迅的描述被一并放进去,各有落局,产生文学上的关联。你我一起在一生的好几个关口读到这样的一个文本,这就使我们死后能进入这样一种我们在其中各有角色的文学史。对布朗肖而言,好友之间更易闹翻,所以应该事先就知道,闹翻了也不要紧,在这样的文学史里反正各找落局,也可以永久地相望而居。

《好的故事》就将你我的当前虚构掉了，将我们卷进一种半梦、半幻的蒙太奇之中，使我们身上各自发生了"文学"。它实际上是通过将一条水路，做成蒙太奇，来将我们2019年的生活和现实也卷进去。

德勒兹在《电影1——运动影像》中说，水里含有很多蒙太奇。德勒兹认为，是爱森斯坦第一次发现了水对电影的重要性，发现这个叫做"水"的图像运动的场地。在电影《战舰波将金号》中，他认为，情节不是座架，布景中的水、船才是电影的本体，有水才有了运动，电影要依靠这个来发生作用：用图像运动来搅拌观众的现实，像齿轮和链条那样，水是导演手里最合适的工具。他认为爱森斯坦之后的所有电影，在结构上都逃脱不了这一点。在鲁迅的作品里面，让我们想到运动图像、新文学图像、鲜活的白话文图像的，是那一条从绍兴城到南京的运河水路。他在散文、小说和日记里反复使用，这不只是文学意象，更是其排练工具。

很多人说绍兴之所以出了鲁迅两兄弟，跟河道是有很大的关系的。要知道，很多政党的成立也跟水、湖和河道有关系。法国很多文学流派、艺术流派，也都跟划船有关系，有无数这样的关联。各种先锋派都是荡舟后就推动了重大事件的发生。

德勒兹在《电影1》中认真地讲到了这个问题。首先，他说如果电影里没有水，或者图像、影像里没有水，那就不容易加速和减速了。水几乎是在主动提醒我们，所谓的图像的运动，就是将水上运动与陆地上的运动区别开来，水上运动相对于陆地上的运动，是相当于电影的图像运动与现实中的运动之间的区别。其次是，荡舟是在排练中加速或减速，在水上的人物或先锋派，是处于电影状态，是在给自己加速或减速，与集体速度脱轨。所以，上岸后他们更容易去发表宣言和成立组织。

还有树和花,《好的故事》将它们当作了文学道具。朗西埃对浪漫主义早期的意象有一个非常重要的看法。他在《词语的肉身》中这样写道:华兹华斯和柯勒律治两人在英国的时候也曾看到铺天盖地的水仙花,但并无感觉,英国那个地方冷冰冰,没有青蛙,也没有蚊子,几乎没有蛇,看到了水仙花的蓬勃,然而并没有什么用!法国大革命发生时,这两个青年人并不知道,只是很疯狂地出发,刚好半玩半逛到了加来。真是很多时间点都巧合了。在路上居然不知道已经爆发了法国革命的他们,却从远处突然在加来看到村庄里男男女女围着火堆在跳集体舞,才知道法国革命了,国王被杀了。这两个人于是很激动,开始对路上的水仙花、野草有了新感觉,一直到瑞士,终于认定这水仙花最能代表人类的不屈和自由的精神。于是他们在瑞士发动了浪漫主义诗歌运动。

朗西埃就认为,这种自然物往往需要人类事件去搅拌,才能使受众发明盖及共同体全体的新的审美配方。从这一刻起,这两个年轻人就把水仙花当作一种政治物来重新命名,重新认领,要全国、全欧洲甚至全世界人民都跟着来重新认定。像是好导演对这几朵水仙说,我选中你们了,你们来担任我的诗歌里的主要演员吧。你看,这是一个选演员的过程。《野草》不是随便选里面的角色的。《好的故事》也因此可以被看成这样的对文学读者、自然物或植物的排练或拉练。所以,《好的故事》里的场景,也难怪与我儿时在同一个风景走廊里看到和体会到的不一样了。我小时好多次看谢晋在绍兴的运河边拍电影。当时为什么热衷于看这个呢?我是要敲定他是在哪个地理位置上拍的,因为如果已知道,那么,到银幕上,就会发现那些地理空间完全改变了性质,会将我很熟悉的场所搅拌到变得很神秘。没有方便的媒体技术使用时,《好的故事》相当于是在拍电影，是在排练里面的自然物，要使它们政治和审美起来。

鲁迅在《野草》里就是在做这种排练，不管他有没有自觉。花要怎么开，草怎么种，水在里面起什么作用，他是像个导演那样地在部署的（上面说，《野草》是他的个展）。把很多文章集在一起，他统体修改稿子的时候，应该也在想如何布排这些自然物，一定考虑了如何将它们排练成文学物。朗西埃认为，文学写作里面一定会发生这种有意的搅拌，一定不光是对一个自然物的描述。大家知道什么叫描述吗？像社会学研究要求我们的那样，对看到的东西进行描述，就算是研究；研究就是你对自己的描述和其他作者的再描述一遍，看它有没有产生新意。研究可以这样去描述，但文学不可以这样，必须在时空上有错位，必须发生尽可能生猛的搅拌。文学一定在搅拌后发生，水仙花被搅拌到和晴朗的天空、集体舞一起后，在它身上就产生了政治性、美学性和文学性。当代艺术里面经常会讲到的审美政治，就是这种血肉模糊的搅拌，搅拌过后，一个东西就同时是政治物、意识物、心理物、艺术物和文学物。

现在进入第二个部分，我们来找排练的起始位置。上面说，鲁迅的《野草》里面有很多将植物排练成文学物，是在模仿浪漫主义诗歌。不过，他也是第三世界文学的作者。第三世界人民也需要"文学"，这个"文学"我加了引号。他们作为第三世界人民是怎么使这个文学发生到他们身上？

之前我对文学做了重新定义，第一个定义是比较广义的，我比较强调的是第二个定义，是要把汉语调动到你的身上，最后使你委身于这个大汉语：这一委身状态，让大汉语浩荡于你身上的状态，让它来替你说的状态，就是文学。写和读文学文本，是为了达到这一状态。

你目前在读的《野草》还不是那个大汉语，你就像在用这个文本磨刀一样，用《野草》来擦火柴，点燃另外的东西。最后，那个大汉语由于这一文本而引发到你身上，这时在你身上感受到的那种依了大汉语后，让它到你身上来说的效果，才是文学。

我们第三世界作者经常以为自己也能够像巴尔扎克，像华兹华斯这样来写，但这是不可能的。就因为我们是第三世界作者，只能够像第三世界文学作者那样地来写，使我们的民族语言在我们身上发声。但这过程，要比第一世界和第二世界的作者多出一层。这是我们研究鲁迅的《野草》时一个很重要的切入点。

德勒兹认为，第三世界的文学作者位置，是西方白人给他们安排的。所以，光学会像西方主流作者那样写自己的民族文学，是不够的，还必须学会将学到的呕吐干净，重新成为动物，像卡夫卡那样地来写，才对头。无论是电影导演，还是文学作者，还是艺术家，他认为都应该这样。

《野草》是一种文学句型练习，你认真照着它开始练，就被骗了。当代艺术界也有这样的情况，大家认为反抗专制暴政，为民请命或自己去要自由和民主，就够了，就能做出好的内容。印度的后殖民主义者们的反思，也没到德勒兹的这一程度：不光反西方白人的主导，而且根本不想与他们平起平坐，而是通过学白人写作，再绕到他们身后，去成为动物，成为卡夫卡，彻底甩掉白人话语。第三世界哲学家和知识分子去西方学习之后，吸收了西方的主导话语之后，感觉要开展后殖民式的解构了，反对这种白人的殖民意识在"我"这个第三世界的文学主体身上冒头，但这个逆转，在德勒兹看来，仍是不够的。必须走向动物，走向卡夫卡。张艺谋没做到这个，王家卫没做到这个，贾樟柯也没做到这个。这就是德勒兹的眼光的毒辣。

德勒兹认为，第三世界的电影导演或者作者没有意识到需要做这个逆转，没有意识到自己吞下西方话语之后，又必须把它呕吐出来。没有这样的迂回，他们的表达就是没意思的：只是给西方人做了注脚，给他们的表达带来一些本地花絮。

德勒兹论"美国文学"时论及文学主体的六种发言位置，是对文学主体的表达位置的很好的示范：儿童、女人、动物、植物、矿物、晶体。总的来讲，文学表达位置上一定不应该是大男人。一个男性公共知识分子，要关怀，要来文学一下，就在北京哪条胡同里面的某个房间，油灯下，写着，自己感觉非常悲壮：整个民族只有我一个人看得清楚，你们都没有看清楚，你们太冷漠了。肯定不是这样子的。这个表达位置，是最弱的。文学主体的表达一定会走向或靠近那六种位置，德勒兹提醒我们。这六种位置里，贝克特擅长的那一种，档次最高，因为他是从矿物和元素的角度来表达，不从艺术家和知识分子的角度来表达。而鲁迅是从标准的旗帜性的知识分子的角度来表达，你看《伤逝》的结尾，像班主任的那种口气，太不好了，那在文学上讲，是很弱的。

一般地，从一个新闻记者、一个文学爱好者慢慢过渡到真正作家的过程中，你可以看出来，德勒兹说，这个正在成为中的作家，会走向某种同性恋倾向，而且写着写着就朝向儿童、女人、动物、植物、矿物、晶体那些方向变形。所有伟大的作家身上都发生了这个变形，卡夫卡所说的这种变形，培根画的这种人作为受伤动物的变形。德勒兹说，如果你在读的过程中没有发现作家自己的变形，这个作家一定是没有意思的。也就是说，一个严肃的作家写啊写，最终一定会走向贝克特这样的。

下面我就来跳跃式地简单说说这六个表达位置。儿童，表达位置是舒曼的音乐。巴特的晚期写过好几篇关于舒曼的文章，说舒曼的音乐有一个非常重要的特点，钢琴曲更明显，还有声乐套曲《克尔纳十二首诗歌》。在快到圣诞节的时候，如果我们生活过得不好，听听舒曼的音乐，感觉上就回到了童年，好像他的钢琴曲将我们摆到一个被爱护、被妈妈关怀的位置，就等着被搂在怀里一样。一个伟大的作家一定有舒曼的钢琴曲所散发出的这种关怀能力。他们的文本此时跟你们还毫无关系，但他们写的东西里有与妈妈关怀你差不多的那种力量，我想这个是不难理解的。植物的角度，亨利·米勒（Henry Miller）是代表。在中国是不大有人读他的作品。贝克特是矿物。晶体体现在戈达尔的电影中。他从光影技术细节出发来表达，这是电影导演里面绝无仅有的，也是德勒兹特别推崇戈达尔的原因。文学上也是这样。我们来审查《野草》的位置，如果鲁迅作为文学主体需要自我排练，想要在《野草》里找到自己的文学的声音，并壮大它，像一个歌唱家练声一样，我们就应该看看他的表达位置哪些到位了，哪些没有。

  我们要练文学，是不是要练到在 2018 年也仍然很生猛？一个好的作家对"美国反性骚扰运动"（#MeToo）、动物保护主义运动等，是不是要主动地有所反应？如果把《野草》放在我们今天的时间点，是不是要在这些地方给它重新升级、重新组装一下？我们会做更多的表达组装。前面德勒兹讲的东西还是一般性的角度衡量，我们下次要来问：在量子物理学的状态下，在人类世的状态下，从读者要求出发，文学表达应该达到什么新水平？

2019 年

第三节

诸众之貌

诸众之貌

时间：2014 年起
地点：中国香港、中国台湾、日本、韩国、印度、马来西亚
总召集人：黄孙权

"诸众之貌" 2014 亚际双年展论坛　帐篷搭建现场

诸众之貌：找寻亚洲社会动力的种子

黄孙权

在第十届上海双年展开幕同一天，由亚际书院支持，我任总召集人的"诸众之貌"资料库计划网站正式上线（multitude.asia）。在双年展大电厂的展厅外，由樱井大造与北京流火剧团和亚际书院的工作人员、参与的学者与群众共同搭建了一个帐篷，进行了日本帐篷剧、中国台湾黑手那卡西、中国香港独立媒体的影像记录放映与经验分享。19世纪的大电厂翻新的展场，以及20世纪的学生运动的遗绪，在21世纪流行的双年展场域中同时发生。

樱井大造先生对帐篷有个比喻：这是我们自己创造的一片天。这个广场上，比喻开始具象化，帐篷的顶就是空中的坟墓。诸众（杂种、渣民、贱民）都活在"前社会"的孤岛中，透过自己营造的这片天，人们开始对话与仰望，将孤岛化的自己重新联结他人，帐篷是一个集体的"反省形式"。帐篷剧作为"反省的时间点"是"没有发生的过去"。或说，透过液态化历史，重新找到未来。于压抑的底层，他者化自己，在溃散的社会中找到新的天。帐篷是想象力的避难所，而非资本营造的美好格式化的天光。

在帐篷中，台湾来的黑手那卡西乐队以歌声分享了音乐如何可能联结民众。他们是从工人的集会场合"助唱"，到与工人们一起做音乐，最后与台湾社会不同民层团体合作。音乐实践对他们来说不仅只是帮社会运动伴奏，音乐实践就是社会运动的一环。香港的独立媒体成立于 2004 年 10 月，历经 2005 年香港举办的 WTO 部长级会议，2006、2007 年的天星皇后码头保护运动，2009 年的菜园村，2011 年开始的反对新界东北开发计划，2012 年的码头工人罢工事件，独立媒体成为香港社会动员的基地、意见平台，从运动者的媒体（activist media）走向媒体的运动者（media activism）。

樱井大造先生的帐篷剧起源于日本 20 世纪 60 年代的学生运动，以移动心灵的方法论，通过每一次自己动手搭建帐篷进行演出的行动，构建共同体的反省场。从不拿政府与商业补助，凭着樱井大造独特的工作方式，在日本、中国台北、中国北京之间形成一个戏剧工作与表演的自主体系，深刻影响了下一代知识青年。透过分享、参与者的自主稽古，诸众之貌的影像与资料库计划的介绍，我们启动了一个寻找种子的计划。

无以计数的词汇被创造出来，描绘社会的集合：人民、大众、人群、群众、诸众、阶级，等等。越是从上而下的权力部署就越喜欢调动这些词汇，知识分子与民粹主义者几乎是同样热情地表达对这些词汇的爱好。它们出现在各种传播媒介上，网络技术的发展使得它们愈来愈精彩地指涉与它们恰恰相反的事务，精英、少数、小众、资产阶级集团的偏好。如今，我们企图重新构造这些词汇的内容，目的不在于绘制词汇的正确意涵，相反地，我们要歧义它们直到不同面貌出现为止。用植牧的比喻来说，我们在找寻社会动力结构的种子，而非花朵。我们想看到一个群体如何在与其他群体交往中，展开知识与实践的自我学习，动员力的自主与联结，亦即，诸众并非哈特（Michael Hardt）和奈格里《帝国》（*Empire*）一书内被确定了的那种,我们应将之视为"动词",是一个持续实践沟通与联结才能逐渐浮现出多样面容的社会。

诸众存在于社会性空间(societal space),而不仅是社会关系下模糊的分类,社会性空间需要黏合剂以使诸众产生联结并使得其自身/群体得以辨认。文化生产因此至关重要,使得诸众间有了深刻同感、集体社会动员力量,以及对抗性的区分。文化不仅产生于追寻各种文化主体过程中的矛盾冲突、认同与情感中,也产生于生活中的通俗文化以及国族文化的象征意涵里。"诸众之貌"在亚际双年展论坛集体的行动过程中,思考的不是抽象的人与人的关系,而是人与人透过什么得以"识异":在亚洲内,我们如何思考自身的文化生产?音乐、媒体、剧场是什么?起了什么作用?可以是什么?

"诸众之貌"就是"问题化诸众之貌",是我们给自己的谜题,我们先得对世俗世界张开双臂,才知道什么样的世界即将被拥抱。

"你们需要看到对方"

从占领华尔街到合作社的社会运动实践(节选)

采访人:伍勤(澎湃新闻记者,以下简称为"伍")

受访人:黄孙权(以下简称为"黄")

伍:我们从这个项目的名字"诸众之貌"谈起,人民有很多名字,从西方到中国,从古到今,"诸众"如何区别于自由主义话语中的公民,又如何区别于中国左翼实践中的人民群众?

黄:"诸众"最早是斯宾诺莎提出的概念,后来被奈格里借用。而我在这里是较为简单地使用此概念:诸众是 flesh,是流动的、还未被塑造好的肉体,与 flesh 相对的 body 则是一个已经被驯化好的身体,比如遵循都市规则的市民的身体。今天无论是左翼还是右翼知识分子和政治精英都很喜欢喊"人民",好像它是一个固定的随时可以被号召进来的东西。而"诸众"并非一个单纯地被号召出来的(主体位置),是这些肉体在共同行动中而形成的过程。"诸众"并不是固定好的、明确的行动主体。所以今天不能问诸众是什么,要问诸众可以是什么,它是个动词,在"共同行动"(action in common)中才会出现。

伍:你的"诸众之貌"强调诸众的"歧异之貌",也就是奈格里和哈特意义上构成诸众的不可能臣服于任何一种生命权力、无法被(传统的身份符号)所代表的歧异性(singularity)。然而,在你的社会活动经验中,失去物质性基础、无法被代表的诸众在"共同行动"中要以何种方式连接?

黄:从 2008 年占领华尔街开始,其实最早在 1990 年开始,网络带动的社会运动就已经发生改变。传统的阶级运动都有一个非常强势的领袖,有一个层级化地指导运动的过程,如工人运动。但在 1999 年 11 月的反全球化(西雅图的反 WTO)运动开始,会发现现在的社会运动组成却不是这样的,基本上是有人在网络上说哪一天开始上街,然后开始分标语组(做标语),认领谁在哪里做什么工作,就去了。到 2008 年占领华尔街运动也是一样,发展出非常多的群众沟通方法,最有名的叫 People's Mic(人民麦克风),因为所有人都可以讲话,可是没有麦克风,所以一个人讲完后他/她后面的人复述一遍给后面的人听,后面的人再复述一遍,这样传下去。所有人都发明一些手势,表达赞成、表达通过、表达不赞成,用这种手势在广场上表决,这时候你很难说谁代表谁。

关于"歧异性",在真实的运动场景里,考虑其重要性(因而使得运动趋于异质的再生产,而非认同的再生产)是必要的,但不能放弃传统的共同体(community)的面向。想想 20 世纪初齐美尔在写《大都会与精神生活》时对我们的提醒,大都会的兴起就是个体性的兴起,个性是追求被文化肯定,从竞争社会产生的,特别是由金钱货币作为一切衡量标准而来的属性,每个人都想不同,却害怕完全不同,这就是流行文化的起源。然而,歧异性并非如此,但区分两者却非常不容易。我们或可将歧异性当成无法被某种文化肯定的个体性,它无法由竞争而得,因为没有比较的基础平面,没有可度量的标准。我们在传统社会是看不到歧异性的,不可能产生的。某种程度上说,这是我们为何必须重视都市作为革命基地的可

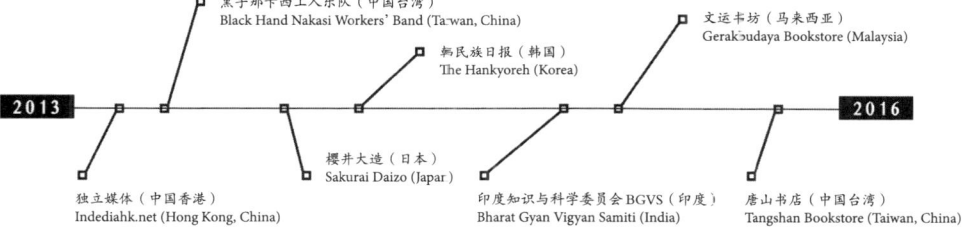

"诸众之貌"项目时间线

能——都市的诞生同时支持了资本主义的诞生，也生产了个体性以及歧异性，只有个人劳力成果被以量计算时才生产个体性，大都市同时生产了歧异性。在奈格里那里，歧异性就是外部性，都市作为共同体也是外部性。我们必须从资本主义产生个体性，将量化结果的个体性变成不可共量的歧异性，这也只有在都市中可能。但是歧异性要变成诸众、要变成共同体需要一个制造的过程，这个过程就是共同行动。歧异性是大都会，而现在大都会只是资本主义而已。歧异性与诸众是辩证关系，在共同行动过程中形成诸众的时候，回过头你才能说，这些人在开始的时候都不一样啊！每个去参加占领华尔街运动的人动机与索求都不一样，有些是民粹情绪的，有些是反对新自由主义的，有些是好奇的，也有对学生同情的，有些则仅仅是不满政府所有的作为，共同行动中可以看到歧异性，在运动现场，我们看到彼此都在，但都为不同目的而来，这时候在诸众的共同行动中歧异性反而浮现了。但你回到工厂和农村，你面对的还是一个传统的社区式的共同体。我对"歧异性"有所疑虑，是说我还不愿意放弃社区作为共同体的战斗基础。

伍：大卫·哈维的经典批判是，资本主义可以把都市社会运动全部吸纳，可以允许同性恋合法化、可以允许妇女平权，但是不能允许阶级消失。

黄：哈维的意思说我要谈阶级你不能让我让开，但他不是说别的运动就不重要。可是现在老左翼的看法就是什么都要回到阶级。为什么应该支持都市里的中产阶级的运动？因为这也是共同行动。只做阶级运动的话，它就把很多人排除在外了。工人也会是同性恋，也会是女权主义者，工人也想要有干净的水喝，健康的食物吃，难道另一个身份与欲望就不重要了吗？

伍：在今天资本主义系统把所有批判的价值都收编了起来使之货币化，成为美术馆、学院的一部分。在这种语境下，怎么理解"艺行者"（artivist）？它看起来似乎致使参与社会的运动最终变成了可收藏的文献，把所有刺耳的声音都吸纳进资本主义经济的主导实践中。如何让这些价值在日常生活中成为表征？

黄：2014年上海双年展，我们请樱井大造来，在上海当代艺术博物馆的外面搭帐篷。那时候我们觉得很爽，想的是我们可以从外部来批评内部。两年后，现在我们进来了（美术馆内部），进来就要面临很多实际的挑战，比如内容有很多会被删掉，但问题是你要不要做。行动者在大方向不变的前提下，是不能有洁癖的，一有洁癖就没办法做事情。反倒我可以很骄傲地说，"连结者峰会"这个展览是上海当代艺术博物馆开幕以来，第一个没有艺术家与作品的展览，这已经是具有开创性的破坏了。我们可以自己来产生文献，而非让机制来文献化我们的行动。

艺行者是要制造实践者之间的通道，在每一个社会运动里头的实践者，都觉得自己是世界中心的主角，阶级运动觉得自己是改变历史的核心，都市社会运动里的中产阶级觉得自己是主力，他们都觉得聚光灯照在他们头上。可是问题是，你们都在抗争，你们需要看到对方，这才重要。连结者若是舞台上的主角，艺行者就是打亮舞台间通道的光。生活场景是由不同舞台以及中间的通道所构成，这是哈维常说的长战线（long frontier）的意思。

媒体、音乐、剧场⋯⋯"把工具夺回来，为人民所用"

伍：你们这个计划所强调的对"貌之呈现"是奈格里和哈特意义上对主体的生产吗？

黄：是。例如，这个展览中的中国台湾工人乐团黑手那卡西发现被歧视者内部也存在着相互歧视的状况。麻风病人歧视妓女，他们也是接受了新自由主义意识形态的主体性生产规则。妓女受到的歧视和麻风病人受到的歧视不一样，在都受到歧视的情况下，麻风病人觉得他们受到的歧视是自己不能选择，但是妓女是可以选择的。所以要让他们彼此互访互唱，相互理解有着共同的压迫结构，相互理解而愿意共同行动。从而，生命政治再生产了，新的主体诞生。诸众的联合也是某种生命政治的再生产。

再比如在媒体的环节里，有很多优秀的评论者（中国香港独立媒体成员），他们陆续参加运动后就去做农夫了，不跟系统玩这个游戏了。这里的逻辑是：我与其以知识分子的身份帮农民说话，不如去加入农夫，这样的抗争更有正当性，这就是生命政治的再生产，完全进入了另一种身份和想象。

资本主义的主体生产是一个非常安全的、无法抗拒的号召，一个人也许无法抗拒，可是很多人作为集体行动出现时，就会发现是有能力抗拒的。

伍：你同时关注把团体连接在一起、展现其面貌的工具，比如媒体、音乐、剧场……然而在今天这些工具同时也被你们抗争的主流意识形态所用。所以，在你们这里，媒体、音乐、剧场等工具可以有不同的逻辑吗？

黄：让大家手拉手，肯定要有一个媒介，右翼会使用它们，左翼更应该要去夺回它们。比如我以前做《破报》的时候就定下了两个原则。第一个是我们要重新建立一套区别于主流的编辑政策。我们规定了四个视角，即任何一个新闻都应该从阶级的、性别的、种族的、年龄的视角重新审思。新闻分析原则是一切事情都要讲谁得利，谁受害，谁赞成，谁反对。第二个是我们不要和传统媒体一样，由主编来分派记者做什么事情。我们都是大桌子讨论，编辑、广告、送报员，一起来决定下面做什么。我想证明媒体其实可以这样操作的。

再比如我们这个计划中的另一个团体，印度的 BGVS（Bharath Gyan Vigyan Samithi，印度知识与科学委员会），成员都是科学家，在 20 世纪 60 年代到苏联留学。当他们回到印度的时候发现，印度 60% 的人都不识字。BGVS 几个创始人一开始都在搞核能与高科技技术，后来他们开始觉得核能对印度人民没有用，科学应该成为人民的知识，而不是科学家的知识。这些人辞去高薪的工作，参加印度共产党，开始编教科书。对他们来说，科学是一个工具，是一个启智的工具。所以你会看到，一流的科学家在编小学教科书：女孩子为什么会有月经，月蚀不是月亮被怪兽吃掉的……他们把编好的教科书拿去村庄里宣传，起初没有人愿意读教科书，但是他们发现村庄里的人喜欢唱歌跳舞，所以他们把教科书编成戏剧，带他们演戏，村里的人就开始很喜欢教科书。这时候剧场也是工具，舞蹈也是工具，他们把它们都拿回来，为人民所用。

掌握或者说夺回那些技术很重要，不可能不掌握技术跟人家斗争。比如，如果左派不用网络，是无法斗争的，所以现在很多人在用开发比特币技术的 blockchain（区块链）来开始做平台合作主义（platform cooperativism），黑客积极参与开源（open source）运动，都是要把技术拿回来。

从抵抗运动到合作社：激情之后想象另一种可能性

伍：哈特和奈格里认为旧式的现代性和反现代性的斗争，也就是资本主义和社会主义的选择本身就错了，这斗争会衍生出现代性本身已有的问题。所以他们还提出区别于经典左翼的政党政治诉求，他们提出另类的现代性——即利用内在性的劳动力量构建一个不同于资本所塑造的世界。你有很丰富的社会运动经验，能谈谈这种自主的、自我组织的内部反抗吗？你又是为什么从反抗转向搞合作社的？

黄：在奈格里和哈特的意义上，帝国是没有外部的。以往可以谈通过夺权改造新人，但是今天在帝国的语境下，这个问题就不存在了。在今天你很难分清资本和国家哪个力量比较大，在数字时代也分不清夺权到底是什么意思，脸书（Facebook）和谷歌（Google）掌握的权力可能比世界上任何一个国家都大，旧时的政党夺权逻辑已经不太可能成立了。

我关注的是，今天包括中国台湾、中国香港的年轻人很积极很迫切地想要改变，通过参与、通过对可见制度的抗议等方式，但是其实改变的效果都有限，根源是我们没有办法改变想象世界的方式。我早期在台湾参加、发起过一些社会运动，在其中的思考是，参加社会运动的时候是很爽的，在现场如革命儿女一般满腔热血，然而回来后就很悲伤，因为改变不了什么。我印象很深的是一个工厂女工的抗议活动。二十年前台湾有很多电子厂，倒闭后恶性遣散了这些工人，然后到大陆设厂。遣散后那些女工跟厂商打官司打了二十年，用过各种方法，比如去银行每人带一大把一块钱的零钱排长队换成一百，再重新排队把一百换成一把一块的零钱，通过这种方法，而不是抗议的方法让曾经是工厂资助者的银行系统瘫痪掉。直到去年，这种抗议终于成功了，当局愿意花钱赔偿这些工人。我看到这些已经成为大妈的曾经的工厂女工，她们的脸上并未露出高兴的神情，因为她们回去还要过日常的生活，还是要到 7-11 便利店去买食物，没有别的选择。所以我才说我们是不是可以想象一种另外的可能性，不是在外部，不是推翻什么，而是可以在内部改变——合作社就是一个方案。

这个展览合作社的那个环节的标语"一天后的第一天"就是在说，革命都已经成功了你要干什么？你开始要过什么生活？然而社会运动者会发现运动完后你还是要过一样的生活。资本主义不会被打倒。我们可以从现在开始假装革命已经成功了，想想应该做什么事情。这是我们搞合作社一个基本的精神。我们可不可以具体在生产和消费之间做一个桥梁，因为我们不管怎样都在生产领域或是消费领域做事情，合作社是唯一一个把生产和消费连接在一起的机会。

之前西班牙蒙德拉贡（Mondragon）的合作社非常成功，它现在已经是十几万人的工厂。它曾经来中国设厂，然而在中国设厂又遇到一个很大的问题，因为合作社基本是一个经济平等和政治平等的场域。而它在中国设厂的原因是中国的劳动力比较便宜，结果就遭到左翼的批评，他们认为这违背了合作社最基本的原则，作为合作社的员工不管在哪里都应该工资平等。所以蒙德拉贡把中国厂关了——这就是合作社精神。他们从一个教师开始组织一群工人，自己办学校，自己生产产品，到现在的规模，真的改变了很多事情。中国台湾的主妇联盟也是一样，它有五万多社员，专门和有机小农签约，让中产阶级的妇女可以吃到干净有机的食物。韩国首尔的 iCOOP 合作社联盟，有二十五万社员，想想他们改变了多少生产消费链。

奈格里在大同世界里举了一个例子，大黄蜂和兰花的故事，讲的是一种"非生产性的爱"：大黄蜂爱兰花，但是它不采花蜜。所以这里的爱是"非生产性"的，它并不是为了占有。我做的很多事情都是这个逻辑，比如合作社里投票是一人一票，完全不取决于你出多少钱，而取决于你付出多少劳力，这是和传统的资本主义逻辑完全不一样。中国曾经保留非常好的这种能量，可是现在完全没有了。

伍：但是合作社这种中产阶级运动的困境是，生产者却没有能力消费自己生产的食物。

黄：从传统的左派观念来看，这都是中产阶级运动。可是现在的工人都是在便利店、在超级市场购买食物，让这些工人和小农按照环保的方式来生产，为什么不行？在这个过程中小农一旦有稳定收入就可以试试有机的非传统农业，这需要长期酝酿。台湾的主妇联盟与里仁影响了很多人，也在实质意义上让农民受惠。消费合作社化、生产合作社化，就可以革资本主义的命。

2016 年 12 月中旬，中国美术学院网络社会研究所会在上海举办一次合作松（code for co-ops），就是正式回应这个问题，希望能有成果。简单地说，一方面企图从平台资本主义的全面获胜中想想平台合作主义的机会，一方面避免蒙得拉贡的困境，巨大的组织一定会有阶层化与管理的困难。相对而言，韩国首尔的 iCOOP 就是合作社联盟，而这个模式至今为止看起来是很成功的。

上海当代艺术博物馆

2016 年 10 月 21 日

连结者峰会

时间：2016 年 10 月 21 日—2017 年 2 月 14 日
地点：上海当代艺术博物馆
连结者：刘益红、王岩、欧怡君
艺行者：甘志雨、曾杰、马原驰、程艺、魏珊、马海蛟、卢睿洋、马可恩、求涯、郑津威、叶薇

  "连结者峰会"展览计划源于我们正在进行的"诸众之貌"亚洲"社会—艺术"研究项目，它起源于对"人民"的社会性反思。在当下，无以计数的词汇被创造出来描绘社会的集合：人民、大众、群众、诸众、阶级等。我们企图重新构造这些词汇的内容，目的不在于表达词汇的正确意涵，相反地，我们是要歧义它们直到不同的联结者面貌出现为止。在过去三年里，我们完成了中国台湾、中国香港、印度、马来西亚多个团体的田野调查和纪录片拍摄，在实践经验里我们慢慢发现"连结者"是整个计划的核心。

  "连结"在柏拉图的"洞喻"中所显示的是一种本质上的理想主义，是意图摆脱成见，拥抱概念和理性方能建立的。之后的笛卡尔、康德和黑格尔，以及整个近代欧洲哲学都在寻找必然性的连结。一直到了安东尼奥·葛兰西（Antonio Gramsci）的"连结理论"出现，社会学家才转而接受连结是一种发生性、非本质性的观念。如厄内斯托·拉克劳（Ernesto Laclau）认为，所有连结的发生——基于常识也好、联想也好、习俗也好——远不是单凭拥抱理性就可以的，不透明性总是社会关系中固有的一个维度。

  建立文化研究理论范式的斯图亚特·霍尔对连结下了一个清

楚定义:"我总是使用'articulation'一词,这个词的双重意义,一为发声(to utter)、说出来(to speak forth)、发言清晰(to be articulate),它带有语言表达(languaging)、说话表达(expressing)的意义;二为连接环扣,是一种没有必然'归属'(belongingness)的诸要素在具体时势(conjunctures)下的连结形式。"亦即,接合文本与意义,现实与思想。

连结者是将诸众的歧异性(singularity)在共同的行动中形成复点(plurality)。由是,我们更应该切记大卫·哈维的提醒:"这个世界的行动就是一个长战线的前沿剧场(frontier theater),每个行动实践者都觉得自己是聚光灯下的主角,关键在于知道彼此位置与力量。"本展览希望透过美术馆创造一个可以发声和接合的时机,创造更大的"聚光灯",让连结者们站在不曾意识到的共同舞台上。连结者与其实践共同作为展览的工作对象,艺术家作为艺术的行动者(艺行者)图绘连结者宝贵的实践经验,图绘新兴浮现的中青年力量。在这里,连结者看到彼此,互相翻译渴望,理解不同历史、文化、思想与行动的愿景。连结者就是在地、文化、思想的社会行动者,推动社会的不同群体的自我增殖、代谢与升级,在共同行动中构造大同世界(common wealth)。

此次展览将以戏剧、教育、音乐、替代空间、书店、编辑营等作为关键媒介,展览就是阳光明媚的晒场,艺术家以艺行者身份,邀请连结者与其团体从各自的堡垒中走出,将个人的收成"献"为集体的丰收仪式,看到并缔造新的可能性,呈现殊异而又同一(unit)之力量。这力量犹如自然基因多样的种子,将会向世界奉献最美丽的果实。

"连结者峰会"展览现场　上海当代艺术博物馆　2016年

"帐篷场"是什么?

樱井大造

韩冰 译

在论坛这样的"检验场"上,对"帐篷剧"验明正身,有时是必要的。我认为拥有这样的机会对"帐篷剧"来说是幸运的事。不过,要使这样的检验机会成为有意义的事,却并非那么容易。原因在于,正如大家所知道的,"戏剧行为"是极为流动的事件,表现在外面的不等于其本质。像"现代戏剧"那样通过牢固的制度将"表现"标本化的例子暂且不谈,通常对于戏剧的外在表现,很难用所谓"作品性"来概括。这一点,"帐篷剧"尤为显著。对于这种表现的流动性,我将其称为"液体化",具体放在后面再谈。

还有一个原因。"帐篷剧"的场域,是个人与集团的斗争场。是弱小的个人的声音,与人类史层面的"集团的沉默"相较量的斗争现场。而且,这一斗争现场本身就是与外部环境(包括自然环境和社会环境)斗争的场所。无论从个人的视角,还是某个集团的视角,或是环境的视角——从任何一个视角,都无法完全把握"帐篷场"。要把握帐篷需要复眼,而自然界虽有复眼,对人却不起作用。所以只能认为,是各种各样的视线在分享着"帐篷场"。观众所坐的场所、与观众迎面相对的演员的场所、与观众正好相反从背后看到舞台的后台的场所、从外面看到"帐篷场"的过路人的场所、剧作者写下剧本时的遥远的场所——所有的视线，分享着这个"帐篷场"。不仅如此，"帐篷场"不断召唤着各种各样的他者（死者），他们的时间也侵入这一场域，使其更为错综复杂。

但是，如果说"'帐篷场'的本来面目是混沌（chaos）"，以此把问题带过，那不过是谎言。"帐篷场"之所以发生，是因为那里有着明确的"意志"与"祈愿"。这些"意志"与"祈愿"，经受着所有的视线的风吹雨打，在海面上九死一生漂流而至的"场"在哪里呢？也许这一漂流抵达的"岛屿"，才是值得检验的。

我一直将"帐篷剧"看作一种"反省的形式"。不是"个人层面的内省"，而是"集团层面的反省的场"。"检验"与"反省"看起来是相近的行为，其实有很大不同。"检验"是以现在的时间点作为问题，"反省"则是把过去的某个时间点作为问题。不过如果这个"过去"只是"已经发生了的过去"的话，那么"反省"也无非是沦为后悔，或者成为文化资源。"帐篷剧"作为"反省的时间点"，是"没有发生的过去"。这种对过去的把握，听起来有些近乎符咒，在"检验"中是需要被排除的；但在从集团层面进行"反省"的时候，我认为是必要的。

首先简单介绍一下"帐篷剧"的历史（或者说时间的推移）。

在日本，从1967年左右，帐篷开始被应用到戏剧中。在20世纪60年代后期，东京进入了各种现代艺术百花齐放的时代。舞蹈、戏剧、音乐、美术等所有领域，都掀起了打破墨守成规的表现欲望的旋涡。这一局面，是消费社会在当时的快速发展，以及大众的俗流文化水准的提升所带来的。与"全共斗运动"为首的大众政治运动也有关联，不过在此略过不谈。这些日本固有的现代艺术，当中也有一些获得了很高的成就，但基本上在不到十年的时间里，都成了被文化资本看好、利用的资源。这也是很自然的结果，消费社会培育的"不肖子"又回到了"父亲"身边罢了。

1972年我和伙伴们成立了名叫"曲马馆"的帐篷集团，开始到地方巡回演出。[1] 共有十来名成员，最年长的二十六岁，最年幼的十九岁。"曲马馆"在日本各地一边旅行一边演出，自命为当时流行的现代艺术风潮的敌人。也就是说，是"不肖子"的"不肖子"。演出地点有日本全国的农村、大都市的底层社会、学生与大学当局处于斗争状态的校园等。不断有警察介入，也曾发生过几次被逮捕的事件。武警密密麻麻地包围着帐篷的场景，对我们的帐篷剧是家常便饭。

上述情景，在1982年起成立的"风之旅团"时代也同样出现。[2] 特别是在东京的演出，计划上演的半数剧目因警察的介入而搁浅。"曲马馆"走的是激进的底层主义路线，与当时的"东亚反日武装战线"及"阿拉伯联合赤军"也有接点。"风之旅团"则与市民社会有一定的接点，它将三个源泉作为自己的存在基础：第一是"反天皇制"；第二是"底层社会"（特别是山谷地区这样的日雇佣工聚居区）；第三是"与韩国民主化运动的连带"。

1994年成立了"野战之月"[3]。不再长期旅行，主要以东京、广岛、北九州这三个城市作为演出地点。

1999年首次在中国台湾进行帐篷演出，促成了之后"台湾海笔子"的成立。

---

1 "曲马馆"的活动从1972年至1981年，共有10个作品，演出地点在日本各地达到100处。
2 "风之旅团"的活动从1982年至1993年，共有14个作品，演出地点在日本全国达到150处。
3 "野战之月"的活动从1994年到2001年，有5个作品，演出地点达11处。

2002年剧团成员大幅度交替，改名为"野战之月海笔子"。[4] 从这时起，中国台湾演员在日本帐篷剧中登场成为常态。

2005年成立了"台湾海笔子"，活动至今。[5]

2007年，通过"北京帐篷小组"，"野战之月海笔子"和"台湾海笔子"实现了在北京的帐篷剧演出。在朝阳文化馆前的五轮广场和皮村，每天交替着进行两个帐篷团体的演出。以此为契机，北京帐篷小组开始践行自己的帐篷演出。

2010年，以北京"临"帐篷剧社的名义，在皮村进行了帐篷剧演出。

2013年，改名为"流火帐篷剧社"，在798艺术区进行了帐篷剧演出。

此外，我作为主要倡导人之一，由"野战之月"成员参与的还有在韩国的帐篷剧。2005年在光州，2012年在光州、首尔、东京进行了演出。

以上，只是简单地记录下时间，就已是很长的篇幅。

由于发言时间所剩不多，下面我只列出要点：

首先，关于个人与集团的问题。我对这一问题的大体把握是这样的：从人类史来看，"人类的集体"是通过"武器"形成的（当然也有其他要素存在）。现存人类（裸虫）通过使用"武器"（投石器等），从"鬣狗似的采集"进化至"狩猎"。弱小的"人的群"随之发展为"人的集体"。通过这种武器的交流（战争），"集体"产生各种各样类型的"共同体"。那么"个人"是如何发生的呢？我认为是

---

[4] "野战之月海笔子"从2002年活动至今，已有10个作品，演出地点达16处。
[5] "台湾海笔子"从2005年至今，已有7个作品，演出地点达11处。

由于发明了货币。

之所以采取如上的把握方式，是因为我认为这样有助于思考现在面临的个人（或家庭）与集团（共同体、国家）之间的关系。现在，大都市的民众基本上是从共同体被驱逐而来的"流民"。这一点东京的年轻人尤为显著，在"国民国家"解体的流向中，他们正化为一个个"群"。对此，我用"群岛"（nesia）的概念来进行把握，也就是把大都市视为群岛的视角。

对这样的"群"，是否存在不通过武器的交流，抵达"集团"的道路？我认为这是现在我们最迫切直面的问题。"帐篷场"也是对此的一种实践。

还有一个问题，即"表现是什么？"

表现基于"意志"和"祈愿"。但是，正如刚才谈到的，"意志"和"祈愿"并非能够被在"场"的人们简单地共有，也没有那样的必要。演员、编剧、导演、工作人员决意"将它送到表面"的那个"它"，并非能够简单地出现在具体的语言、动作、舞蹈中。

就"语言"而言，我们必须期待既非"书面语"也非"口头语"的新的发音形式（意义的再生）在帐篷场出现。而且，它的生命只存在于当天那一次。虽然能够将它的体验作为经验值，但第二天无法重复它。刚才我讲到"人类史层面的集团的沉默"，这一沉默依然与"武器"相关。我们必须一次又一次去发明、发现能够与这样的"沉默"相抗衡的发音。

就身体动作而言，需要在大脑皮质中序列化了的"身体的意义"与延髓系的"身体的反应"这二者之间，寻求不偏向任何一方的身体。这样的身体只有通过与共演者及观众等他者的视线交换，才能发动、发明。

此外还有"歌"。唱歌是解除武装。不仅解除自身的武装，对彼此敌对的那一方也能发挥作用。唱歌能让我们返回各自的记忆。"记忆"虽然是私有的，但基本上是围绕集团的某些场景。也就是说，记忆是"朝向他者的记忆"。通过唱歌这一让时间流动的行为，可以与记忆为伴，照亮过去的某个集团性的地点。

我们的"现实"是由"现动性（现实驱动）的层面"与"祈愿性（符咒性）的层面"构成的。尤其在当下的"现实驱动的社会"中，不仅"劳动"被异化，作为"劳动力"价值的人的存在甚至也遭到否定。驱动社会的不是人，而是装置。人的劳动被异化，作为劳动力商品的地位被驱逐，只能如鬣狗一样，采集名为"消费"的残羹冷饭。但是，这样的事实也许可以通过"祈求性（符咒性）的层面"获得改变。这里或许也包含着令人失笑的符咒性的部分，不过我愿意把这样的"祈愿"称为"慈悲"。

也就是说，就在紧贴着"现动性的现实"的一旁，流动着"慈悲"的液体。这一想法本身，是对于"现实"的"祈愿"。"慈悲"的液体，能够将现动性的事实本身化为液状。

如果说"帐篷剧"中存在着可能性，就在于这一"反省的形式"总是在不断的自我超越之中发挥力量。帐篷剧的"场"不是作为对于现实的"虚构"存在，而是更为积极地，将"眼下的现实"（其实不过是现实驱动的层面）化为"虚构"的"反省的场"。

2014 年

帐篷内外的文化生产:"诸众之貌"2014 亚际双年展论坛

"印度知识与科学委员会"探访行记（节选）

王岩

几十年来，全印度人民科学网络（All India People's Science Network，简称 AIPSN）下属的印度知识与科学委员会（Bharat Gyan Vigyan Samiti，简称 BGVS）在促进印度社会进步方面做了大量的工作，其中包括扫除文盲、促进社会公正、发展健康事业、普及科学、消除迷信、妇女赋权及创业、提升技能技术等，同时这也催生了与印度的全民科学运动相关的其他运动。在过去的几十年里，数以千万的志愿者为推动印度社会的发展，与印度知识与科学委员会一起为印度社会做出了巨大贡献。一方面，印度知识与科学委员会早期跟政府部门通力合作制定政策；另一方面，当政府政策出现失误时，该组织也会勇敢地站出来反对政府政策。印度知识与科学委员会与其他一些机构组织通力协作，为印度人民谋求更多福祉。

"诸众之貌"团队尝试着去了解、报道、记录印度知识与科学委员会的传奇历史和由其组织进行的多年的项目和计划，同时也采访了在这一领域一些具有传奇色彩的人物，如印度知识与科学委员会联合创办人帕拉美斯瓦兰博士（Dr. M. P. Parameswaran），印度知识与科学委员会现任主席罗摩克里希南博士（Dr. C. Ramakrishnan）和副主席阿莎·米斯拉（Asha Misra）女士等。团队分别去了印度的德里、孟买、喀拉拉邦的伯拉卡德县和科钦、拉贾斯坦邦的斋普尔、中央邦的博帕尔，以及这些城镇周边的村镇，探访印度知识与科学委员会分布在印度全国各地区的分支机构和一些正在进行中的具体计划。

印度是一个高度自由的议会民主制联邦国家，人口约 13 亿，但是其中 3.55 亿为贫困人口，农村人口占总人口的 72%，全国人口识字率约为 75%。这 75% 的识字率在印度可是耗费了印度知识与科学委员会及相关的一些非政府组织和印度政府几十年的时间才达到。以下为"诸众之貌"团队对印度知识与科学委员会的几次探访的札记。

一

时间：2015 年 9 月 29 日

地点：喀拉拉邦伯拉卡德县喀拉拉邦民众科学运动（KSSP）研究中心

探访对象：帕拉美斯瓦兰博士（核物理学家、社会活动家，全印度人民科学网络、印度知识与科学委员会联合创办人，喀拉拉邦民众科学运动核心领导，从事社会活动五十多年）

帕拉美斯瓦兰博士是印度政府最早一批送去苏联学习核物理技术的人才，曾在巴巴原子研究中心工作。八十一岁的老先生精神矍铄，现在依然每天工作不辍，检查邮件、整理资料等，他说很享受自己这种常态化的工作模式。通过他，我们慢慢了解到印度知识与科学委员会成立的始末。

一切都源于 1987 年的全国性印度人民科学集会（Bharat Jan

帕拉美斯瓦兰博士

Vigyan Jatha,简称 BJVJ),这要求全国各地组建组织委员会,进行广泛而详细的基础动员和准备。后来很多人参与到了这项行动中来,不是因为好玩,不是因为什么号召力超群的政治家的呼吁,而是因为这完完全全是一项科学运动。人们对于科学新知的渴望,仍旧像襁褓中好奇的婴儿那样强烈。

1988 年,在全国性印度人民科学集会的影响下,印度各地的非政府组织决定一起成立一个非政府组织联盟,以共同推进印度社会发展,于是全印度人民科学网络诞生了。1988 年 3—4 月,印度政府主动联系了喀拉拉邦民众科学运动,请其帮助政府在安德拉邦和奥里萨邦组织类似的活动,从而将扫盲的议题提到全社会。由此,一个梦想随之诞生了:扫除全印度的文盲。

1988 年 5 月,印度的国家素质行动计划(National Literacy Mission)正式成立。1988 年 6 月,印度国家素质行动计划第一届全国大会召开。喀拉拉邦民众科学运动当时也已经在埃尔纳古勒姆区开始筹备"全面扫盲运动"（Total Literacy Campaign）。在印度国家素质行动计划全国大会期间，大会要求代表喀拉拉邦民众科学运动的帕拉美斯瓦兰博士提出一项大计划，将全国动员起来，把扫盲提上日程。在那激动人心的时刻，他提出：应该有一列火车来进行巡演，给我们四列火车，让我们巡游全印度三个月，带给全国人民扫盲的消息——一次知识的普及。

在展开全国性的咨询活动期间，人们的想法不断变化。四列火车巡演的计划被否决，最后采取了更有效的办法：400辆公交车，深入全国的 400 个地区——这些巡演将走遍全印度 400 个地区下的各个节点村。

很快，问题出现了：采取什么样的运行机制？谁来执行？全印度人民科学网络下并没有哪个单独的机构能够独立掌控全局。有人提议，注册一个新的组织来进行这个计划，组织巡演。印度国家素质行动计划同意了这个提议，于是"印度知识与科学委员会"就这样成立了。

印度知识与科学委员会的巡演活动于 1990 年开始进行，那是一个巨大的成功。埃尔纳古勒姆区宣告成为印度有史以来第一个完全扫除文盲的地区。1990 年 3 月启动了喀拉拉邦完全扫除文盲的运动。同样的运动还在比贾布尔、卡纳塔克邦的南卡纳达地区、中央邦的杜尔格，以及孟加拉邦的民达普尔等地开展起来。扫盲已经成为摆在全印度社会面前的议题。

无意之间，但也在情理之中，印度知识与科学委员会在进行扫盲动员和宣传之外还扮演了一个新的角色：在各个地区建立了为自己的目标群体服务的机构，赋予这些机构行动力和职权，并最终让扫盲运动有了内容和意义。在三四年的时间里，这个合作机构变得越来越强大。印度知识与科学委员会在许多个邦成立起来，帮助地区政府根据从区到街道、乡村和住宅等各个级别的民众结构创造扫盲的条件和需求，并招募志愿者——许多邦称他们为"信使"（akshar sainik）。

1990年—2000年这十年间，扫盲运动扩散到全印度超过400个地区，将超过一千万成人（也包括辍学儿童）带进了扫盲课堂。印度发生了世界上规模最大的扫盲运动之一。最令人兴奋的是，几百万志愿者中大多数为女性，并且完全不抱索取之念。这证明利他主义还没有完全被摧毁，人们仍然渴望着更美好的明天，并且已经在为之努力。

2000年至今，印度知识与科学委员会除了一直持续坚持识字扫盲的活动之外，还在开展一些与妇女赋权及创业、促进社会公正、发展健康事业、普及科学、消除迷信、提升技能技术等有关的活动计划，同时这也催生了与印度的全民科学运动相关的其他各类动员活动和运动。

二

时间：2015年9月30日

地点：印度知识与科学委员会的德里办公室

探访对象：科玛尔·斯里瓦斯塔瓦（Komal Srivastava, 全印度人民科学网络副主席、印度知识与科学委员会拉贾斯坦邦负责人，在印度知识与科学委员会工作二十四年）

作为印度知识与科学委员会的女性领导者，科玛尔·斯里瓦斯

科玛尔·斯里瓦斯塔瓦

塔瓦经常往返于各地办公室与田间地头。在办公室她与印度知识与科学委员会成员们商讨印度知识与科学委员会发展计划,在田间地头又带领委员会的帮扶对象们识字、学习技能,帮助他们自力更生,脱离贫困。

在斯里瓦斯塔瓦上大学的时候,拉贾斯坦邦曾发生过一起女人殉死的事件,她的大学老师随之发起了一场大型的反对殉死活动,通过那件事情她开始接触社会领域的工作。

1987年斯里瓦斯塔瓦参与了拉贾斯坦邦政府的一个教育项目,政府为乡村教师提供培训,与他们共同制定教育策略。就在那时,她才真正了解到拉贾斯坦邦的教育情况有多么的糟糕,例如当时学校根本没有黑板,学校位置偏远,荒无人烟,学生们不得不行走数千米才能去上学,等等。

1991年,她加入了印度知识与科学委员会,并在当时非常封建的拉贾斯坦邦，与迈扎提蒂·乔希（Medhatithi Joshi）建立了印度知识与科学委员会的邦级分部。那个时候也正是该委员会进行扫盲运动的时期，同期印度全国也还有很多其他类型的动员活动，整个国家都处于热血沸腾的状态。就在这样的情况下，该委员会持续运用大篷车以巡回文化展演的模式（kala jathas），在印度全国不同的地方表演，进行动员和扫盲活动。斯里瓦斯塔瓦领导的印度知识与科学委员会拉贾斯坦邦分会所做的更多是扫除文盲和传播妇女赋权相关的思想。

在印度，一个现实状况就是女性当中文盲更多。在斯里瓦斯塔瓦带领的印度知识与科学委员会团队的宣传动员下，许多女性都参与进来，互相帮助，处理很多生活中的问题，例如，在安得拉邦发生的要求政府禁酒的运动。酒在印度对女人来说是噩梦的根源，因为很多男人只会喝酒，并且常常酒后家暴。于是在安得拉邦，在扫盲运动的推动下，那里的女性要求政府禁酒以保护她们的权益。在印度对女性来说，从事社会事业相关的工作是极其艰难的，女性在公众面前露面并且参与到扫盲运动当中，在那个年代是不可思议的事情。然而恰恰是在扫盲运动的推动下，从那时起，女性在印度的很多邦，比如中央邦、拉贾斯坦邦等地都得到了更多的法律保护。

1993年，印度知识与科学委员会通过文化展演的方式又为女性创造了一个全国性的平等的平台，全国妇女运动网络（SAMATA），将参加扫盲运动的女性相互组织起来。仔细观察扫盲运动，人们会发现，超过一半的志愿者都是女性，超过一半的学习者也都是女性，所以这很像是一场女性的运动。

事实上，在印度独立运动的时候，有很多女性跟随圣雄甘地一起斗争，但是取得胜利之后，女性就都消失了，那是因为当时人们没有给女性管理权。扫盲运动却不一样，因为这就是要动员一切可以动员的力量共同学习，所以这一时期是印度女性获得自由和权利的非凡的历史时期。

在20世纪90年代，印度人民的识字率达到印度历史最高水平，这样的状况前所未有，就是因为整个国家和人民一起付出了巨大的努力，而且女性在其中也发挥着很重要的作用。当女性开始有了基本的文化识字能力之后，印度知识与科学委员会又在全印度的一万个村子里举办了平等科学文化节（Samata Vigyan Utsav），其中很大一部分是继续帮助女性探讨妇女赋权等议题的实际意义，还为女性组建图书馆、文化中心或者技能培训中心等，同时为此发起了大规模的训练项目，于是委员会具有了志愿者性质的州级、区级、村级的团队，一直延续至今。

三

时间： 2015年10月1日

地点： 印度知识与科学委员会德里办公室

探访对象： 阿莎·米斯拉（印度知识与科学委员会副主席，在印度知识与科学委员会工作二十四年）

阿莎·米斯拉是印度知识与科学委员会副主席，主要负责全国范围内各地委员会的运营、管理和协调。她从委员会建立初期就在这里工作，说会把一辈子的心血都倾注其中，她这一生的使命就是作为一名志愿者来改变社会。缩小印度的贫富差距，让百姓安居乐业、有家可归，这就是米斯拉生命的目标，也是印度知识与科学委员会的目标。

阿莎·米斯拉

    1990年代初成立的印度知识与科学委员会是当时印度人民可以得到科学信息的有效途径之一，同时也是全印度人民科学网络的重要组成部分。当时很多印度知识与科学委员会现在的成员随即与其他一些科学组织奔赴博帕尔指导当地的氰化物泄露惨案难民自救等。米斯拉说，这就恰好说明，如果人们懂科学，知道如何运用科学，知道科学的意义，科学就会是人们的好帮手。反之如果人们不知道科学的意义，那么不仅仅是博帕尔氰化物泄露惨案会发生，还会有其他此类事情会继续发生。每当惨案发生，民众所得只有伤痛与死亡，一些人虽然活着，但却遭受着多种疾病的折磨。所以这就是为什么印度知识与科学委员会要开展跟扫盲相关的科学活动。

    后来开始的文化展演的目标是，通过全国范围的扫盲实现国家团结。它具有强有力的媒体效应，很快便动员并组织起大批民众，为之后的各种运动提供了强大动力，与此同时还吸引了成百上千万的志愿者。印度是一个由多元文化构成的国家,人们以文化展演的方式通过歌曲、戏剧相互了解各自的文化,甚至使得很多年轻人也可以理解这一运动。所以,文化才是改变社会的真正媒介,只有扫盲运动才能让这些没有知识的人们改变自己的生活。

1992年印度知识与科学委员会发起的一项扫盲识字运动名为"印度学习科学"(Bharat Gyan Vigyan Jatha),在四万个村庄进行了扫盲运动,帮助八种语言不通的邦实现了沟通,帮助了25000人识字。

1993年,印度知识与科学委员会的领导层里已经有女性成员了,开展的活动围绕识字、教育自力更生展开,这与后来的活动有所差异。比如,在中央邦的城镇占西的印度知识科学集会吸引了五千多名女性参加,后来又在印度知识与科学委员会中建立了一些专门宣传妇女权益的平台,例如"平等"团体(Samata)。这些团体致力于持续扫盲,逐步再把工作发展到文化、经济等各个方面。反过来,女性也通过这些工作为自己争取以后在这些活动中的话语权。

从1994年到1996间的公共关系运动(Jan Sampark Andolan)在15个邦举办了从识字到卫生运动,这也是一个民众广泛接触的运动。1995到1996年,又出现了一些扫盲组织,总的来说有两种类型,一种是教人识字,另一种是提供继续教育。在识字运动中,人们能够读写之后,并不意味着结束,人们还会有更多要求,所以印度知识与科学委员会还有更多的事情要做:给人们提供不脱节的教育,教授更多的知识,所以这个教育项目又被称为识字继续教育。印度知识与科学委员会在1617个乡村设立了3092家图书馆,在自有的小型学校里,举办过2000多个学生论坛、宣讲会等。

印度知识与科学委员会持续组织这么多年的活动恰恰就是人民

的需要，而且现在越来越多的女性也参与到正在进行的活动当中。他们相信，一场民众的教育运动，是可以由底层自我组织的。

四

时间：2015 年 10 月 2 日

地点：德里火车站集市附近

探访对象：韩娜（Hanna 音译，来自中国台湾的印度知识与科学委员会志愿者，在印度知识与科学委员会工作三年）

韩娜是来自中国台湾的一位有志女青年，她认为要住在一个地方，就要用当地人的方式生活。她希望有一天自己下乡或者走在印度大街上的时候，没有人发现她是外国人。

2012 年因为浩然基金会的另类全球化运动，她以志愿者身份来到印度知识与科学委员会，对妇女议题进行深入的调查和研究。2012 年 12 月，韩娜作为委员会的代表到博帕尔参与德里巴士强暴案的抗议活动。她说那时候有十几二十个组织一起，规模比较大，他们在政府部门附近的公共场所放一块白色布条，让路人写下对这件事的看法，以此收集民众资料，然后写出一份报告，交给此事件的三人调查委员会。十天之后，调查委员会就提出了一项关于妇女公共人身安全的修法草案。她说这才是印度知识与科学委员会想要推动的实实在在的社会改变。

2014 年印度知识与科学委员会拿到一个联合国的项目，在印度中部推动维护儿童权利，由韩娜主要负责。这个项目在印度中部地区几十个落后的村落展开，涵盖两个重点：一个是儿童教育，另一个是儿童保护。在那些村落里有很严重的童婚现象，所以委员会的

韩娜

志愿者团队的工作方式就是去到那些村子里,跟村民慢慢建立联系,跟当地的地主建立联系,再把设定好的关于儿童权利和教育的议题加以开展和推广。可是,当村民们真的聚在一起的时候,反应的主要是村子里没有水、没有电之类的民生现状问题,所以委员会的志愿者们花了大量的时间听村民们倾诉他们遇到的困难和问题。慢慢地,这些年轻的志愿者开始透过文化展演的方式展开工作,她们把儿童教育和保护的议题融入歌曲和戏剧中,进行儿童权利的推广。文化展演正是印度知识与科学委员会这么多年以来一直沿用的方式。韩娜很赞同这种进入田野的方式,因为面对面、手拉手的言传身教胜过无数次的讨论会。

但是她对印度知识与科学委员会的女性平台"平等"也提出了批判:要真的改变社会对妇女不公平的现状,如果不把男性纳入进来一起讨论的话,在印度这个男尊女卑的社会里,最终真的能获得好的结果吗?

五

时间：2015 年 10 月 4 日

地点：印度知识与科学委员会拉贾斯坦邦斋普尔办公室

探访对象：印度知识与科学委员会拉贾斯坦邦几位主要成员科阿米（Koami）、阿尼尔（Anil）、希玛特（Himmat）、瓦尔沙（Varsha）、苏依利特·辛格（Sujrit Singh）、品吉（Pinky）等

从印度知识与科学委员会拉贾斯坦邦分部建立初期起，斯里瓦斯塔瓦就忙着安排和寻找志愿者。当她去阿尔瓦尔（Alwar）的时候，在那里遇见了能做培训的阿尼尔，就邀请他一起加入。那个时候拉贾斯坦邦分部在这个地区运营着 18 所学校，需要招很多老师，希玛特便是这样加入的。瓦尔沙是斯里瓦斯塔瓦认识很多年的一个老朋友，她们曾在同一所学校上学。瓦尔沙的丈夫苏依利特·辛格博士以前曾是印度知识与科学委员会的主席，辛格为委员会牺牲了很多个人时间，瓦尔沙也常常跟他的丈夫一起工作，帮助他解决了在这里遇到的很多问题。至于品吉，她的加入非常有趣。品吉那时在一个特殊学校学习，但是什么都没有学到。后来她常常来委员会这里读书学习，并且贡献了很多时间在这里做义工。

这里的成员们都提到了印度知识与科学委员会的一套自下而上的制度。加入委员会的成员，就成为其所在街区的动员联络人，往后可以发展成为整个区域的联络员，甚至整个邦的联络员。委员会领导层成员都会去跟每个层级的每个人和组织或者社区的人们见面，会员通过民主抉择，从下往上发展。在印度知识与科学委员会内部，人民努力创造一个完善的制度，保证民主和发展的阶梯。他们还有一个规定，每个人在一个位置上担任两个任期后就需要更换，目的

印度知识与科学委员会拉贾斯坦邦几位主要成员

是为了让不同的人担任领导角色。这是印度知识与科学委员会始终保持的民主哲学,他们希望能把这样的民主机制一直保持下去,把民主理念传递给每个会员。这样的会员制度代表着委员会里的每一个个体,同时又代表着委员会本身。除了委员会内部的工作人员,有些志愿人员或者相关联的人员,如果他们的经验和知识应当被采纳,委员会也会邀请他们去参加工作会议,这样就有了内部人员和外部人员的合作。最重要的是,这些内部和外部工作人员都一样,都是在做着最基层的活动。相比于在媒体上发光发热,成员们觉得真正能给社会带来改变才是更重要的。

在拉贾斯坦邦分部的斋普尔办公室,我们看到很多关于他们正在进行的"哈纳尔"(Hunar)计划的信息、海报和在现场进行简易产品加工的人们。哈纳尔计划是印度知识与科学委员会几年前开始的一项计划,他们在当地的贫民窟里训练一些女性,帮助她们提升工作技能,提高待遇。哈纳尔计划请来工厂的人,教这些来自贫民窟的女性学习衣物、手工艺品的深加工方法。这些学员学成后可以把制作出来的产品回售给这些工厂，或者用这些产品做小生意，这样就取消掉了中间环节，减少了生产者和消费者之间的距离。哈纳尔计划真正地帮助和保护了贫民窟的这些女性。

六

时间：2015 年 10 月 5 日

地点：印度知识与科学委员会拉贾斯坦邦斋普尔办公室

探访人物：迈扎提蒂·乔希（印度知识与科学委员会拉贾斯坦邦联合创办人）

在印度全国如火如荼进行各种社会运动的 1980 年代末，迈扎提蒂·乔希成为国立研究生院的一位老师，并以老师的视角来观察和寻找对社会有创造力的事物。

那个时候印度的领袖甘地发起并真正领导全国的扫盲工作，甘地请来喀拉拉邦民众科学运动的人们帮助政府在全国范围内进行动员活动，即为"全面扫盲运动"，随后"全面扫盲运动"的模式在其他地区的扫盲运动中被大量复制。

一次偶然的机会，喀拉拉邦民众科学运动的文化巡演式"全面扫盲运动"来到斋普尔，乔希就这样跟其喀拉拉邦分部的帕拉美斯瓦兰博士相识，并在其推荐下与斯里瓦斯塔瓦一起开始在拉贾斯坦邦成立了印度知识与科学委员会的分部。他跟斯里瓦斯塔瓦一起到不同的地区筛选志愿者小组，帮助当地管理部门做"全面扫盲运动"的地区提案，持续帮助该邦进行扫盲教育，创办图书馆，以低成本印刷书籍并发送给乡村和学校的图书馆，并在最近几年一直努力推

迈扎提蒂·乔希

进哈纳尔计划等。

早过了退休年龄的乔希,现在依然以志愿者的身份帮助当地的青少年学文识字,并且组织读书会,帮助他们阅读和写作。

七

时间: 2015 年 10 月 6 日

地点: 拉贾斯坦邦博帕尔市贫民窟内

探访对象: 印度知识与科学委员会哈纳尔计划基地的帮扶者们

在哈纳尔计划的这个基地里,这些被帮助的女性大多已经在这里学习和工作超过两年,她们全部都是住在这个贫民窟里的穷人。有些人有专职工作,例如理发师、实验室技术员等。当我们试着向她们询问哈纳尔计划的时候,大家都很热情地跟我们分享自己的变化。

以前没有参加哈纳尔计划时,她们中的很多人都不习惯跟陌生人交谈,现在她们可以走到外面,跟不同的人谈话,认识新事物,虽然缓慢,但是逐渐学会了解决一些问题。比如,邻里之间如果起了摩擦,她们就学会站出来跟邻里谈判,捍卫自己的权利。

哈纳尔计划把她们团结在一起,她们也想要把这种力量传播给身边的其他女性,告诉她们向前进,勇敢超越自己的生活,告诉她们不应该因为自己是女人,所以在工作上为付出太多的时间而感到羞愧。比如哈纳尔计划中的穆斯林参与者,她们照样一天五次颂神,也没有耽误自己在这里的学习和工作。对于这些来学习的贫民窟女性来说,哈纳尔计划就像一个家庭,她们创办自己的小组,一起工作,一起省钱、攒钱、培训,学习做编织、印染等。这些以前愚昧的贫民窟女性,慢慢了解到世界上需要去学的东西还有很多很多,慢慢地提升了自己的技能和工作方式,然后感染和带动身边的其他人。

印度知识与科学委员会在拉贾斯坦邦从早期开始就运营着18所学校,很多女性一开始就与委员会之间产生了联系。最初,委员会跟女子工科学校合作,但是合作效果并不明显。后来委员会了解到,这些女性可以做很棒的编织印染类的手工工作,唯一的问题就是她们受到黑心工厂的严重剥削和压榨(通常做一件衣服才赚5卢比,现在在哈纳尔计划中她们每做一件都可以赚30卢比)。于是委员会开始设法做深度的技能培训,具体化到工作当中去,让学习者真正受惠于此——这才是哈纳尔计划发起的真正原因。印度知识与科学委员会投入了很多精力在哈纳尔项目上,希望能够越做越大,至少能为上百位女性提供工作岗位。当哈纳尔计划发展到足够大的时候,

拉贾斯坦邦博帕尔市贫民窟内,印度知识与科学委员会哈纳尔计划基地的帮扶者们

他们希望能够以零利润工厂的形式来进行,就跟印度知识与科学委员会的出版社一样。以非营利组织的运作模式,把真正的利益都留给这些哈纳尔计划帮扶的人们和产品购买者。

八

时间：2015 年 10 月 7 日

地点：印度知识与科学委员会博帕尔全国培训中心和出版中心

探访对象：拉胡尔·夏尔马（Rahul Sharma,博帕尔全国培训中心和出版中心负责人,在印度知识与科学委员会工作十六年）

拉胡尔·夏尔马有医学和心理学背景,在医学院工作的时候受到印度知识与科学委员会的鼓舞和影响,和文化展演艺术家一起合作,以表演的形式参与到印度知识与科学委员会中来。

印度知识与科学委员会出版社最早期出版的都是一些阅读材料、资源材料、培训人员的指导方针之类的小册子。委员会与政府的国家素质行动计划合作了六七年，得到其资金赞助。后来委员会还出版过月刊《知识是科学的信息》（Gyan Bigyan Barta），发表的内容有关于委员会的活动和未来计划。再后来，项目得到了政府部门的广告赞助，出版方向也出现了轻微的变化，变成了基础教育，同时出版一些孩子们喜欢的阅读资料等。出版社也出版了很多科学教育方面的小册子，聚焦的是农村的新读者，包括孩子和一些新作者。委员会的出版没有赚一分钱，书籍的出售价格就是书的成本价。后来政府的资助都没有了，月刊《知识是科学的信息》也变成了半年刊，再后来慢慢变成了年刊。但是，除了这个刊物之外，印度知识与科学委员会正常的出版还在继续，到现在为止，已经出版了400多本小册子和书籍，大多是关于教育、识字、科学知识、妇女赋权、健康等方面的。

印度知识与科学委员会出版社的出版坚持了几十年，目的不是为了赚钱，而是为了让更多的人可以读书，以此推进印度社会的文化进步。这个出版社更像是一个非营利组织，自己没有任何盈利模式，维持日常运营的经费全部来自印度知识与科学委员会年度预算。他们一直没有接受任何外来现金捐助，但是却得到了一些其他方式的捐助，比如一些志愿者会免费帮助他们把书籍翻译成不同的地方语言，有些志愿者会来出版社做义工，等等。

博帕尔地区因为1984年发生的印度历史上最大的氰化物泄漏惨案变得人迹稀少。在灾难过后，许多的科学家、教育家和社会活动家都到了这里。他们达成共识，确定科学是为全社会所有人服务，而不是为一部分人服务，或者是为工业服务。从1990年开始，印度

拉胡尔·夏尔马

知识与科学委员会通过初级教育等一系列方式开展全国性的扫盲运动。他们也意识到了同时正在推广的科学教育，但是这些科学为谁服务？为社会的部分群体服务？为全社会服务？为社会变革服务？或者说是为社会过渡服务？科学不仅仅是科学技术，科学技术也不等于科学，科学技术只是科学的一部分。科学是一种思维方式，一种特殊且明确的思维方式；科学是一种行为方式，一种自然的行为方式。

从1990年和2000年的统计数据来看，印度全国的识字人口出现了一次明显的增长。大约有40%—70%的识字人口是在这一时期增加的，这是因为印度知识与科学委员会和其他一些扫盲团体不知疲倦地努力的结果。一直到现在，印度国内的识字程度和识字比例还在增长，且增长速度比之前还快。夏尔马亲身经历并见证了这些事实的变化。

今天印度知识与科学委员会发现，当识字率达到一定水平之

第二章 人民的名字　　357

后，人们慢慢出现了更加深层次的需求。所以现在印度知识与科学委员会逐渐从扫盲识字教育转向初级教育、健康教育、妇女赋权的教育和其他各种新型的社会问题相关的教育。

九

时间：2015 年 10 月 8 日

地点：博帕尔城郊一所小学

探访对象：安舒·韦雅斯（Anshu Vyas，前印度行政参事会、印度行政服务局成员）

安舒·韦雅斯的工作大部分都是在与社会领域相关的印度中央政府部门，例如：妇女和儿童部门；健康、教育、文化部门（文化部门时间很长）；乡村工业部门等。

20 世纪 80 年代末 90 年代初，她第一次被派驻到德里，在人力资源开发部的文化部任职，那时正值印度扫盲任务计划兴起。在教育部门成为文化部门的一个分支期间，她经常能听到很多关于扫盲计划的消息。当时印度知识与科学委员会的志愿者开着大篷车走遍整个国家进行文化巡演，传播识字读书的消息给她留下了很深刻的印象。

直到后来一次机会，她才跟印度知识与科学委员会走得更近。2007 年左右，她时任人力资源开发管理与学校教育部门的秘书。当时文化部认为，实行议会已通过的受教育权法案的时机已到（2010 年此法案正式实行），但政府在如何实施这项法案方面却遇到挑战，因为若要实施此法案，最好的方式是先由经过一定专业训练的人来动员推进，在印度全国范围内确保人们在精神上接受这项法案，再

安舒·韦雅斯

加以推行。于是韦雅斯与印度知识与科学委员会取得联络,希望委员会能够帮助国家进行这项法案推行的动员活动。印度知识与科学委员会认为这项法案的推进将会是印度教育历史上重要的一步,于是志愿地组织大规模动员活动来帮助文化部进一步推广实施。更重要的是,委员会意识到,要实行这个法案,更重要的是赋予人们参与的权利。因此它们也反过来要求政府成立这项法案实施的监督机制,让印度全国人民可以监督这项法案顺利实施。

通过过去二十几年的辛苦付出,印度知识与科学委员会帮助印度组织了世界范围内最大的扫盲识字运动,并得到了千百万志愿者的无私帮助。能够鼓舞这些志愿者们参与其中的源泉应该就是志愿精神和志愿者精神。志愿精神的核心是服务、团结的理想,和共同使这个世界变得更加美好的信念,也是一种"互相帮助、助人自助、无私奉献、不求回报"的精神。志愿者凭借自己的双手、头脑、知识、爱心开展各种志愿服务活动,无偿帮助那些处于困难和危机中的人们。这是一种志愿的体系，整个印度知识与科学委员会组织并不是像天使那样去工作，而是同志愿者一起，把它作为一场运动在推行。社会活动或社会变革的过渡都不是这个组织的真正意义。

| 第三章 |

网络社会

关于 ∨　　INS REVIEW　　活动　　网络社会年会

| 元素 | 网络 |

所有资源　文稿

- caa-ins.org
  - 脚本
  - 框架
  - 图像
  - 样式表
  - 字体
  - XHR
- 扩展脚本

```
<!--[if IE 8]><h
<!--[if IE 9]><h
<!--[if gt IE 8]

<head>

<meta http-equiv
<meta name="view

<!--[if lt IE 9]
    <script src=
<![endif]-->
```

联网+"时代的社会变革、社会互动和社会控制为思考背景,推动互联网环境、虚拟现实、网络生态、数字人文和数码客体、游戏科幻、未来媒体／艺术等方面的研究与创作。关注技术哲学、媒体理论、数位研究、网络社会学、社会创新等领域的理论与技术发展,推进中国未来十年在信息文化与当代艺术、社会思潮、全球行动的研究高峰。

```
lass="ie8"><![endif]-->
lass="ie9"><![endif]-->
 <html lang="zh-CN" itemscope itemtype="http://schema.org/Web

ent-Type" content="text/html; charset=UTF-8"/>
 content="user-scalable=yes, width=device-width, initial-scale

//caa-ins.org/wp-content/themes/voice/js/html5.js"></script>

术学院 黄孙权 黑客 技客 技术哲学 跨媒体艺术 跨媒体艺术学院 网络文化 媒介

ack 2.4.3 by Michael Torbert of Semper Fi Web Design[580,631]
on" content="網絡社會學 中国美术学院 黄孙权 黑客 技客 技术哲学 跨媒体艺
```

第一节

网络化的力量

第一届网络社会年会现场　从左至右：全喜卿、希尔特·洛文克、许煜　2016年

网络化的力量

第一届网络社会年会

第一届网络社会年会海报　2016年

时间：2016 年 11 月 14—16 日
地点：中国美术学院象山校区水岸山居
学术委员会：高世名、管怀宾、黄孙权、许煜、李士杰、陆兴华
演讲者：全喜卿（Wendy Chun）、希尔特·洛文克（Geert Lovink）、石田英敬（Ishida Hidetaka）、格雷厄姆·哈伍德（Graham Harwood）、马丁娜·利克尔（Martina Leeker）、东浩纪（Hiroki Azuma）、哈利·哈尔平（Harry Halpin）、邱林川、许彬、马修·傅勒（Matthew Fuller）
主办：中国美术学院跨媒体艺术学院网络社会研究所
协办：视觉中国协创中心

    在过去的几十载，数码网络改变了我们社会的很多层面，包括社会组织、美学、艺术实践，以及社会科学的研究定向。早在 18 世纪的欧洲，圣西门以及他的追随者梦想通过在国内建设各种网络来更有效地分布资源，从而实现一种社会主义。圣西门的社会主义并没有成功，如马克思之后指出他的谬误在于看不到阶级斗争。然而圣西门的网络观念可以彻底改变社会的信念，不单有效而且还越来越显著。在 20 世纪中叶我们见证了计算机数码网络的出现以及之后社会学家卡斯特（Manuel Castells）所理论化的"网络社会"的崛起。在过去的十年里，因为万维网技术的成熟，数据生产大幅增加，而物联网、智能物件、社交网络、大数据分析等进一步创造了不同形式的网络化，同时无处不在地渗透进了都市生活。

我们需要什么样的网络社会研究？

黄孙权

> 你我犹如隔镜视物，所见无非虚幻迷蒙
> 犹如在镜中的实体与镜像
> [……]
> 孩童之时，所言俱为孩童
> 所感如是孩童，所思亦复孩童
> 唯成年之后，便将童心摒弃
> [……]
> 网络无限宽广
>
> ——押井守《攻壳机动队》（*Ghost in the Shell*, 1995）

押井守饶富意味的对白，似一幅历史后的画作。当草薙素子的意识跟傀儡师"结合"，新生命——社会形态诞生，唯意志论的机器赛博朋克（machinery cyberpunk）进化成网络化的全球运算（planetary computing）。此后，草薙素子无处不在，也不在任何一处。草薙素子的"成年"，意味着人类从工业时代的童年（巴黎铁塔）、成年（全球城市），来到了网络社会的童年：一个以

第一届网络社会年会"网络化的力量"现场　中国美术学院　2016 年

堆栈（stack）建筑新形构的云端政权几何学（cloud and the state geometries）。《攻壳机动队》的后人类故事，触击了社会学更新，哲学本体论溃退，以及价值意义符码等传统文化研究工具的崩解。我相信当今浮现的迹象并不比押井守 1995 年的想象更前卫，然而，人文社会科学对技术资讯领域的卑躬屈膝、畏惧无语却夏胜以往。

如何面对网络社会的童年是工业时代的生产之社会学最大的难题。社会学是工业时代的科学，理论化都市资本主义的痛苦矛盾之尝试。历史学家费尔南·布罗代尔（Fernand Braudel）很清楚地指出资本主义诞生于城市，社会学与工业化城市带动的资本主义生产方式是一起出现的。浮现于 19 世纪的社会学虽然起源于城市，研究对象仍是人类整体社会。20 世纪初由芝加哥社会学派建构的都市社会学，才回到了社会学的诞生之处。芝加哥都市社会学派主宰了将近四十年，直到 20 世纪 60 年代的学生运动方才退去。在派

第三章　网络社会　　371

克（Robert Ezra Park）、伯吉斯（Ernest Watson Burgess）和麦肯齐（Roderick D. McKenzie）的代表著作《城市》（*The City*, 1925）里，都市主要的问题在于"融合"，他们提供给都市规划师理性客观的分析原理是"同心圆模式"。他们并未意识到，最易爆发危机或分崩离析的转化中区域，并非少数族裔与贫困阶级居住的社区，而是以强势价值（都市文明）来融合异数与经济驱逐导致的并发症。即便如此，这些理论却提供了美国罗斯福新政的社会学想象与国家治理模型。

当 1968 年的学潮爆发，都市革命挑战了保守学院思潮，其中最有力的批评者当是卡斯特。受法国的马克思主义的影响，卡斯特早期的成名作《城市问题：马克思主义的视角》（*The Urban Question: A Marxist Approach*）推翻了以融合作为都市社会变迁核心的观点，因为其未能解决都市更新、都市两极化带来的冲突矛盾。之后，卡斯特不惜与传统马克思主义的工人运动决裂，当后者仍坚持工人运动才是革命的历史主体时，他透过全球多个城市的经验研究（empirical studies），以《城市与草根》（*The City and the Grassroots*）一书总结了都市社会运动作为都市变迁的核心，是都市意义转变的驱动力，都市就是改变历史主体的空间。与当时的批判地理学家大卫·哈维、他的老师哲学家列斐伏尔（Henri Lefebvre）一起（同时间的还有部分新左与英国的文化研究学派），扛起左翼大旗，重新以马克思理论理解并研究城市，将城市理解为革命的基地，福柯对此种理论上的空间转向（spatial turn）有过清楚的论述。他们共同指向：如果没有空间解放，一切的解放理论皆不可行。这些批判力量是与正浮现的新自由主义并肩而行的，左翼的空间解放在现实里的对角线便是右翼的空间的解除管制与私有化。

直到 2000 年前后（包含快速的更新再版）卡斯特的网络社会三部曲之前，社会学处理的都是实质空间，真实人类居所的斗争冲突之种种。然而，当草薙素子失去机器肉身，也失去了肉身需要的实质空间，社会学的对象在 2000 年网络经济虽然泡沫化，但随着光纤电缆与无线发射台的基础设施逐渐完善，历史上首现的大量网民，成为特定阶级也是特定技术文化的传播者。全球化顿时成为强而有力的主流意识形态（想想当时自由派弗里德曼〔Thomas L. Friedman〕拥抱全球化神话的热切态度），天使投资人与科技创新分子在泡沫经济后另起炉灶，推出 web2.0，将消费者升级为主动的使用者／参与者、内容提供者。当世纪交接之际，大家欢愉歌颂自媒体（we media）时代来临的兴奋，类似 1965 年—1980 年的处境，四处洋溢着不满，但也充满愿景希望。对于"当下"，人们普遍有着一股兴奋感，因为"当下"似乎会带来一个崭新的未来，通往无限可能国度的入口。资本主义很快地自我更新，解决累积缓慢带来的迟滞，像是 20 世纪 60 年代的社会解放气氛迎来消费主义一样。谷歌与脸书正悄悄建立自己的帝国，在我们还未惊觉之际，通往无限可能国度的入口只能以网络巨擘全权掌控下的网络传输协定（protocol）打开。

卡斯特提出了网络国家、网络劳工等概念来回应社会学的典范转移，正对应同一时期奈格里的从帝国主义到帝国、物质劳动到非物质劳动的转变。知识经济、情感劳动、非物质劳动、网络劳工，无论何以名之，平台资本主义（platform capitalism）作为一种意识形态的发明，轻松度过了网络泡沫化后的危机，同时将消费者转变为用户，非典型劳动（precarity）和劳动的优步化（uberworked）顺利地将左翼之梦变成梦呓，诸众更多成为数位劳工，成为邱林川所言的信息中下阶层——i 奴。而非奈格里念兹在兹的生命政治再生产的人类学式出走（exile）了。社会学中的国家角色呢？在韦伯（Max Weber）眼里，国家是机器（state as machine），在阿尔都塞（Louis Pierre Althusser）眼中，是国家机器（state machine），福柯则视为治理的技术（technologies of governance），建筑都市理论家布拉顿（Benjamin H. Bratton）则提出堆栈概念来理解当今全球计算与治理，认为机器就是国家（the machine as the state）。大数据将会比所有社会科学的统计还有用，甚至比统计本身更有威力，你甚至不需要事先决定调查目的与抽样方式，只要从无限多副的扑克牌中"调出"你需要的那一副就行了。麦克卢汉（Marshall McLuhan）曾说的"机器是人类感官的延伸"被反转了，现在，人类是机器延伸的感官，每天有上亿的文字影像透过人类的数位设备上传，机器透过人类的相机正在看着世界。物联网（internet of things）之后，人工智能与机器学习越发成熟，机器再也不需要人类帮忙按下按钮了。因而，科技嬉皮杂志《连线》（*Wired*）的主编才会说大数据终结了社会理论，卡斯特才会如此感慨地认错，"以前可能真的有都市社会学，现在没有了"。

实质空间与网络空间合一，辨别分身（avatar）与本尊，真理（truth）与真（true）变得无关紧要，但认同 / 同一（identity）的体系的现实力量看来不会在社会学与文化研究里很快消失。卡斯特网络社会的二部曲《认同的力量》（*The Power of Identity*）花了很多篇幅来讨论网络社会的认同 / 同一，认为这将是千禧年后最重要也最危险的力量。回顾一下令人敬佩的历史学家霍布斯鲍姆（Eric Hobsbawm）的《民族与民族主义》（*Nation and Nationalism since 1780*）以及安德森（Benedict Richard O'Gorman Anderson）的《想

第一届网络社会年会现场（从上至下）：许煜、李士杰、希尔薇·洛文克　2016年

黄孙权编《网络化的力量：第一届网络社会年会论文集》
中国美术学院出版社　2012 年

象的共同体》（*Imagined Communities*），认同的武装形式（国族国家）以及认同的文化形式（如印刷资本主义）多令人震惊。现在，脸书几乎每天都在上演同样的剧目，同质性（homology）述行地去区分你我，地缘政治（geopolitics）变成演算几何的政治（politics of computing geometrics），脸书让特朗普（Donald Trump）胜出，脸书窃听人们对谈然后发送广告，诸如此类的战争每天都在发生，却像游戏般令人上瘾。认同仍在网络世界扮演主角，在杜克大学年轻学者全喜卿的最新著作中，我们一样可以看到对网络社会—空间的排除机制的锐利分析。

现实的世界则危险很多。如果只看到蒙面少年手持武器的照片，无人可辨识他是 1994 年墨西哥原住民解放组织萨巴塔（Zaptista）的原住民骑士，抑或 2014 年的伊斯兰国（ISIS）的少年兵。前后相隔的二十年，是从网际网络允诺的礼物到人类社会自我撕裂的过程。1994 年的萨巴塔的副总司令马科斯（Marcos）因为北美自由贸易使得墨西哥原住民生产的土地被剥夺，在丛林里写电子邮件给各国首领与重要国际团体，指证墨西哥军政府的暴行，并带领族人长征至首都，争取到自治区。马科斯不仅写电子邮件，也写童话，童话革命几乎是这奇迹般的网络革命的最美神话。在丛林发出的电子邮件中，马科斯说："不要恨媒体，要做媒体"（Don't hate media, be media），这激励了 1999 年西雅图反全球化运动里的媒体运动，从运动现场的印刷刊物演化成第一个以开放原始码为基础的、扩延全球 120 个城市的全球独立媒体中心（Independent Media Center）。马科斯是网络社会时代的切·格瓦拉。他曾解释萨巴塔的斗士为何要蒙上脸，"因为我们一旦拿下面罩，世人会觉得我们就是原住民，当我们蒙上脸，我们就是你们"，多么令人振奋的拥抱（inclusion）而非排除的认同力量。二十年后，同样起因于反抗迫害，透过网络召集而成的"伊斯兰国"，却成了童话革命的反面。当墨西哥原住民的少年妇女在自治区内的学校学习自己的文化，"伊斯兰国"少年却在摄影机前拿着枪指着违反教义敌人的头。

现在，我们付费使用自己或劳动的成果，在脸书、微博上当无偿劳工。新的媒体技术架构成形，我们只能如孩童般睁大眼睛，往我们的前历史里找寻资源。欧洲转向旧的、未被充分发展的理论瑰宝，如西蒙东（Gilbert Simondon）、怀特海（Alfred Whitehead）等人，讨论技术物、后人类、技术哲学等。而美国则在嬉皮精神的延续下，于硅谷内大谈开放资源运动，发挥黑客与泄密者精神。

现实比理论发展得快。与传统社会学工具的危机一样，文化研究理论的工具几乎成了废铁。比较一下威廉斯（Raymond Williams）

编著的《关键词：文化与社会的词汇》（*Keywords: A Vocabulary of Culture and Society*）和马修·傅勒（Matthew Fuller）编著的《软件研究：词汇》（*Software Studies:A Lexicon*）的条目，人的主体、价值意义、思想全面更新为软体、演算法等词汇。当初为了对抗撒切尔夫人的英国性（Englishness）和没有另类（There is no alternative）的英国文化研究，积极与当时主流文化理论斗争，拓展了媒体、性别、次文化的研究视野，经过后现代主义与消费主义的折磨，留下的遗产也只能处理彩色副刊而非经济政治版面了。网络社会时代里，学者们的进步就是在线上讨论区的性别版或政治版内，辛苦挖掘分析文本像之前分析文学艺术作品文本般，没有方法论的更新怎么可能成功？当然，在艰苦的斗争里，也有不少文化研究学者自我更新，开辟新战场，如媒体考古学、软件研究的研究新取向。至于当代媒体/科技艺术的处境就更难堪，用国防军事技术与好莱坞工业技术的剩余物，惨白地自娱娱人。

于是，我们能够为童年做的就是让儿童发挥自己的能力，发问。中国美术学院跨媒体学院的网络社会研究所首先是个发问的工厂、探寻的学校，在中国美术学院副院长高世名教授与跨媒体艺术学院院长管怀宾教授的远见与支持下成立。在全球运算的技术与理论发展中，思考南半球的新兴情况，思考中国近二十年来的巨大网络技术与社会经济的变革力量，将是云端新联邦主义（cloud-based neo-feudalism）的关键。

资讯科技的市场在中国写下了完全不同的城市贸易发展史，从电商、淘宝村、电子商务中心，到这一两年兴起的微商，彻底改变了西方认识的都市化进程，让我们目睹马克思所谓资本主义之实质吸纳的终境。根据阿里研究院2016年的统计报告，光是淘宝村的交易量就趋近 6 万亿人民币，全中国有超过 1311 个淘宝村，135 个淘宝镇，估计直接创造 84 万个工作机会。淘宝村绝对是罕见的资本主义平民崛起的新历史。

2016 年双十一购物节，展示了云端计算、物联网、仓储管理与运输快递间惊人的运算协作能力。据阿里巴巴数据显示，零点交易开始后 52 秒，全球成交额突破 10 亿元，2015 年达到这一交易量用时 72 秒；6 分 58 秒，成交额超过 100 亿元，这与 2015 年用时 12 分 28 秒相比，用时几乎快了一倍；值得特别注意的是，在此期间，无线端的成交占比一直保持在 88% 左右。在凌晨 1 点时，天猫全球成交额已经突破人民币 353 亿元。一天，仅仅一天，交易量就估计有 1400 亿人民币，约为 209 亿美元的交易量。我们可以想象交易背后，是流动空间的超级运算；第一笔成交完成签单的货品，是活动开始后的 13 分钟，我们也可以想象背后的物流与运输系统。订单创建的

第一届网络社会年会现场，从左至右：
石田英敬、格雷厄姆·哈伍德、马丁娜·利克尔、黄孙权　2016 年

峰值为每秒钟17.5万笔，支付成功的峰值每秒12万笔，2015年这个数据是8.5万笔。

资本在运动中存活。它一旦停止，就会死亡，资本是运动中的价值（capital is value in motion）。从"9·11"后，布什（George Walker Bush）鼓励大家消费，从中国台湾、韩国在经济衰退时发消费券可见一斑。资本没有道德倾向，它热爱加速主义，拥抱一切可以创造新利基的市场，无论是另类文化还是主流事业。技术使得资本跨越国家管制、人民监督，传统的治理术让位给演算法，甚而我们每一个人按动鼠标，在荧幕上滑动手指，都是为其工作，我们都是无偿的数位劳工，并从我们的集体劳动成果——"脸书"中再度奉献出我们其他工资来购买商品。

双十一的消费高潮，不仅带动电商，也带动相对应的运输业，物流公司拥有专机，调整电子订单与传输架构成为全球最有效率的运输系统，在海峡两岸承接近七成快递业务的顺丰是最好的例子。像阿里巴巴这些网络巨头将"企业共享经济体"转变成了数码封建主义。数码封建主义指的是一种风险社会化而利润私有化的平台资本主义，以及工作优步化与低薪现象。

私有财产的资本主义全面获胜，以及伴随着资本主义成功而来的全球贫富不均加剧，环境问题恶化，国家政治角色模糊，以及替代策略的缺乏，这跟网际网络一开始给予人类的希望，以及基于高能云端计算所呈现的效率与狂欢形成了明显对比。在特朗普当选美国总统后，巴迪欧（Alain Badiou）发表了语重心长的看法（Reflections on the Recent Election），我完全赞同他的判断：我们穷苦和不平等不是必要的社会结构，我们不该区分劳动的类型，我们不应该依照种族、性别区分人类，国家的角色也不一定需要了。

我们看到了网络与技术的可能性，应当学会将被污染的词汇换上新装，重新来过。如马克思的提醒："工人要学会把机器和机器的资本主义应用区分开来，从而学会把自己的攻击从物质生产资料转向物质生产资料的社会使用形式。"我相信网络使得共造（communing）是可能的，因为共造是夺回"物质生产资料的社会使用形式"最好的方法。但我们必须联结空间的生产与网际网络的生产，联结地方的生产与流动空间的生产，联结新人（社会运动改造过之人）与新人类（数位原生代，digital native），这才是真正的契机。简言之，我们需要的网络社会研究，是能够让后人类学习新生命——社会的生活。

2008年金融风暴后，卡斯特带领着一群当时还是博士生的学者研究了美欧的具体情况，编撰《余波》（*Aftermath*）一书，为我们点出了风暴后人们自主的可能；2012年的《愤怒与希望的网络》（*Networks of Outrage and Hope*）则勾勒全球网络社会运动的希望；2017年刚出版的《另类经济是可能的》（*Another Economy Is Possible*）则回到经济社会组织，从人的自主生活到社会群体的居所。这三本可视为他最新的三部曲，从网络社会到新的生命——社会的可能。这张崭新的、由人与人共同生活出来的新全球化地图，将是未来我们对抗由国家与资本垄断的智慧城市网络的武器。

如同今天要谈平台合作主义，首先还是要先有合作运动才行。我们需要更多的社会运动、合作社，以及更多的平台合作主义的共生。要结束新自由主义，靠的不是反抗，而是创造。要将自己的实践（或劳动）当自变项而非因变项才行。

2017年6月

为何网络化？

许煜 *

卢睿洋 译　许煜 校

　　我们中国互联网的现象、我们中国的媒体现象，可能跟世界其他地方有很大的不同。我们怎么去理解这些不同，怎么去研究这些不同？这是我们组织这场年会时对自己提出的问题。我现在解释一下为什么我们的主题是关于"网络化"，为什么叫做"网络化的力量"，这个想法是怎么来的。

　　比如我们可以对比一下脸书和微信的差别，可以对比一下中国的网络用量和产业所带来的财富与欧美的情况。这些对比能告诉我们什么呢？——可以说一无所获。如果我们要做一个比较，关键并不在这里，因为这种比较只肯定了一种单一的网络现象。

　　因此我们提出这个会议的主题："网络化的力量"。接下来我会解释一下什么是网络化。大家将留意到，我不会提到"数字化"这个词，因为我相信，如果我们要谈网络化，那么就得肯定"网络化"这个概念的多样性，而对多样性的肯定就是对特朗普当选的最好回应。

　　先说关于网络化的初步定义。我想指出，网络化根本上是一种

---

* 德国吕纳堡大学数码文化中心研究员，中国美术学院网络社会研究所研究员。

约翰·杰拉德（John Gerrard）《演习》敦煌　2014 年

生态学的思考，而且它越来越是一种技术—生态上的思考。标题"网络化的力量"是想反映当前网络化技术的状况，也就是所谓全球网络和全球平台。除此之外，我们还要超越这种状况，提出这个问题：我们以何种方式才能批判性地投入其中，并且调节这些力量？

我们说网络化（reticulation）而不说网络（network）（在中文当中难以区别）这个词是因为，从基础设施的角度讲，网络化并不必然呈现为我们今天所见到的网络的形式，与之不同，网络化是一种循环的模式，它可以同时是可见和不可见的。

这些网络、平台已成为当今主要的政治控制方式，当代的资本主义的主要剥削方式；但人们同时也认为网络和平台包含另类出路与抵抗的可能性，如斯蒂格勒（Bernard Stiegler）所说，"它们是最高等级的药"（pharmakon par excellence）。这也是为什么把平台资本主义和平台合作主义截然二分、相互对立会让人困扰的原因。做批

平台合作主义集会　柏林

判并不等于说这是好的那是坏的,而是要展开其可能性的条件,换句话说就是指出它的局限,这么说也是以康德的批判哲学精神来考虑。

我将分别以"认识论"和"知识型"两个概念作为例子来简单地指出如何思考网络化。

但请先允许我绕个圈子,讨论网络化这个概念的思辨的历史。哪一段历史呢？比如我们可以追溯到18世纪法国的重农主义者魁奈（François Quesnay），他的理论启发了亚当·斯密（Adam Smith）和之后的圣西门（Henri de Saint-Simon），圣西门认为在网络的帮助下,资源可以得到平均分配,可以实现社会主义。如果我们以此开始,我们可以发展出网络与经济学的历史。然而在此,我想从另一个解度来思考这个问题,也就是通过法国哲学家西蒙东所提出另一段思辨的历史,来解释网络化为何是一种生态式的、并且越来越

约瑟夫·约森汉斯（Joseph Josenhans）来自传教士的世界的图片
加州美因茨市斯科尔斯　1860年

趋于技术—生态的思考，同时我想提出在中国，或者更广的范围来说，从非欧洲文化的语境下如何来回应这个问题。

为了加深我们对网络化的理解，我想给大家展示一张图片，这张图来自一本儿童书，它是本雅明收藏的，我们还能在他的档案里找到此书，书名是《传道者的画像》（Bilder aus der Missionswelt）。感谢弗兰克（Anselm Franke），他是柏林世界文化中心的策展人，他四周前给我看了这张图，之后图像就一直萦绕在我心里。

我们能看到，在图中殖民者和被殖民者正在砍一棵树，就像是在屠杀一个人，树上插满了刀子，树下放有一些仪式用具。我们可以想象，这棵树被视为具有一种魔法般的力量。在殖民者看来，这种迷信的神秘力量是与基督的力量对立的。在这棵树的背后的这股力量，由于不同的原因，惊扰了殖民者和被殖民者。但这棵树和网络化有什么关系呢？我们需要沿着西蒙东所谈的技术的思辨的历史

第三章　网络社会　　385

来看。

对他而言，技术的历史可以被视为网络化的模式不断演变的过程。技术的历史始于他所说的魔法阶段，而网络化在魔法阶段的特征被他叫作关键点（les points clefs），比如一棵巨大的树，如我们在图中所见，一块巨石、一座高峰、一条河流。这些地理上的点位正是维系网络化力量的关键点，更准确地说，这些关键点并非力量之源，而是这些力量由关键点所调节。西蒙东认为在魔法阶段有一种整体的形式，在其中没有主客二分，主体与客体是图底关系（the figure and the ground），相互支持。底给图以形式，而图又限制底，在格式塔心理学中我们可以看到典型的案例。

这张图片上（见第 387 页）是年轻的女士，还是年老的女士？这里头就有一种图底关系。魔法阶段的退相（dephasing）发展出了技术和宗教，这些仪式用具，也就是技术物，成了另一个网络化模式的关键点。这标示出一种美学的思想，它可以在技术与宗教分化之后创造一种融合，但之后证明这种融合是不够的。这里涉及西蒙东所说的美学思想与哲学思想之间复杂的、疑难重重的学术讨论，在此我无法细致展开。但我们已经可以看到，这一哲学人类学的想象描绘了技术性之起源，而这种想象也在寻求重新统合人类历史上不同的专业与特殊性的融合。在这种情形下，西蒙东在《论技术物件的存在方式》（笔者是这本书的中文译者）里激活了海德格尔。我把这种思考重新构造成了宇宙—技术式（cosmo-technical）思考，而且我希望在西蒙东的思想中加上一点：这种对融合的寻求也要调解现代与传统，传统与现代在现代化的进程中已然互不相认，这是欧洲现代性之后的情况，更是中国在过去两百年来的严重情况。这也是我们必须从人类纪的历史理性和政治紧迫出发来研究网络化的

格式塔心理学：图与底

力量的原因，我们今天正面临人类纪的状况，但直接倒退回一种古代宇宙论将是虚幻的，而我们的任务是重新发明一个全新的网络化模型。这也就是我在这里想提出的认识论以及知识型的两大问题。

正是这个网络化历史让西蒙东思考融合的问题以及自然与技术之间可能的调解。他并不将技术发展视为对自然的强暴，而倾向于去发现技术发展中的诗意（poiesis）。然而我们必须指出，在西蒙东的思考中，网络化始终呈现为一种先天宇宙地理学（cosmo-geographic a priori）的形式，由此出发可以描述一种技术组合（比如铁路网、电讯网络）的技术—地理环境（milieu）。

在评论工业化的技术物质性时，西蒙东提出：'这并非人类对自然的强暴或者对自然元素的胜利，事实上是自然结构本身提供了发展这种网络所需的连接点：比如赫兹'电缆'的中继站重新连接了山谷之上古代的神圣高地和大海。"当技术发展顺从、采纳了这一网络化的先天宇宙地理学，它就表达出人类与自然共处的诗意。西

第三章　网络社会　387

西蒙东(1924—1989)

蒙东所举的电视信号天线的例子最能表明,宇宙地理如何整合技术地理,两者如何兼容。

看看这根电视天线,它是僵直的,但它也指引着方向;我们看到它指向远方,它能接收到遥远的发射器的信号。对我而言,它更像是一个符号,它似乎是某种姿势,近乎是意向性的魔力,一种当代的魔法。在天线的最高点与超频发射器的节点的相遇之中,有一种人类网络和自然地理之间的"共同—自然"。这里有一种诗意的维度,也有一种与意义(signification)、意义的相遇有关的维度。[1]

在《论数码物的存在》中,我批评西蒙东没有进一步阐发网络的问题,因为他对网络化的理解局限在这种先天宇宙地理学中。而在我看来,这种先天宇宙地理学已经被一种新的网络化模式所取

---

[1] Gilbert Simondon, "Entretien sur la mécanologie", *Revue de synthèse*, no.1, 2009, p. 111.

代,也就是当代网络技术,尤其是社交网络和通常的网络。这种模式表现出不同的物质性、美学和生态学。在这种新的网络化模式中来看,先天宇宙地理学似乎不再是网络化的唯一原则。我们必须探寻这种新的技术图式中的可能性,为此我们必须与工程师一同工作,因为重点不仅在于美学经验,还在于技术图式。

然而我们也不能忘记西蒙东对先天宇宙地理学的讨论,它对我们思考基础设施,以及想象西蒙东重新把技术整合进文化的目标,都仍旧非常重要。

请让我来详细说明关于转型的问题,因为这是"网络化的力量"的核心主题的核心。要转变它首先意味着理解这些网络化技术所强调的认识论,然后参照另一种认识论和价值来调节它们。为了改变它,我们首先要理解它,所以我们邀请国际专家齐聚一堂,同时我们还需要和工程师、黑客一同工作。我想强调关于转型的问题,因为光是研究转型、批判转型远远不够,我们更需要转变它。这是未来对网络化的研究,以及对更一般的技术研究的重任。这就是我们与斯蒂格勒和哈尔平(Harry Halpin)所做的工作。2012年的项目"社会网"(Social Web)中,我们通过质疑脸书的认识论来提出替代方案,脸书的认识论是基于节点与链接来理解社会,我们在1930年代马任诺(Jacob Moreno)建立的社会计量学中找到了这种理解。

马任诺是一位奥地利裔美籍心理学家、社会学家,他相信靠他所发展的技术,也就是把社交关系图绘出来,就能操纵人群,解决不同社会群体间的问题。马任诺的方法展现出很多积极的面向,比如他解决了学校中的不良行为,帮助纽约的性工作者组成互助组。然而在我们看来,马任诺的方法是彻底个人主义式的,因为每个参与者都被理解为社会原子,社会则被理解为以社交关系为中介的社

马任诺（1989—1974）

会原子的集体。我们提出要将集体而非个体视为基础单元，从而思考一种另类的社交网络。这个灵感来源于西蒙东，他有力地表明个体化过程同时是心理的和集体的。我们引入的新认识论意在让群体而非个体成为参与的基础形式，从而重建社交的问题。认识到这一点非常重要：脸书采用的认识论并非限于欧美的社交媒体技术，它也处于中国社交媒体的核心，比如在微信、人人网中。

我想再强调转型的另一方面，它更多是关于知识型（episteme），而非认识论。我这里采用了福柯（Michel Foucault）的知识型概念。在《词与物》（Les mots et les choses）中，福柯引入了一种历史分期，将西方的知识型分为：文艺复兴、古典和现代。福柯后来发现引入知识型这个术语导致了僵局，所以又发展出一个更普遍的概念，也就是部署或装置（dispositif）。从知识型转向部署是走向更加内在的批判的策略，福柯将其运用在更多当代分析中。回看1977年《性史》（Histoire de la sexualité）出版后的一个访谈，福柯提出要将知识型定义为部署的一种形式，"它（知识型）是一种策略性的部署，从

社会计量学

所有可能的措辞中,选择在科学性领域中能被接受的,指出那是真的还是假的"。所以我现在要重构知识型的概念:对我而言,知识型是一种部署,面对现代技术,我们要基于传统形而上学范畴来重新发明一种知识型,从而重新引入一种生活形式,重新激活一种地方性。这也是我在开头就强调决不能忽略宇宙论问题的原因,因为宇宙论是这种知识型的核心,同时它是地方性的,正如中国的宇宙论跟古希腊的不同,跟欧洲16、17世纪成形的现代宇宙论也不同。

在百废待兴的时代,必须重新发明一种知识型,它反过来决定着我们的社会生活、政治生活。这一知识型首先表现在美学中。在我的新书《论中国的技术问题》里我已经试图以"器道"这个体系来说明这一点。我们可以也必须在这里,在中国,重新提出知识型的问题,由此找到网络化问题的脉络,从而转变网络化的技术,不仅仅通过科学认识论的方式来转变,而且要通过一种重新发明的知识型:把偶然转变为必然,转变为不可还原的必然性。

我想再重申一下这篇于幕词中要引发的东西,也就是认识论和

第三章 网络社会

许煜著《论中国的技术问题》Urbanomic Media Ltd 出版　2017 年

知识型的问题。

　　首先，我认定我们必须发掘出网络化概念在历史中的多样性。其次，纯粹的工业化正在统治我们的社会，我们使用其产物而不知其如何运作，它还造成了德勒兹所说的控制社会，为了抵抗这种工业化，为了发现一种新的网络化模型来实现转变，重新挪用（re-appropriation）工业化，我们需要研究网络化的认识论问题，研究知识型并指出其地方性，总之要研究网络化的本体论，而不落入任何一种简化的意识形态中。我必须指出的是，我们一开始提到的生理学家魁奈，他的网络化思考影响了之后的亚当·斯密，而魁奈的灵感来源，实际上是中国的医学和哲学。我们还要留意，这种对网络化的想象也被圣西门采纳，来实现社会主义的梦想。

　　也许此时我们应该用不同的方式阅读历史——不再从欧洲的语

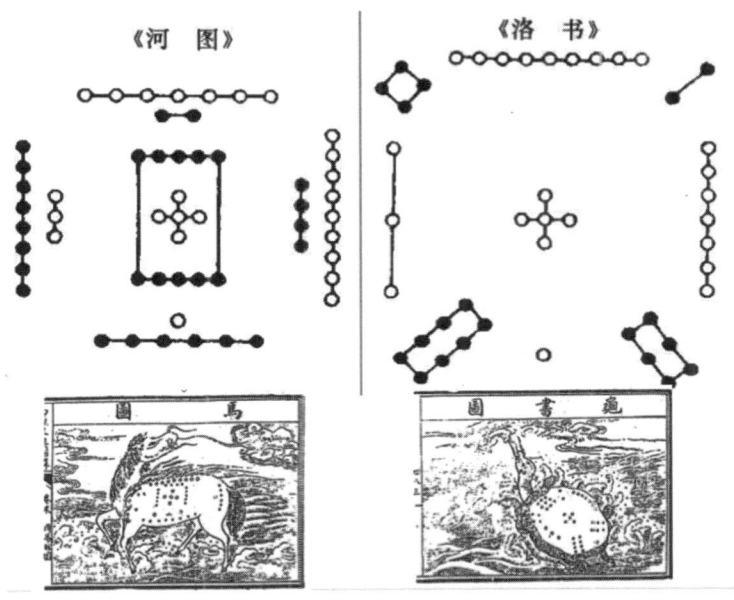

境而是从中国的语境进入历史。我相信，对网络化的研究也应该在这个语境下展开，从而超越全球与地方的敌对，寻求可持续的政治经济学。我不可能在这个简要的发言里详细讨论政治经济学和它可能的实现方式，但在接下来的多年中我们会不断地回到它，一个无可辩驳的理由是，在特朗普上台和新法西斯主义四处崛起的世界中，左派无法发展出一个网络化的政治经济学来对抗全球化：如今要么是自由主义，要么是极端保守主义；要么是全球化，要么是地方法西斯主义。我们必须理解当代网络化技术，理解劳动、资本、政治如何基于这些技术而运作，才可能对网络化以及在地化有进一步的研究。

媒体、网络与平台＊

希尔特·洛文克（Geert Lovink）
卢睿洋 译　黄孙权 校

　　我的主题部分是自传式的，部分是理论的、政治的。我以三个关键词为核心，它们构成了我的生活和我的作品：媒体、网络和平台。我并不是德勒兹的狂热追随者，所以我不会说它们是三块高原（plateaux）组成的一个装配（assemblage）（尽管我也同意），我也不会说它们构成了一个新老交替的历史序列，在当前这个平台的时代，"媒体"或"网络"并未衰落。但是从历史角度来看，在我的生涯里，"媒体问题"在 1980 年代、1990 年代对我来说非常重要。鉴于我自己在社会运动中的媒体行动主义的背景，以及当时出现的 DIY 媒体（我们创造了战术媒体［tactical media］这个术语），"媒体问题"便尤为重要。在思辨媒体理论和媒体行动主义的时代后，网络兴起了。1993 年在阿姆斯特丹，黑客互联网服务提供者 xs4all.nl 出现。1994 年初，数码城市（dds.nl）社区接口公共基础设施启动。舒尔茨（Pit Schultz）和我在 1995 年中期启动了"nettime.org 计划"，对于思考网络的政治、美学的人来说，如今它依旧是一个重要的电

＊　文章标题原文为"Media, Networks, Platforms"。希尔特·洛文克，荷兰网络文化中心创始者与主任。本文根据作者在 2016 年 11 月在杭州举办的"网络化的力量——首届网络社会年会"的主题发言整理而成，内容已经作者审核并授权发表。

子邮件群组。我们问自己一个简单的问题：文学评论、戏剧评论和电影评论都有了，那么互联网评论该是什么面貌？当然，它的前提是互联网本身就是一种"媒体"。Nettime 是网络的一个案例，它是一个世界范围的社区，二十年过去了，它依然健在。最近的五到十年，平台概念兴起了，可以说这绝非进步的迹象，相反是倒退了。

从 2004 年起，我们在阿姆斯特丹的 INC（网络文化研究中心）开始研究媒体、网络和平台。那是一间很小的房，只有两到三个研究学者，但是我们却在其中推动了批判性的网络研究。我们创生于占屋自治运动，很善于靠极少的经费办事。我们希望一直有能力在微乎其微的预算下动员集体想象力，去想象另一个可能的世界。我们连接众人，推进协作与网络。网络文化研究中心是荷兰科技大学（Polytech）的一个小研究中心，荷兰科技大学专攻应用科学。所以我们不是学院派研究型大学的一部分，我也不是教授，我不带研究生、博士生，但我们有做研究的自由。这是实实在在的。

给大家举几个例子。2009 年我们启动了"查询社会"（Society of the Query）项目，它是一个网络，叩问搜索引擎的政治和美学（图 1）。项目名称回应了情境主义者居伊·德波 1968 年所写的《景观社会》（*Society of the Spectacle*）。当前的社会已经从景观社会，一个充满电视、电影等的社会，转变为基于互联网的查询的社会，变得更加抽象和不可理解，它是如此的不可见。

网络社会不是景观化的，但它很抽象，我们必须共同努力让它变得可见，因为这是让看不见的权力关系变得可见的第一步，而这非常困难。我们都用搜索引擎，如今这个行为已经司空见惯，我们甚至留意不到自己在搜索。在这个意义上，谷歌和百度没有任何的差别，它们都是幕后推手，正因为它们藏在背景中，所以变得更加

图 1

强大,同时更不可见。这也许是个弗洛伊德式的观念,消失的、被压抑的东西终会卷土重来。所以百度绝非变得不重要了。搜索引擎都受益于这种隐形状态。

2010年在印度,我们与班加罗尔网络与社会中心(Center of Internet and Society)的朋友一同发起了一个名为"批判的观点"(Critical Point of View)的项目(图2)。它回应了维基百科"中立的观点"的原则。一些维基百科人并不喜欢这个项目,他们说不该去拆维基百科的台,应该不由分说地支持它。但我们网络文化研究中心的同事不这样想,我们觉得支持维基百科最佳的方法就是批判它的基础假设,尤其是从后殖民的角度(在这个案例里也就是从印度出发)来对它进行批判,而与印度的学者、行动者携手共进再合适不过了,这是我们重要的灵感来源。但不幸的是,在有趣的开端后,这个项目没有获得多少支持,但它还在进行。维基百科实际上是网

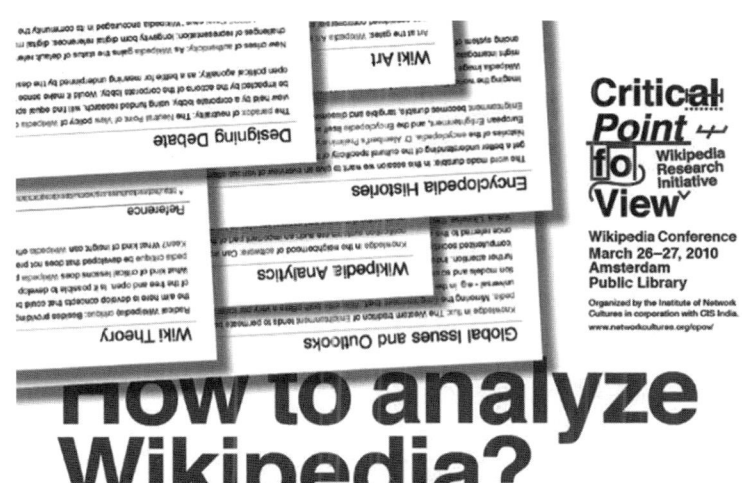

图 2

络当中最大的非营利性网络,而如果我们一不小心,有一天维基百科可能就消失了。这一方面是因为资金问题,另一方面如果维基百科不持续从内部革新,不持续保持文化的多元性,让更多的人参与其中,它就会消失。

2011年"阿拉伯之春"和"占领华尔街"运动发生,我们实施了"Unlike Us"项目,它还在持续(图3)。我在这里提到的所有网络你都可以去注册、订阅邮件。Unlike Us 是关于社交媒体的替代方案。我们如何想象另一种网络架构?我们怎样才能摆脱"朋友"和"赞"这类愚蠢的范畴?社交媒体不是用来"分享"那些大公司和国家代理人所谓的"新闻"的。若要在科技的时代能真正重新定义社交的网络架构,需要聚焦于交换与协作。我们有什么是共同的?差异何在?我们能协力做什么?社交媒体公司不感兴趣这些问题,因为它们没法靠这类行为来卖广告。它们希望我们买东西、爱品

第三章 网络社会 397

图 3

牌。我们怎么才能摆脱"朋友"这个观念？我们怎么才能不是"朋友"？我认识你不等于我们是朋友。我才不是你的"朋友"。比如说有的情况下，我看某个信息，但不等于说我喜欢它，我推荐某个东西并不是因为我喜欢它。我并不喜欢你的自拍（但是我也没有渠道说出这一点）。我们需要从根本上重新定义我们与信息物的关系以及我们之间的相互关系。Unlike Us 是一个进行中的共同体，但它显然很难找到资金。批判社交媒体可不会让你红起来。这可不是假新闻，而是事实。

2015 年我们共同举办的"脸书欢送会"（Facebook Farewell Party）非常惊艳，但这场发生在荷兰阿姆斯特丹国家剧院（Amsterdam National Theatre）的事件也引起很多争议。因为你其实并不想离开脸书，这简直是"社交自杀"。这个欢送会像是组织了个"社交自杀晚会"。我想说,其实要震撼荷兰人是很难的,他们的尺度很大,对新事物抱着开放的心态。所以这个活动并不成功,不过有不少人来参加了。也许在特朗普当选之后,或在脸书拒绝承认自己是一家媒体公司之后,很多事情都将改变,很多有趣劲爆的事也都浮现出来。那些看似单纯的东西,比如"媒体"的定义,对脸书来说却利害攸关。他们还当真以为自己是中立的、无辜的,甚至自称所谓的"技术型公司"。他们拒绝承认自己是一家媒体公司,这本身就很有趣。

从 2004 年网络文化研究中心成立起,我们就不断出版了很多东西,有一天我们发现,我们好像已经变成了一家出版社了。我们出版 PDF 格式的电子书和读本,在网上发布。我们出版在线小册子、e-pub 格式的论文以及所谓详细报告,还有其他类型的小型书册,我们在这个领域做了很多实验。如今我们在资金上很困难,电子出版变成了我们的主要业务。即便其他项目都失败了,这件事还是可以持续的,因为它几乎不花钱。

2015 年起,我们新增了实践导向的"网络文化研究中心二号",就在一号隔壁,当然比一号成功一些,叫出版实验室(Publishing Lab)。如果大家感兴趣可以加入我们,一起工作,模式是在四到五个月的项目里见习。全球范围内有意的学生都可以加入。我们做的是实践性的实验(记住我们并不是一个学术研究机构),我们生产代码和原型等。我们没有落入保守自由主义的创业公司逻辑中,这就是我们的初衷。如果你对出版的未来感兴趣的话,可以去看一下我们的网站(www.publishinglab.nl),也许你会愿意来阿姆斯特丹和我们工作四到五个月。

在资金周转不灵的状况下,我们在寻找更多合作伙伴。我们在荷兰的艺术评论界找到了一个,因为荷兰的艺术评论界正举步维艰,比如说艺术评论的文章可以在哪里发表呢？在哪里发表文章才真的会有影响力？有没有新的渠道或媒体使得自己发出声音？某种意义上，这也是我们几十年以来一直努力解决的问题，我们如何去打造一种新的艺术批判文化氛围。艺术评论界也正在捍卫这种文化，因为总体而言，现在渠道越来越少，读者也越来越少。我们试图找到新方式来促进这种文化，包括短片、播客以及用新的在线出版的形式来实验。这是从去年起我们一直在做的事情。顺便说一句，这个项目，如多年来的许多项目一样，也是用我们的母语荷兰语来开展的，我们也会加入国际板块，英语版本。

网络文化研究中心正在进行的最大的项目叫金钱实验室（Money Lab）。2014 年以来，我们就在寻找艺术领域中另类的互联网收益模式。艺术家、行动者、评论家们如何才能谋生？金钱实验室关注众筹的政治，我们介入、讨论了区块链和比特币，我们邀请非洲的讲者来讲移动货币，也讨论印度的民主化问题（图 4）。我很高兴这个项目的进展还是非常顺利的。它的推动力主要是 2008 年的金融危机和随后的财政紧缩。可笑的是，这场金融危机到现在已经八年了，是我经历过最漫长的危机。想到在我们生活的实时（real time）世界中，一场危机展开得如此缓慢，真令人惊讶。一场危机，包括特朗普当选这事，是有非常久远的起因的，思考这么长的时段对我们来说已经很难，这是个麻烦，因为我们生活在一个实时的媒体环境中，每秒都有新事物诞生。

另外一个让我们感触颇深的竞赛叫"加密设计"（cryptodesign）（图 5），这是我们在阿姆斯特丹联合举办的一项设计挑战，2016 年 11 月已举办了第二届。我们请设计师为我们把那些不可见的复杂的计算过程视觉化，要将这些过程政治化，我们就绝对需要视觉设计

图 4

师和艺术家的帮助。因为其中的政治十分复杂且不可见，尤其是涉及加密的方面。2013 年 7 月的斯诺登事件在这个意义上给了我们很多帮助，维基解密（WikiLeaks）和匿名者（Anonymous）也是。在这个层面上，我们需要一种集体化的视觉想象。不要再抱怨隐私被侵犯，我们需要有所行动。法规是一方面，替代方案是另一方面。在阿姆斯特丹，我们相信这两种政治斗争是交织在一起的。

2017 年的新重点会放在自拍问题上。我是不反对自拍的，很多人会说："哦，加尔文主义者都不喜欢自拍。"重新定义什么是线上的自我，这件事蕴藏着很多颠覆性的潜能，不能轻易地否定自拍。我们无法宣扬线下的浪漫，说"关掉你的手机和电脑，你就会好起来的"。我们并不做这种说教，我们必须直面流行文化中的元素，这也是英国文化研究的传统：我们必须面对数码流行文化的这一部分，

第三章　网络社会　　401

图 5

别否定,别逃避。经过数年筹资,我们找到两所罗马的大学有兴趣和我们共同办一场国际会议,名为"对线上自我的恐惧和憎恶"。

从方法论的角度讲,我是"反对方法"(费耶阿本德[Paul Karl Feyerabend]的名作的标题)的。话虽如此,也许我们有某种进路(一套令人发疯的系统)。我们是这样工作的:我们建立了个人、艺术家、研究者之间的网络,有时候我们想办法把他们集合在一起。老实说,现下我们的活动经费越来越少,因为荷兰基金已经不再支持我们了,但我们仍然能与国际伙伴们一起继续做事。

接下来看看那三个概念(媒体、网络、平台)。当我谈到媒体的时候,我会更加以自传的方式来谈。我可以谈麦克卢汉,但我不是加拿大人,我深深扎根在 20 世纪欧洲大陆的创伤里,这里有法西斯主义的创伤,有被政治化、工具化、用于驱逐异族、最终造成种族大屠杀和战争的技术的故事。在我还是一个年轻的媒体理论家时，斯韦莱特（Klaus Theweleit）、基特勒是我的英雄，我从他们身上得到很多灵感，既有理念上的也有风格上的。

这两个西德人直面我们的技术媒介历史，将其溯源到二战。斯韦莱特的分析是自传式的、精神分析式的，基特勒更加着意于文学，但他们都有强烈的兴趣从潜意识的角度解读科技问题，他们发现计算机的架构、媒体的架构都是以战争的逻辑组成的。计算机诞生于战争（控制论项目），这是我们绝不能忘记的。我们不能说，"哦，我们已经克服了这些东西"，计算机的系谱学就在那。当我们研究媒体的起源时，挖出来的其实是这些创伤性的事实，计算机的出现本身就是个创伤性的事件。当你手拿电脑的时候，你要提醒自己这些事，计算机是不会主动告诉你它的历史的。相反，你能与之面对面的、机器形态的计算机都快消失不见了，它躲进"云"里了，缩小成手机塞进你口袋了：这是一个巨大的关于消失的历史，它在暗中计算着你我的生活。当然，现在已经有媒体考古学。如果我们要谈论媒体的历史，媒体考古学已经在那儿了。当年我深度研究了斯韦莱特和基特勒，同时我的朋友们写了一本书叫作《媒体档案册》（*The Media Archive*），总结了我们的 Adilkno（https://monoskop.org/Adilkno）小组对媒体理论的思辨阶段所做的贡献。荷兰语原版 1992 年出版，英语扩展版 1998 年出版。那是一个密集投机的阶段，也被称为互联网泡沫时期，从 1990 年代中期持续到 1990 年代末期。随后互联网泡沫破灭，"9·11 事件"发生，网络重新出现或被重新发明了，称为网络 2.0 版本。西方互联网行业在空前的资本崩溃后经受了惨痛的缩水，崩溃的不仅是今天我们所说的社会资本，在那个阶段我们真的是在说钱，当然也包括对互联网可能的未来的投机。

大多数投机都毁了，所以我们顺理成章地进入了一个更加整合的阶段。我还不确定这一阶段是否会被称为"平台资本主义"，我们拭目以待。

第二个概念是"网络"。在此我只能提供一个图式性的进路。对我而言第一个阶段是从 1970 年代开始的社会网络分析，其进路是纯社会学的、前科技的，略带官僚主义。社会网络分析其实很天真，它的目标是绘制有危险性的社会网络，比如黑手党的结构或公司之间的犯罪关系，在原始计算机数据库的帮助下手工绘制。这项特殊的社会学研究如今几乎过时，几乎被人们遗忘了。我们此时身在杭州的网络社会研究所（Institute of Network Society），这里的进路非常不同。因为我们不考虑对社会群体进行监视，清除这个或者清除那个。这是更开阔的网络进路，由此人们相信网络可以替代现存社会结构。网络嵌入人与事务的流程中，它不再只是某些社会学家绘制社会关系时的局外视角。这意味着什么？意味着网络可以扮演比如说宗教的角色、家庭的角色、党派的角色、国家的角色、贸易协会的角色、居委会的角色等，这些角色是 19 世纪、20 世纪最基本的社会结构。从这个进路看，人们所说的这些非常静态的、非常强有力的社会结构都是可以被更加流动的东西替代的。网络社会是一个提议，让人们从新的角度思考社会结构。

最近的五到十年中，对网络的人文主义式的强调崛起了。艺术家很早就开始谈论网络话题，但这很难说是什么样的人文主义。网络大体上还是一个与人疏远的概念，更多与生物学或计算机科学有关。

2007 年的时候我们尝试构建一套新的网络理论，那时网络文化研究中心和阿姆斯特丹大学共同举办了一些活动（称为新网络理论)。这大概是我们最后一次做关于网络理论本身的事了。我们被称为"网络文化研究中心",但我希望聚焦于网络行动,忘掉网络理论。这么做的首要原因是互联网,尤其是社交媒体的爆炸式增长。

最近的十年里没有什么大的变化。巴伦(Paul Barran)在1960年代初期构造的三种网络进路仍然存在:中心化、去中心化、分散式网络。联邦式网络(federated network)的提议是新进路,应该成为第四种,它是一种新的网络架构方式。但是我们该如何去构想它呢?据说它在较低层面上是去中心化的,在较高层面上则更为中心化。我和奈德·罗斯特(Ned Rossiter)一起开发了一种进路,我们叫它"组织化网络"(organized network)。关键在于:我们不要松散的连接,我们需要强劲的连接。我们应该破除、阻止弱连接(不要成为"朋友")。如果你想建立网络,那么立刻建立强健的网络吧,从一个相对小的网络开始。网络理论给了我们很多如何操作的提示。我们都知道一个有效网络的核心是由10到15人组成的,一个稍大的网络,想要在其中有沟通,也不能超过150人。这并非什么高科技。然而在今天的社交媒体环境中,建立这样的网络越来越困难,原因很简单,社交媒体巨头都乐得让这些网络一夜暴增,这对他们有利。他们得逞了。超过150这个数字你就迷失了,那时你只是在为别人、某个大公司或国家创造利益。大型的网络对你本身是有害的,而对别人(的公司)有利。这是非常基础的网络概念,你到处都可以读到,但脸书和其他大公司另有企图,它们并不想让我们通过网络变得强大。它们考虑的是广告一类的事情。

布拉顿写的《堆栈》(The Stack)迈出了新的重要的一步。它是继卡斯特的"网络社会三部曲"之后的里程碑,批判地阅读这本书将非常有益。布拉顿提出了一个宏大的方案,是思辨的理论,而且不再是关于网络的。可以说媒体、网络和平台的概念都是"堆栈"。这本书是用来分析所谓的"平台资本主义"的框架，虽然布拉顿并不愿意使用这个词。斯尔尼塞克（Nick Srnicek）已经写了一本关于平台资本主义的小册子，可作为布拉顿的参照或补充。我认为在中国举办一场关于平台资本主义的讨论也会很有益处，讨论中国的平台经济有何特征。

如果1980年代媒体理论诞生了，1990年代是网络的十年，那么现在我们都生活在平台的魔咒之下。正如"平台"一词所指向的，这是一股不断地升高、中心化、整体化、综合化的趋势。网络意识形态鼓吹自己的去中心化天性，而平台文化则骄傲地宣称，人类大家庭终于找到了共同的家园。难道不是吗？我们全都聚拢在那里了。吉莱斯皮（Tarleton Gillespie）在2010年的文章当中非常简要地总结了平台概念在互联网泡沫破裂后出现的几个原因，据吉莱斯皮说，选用"平台"一词是策略性的，它把在线服务中相互冲突的活动表现为一种中性的基础。所以对自己动手操作（DIY）的使用者来说，似乎可以在中性的平台上免费地生产。平台的中心化面向是非常重要的，这必然使平台与网络逻辑格格不入。

平台预示着不同的玩家、应用软件和用户数据在更高层面上的整合，正如布拉顿所说，它创造了一种综合，即平台的主权（sovereignty）（让人想到施密特〔Carl Schmitt〕）。我们也会谈到平台的例外状态，这两方面是一体的。面对中心化的平台，布拉顿问道：这是一个新的集中营吗？这是我们时代非常让人担忧而又非常重要的问题。

第二节

与列斐伏尔前行

DAY 01 （11.11 Saturday）

10: 30 — 12: 00
Panel 1: 马克思主义哲学和批判方法 / Marxist Philosophy and Critical Methods

刘怀玉 / Liu Huaiyu
列斐伏尔在中国的传播、批评、运用与可能的生产
The Productive Potential of Lefebvre in China: Dissemination, Critique, and Usage

希姆娜·德·西莫尼 / Simona De Simoni
空间时间的政治经济学批判：列斐伏尔的研究计划
A Critique of the Political Economy of Space and Time: the Research Program of Henri Lefebvre

14: 00 — 16: 30
Panel 2: 今天的（数码）日常 / Today's（Digital）Everyday

迈克尔·E·贾第纳 / Michel E. Gardiner
21世纪式无聊？列斐伏尔、比弗和符号资本主义转向
21st-Century Boredom? Lefebvre, Bifo and the Semio-capitalist Turn

阿尔菲·波恩 / Alfie Bown
超级App乌托邦：香港、伦敦和纽约
The SuperApp Dystopias: Hong Kong, London, New York

DAY 02 （11. ...nday）

...新地理学 / Urban ... eographies

李昊 / Li Hao
喊麦、直播与尬舞——移动...
Hanmai, Live-stre...
Public Space Tra...
construction in th...

范凌 / F...

第二届网络社会年会现场 2017 年

与列斐伏尔前行：
算法时代的都市论与日常生活批判

第二届网络社会年会

时间：2017 年 11 月 11—12 日
地点：中国美术学院南山校区学术报告厅
学术委员会：高世名、管怀宾、黄孙权、陆兴华、海阿朗（Allan Bahroun）
演讲者：刘怀玉、希姆娜·德·西莫尼（Simona de Simoni）、迈克尔·E·贾第纳（Michael E. Gardiner）、阿尔菲·波恩（Alfie Bown）、卢卡斯·斯坦尼克（Lukasz Stanek）、李孜、李昊、奈德·罗斯特（Ned Rossiter）、水越伸（Shin Mizukoshi）、范凌
主办：中国美术学院跨媒体艺术学院网络社会研究所

亨利·列斐伏尔（Henri Lefebvre, 1901—1991）生于 20 世纪之初，几乎遍历整个 20 世纪。他身后的著作和贡献出的议题一样丰厚多姿。从战争到国家重建，从工作到消费研究，以及更重要的关于空间和城市的奠基性写作，列斐伏尔投身于这些斗争，在理论上开出新枝。然而列斐伏尔在 1980 年代末微微触及的问题如今已成改变世界的主要因素：社会计算机化所引导的技术发展。

追随他的批判，我们必须重读他的文本，但更要紧的是必须与他一道投入批判性的历险，去描绘、想象我们的生活。

今天我们的生活愈加依赖全球新工业寡头所推行的"社交媒体平台"。时常求助于数码制图学，我们对空间的经验本身也被它重塑。置入都市构造中的"智能设备"则重新配置了我们的城市纹理。与列斐伏尔一起行走在西湖之畔，我们将在都市经验与日常生活的新复杂性中另辟蹊径。

第二届网络社会年会海报　2017 年

打造前往可欲之处的理论与实践

第二届网络社会年会欢迎辞

黄孙权

列斐伏尔出生于 1901 年，活了九十岁。他是 20 世纪的目睹者、研究者与实践者。他目睹苏维埃革命的成功、两次世界大战、马克思理论的教条化、中国革命的成功、东西冷战围墙倒塌，以及之后工业现代性面临新资讯革命的转型。他曾是法共的首席哲学家，后又因为批评法共而遭开除。他有关日常生活、革命、节庆、节奏分析与想象力夺权等关键理论思考，成为六八学运的理论基础，也影响了法国 20 世纪七八十年代的城市规划实践与政治社会议程。他当过计程车司机、广播员、乡间私校教师、社会系主任。他丰富精彩的一生，不仅只是复活、更新了马克思的哲学理论，更多令我着迷的是，他高声呼吁并且实践他所爱之事。

今天我们在这里，正对抗着另一个由抽象空间、商业时间所统治，世界上最多人同时参与的庆典：阿里巴巴的淘宝双十一购物节。据阿里巴巴去年的数据显示，零点交易开始后 52 秒，全球成交额突破 10 亿人民币。今年 11 月 11 日凌晨三分零一秒，就突破 100 亿人民币。在杭州这个阿里巴巴企业诞生的城市，全民运动的节庆时间点上，在学术体制早已如同列斐伏尔所描述的现代城市一样，成为制度生产的产品（product）而非一个集体完成的艺术品（œuvre）。今日各位嘉宾在此，远道而来的学术会议能生产什么？

在今年的海报上，我多加了一句话："与列斐伏尔一道，我们要构造出（不）可能的欲望：邀请每一个人改变经验这个世界、爱这个世界的方式。"（Like Lefebvre, our conference forms the [im] possible wish to invite everyone to transform their ways of experiencing and loving the world.）

我由衷希望今年年会是探究数码时代城市发展与日常生活的另外一个面向，这不是意味着逃离，或是意大利左派理论家奈格里所谓的出走（exile）。事实上我们无处可去，必须将杭州的当今现实当作一个特殊时刻（moment），如同列斐伏尔说的一样：都市成为一个时刻（urban as a moment）。在这座历史人文悠远与电子商务最发达的城市，共同思考列斐伏尔向往的去处：都市社会还可能是什么？都市革命又意味着什么？列斐伏尔曾说："日常生活是最高法院，我们所有的知识、智慧、权利最后都要经过日常生活的审判。"那么今日正在发生的狂欢购物节判定了什么？消费城市之胜利？接近城市的权利如今看来某部分实现了，无论你在四川的农村、西北的沙漠，还是北上广深的一线大城市，人民平等地享受即时购物、全球化讯息交流的空间。但我们也知道，这个平等购买权（fair right to buy）并非公平（justice）。

作为主办方，我希望本次会议能够开始面对今日的都市现实，特别是网络社会、资讯技术、智慧城市与全球物流所带来的不可分割的抽象统治力量。任何一个学科已然无法掌握全局，这是我们希望能够号召跨领域的研究者与实践者们，站在上个世纪标志性的人物的肩上，学习并推进。

让我重申几点：首先，列斐伏尔的理论就是实践的理论，是透过可欲的现实，让理论成为打造实践的基础，要以想象希望的生活来打造可以实践的理论。理论既是研究阐释，也是观念形构，是一种朝向具体形式和细节的运动，亦即，社会实践是由理论来理解并促成的。"都市社会"可能是虚拟的对象，但它也是一个可能的对象（possible object），透过跟它的间接关系的过程而实现它。列斐伏尔说，城市起源于哲学，哲学也是构造好城市实践的理论，并非什么形而上学的思考。然而，城市的形式与内容都与 1960 年代列斐伏尔面对的工业现代性大大不同了。除了列斐伏尔批评的科幻小说是负面的、反城市的、远离日常生活的歹托邦，像《银翼杀手 2049》背景参考了北京城雾霾的现实之外，我们心中的都市社会图景，紧迫需要的可实现的乌托邦是什么？我们可以轻易地批判全民运动的购物节，但知识分子的尴尬处境是：它不正是今日人民的日常生活吗？哲学批评要是政治批评和行动，因为无产阶级的出路不在于美学的，或是哲学的，而是政治的。这两天的会议可以让我们思考今日乌托邦可能是什么？即由我们明日希望的现实来打造。

其次，关于城市权利，那个使得全人（total man）得以产生的城市权利也已然变化。接近城市的权利是一种超越形式的形式，是一种最高形式的权利，它是社会的权利、存在的权利、自由的权利、社会化中个体化的权利、住和栖居的权利，住（habitat）是所有权与地产的概念，而栖居（inhabitant）是住的概念，是产生作品（œuvre）的权利，是参与跟挪用（appropriation）的权利。我们不应再像柯布西耶一样将城市当作宿舍规划，或者如包豪斯的后继者仅仅将建筑变成工业产品，将城市问题简化成住宅供给问题。一旦城市的丰富降维成住宅问题，解决居住问题交给房产开发，那么就会面临借由排除租户/外来人口来完备市民权，这是多么荒谬的现实。私有住宅（owner occupied housing）成为私有意识（private consciousness）的具体化。当我在四川的农村田野，无论走得再远，爬得再高，吃得再差，身体与心灵都健康，一旦回到了成都，回到杭州，身体的过敏反应却几乎击垮我。人类一代一代打造城市成为文明的所在，现在变得不可居了，我们白忙活到底为了什么？今日环境问题势必成为都市权利实现的最后审判，无论智慧城市、新的都市想象、全球物流计算都应该面对环境不断被外部化的问题。

最后，今日的城市研究，或者说，数码时代的日常生活研究，都应该是反对片段式的科学和都市现实的研究，这正是中国美术学院跨媒体艺术学院网络社会研究所企图打造的教育与研究环境。我们在探索我们重新爱上生活的方式，唯有如此，我们才能生产愉悦的知识，并不是知识本身愉悦，而是我们知道我们将来要去的地方是我们所欲的。每个社会都会生产一个符合自身生产的空间。资本主义社会打造适合资本主义生产的空间，社会主义生产适合社会主义发展的空间，同样，资讯－技术主义也将会生产适合资讯－技术主义的空间。我们必须记住 任何解放理论如果没有相应的空间解放理论都是枉然，任何空间生产都是斗争的结果。

列斐伏尔在日常生活第三卷快要结束的时候有个比喻，他说我们都住在体制大厦中，但常常忘了自己是居民。改造自己房间只是私有意识作祟，我们可以共有、挪用、参与、霸占大厦，让我们生活的大厦成为我们革命的场所，有着我们自己的节庆，于是我们才能有自己的空间与时间，最终才完成可栖居之所。

这是我们要学会的，也许是最重要的一件事情：去改变经验和爱世界的方式。希望这两天的会议能够展露这种不可能之可能（possible-impossible）。

2017 年

第二届网络社会年会现场　2017 年
① 从左至右：黄孙权、李昊、李孜、卢卡斯·斯坦尼克
② 高世名为第二届网络社会年会致辞
③ 管怀宾为第二届网络社会年会致辞
④ 从左至右：黄孙权、陆兴华、海阿朗

③

④

时空的政治经济学批判

亨利·列斐伏尔的研究计划*

西蒙娜·德·西莫尼（Simona de Simoni）

彭婉昕 译　李佳霖、卢睿洋 校

一、引言

列斐伏尔是一位兼收并蓄、不知疲倦、充满激情的思想家：他有着不同寻常的学术生涯，共撰写了六十多本著作和数百篇文章，组建过数本评论杂志，他跨越学科边界进行了许多理论和政治斗争。他终其一生都以深度的政治参与和改变社会生活的强烈愿望为特征：从早期接触文艺先锋派，1924年与知识分子皮埃尔·莫朗热（Pierre Morange）、诺伯特·古特曼（Norbert Guterman）以及乔治·波利策（G. Politzer）和乔治·弗里德曼（G. Friedmann）创立团体"哲学家"（Le philosophe），到1928年加入法国共产党，1941年至1945年间参与反法西斯斗争；从1950年代强烈批判欧洲共产党的"斯大林化"进程并于1958年脱离法国共产党，到他对1968年的法国社会运动产生巨大影响，列斐伏尔生命历程的特点就是持续不断地进行政治定位和重新定位。一以贯之的是，他的理论作品是由最纯粹的哲学激情所激发的：对真实的惊叹——我们所说的真实并

---

* 本文系西蒙娜·德·西莫尼在2017年11月中国美术学院跨媒体艺术学院网络社会研究所第二届网络社会年会"与列斐伏尔前行：算法时代的都市论与日常生活批判"上的发言稿。

非形而上的真实，而是社会和历史的真实；男人和女人的活动——用马克思的话来说就是"产生生命的生活"[1]——这些就是列斐伏尔终其一生试图理解的"奥秘"。

列斐伏尔无疑是一位非正统的思想家。在1975年发表的一篇未英译的长篇自传体采访《误解之时》（Le Temps des méprises）中，他将自己定义为一个"边缘人"和"野蛮人"。玩味着家乡的多山环境——虽在巴黎度过大半生，但他其实来自比利牛斯山附近的一个小村庄阿热特莫（Hagetmau）——列斐伏尔以一种空间隐喻来描述他自己对社会现实的特定观察与分析视角。事实上，在列斐伏尔的空间思想中，边缘（外围）被认为是一个转换的空间，是一个过往消失、新事物成形的地方。因此，边缘隐喻着一种观察和思考的路径：例如，列斐伏尔正是从边缘出发来描述城市暴增的动态及都市社会的出现。简而言之，边缘是一种带有政治导向的"目光转移"（gaze displacement）。为了进一步强调这一点，列斐伏尔故意将自己定义为一个"野蛮人"：一个与现代性的哲学传统编撰格格不入的人。

由这种专注、狂热、挑衅的思维方式出发，列斐伏尔走出了一条清晰的学术路线，其特点是同时包含了连续性和间断性的元素。在1950年代末至1970年代中期间，这条轨迹呈现为一个丰富的研究计划。在此我运用"研究计划"（research program）这一说法具有确切的认识论意义，暗指的是伊姆雷·拉卡托斯（Imre Lakatos）（20世纪欧洲最有趣的科学哲学家之一）的科学哲学。对拉卡托斯来说，研究计划是由一组共享某个"硬核理论假设"（hard core

---

[1] 马克思在《手稿》中指出："生产生活本来就是类生活，这是产生生命的生活。"——译者注

theoretical assumptions）的理论来定义的，这些理论可以发展、扩散。研究计划并不是某一假设的连贯发展，而是声明一个强有力的理论核心假设，并向多种研究方向发展。那么，简单地说，研究计划是一种理论生产工具，其特点在于开放性，以及澄清不同研究方向的可能性。

在我看来，这种认识论模型有效地描述了列斐伏尔的空间哲学：实际上，从"空间的社会生产"这一硬核理论假设出发，列斐伏尔所提出的不同研究方向都仍有发展的可能。我在这次会议上演讲的目的是，展示列斐伏尔研究计划的起源，讨论其表达，以及指出一些与今天特别相关的内容。

二、与马克思及马克思主义的关系

1974 年，列斐伏尔的经典之作《空间的生产》（*La production de l'espace*）在法国出版，该书于多年后的 1991 年被译为英文。列斐伏尔在书中宣称，他的意图是将"对空间中的事物的政治经济学批判"转化为"对空间的政治经济学批判"。后一种思维方式——空间的政治经济学批判——明确了列斐伏尔的研究计划，同时强调其基本参考是马克思的哲学。事实上，即使受到不同理论来源的影响，列斐伏尔的研究计划仍是在政治经济学批判的框架下形成的。因此，最重要的是展示列斐伏尔与马克思和马克思主义的特殊关系。

如果用一个笑话来总结这个问题，那就是列斐伏尔与马克思保持着良好的关系，但他与马克思主义的关系却更具争议。事实上，列斐伏尔提出重读马克思的书信，意在解构在马克思主义传统中对马克思著作的神圣化。他鼓励对马克思的"整体阅读"（integral reading），这并不是作为文献学研究，而是作为通向马克思的理论的

西蒙娜·德·西莫尼在第二届网络社会年会做讲演　2017 年

政治路径，或者，正如他于 1969 年发表在《人与社会》(*L'homme et la société*) 杂志中的檄文《阿尔都塞的悖论》(Les paradoxes d'Althusser) 所写，这是"战略性的阅读"。"整体阅读"这一概念——根据列斐伏尔的方法——关联着文本与语境的整合、理论与历史社会脉络的互相依赖，列斐伏尔认为这比文本或理论本身更为重要，因为这样才能阐发出他所谓"活的马克思主义"。

"活的马克思主义"这一表述——列斐伏尔在他 1959 年首次出版的大型思想自传《总和与剩余》(*La somme et le reste*) 中使用，该书至今还未被翻译成其他语言——指涉列斐伏尔提出的非正统马克思主义的两大重要面向：一方面指理论活动与生活经验相结合，拒绝将理论视为一种独立的或凌驾于人类活动之上的领域——正如现代学术体系中的情况；另一方面，"活的马克思主义"亦指有必要在最细小的尺度上理解生活的社会维度，以及对日常生活进行唯物主义分析。

列斐伏尔的哲学最重要目的就是对日常生活进行理论和政治分析，这是他的马克思主义研究最原创的一个面向，也是他的作品与同时期其他法国马克思主义思想家——特别是路易·阿尔都塞（Louis Althusser）和让-保罗·萨特（Jean-Paul Sartre）——的区别之处。事实上，列斐伏尔认为阿尔都塞是一种僵死而纯粹的理论马克思主义的标志，而萨特则是在解放的观念下对日常生活持先验怀疑的例子。列斐伏尔在青年时期与超现实主义和达达主义共举的祈使句口号"改变生活"（changer la vie），经过他思想的逐步巩固，成为一个邀请，让人们从唯物和微观的视角出发，以对日常生活具体领域的影响来评判各种政治提案——乃至是共产主义提案。这一视角使列斐伏尔对苏联的共产主义经验持极度怀疑的态度，并于1958年被法国共产党开除。

那么，正如我所指出的，生活议题——从界定微观政治分析视角的意义上说——是列斐伏尔的非正统马克思主义的独特主题，而且如同我将试图说明的那样，它也是其研究计划构建的起点和平衡点。事实上，他的研究计划的理论核心得到了巩固（连贯起来），是由于生活问题与空间问题相交起来，而这又发生在欧洲的福特主义都市规划背景下，或者更准确地说，是功能主义的生活组织方式与战后城市扩张相连，成为将社会再生产整合进生产系统的主要政治手段，同时功能主义也成了资本主义社会全球重组的工具。接下来我将继续讨论这个问题。

三、研究计划的诞生

1945年到1975年是欧洲经济发展的所谓"光辉三十年",像巴黎这样的城市,人口大约增长了200万。在此背景下,列斐伏尔认为住房问题是一个根本的政治问题:新的住房模式和人类聚集形式不断涌现,他意识到一个特殊的政治学本体论,它把"居住"(dwelling,法语 habiter)这一复杂实践转变成"居所"(habitat)这一抽象概念。实际上,由于1950年代的所谓"新城市"(villes nouvelles)建设——列斐伏尔曾于1960年对工业城市莫伦克斯进行调查——以及法国各大城市中激增的大型集合住宅群(Grand Ensemble),从1950年代中期到1970年代中期,在去殖民化和快速都市化进程的语境下,建筑和都市功能主义成为管理大型基础设施、房地产投资、消费、转型、移民现象的主宰模式。

勒·柯布西耶(Le Corbusier)20世纪三四十年代阐述的功能主义建筑和都市空间概念的核心,是试图将工业生产的效率原则应用于建筑和都市的知识和实践。根据列斐伏尔的研究,将这一原则运用到1950至1970年代间欧洲最重要的城市规划(例如1958年和1967年巴黎的两次都市规划)的结果,就是资本主义逻辑扩张至整个社会,方式则是生产抽象的社会空间(social space)和社会时间(social temporality),列斐伏尔将二者分别称为"居所"及"日常性"(everydayness)。

在此框架下,列斐伏尔将柯布西耶提出的"居住的机器"(la machine à habiter)这一功能主义概念视为一个涉及空间、时间和日常生活的生产过程的象征。为了强调这一主题在列斐伏尔研究计划逐步构造中的理论相关性,具体可以参考1857年马克思在《政治经济学批判》(*Foundations of the Critique of Political Economy*,或称《政治经济学批判大纲》[*Grundrisse*]）基础上发展起来的"机器"（machinery）概念。在《导言》中，有一段特别著名的话，马克思解释道："机器无论从哪一方面来看都不表现为单个工人的劳动资料"[2]，因为，恰恰相反，"机器体系表现为固定资本的最适当的形式"。他还补充："劳动资料发展为机器体系，对资本来说并不是偶然的，而是使传统的继承下来的劳动资料适合于资本要求的历史性变革。"[3]

在批判"居住的机器"的过程中，列斐伏尔似乎参考了马克思的那几段文章，与马克思的论点形成了一种不完全的类比：实际上对列斐伏尔而言，居住的机器变成了"资本的最适当的形式"的表达，也是资本主义历史性重塑的象征。列斐伏尔认为，福特主义的都市化带来的社会高度工业化将资本主义带入了一个转型的临界点，他将其描述为从"工业时代"（industrial age）过渡到"都市时代"（urban age）。在进一步展开这方面的论述之前，先深入探讨列斐伏尔对社会高度工业化的诊断是很重要的。

四、日常性的生产

正如我所主张的，列斐伏尔认为功能主义象征了一种涉及空间、时间和日常生活的生产过程，并且建立在资本主义逻辑扩张至日常生活各层面的基础之上。列斐伏尔将这种扩张动态定义为"生活的殖民化"（colonisation of life）——将"日常性"（everydayness）转变为一种抽象的标准化生活的社会形式。实际上，列斐伏尔将

---

[2] 译文采用《马克思恩格斯全集》第二版第 46b 卷，第 208 页。——译者注
[3] 译文采用《马克思恩格斯全集》第二版第 46b 卷，第 210 页。——译者注

"日常"(le quotidien)与"日常性"(la quotidienneté)区分开来,前者的含义——显露出尼采活力论(vitalism)的强大影响——是一种关于现实(the real)可能的持续转变的本体论来源;后者是资本主义对生命的吸纳形式。

日常性这一概念,作为资本主义对生活的吸纳,与现象学概念"生活世界"(Lebenswelt)和本体论概念"日常"(Alltaeglichkeit)有着显著的区别。根据列斐伏尔的观点,日常性并不描述个人经验的框架,而是描述因一个特定抽象化过程导致的资本主义社会中系统的社会再生产结构。为了解释这一点,列斐伏尔运用由黑格尔提出、最初为马克思所用的"具体的抽象"(concrete abstraction)这一概念来阐述抽象劳动理论。1971年,列斐伏尔在《生产关系的再生产》(*La reproduction des rapports de production*)中表示,"在日常性中,具体变得抽象,而抽象化这件事也变得具体了",由此他间接提到马克思于1857年在《〈政治经济学批判〉导言》口所写的劳动,也就是说,由于生产的特定历史条件,劳动变成了一种抽象经验。

从这一理论视角来看,列斐伏尔认为日常性是资本主义社会下,社会再生产领域合理化(rationalization)的历史结果。他在《现代世界的日常生活》(*De la vie quotidienne dans le monde moderne*)中非常清晰地阐述了这一观点,该书于1968年在法国出版,无英译版。他陈述道:"很显然,人总是有吃饭、穿衣、居住、制作东西、再次生产因消费而消耗之物的需求,但尽管如此,直到19世纪,只要竞争性的资本主义和商品世界尚未确立,日常性的领域便尚未存在。"

因此,根据列斐伏尔的观点,日常性是资本主义社会的产物,更准确地说,透过生产功能主义居所,工业逻辑扩及社会再生产与日常性同步了。实际上,日常性之抽象化源于动作和活动的不断重复——如同生产线上的重复:上班、回家、在购物中心购物、去公园、带孩子们去上学、周末见见朋友,诸如此类。所有的生活节奏都适应于生产系统的节奏。列斐伏尔在与凯瑟琳·里格里尔(Cathérine Regulier)合撰的《节奏分析计划》(The Rhythmanalysis Project)一文(1999年首先以英文刊登在期刊《反思马克思主义》[Rethinking Marxism])中所述,抽象的、量化的时间塑造了日常生活,"将每一天隶属于空间中的劳动的组织方式"(tesi, p. 148)。在1992年的《节奏分析元素》(Elements de rythmanalyse)中,列斐伏尔进一步探讨了同样的问题,他指出:"日常不断形成,创造了时间需求及运输需求,简言之,创造了一种重复的组织方式。"空间生产和组织使后者成为可能。

此外,在这个框架下,列斐伏尔认为在日常生活中存在着社会异化的激进化。列斐伏尔高度认同情境主义国际,特别是居伊·德波,将异化当作一种"空间化现象"来分析,其特点是休闲场所的激增,如咖啡馆、主题公园、旅游景点等。这种不断整合的过程就是他所说的"放松的意识形态及技术性"。对于列斐伏尔而言,这象征着在逃离重复的欲望和资本主义对生活的资本主义归类之间形成了一种辩证张力。

通过对日常性的分析,列斐伏尔得以对社会做出综合的诊断,他的兴趣从工厂转移到城市空间,从而为时空政治经济学批判奠定了基础。正如我所说的,尤其是对功能主义空间生产与日常性的生产之间关系的密切审视,可说是列斐伏尔研究计划的理论实验室。随着对资本主义社会建构过程中的空间及其中心性(centrality)的社会生产做出一般性的理论假设,他的理论实验室轮廓分明起来。

五、核心理论假设：空间生产

在他的巨著《论国家》(*De l'État*)——该书共分四卷，1976至1978年间相继于法国出版，近期由尼尔·布伦纳（Neil Brenner）和斯图尔特·艾尔登（Stuart Elden）编辑的英文读本《空间、国家、世界》(*Space, State, World*)，仅翻译收录了其中部分文章——第四卷中，列斐伏尔观察到，"在习惯性的政治反思中，奇怪的是空间竟然是无关紧要的，（也因此）政治思想及其对现实的阐释都一直如空中楼阁"。思想如"空中楼阁"的意象让人想起马克思对哲学的著名批判及其后来为使哲学双脚落地而做出的努力。列斐伏尔似乎也在追求同样的目标，他详细阐述了一种空间化的政治思想，按照他的说法，这种思想意味着"从空间、物流、储存、流动和稳定因素出发重新考虑经济，简言之，将（经济）作为社会空间的生产和再生产（加以重新思考）"。试想近来全球的经济转变，以及例如全球化物流企业出现并成为当前经济系统中最重要的板块之一，列斐伏尔的提法便显得相当惊人。

根据列斐伏尔的理论，从社会空间的生产和再生产角度重新思考经济，意味着分析三种各不相同却同时发生、互相关联的空间生产过程，即物质的、认识论的和象征的过程。事实上，列斐伏尔结合不同的理论来源，区分了"空间实践"（space practices，产生有形的可感空间）、"空间表征"（representations of space，产生从科学上认知的空间）和"表征空间"（spaces of representation，产生生活空间）。在第一部分"空间实践"中，列斐伏尔指出社会空间的物质基础设施生产，如房屋、街道、机场、边境等；在第二部分"空间表征"中，他提出对空间及其与权力的关系的科学构想，例如将工程学、都市规划及建筑作为空间治理的工具；最后，在第三个部分"表征空间"中,列斐伏尔指的是依赖生活经验的空间意象,例如,复杂的过境体验中的边界,或与创伤记忆相联系的某个地方等。对于列斐伏尔来说,空间的生产意味着这些通常互相冲突的动态之间的相互作用。

列斐伏尔从这一空间生产理论出发,分析了农村、工业和都市的社会空间组合及其与资本主义创造和扩张的关系。事实上,根据列斐伏尔的观点,将空间定义为一种社会产物也意味着承认其历史性。但是,我们不能将空间的历史看作一种线性演变,而必须将它看作一种"形态分层"(morphological stratification),在这种分层中,过去、现在和未来以一种复杂且持续相互转换的关系共存。对于列斐伏尔来说,"空间性"是共时性(simultaneity)的领域,也是元素共存的领域:农村和工业在都市中依然存在,但它们都已被彻底地改变了。

在列斐伏尔最有名的著作《接近城市的权利》(*Le droit à la ville*, 1968 年于法国出版)和《都市革命》(*La révolution urbaine*, 1970 年于法国出版,2003 年首次英译)中,列斐伏尔将"乡村"、"工业"及"城市"的"空间时代"描述为"领域"或"大陆",每块领域或大陆都有其自身的"思考、行动和生活的方式"。例如我之前所说,"工业"的性质取决于一个抽象的空间概念及所有生命领域系列性的标准化。相反,"乡村"的特点是与空间存在一种质的关系,因此是对现实的一种精神性——魔法或宗教的——再现。

在这个框架中,列斐伏尔认为从工业空间时代到都市空间时代的过渡是一个临界点,将一种彻底的不连续引入了社会空间的历史中。事实上,都市被认为是一种"爆炸"和"内爆"的现象:一方面是都市化进程的爆炸及其特有的无止境的外围延伸;另一方面,高度集聚的新中心不断整合。列斐伏尔称之为"都市革命"的，并不是简单的形态转变，而是社会的彻底的结构性重建。列斐伏尔认为，在临界点上，它颠覆了工业化和都市化之间的联系：在某种程度上，相对于都市化进程，工业化程度成了次要的。

列斐伏尔在"进步—倒退"（progressive-regressive）的理论框架下描述工业化和都市化间的相互作用，他用这一方法发展了马克思主义的观点，根据后者的分析，资本主义是演进程度最高的社会结构，分析它也就解释了之前的社会结构。列斐伏尔的都市概念让人想起了马克思在1857年的《〈政治经济学批判〉导言》中所写的："在一切社会形式中都有一种一定的生产决定其他一切生产的地位和影响，因而它的关系也决定其他一切关系的地位和影响。这是一种普照的光，它掩盖了一切其他色彩，改变着它们的特点。这是一种特殊的以太，它决定着它里面显露出来的一切存在的比重。"[4]

列斐伏尔的都市概念堪比马克思所说的"特殊的以太"，即"一种一定的生产决定其他一切生产"。事实上，列斐伏尔认为都市化进程是一种复杂的、质的社会变革。因此，在他看来，它也构成了一种潜在的可能性，可以创造出新的生活形式和新的政治组织。"都市革命"的表述确实既表明了一种分析视角，也表达了一种政治的观点。

列斐伏尔深受1968年法国社会运动的影响，更广泛地说，深受二十世纪六七十年代全世界社会斗争的影响。他注意到一种新的政治主体性开始出现，与正统马克思主义的工人阶级白人男性大相

---

[4] 译文采用《马克思恩格斯全集》第二版第46a卷，第44页。——译者注

径庭,这一主体性肯定需求和欲望的多样性。在此背景下,他主张"接近城市的权力",这不是一种回归传统欧洲城市的怀旧想法,而是一种"对焕然一新的都市生活的权利"。

第二届网络社会年会现场　2017 年

第三节

智慧都市网络

智慧都市网络

第三届网络社会年会

时间：2018年11月21—23日

地点：中国美术学院南山校区学术报告厅

学术委员会：高世名、管怀宾、黄孙权、李士杰、陆兴华、许煜

演讲者：王坚、赛博·詹（Seb Chan）、若林干夫（Mikio Wakabayashi）、迈克尔·拉方（Michael LaFond）、邓东波、亚罗米尔（Jaromil）、克里斯·朱利安（Chris Julien）、罗布·范·克拉内堡（Rob van Kranenburg）、沼田宗纯（Muneyoshi Numada）、张圣琳、奈德·罗斯特（Ned Rossiter）、空间生产小组（黄孙权代表报告）

主办：中国美术学院跨媒体艺术学院网络社会研究所

如今，智能城市的技术与话语主要掌握在市政府与大学机构手中，作为统合、实验、测试之需，多半以交通（物流）与防灾为主；智能建筑则由开发商领军，是无线控制技术的建案延伸，两者都是治理思考而非发展计划，都落入了传统城市规划的窠臼，面临数位缙绅化的疑虑。智能城市只是有限地理的数据治理与应用，我们建议以"智慧都市网络"（intelligent urban fabric，其中 urban fabric 取法国哲学家列斐伏尔之意）作为问题意识，同时，智慧都市也应当考虑全球运算和新的技术－堆栈（stack）所重构的地缘政治关系。

在本研讨会中，我们以智慧城网作为推动智慧城市的认识论与方法，从分布式、去中心化的生产以及公众参与的可能性，来检视都市数位缙绅化所导致的区域差异与分配不公。本会希望看见新数

第三届年网络社会年会海报　2018 年

位技术的潜力而不重复过去犯下的错误，寻找让公民参与这些高科技的方法，避免智能城市的硬件发展与人们在城市生活所需的错位。总之，智慧都市网络乃是智慧城市＋区域发展＋乡镇电商全局思考的战略提案。

挑战技术乌托邦的政治对话框架

第三届网络社会年会欢迎辞

黄孙权

今年的第三届网络社会年会主题是"智慧都市网络"(Intelligent Urban Fabric),urban fabric 是来自列斐伏尔的概念,我们希望在这个基础上,重新讨论有关政府治理与政策、智能城市、民间倡议组织以及市民科学等关键作用。

网络社会研究所成立时有三个愿景。

首要是为中国美术学院的师生们带进新的资讯,让大家能够理解与重新构造当下的社会现实;第二,我们希望在美院的支持下深入国际联结的工作,除了学术活动外,也进行出版跟研究的计划,以及在中国首次实验的文艺黑客松的计划;第三,在前两者的基础上,进行持续性的本土研究,期望能够提出中国正浮现之独特的网络社会生产方式,新的技术-经济(金融)模型正剧烈地重构中国的社会与生产关系,我们需要更新认识论以及提出新的方法论,以与国际学界对话,而非只是握手会议。

第一届年会的题目是"网络化的力量"(Forces of Reticulation),从广泛的跨学科,包含社会、科技、文化,甚至社会运动的角度来重新认识当今网络化力量的种种。第二届年会"与列斐伏尔前行"算法时代的都市论与日常生活批判(Another Walk with Lefebvre:

黄孙权做大会主题报告，介绍网络社会研究所在9月份在中国香港与美国纽约大学、香港中文大学合办的"中国文艺黑客松—合作松2"

Critique of Urbanism and Everyday Life in the Algorithmic Age）。在第一届概观地探寻之后，网络化不能脱离城市，或者说都市，因为都市是启动所有新的技术经济模型的核心基地，我们因之追溯更早之宝藏，左翼经典的都市理论如何讨论城市与人类希望之可能，列斐伏尔的思考是当中最值得重视的思想资源。

除了年会，网络社会研究所还做了很多"活动"。每年我们办一到两次文艺黑客松（China Art Hackathon），跟一般的 hackathon 不太一样，我们的"黑客松"已经成为某种实验品牌。每次活动策划特定的主题，邀请设计师、艺术家、策展人、社会学家、专案管理人员跟程序员一起合作。第一届黑客松叫作"loadingthon（落地松）——重新做一个杭州人"，专门谈杭州城市的一些特定处境，以此探究自身存在的城市。第二届叫作"civicthon"（百姓松），联

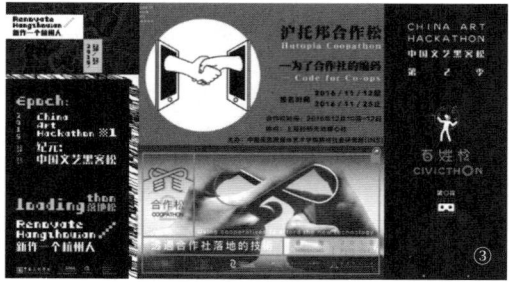

① 李士杰在第三届网络社会年会 2018 年
② 第三届网络社会年会嘉宾工作人员合影 2018 年
③ 四次中国文艺黑客松海报

合中国台湾高雄师范大学跟中国美术学院的学生一起做了一个 VR 工作坊，并邀请台湾数位政委唐凤（她同时是国际知名的开放原始码行动者与黑客）指导两岸学生，如何通过 VR 的技术参与公共、民主的讨论等。最近两年我们花了很多力气在平台合作主义上，积极促使技术工程师与合作社的合作，第三届的文艺黑客松是"coopathon"（合作松，cooperative and hackathon）在上海举行，我们邀请程序员跟合作社的社员（包含日本、韩国、中国香港、中国台湾和大陆等各个地方的组织）一起参与，让"技术的合作"同时也能是"合作的技术"。

今年9月份刚刚结束在香港的PCC HK大会（platform cooperativism consortium HK）的工作，除了参加PCC HK大会正式报告，在大会之前两天我们举办了第四届的文艺黑客松——"合作松2：透过合作松落地的技术"。让全球的合作社跟进步的程序员们知道，有一种新的、团结的社会组织的力量，基于这种新的力量，才有可能谈平台合作主义。

在PCC HK大会举办的"合作松2"更加有针对性，有了第一次在上海的经验后，我们的确开发出一些不错的原型（prototype），有网站、APP等。在这次香港的活动中，有来自俄罗斯、印尼、新西兰、中国台湾、中国香港和中国大陆的程序员，还有美国一个非常有名的程序员合作社，叫colab。整个PCC大会大概有三十几个来自世界各地不同类型的合作社跟合作社平台来参加。

今年的第三届网络社会年会基本上是一个平行会议，上个周末在台北举办了两天，议题跟杭州这场有些差异，参与的学者朋友也不太一样。在我的构想中，两岸的社会差异需要细致的讨论基础，但也面临同样的全球竞争处境。为了对抗技术决定论的智能城市论述，智慧都市网络是一个实验性的初次出发与探索——我们开创了一个具有深度发展空间的"品牌"与启动论述，各位来自各地的讲者愿意从不同角度来深刻参与，并且愿意背书支持这样的发展，在台湾由文化部支持，在杭州由中国美术学院支持，我相信这种华人世界内部深刻的反思性进步以及国际学术界与技术前沿者的思考，方能使我们走得更远。

因为我们都必须面对地方的一些特殊的问题。今年的年会，我们一开始想的事情是从这张图来的。这是一个很有名的在巴西圣保罗的例子，叫做 gated community（门禁社区），这在都市计划界与理论圈里讨论非常之多。这些中产阶级置身于都市集体消费之政治框架外，这意味着，抛弃那些未能自动化的市民，成为精英，不再对民主的政治协商有所助益。他们不会是促成转变的力量，而是民主政治失败的受益者。更糟糕的，堡垒之外，智能城市正由产官学大力推销，资讯资本主义将透过智能城市完成下一波积累，他们关注的是治理与技术本身的进步，而非社会正义与市民福祉。当城市面临越来越不公平的都市设施供给，造成贫富差距越来越大等问题，有些人就可以背对街道享受一切生活，可有些人在街头面临生死存亡。

最近飞利浦设计公司提了很多方案（我称之为 gated community 的升级版）。这个"2020年可居城市"，是由飞利浦设计公司做的，他们想象未来城市是一层薄膜，这个城市是会呼吸的、活的，作为给中国未来发展的提案。

右图（见第441页）是飞利浦公司为宁波市所提的智能城市方案，从中看到我们的处境从 gated community，慢慢"恶化"成 technique fortress community，即以技术驱动的堡垒型的社区。这整

飞利浦公司为宁波所提的智能城市方案

个转型非常非常快，快到我们几乎不太来得及应付它，也不知道发生了什么事。美国、欧洲、韩国、新加坡、墨西哥、阿拉伯联合大公国、加拿大等无一不投下巨资，巨型 IT 公司的利益变成都市发展的主要考虑。当然，最有名的从门禁社区发展为城市成为建案的案例，是 IBM 自 2011 年发展的"Smarter Cities"（智慧城市），IBM 在全球号召各种不同的更聪明的城市方案，有 2000 多个，可是到目前为止存活的大概只有 130 个左右。

很少人知道它们的成效怎么样，但我们知道在这几年的过程里，IBM 从它所提供的服务与设备里赚了将近 381 亿美元的利润，也有人估计全球的 Smarter City 的市场已经超过 500 亿美元。换句话说，都市的发展逐渐以巨型 IT 公司的利益为利益。我非常"喜欢"IBM 的 CEO 讲的这句话："盖一个聪明的星球是非常实际的事情，不需要任何意识形态。"（Build a smarter planet is realistic precisely, because it is so refreshingly non-ideological.）所以他们号召了城市开发商、城市管理者一同进行电子治理（e-governance）的大业，可以想见这需要卖更多的设备、监视器、云端储存资料以及更多的技术整合系统资源。技术一定可以服务城市各种不同功能，满足城市未来的需要，而且是即时满足。

总之，现在主流的智能城市的谈法都宣称它不但在经济上可以造福城市居民，在人群、治理、移动、环境，甚至我们所有的生活都可以被满足。马克思主义地理学者大卫·哈维对这整个转向有些担心，他认为从1960年代福利国家模型结束后，到1980年代新自由主义的兴起，整个城市从一个管理的福利系统（managerial welfare），转向一种都市的企业化主义（urban entrepreneurialism）。换句话说——我套用马克思在1847年写的共产党宣言里的话——一个幽灵正在整个星球上面漂浮，这个幽灵就是数位缙绅化（A spectre is haunting planet — the spectre of the digital gentrification）。我们有许多例子可以表明数位缙绅化的结果。

我首先想跟各位说的是 smart 跟 intelligent 的区别。前不久我跟王坚博士讨论，他也觉得台湾大概犯了一个错误，把 smart city 都翻译成智慧城市。在中文的语境里，"智慧"跟"智能"是完全不一样的意思。我们可以说一个耳机很 smart，我们会说"万能钥匙"，会说"万能的电冰箱"，所有无线控制设备，在你回家之前，就可以帮你把水煮好等，我们有各种不同的智能相机，甚至连马桶都可以很智能。但在中文的语境里头讲 intelligent，通常意味着，我们能够更成熟地处理我自己跟人们的关系，或者更成熟地处理人类跟环境的关系，也是要考虑我们所处星球的一切。

不论城市的精英、大型 IT 公司管理者、城市治理官僚，甚至连中立客观自由主义者的极客（geek），都会觉得技术就是种万能药，吃了它，所有事情都可以解决。

真实的状况怎么样？让我引用美国历史学家梅尔文·克兰兹伯格（Melvin Kranzberg）的话，科技文化领域的人都熟悉这句话，他说，技术的原则（laws of technology）第 1 条就是：技术并无好坏，但绝非中立（Technology is neither good nor bad, nor is it neutral）。技术在传播过程中，总是对先掌握到技术并熟习的文化使用者有利的，这使得技术总是偏向社会当权阶级。当我们细读马克思《资本论》第一卷有关机器与工人处境的文本，马克思仔细分析了英国当时工业技术与机器引入的状况与工人阶级的处境，他总结说："可以写出整整一部历史，说明 1830 年以后的许多发明，都只是作为资本对付工人暴动的武器而出现的。"当我们讨论智能城市、讨论各种技术的时候，我们必须永远记得这个提醒。

假设我可以更结构地解释我们当代的环境，我会说整个由上而下的聪明城市（Smart City）计划，基本上是一个地方政府与商业合作的模式所引发的都市化过程（local state-business-led urbanization），他们所用的工具就是 Smart City；同时有一个属于由上而下的底层力量，广大市民想要参与的过程，称此为智慧市民（intelligent citizens）；在两者中间，有很多不同的组织扮演不同的角色，比如说公民科学（civil science）、黑客文化（hacking culture），其中最有名的就是在全世界范围里出击、常常替小市民出气的 anonymous（匿名者）。但是黑客文化有个问题：他们是自由主义的信仰者，却相信科技是万能药。所以有的时候与管理阶层分享相同的价值，他们也觉得技术可以解决很多事情，可最后其实只是促进了技术本身的进步，而对人类的福祉、对社会正义并不一定有帮助。有些时候，黑客精神的分散式、去中心、实验性的、自由主义，以及诗意的想象仍是瑰宝，关键乃是我们如何让此种精神能够物质化地生根（taking roots），成为可接近的技术，而不是沦为《加州意识形态》作者理查德·巴布鲁克（Richard Barbrook）所谓的"雅痞资本主义"（hippie capitalists），成为富足又能自主的新阶级而已。

在这结构中，我们也可以看到如台湾的G0V，看到这次会议的参与者Dyne、荷兰阿姆斯特丹的汎荷学社（Waag）、作为PCCHK组织者之一的P2P foundation、荷兰的网络文化研究所INC，以及柏林的合作社组织与公民提案平台ID22，等等。这些组织正在沟通一种新的让技术落地生根的过程，正是我们我们称之为生根类的组织。他们正让技术变得不再高端而遥不可及，强调的是适用（appropriate）与可负担（affordable）的技术。这些组织正慢慢形成一个中间层，也许我可以称他们叫做intelligent organs，智慧器官。这些组织正在由上而下与由下而上的两股力量的交锋中和利益冲突中磨炼、争吵，甚至居中协调，成为这个结构里重要的角色。

总之，我们需要有一种新的理论以及产生一种朝向实践的力量，那就是创造出一个可对话的政治框架，我们才能够处理这一新的经济-技术模型带来的重要转变。简单讲，我们必须把Smart City（聪明城市）、Intelligent Organs（智慧器官）和Intelligent Citizens（智慧市民）三种的力量放进对话的政治框架中，由上而下地为了"共善"的智慧城市、由下而上智慧市民参与，以及中介的技术团体之智慧器官，三者正在竞争未来都市意义。

什么是智慧都市网络？对我来说，特别是在中国，它是一个在巨型的工业化跟都市化发生的过程里，由技术所驱动的差异地理学所交织出的网络。我们要研究的是正是在这个网络上形成的新的社会、经济、文化的关系，以及新的城乡关系。这就回到了列斐伏尔的说法，我们要把城市当作一个集体作品（œuvre）而不是一个产品（product）。在 1983 年，著名都市研究者曼纽尔·卡斯特（Manuel Castells）在他的《城市与草根》这本书里，有一个影响深远的研究成果。他问：什么东西才可以改变都市的意义呢？我们怎么去辨认一个都市，怎么才觉得这个都市是我的，好的或坏的？卡斯特认为，最重要的并不是由那些建筑的形式、纪念碑式的高楼大厦、公园、马路、边界来决定的，都市意义来自于新的都市社会运动，只有都市社会运动可以造成都市意义变迁，新的都市意义是被新的都市社会运动所创造的。我愿意称当今此种新的都市社会运动为都市的信息化运动（informationalized movement）。

以智慧都市网络作为问题意识，旨在探询由技术差异地理学所产生的都市化与工业化之网络上所浮现出来的社会文化与城乡新关系，将都市作为一个包含了市民权、永续以及科技发展之整体网络的研究对象。我相信，唯有将三者放在都市治理的对话政治框架中，信息资本主义下的新都市运动才能转化都市意义，这将物质化开展重构地缘政治，亦即能够转化当前全球运算的政治：一个由人类数位轨迹造就的未来而决定了今日现实的处境。

最后我想用两部科幻小说来解释我们的一些想象。一部是我非常深爱的小说家菲利普·迪克（Philip. K. Dick）的《尤比克》（*Ubik*）。他有非常多脍炙人口的小说被改编成电影，像《少数派报告》《银翼杀手》《高堡奇人》等。《尤比克》是我最喜欢的一本，它非常荒谬，不知所云却令人真实恐惧着。据说人们在这个星球上生了任何一种病，得了任何疑难杂症，比如你在时空穿越时遭遇的创伤，或者在生与死之间错乱的记忆，那么只要拿着这瓶万能喷剂喷一下，你就好了。此外，韩国的松岛计划，这大概是目前进行的

左图为《尤比克》封面，右图为韩国的松岛计划

最大的一个智能城市开发计划，它是由思科公司（Cisco）、美国著名的房地产商盖尔国际（Gale International）与韩国政府合作的计划。他们想要做的是 u-City，一座万能城市，一座人类中心的智慧城市，最终成为可复制贩卖的"亚洲大脑"，做完以后再卖到中国跟印度。我常常在想，《尤比克》跟 u-City 之间的关系是什么？（u- 明显乃是 ubiquitous 的前缀，指通用／万能／普及）。有没有一种万能药真能解决人类遭遇的痛苦，解决这个世界里的社会不公？真的有一座万能城市能解决人类普遍面临的痛苦、分配不公与城市驱动的贫富悬殊差距？我并没有答案，我只是每次看到这个巨型的城市，就想到《尤比克》里的万能喷剂，小说令我恐惧而现实建造的万能城市则感觉想象力贫乏，是万千商业计划的一个又一个程序城市（programmable city）而已。

另外一套小说是我特别爱的道格拉斯·亚当斯（Douglas Adams）的《银河系搭车客指南》（The Ultimate Hitchhiker's Guide to the Galaxy）系列，共有五本。在 1976 年的第一个版本里，一开始他写道："我们这个星球的人，常常会觉得不快乐，而不快乐的原因都与某一种绿色的（或各种颜色）的小纸片的流动有关，这可真是怪事一桩，因为从头到尾不开心的又不是绿色小纸片！这是我想说的：我们不开心的原因，从头到尾也不是因为技术不进步啊！"

  我们希望这次会议能延续上届年会带给我们的一些启发。列斐伏尔非常喜欢谈可能跟不可能的关系，他曾说"impossible is our desire"（不可能就是我们的欲望），人们总是欲望着不可能。这些梦想、这些乌托邦、这些我们想要去的地方，会帮助我们转换我们体验与爱这个世界的方式。这也是我们这次年会想要从各位专家、各位朋友、各位参与讨论的师生们那儿学到的东西。

2018 年

城市大脑：一个城市的演化和突变

王坚

黄教授刚称我是有实践力的梦想家，让我想起曾经有个记者对我说，自己有梦想还去实践，这叫作弊。我今天要讲的其实完全是我自己的实践，我既不做城市的研究，也不做关于城市未来的设想，讲的完全是我个人的经历。

我的个人经历跟这个网络社会年会的名字还有点关系。其实我非常好奇，这个会议是先有英文名字，还是先有中文。看着中文，我觉得很难翻成这样的英文，看着英文，也很难翻成这样的中文。可见我们对这个世界的看法是非常不稳定的。但我刚才听了黄教授的解释后，把"网络"和"fabric"等同起来，还是很有道理的。

也许从发展的角度来看，人类迈出第一步的时候，其实就是做了一个网络。但今天大家讲网络的时候，实际上是在讲Internet。我和刘畑在云栖小镇做"博悟馆"（图1）的时候，大家有一个"九张网"的思路（图2）。比如浙江这一带的水网非常丰富，这是当年的"互联网"。因此，这个词的演进还是蛮有意思的。

另外一个比较有意思的词是"intelligent"。到今天为止，我看到这个词翻译成"智慧"，心里还是很难受。因为我是学心理学出身，这个词在心理学领域从来不会翻译为智慧。但是我相信，

王坚在第三届网络社会年会做主题演讲

intelligence 是生物体进化的非常重要的一个阶段，每个动物都有自己的 intelligence。

中间的"urban"就更加有意思了，跟我今天的主题有关系。当然我不是一个 urban planner，今天我才知道中文的"城市规划"翻成英文是"urban planning"，以前没那么明确。按我自己的理解，city 应该胜过 urban，不知道黄教授怎么看。

回到我自己的主题，三十五年来我第一次把城市当作一个整体来看待，才会有这句话：城市是人类最了不起的发明。当然，这个发明不是一蹴而就的，是慢慢完成的。我相信世界上很少有某个东西像城市一样，发挥了这么久的功能，还继续在发挥，这也是我们今天面临的挑战。就我看到的材料来说，今天很多人在讲，乡村其实也是城市的一部分。如果讲到都市或者城市本身的话，还是要说几件跟技术有关系的事情，可能大家已经不太去关心这些事情，因

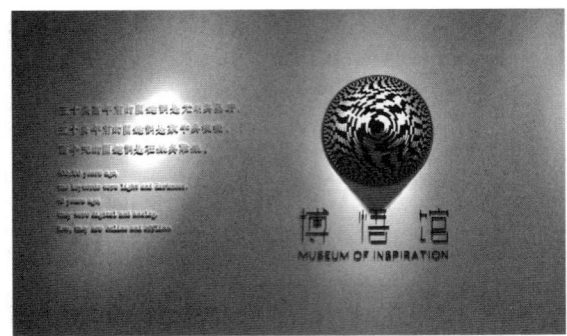

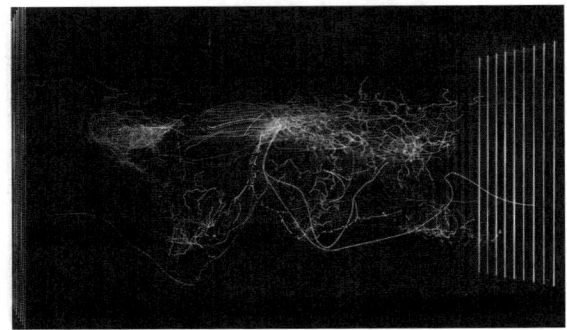

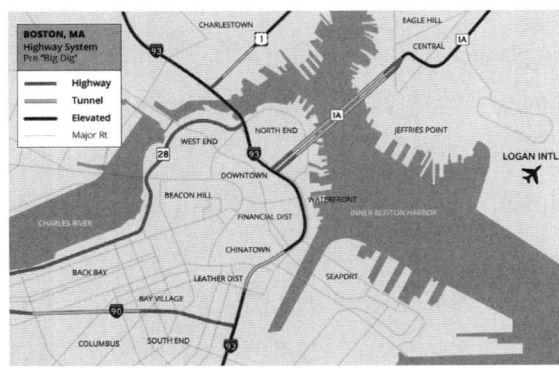

由上至下分别是:

图 1　云栖小镇 博悟馆

图 2　王志鹏、侯雨濛、李朝林、尤利、王妙雅、信阁《互联网的自然起源》云栖小镇 博悟馆

图 3　波士顿高速公路 Big Dig 计划 图片来源:https://en.wikipedia.org/wiki/Big_Dig

为习以为常了。

第一件事情就是地铁。大概是一百六十年以前，伦敦有了第一条地铁。而今天的地铁成了一个稍微大一点的城市的标配，特别是在中国，这也是蛮有意思的事情。尽管这对大城市很重要，但事实上大部分城市是没有的。另一个是今天每个城市都有的，就是电。大约一百四五十年以前，纽约第一次有了电网。现在回过头来想想，在讲技术和我们的关系的时候，大家忽略了一件事情，就是把已经变成生活一部分的技术，和想象中的技术混在了一起。所以我想，黄教授引用的"技术不好、不坏也不中立"这句话意义不是很大，因为你接受了技术时，技术是好的；当技术伤害了你，它就是坏的；你漠不关心的时候，它就是中立的。

实际上我们早已对很多技术习以为常了，比如电。今天我们已经不会特别在意它，但如果没有电，我们连这样的会都开不成，如果没有电，我们连唱歌也唱不成。我相信现在很少人会去想，没有电，音乐还存不存在。这种关系才是真正的技术和我们生活的关系，而不是说直接拿一个技术来干什么，这是两个不同层面上的东西。所以从这个角度讲，技术永远是人的一部分，这是人们没有办法回避的。如果没有电，摩天大楼不会有，甚至可能连我们会场这样的建筑都没有，因为建筑图纸都是在电脑上画出来。这些东西对我们的影响是超出我们的想象的。更极端地讲，我们的夜生活也是电创造的。

同样，技术也会带来很夸张的、我们不愿意看到的事情。2007年，波士顿的高速公路"Big Dig"计划（图3），光是固定成本就花了150亿美元，如果加上利息大概花了240多亿美元，包括隧道和高速，但只解决了12英里的问题。这是一个典型的技术对城市造成非常大危害的例子。这个例子会让我们想一个问题：一个城市应该用什么样的方式来发展？2007 年波士顿这个案子是重新思考的契机。

另一个不可避免的事情，不管你愿意不愿意，到了 2050 年的时候，会有超过 70% 的人居住在城市里。如果不从社会学的角度，而从一个看起来比较功利的角度看，这么多人也许只有生活在城市里，才可以享受我们今天可能认为的一个"好的生活"的标准。

我今天想用一个例子来说明一件事情，就是一个城市里边有很多东西是最最基本的。交通就是每一个生活在城市里的人的尊严。刚才黄教授讲的门禁社区，实际上有关人的尊严，而不是一个住房大小的问题。我们生活在这个世界上本来就很不容易，还要把所有的生命浪费在堵车上，这是非常不人道的。因此，这已经不是一个堵车的问题，而是一个人道主义问题。我觉得北京是个很不人道的地方，如果年轻人每天上下班的时间要比在杭州多出一个小时的话，所有的时间加起来是个天文数字。一个城市就是应该让人有尊严地活着，这是做技术时应该要尊敬的地方。技术是不是可以给人带来更多的尊严？这可能是一个重要的问题。

杭州从 2016 年开始做的一件很有意思的事情，叫 City Brain，"城市大脑"（图 4）。这实际上是对波士顿 Big Dig 一个非常好的反思。我们的基本观察是，城市的问题是全世界的问题，是否能够找一条新的路径来看待这件事情。这里边有一个非常基本的思考：为什么会有城市？其实城市是围绕着资源来建的。当然最基本的资源就是土地。城市会修在河边，修在港口，这些都是资源。只不过在今天，大家都在讲这个 Big Data，但我自己更愿意用 Big Resource 这个词。也就是说，数据成为了城市发展中不可或缺的要素，或者说决定性因素。这是一个关键的事情。我讲数据的时候，它不一定关

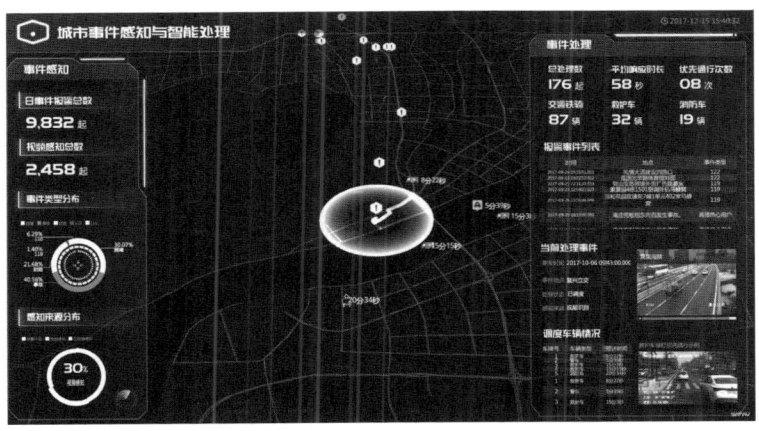

图 4　ET 城市大脑（城市事件感知与智能处理）图片来源：https://et.aliyun.com/brain/city

乎大家的隐私，甚至与隐私完全没有关系，这样的数据对城市的发展也很关键。城市能改变的一个非常重要的因素，是数据资源被带入进来，就像当年把电带过城市一样。电作为科学现象很早就被发现了，但是把电作为一种能量、一种力量带到城市里面，是跟电网有关系的。所以我说这是两个不同层面上的东西。

数据资源对城市到底有什么作用？我举个最简单的例子，上塘高架，杭州最复杂最繁忙的立交桥。我们没有学波士顿花那么多钱改造立交桥，只是把杭州所有的交通流量算了一遍，再重新调配了快车道的车流，使这个交叉路口的通行速度提高了 50%。这里不涉及隐私，因为我们只是数了数路上有多少车，都不知道这辆车是什么车。

今天世界上没有一个城市的交通管理者知道——就在我说话的这个时刻——路上有多少车，然后他就开始调配整个城市的资源，说要解决交通的问题。我实在没有办法想象他们如何去解决这

第三章　网络社会　　453

个交通问题,就像我们还不知道有多少人来上课,就事先去准备一个很大的教室一样。大概全世界都有类似的情况。刚才黄教授谈到IBM 的 Smarter Cities,我很晚才开始关注这个项目,到今天为止我还是没有搞明白,为什么当时IBM可以说Smarter Cities, without even counting the number of the cars(连行车数量都没算过)！这让我非常困惑。况且我刚才讲到,这里没有用任何可能涉及非常隐私的数据,本质上就是数了数有多少车在路上。

但是当数完车的数量以后,就会发现我们现在的城市设计是多么不合理。我只是用杭州的数据来讲,但我相信世界其他城市的数据结构是差不多的。我没有办法用其他城市的数据,是因为其他城市甚至没有这个数据,所以我只能用杭州的数据。

现在我给大家三个数据,大家就会知道,为什么我们现在城市的资源调配是有问题的。第一个数据:杭州每天到过路上的车大概是120万辆。这个数字很有意思,限行或不限行对这个数字没有影响,而且现在很多城市都是限行的。第二个数据:我现在说话的这一时刻,杭州的道路上有多少车？大概只有20万辆。也就是说在一个特定的时候,20万辆车就满足了这个城市最基本的交通需求,其余的车只是有一会儿到了路上。大家可能很好奇,我堵车的时候有多少车？可能很多人以为堵车的时候就是120万。但其实堵车的时候也只有30多万辆车。所以,当一个城市只多了10万辆车,就能引发这么大的变化。在杭州登记的机动车大概有180万辆,也就是说,一个城市只需要20万辆车就满足最基本的运作,却要为这180万辆车配停车场、加油站以及所有的基础设施。所以请大家想想看,我们今天一个城市因为有这样的交通——注意不是因为有了技术——浪费了多少资源！

如果这个城市的情况好一点，30万辆车就能解决我们所有问题的城市，但是杭州今天拥有了180万辆车，本来这些车所占据的停车场等资源可以拿来修公园，或者做别的事情。所以上塘高架的提速本质上是告诉你，其实我们不需要那么多的道路来支撑我们城市的发展。所以，不要怪技术不好，实际上是我们对城市的理解还不够，我们根本不知道要建一个什么样的城市。这个提速告诉大家，用数据修了一条看不见的道路，让车行通畅，这很有意思。

为什么说这件事在杭州是个传奇？它是在一个什么前提下完成的？去年，杭州市一共2000公里总长的公路，有20%的路面被道路施工占掉了。就是说，我们少了20%的路，速度还提高了50%。所以大家认真想一下，我们只是去数了数量，既不smart也不intelligent就把速度提高了。所以，这件事情让我重新看待一个城市应该怎么发展。大家可能都没有想到的是，我们最大的问题，技术最大的问题——这本身不是技术带来的——是我们滥用资源的能力大大增强。

以前我们没有能力，没有挖掘机，不能乱挖土地，人们拿洋镐来挖土，太辛苦了，所以就不挖了。但是现在有了挖掘机，人们就乱挖。所以我觉得，是我们自己滥用的这些能力，使得我们的资源被浪费。就像我曾和杭州市长讲过，"不能老百姓叫你修路，你就要修"，老百姓可能根本没有搞清楚修路对他们伤害有多大。这是公民意识的问题。大家不知道，对于我们现在的城市，你提了一个看起来很合理的要求，其实对大家的损害还是很大的。我不知道我有没有把这个观点讲清楚，这些都是我们的资源。人们其实根本不知道我们的资源被浪费得多严重，这是我自己做这件事情以后得到的体会。

"城市大脑"想干什么？"城市大脑"就是要为城市留下更多的资源。也就是说，我们今天所有地球上的资源都应该原封不动地留下来，即便要建造城市。

回过头来想，我们的"城市大脑"就是要为城市留下更多的资源。要怎样留下来？一个城市进化到今天，需要有新的基础设施。这个基础设施，我把它叫作"城市大脑"。今天我们要怎么协调手和脚，让手和脚用最小的能量消耗把一个东西搬起来，这是靠大脑来完成的。过去是没有人思考怎么来优化城市所有公共资源的使用的，都是靠聪明的市长来做决定。但是城市的复杂度远远超过我们碰到的所有事情的复杂度，我们需要有新的方法。

所以"城市大脑"意味着什么？就"intelligent"或者"smart city"而言，我从来没搞明白过，是 city 有 intelligence，还是把 human intelligence 放到 city 里面去，搞不清这个关系。我听下来，很多讲 smart city 的时候，都是要把 human intelligence 放到 city 里面去。但是"城市大脑"的这个"大脑"，指的不是把人的大脑装到城市里面去，而是城市自己的"大脑"，是城市自己的 intelligence。大家知道，把人的大脑装到一条狗上，这是非常危险的，把人的大脑放到城市里边也是非常危险的事情。从这个角度看，刚才黄教授讲到城市是一个有机体，它自己是个生命体，非常有道理。这个生命体的一个最好的表现，就是它有自己的智能。

城市智能跟人的智能是毫无关系的。这一点我经常会讲，人不能自大，不要以为只有人自己才有智能，大家相信一条狗、一只老鼠也是有智能的，从这点看生命是一样的。所以 intelligence 不专属于人，城市也有。

今天的会议我感觉蛮兴奋的，黄教授提到的好多问题我之前正好想过,包括"幽灵"这件事情。今天为什么大家会反感技术,现在几乎所有的技术都是"幽灵"。为什么?因为它没有地方去,就变成"幽灵",在城市上空逛来逛去。一个这样的"幽灵"要真正变成一个城市的价值的话,它需要一个新的基础设施去吸收、消化、拥抱它。"城市大脑"实际上是一个城市的新的基础设施,使得这些技术不会变成"幽灵"。

我也在反思,我和很多做技术的人讨论过,我认为现在做技术的人还需要更有社会责任感。大部分做技术的人,就是想把技术塞到城市里面去。硬把技术塞到城市里面,最后就会变成城市的"幽灵",这是很危险的。但是,如果有一个好的基础设施就会不一样。大家想象一下,一个城市边上有个水库,其实是件很危险的事情,会发大水。但是你有自来水管网后,它就不再变成"幽灵",水就可以到每家每户,造福每一个生活在城市里的市民。在人类历史上有很多同样的故事。所以我们要感谢罗马人发明了"基础设施"这个词,一直到今天为止,我都觉得这个词很了不起。只不过我们需要正确的"基础设施",当然某种意义上也没有不正确的基础设施,从我的角度来看,也没有坏的技术。"坏的技术"就不是技术,这是我自己的理解,"坏的基础设施"也就不是一个真正的基础设施,而一个好的基础设施能使技术不变成"幽灵"。"城市大脑"碰巧是这么一个基础设施。

我自己对未来还是充满美好的想象的。我认为城市将会发生一次巨大的变化。在今天,如果只说一个东西,缺了它我们马上就活不下来,那我觉得就是电了。只要现在停电,我们这个会议就不知道怎么开下去了。停水可能没有问题,不吃饭至少可以熬两天,但是没有电,我实在很难想象。但是,电力被带入城市也就这一百二十多年。我看过一本书,其中最让我感叹的是讲到电如何把电影变成城市文化的一部分。如果没有电的话,夏天就没法在电影院里看电影。因为有了电,使得夏天在电影院看电影从折磨变成享受。我相信很多人可能没有从文化角度去考虑过这问题。

今天因为有了"城市大脑",它实际上把 computing power,即"算力",真正带到城市里。过去计算的能力是**靠我们每人拿一台个人电脑、一台笔记本电脑带到城里的**。但是有了"城市大脑"以后,它就像当年的电网把电给带到城里一样,算力也会变成城市一个最最基础的东西。我们会进入一个算力的时代,这意味着我们能够用与过去不一样的方式来成长我们的城市了。

"城市大脑"始于杭州,对杭州而言还是蛮自豪的一件事。"城市大脑"开始的时候就在离这里不远的云栖小镇。当时一个最基本的愿景,为什么要做这件事情?这句话我说了三年多,从来没有人来反对过我,我假定它是真的,我说,以我刚讲的交通提速为例,今天我们这个城市只要用我们所消耗掉的资源的十分之一,就可以让我们生活下来。也就是说,我们根本用不着六车道,只要两个车道的路就足够宽了,我们根本不需要用掉那么多的水,也不需要用到那么多的电,就可以让一个城市活下来。今天大家都知道,在中国,我们允许道路占用一个城市 25% 的面积。也就是说,我们什么都不做,四分之一的土地就没有了,这其实是一个很不人道的做法。这就是技术最坏的地方,抢占那么多资源。

所以我想,只要有十分之一的资源,我们就可以让今天这样一个城市活下来,那我们就有大把的时间和可能性去想一想,余下 90% 的资源可以干什么。不然我们根本没有想象的空间,如果我每天在路上要堵两小时,每修一条路,就再多修一条路,最后变成了一个被钢筋水泥和道路分割的一个 community 的话，我觉得我们根本没有时间，也没有可能去想未来的**世界是什么样**。只有我们用十分之一的资源来让我们今天生活维持下去，我们才有可能拿那 90% 的可能性来想想未来是什么。所以我们希望在接下来的五年、十年，能够用十分之一的资源让这个城市活下去。

最后我想讲一件蛮有意思的事情，如果从未来这个角度讲的话，美国在谈的可能很有意思的事情就是移民火星。我觉得这是一个非常了不起的梦想，我是非常尊敬的。但是，大家认真想一下，一百年以后，其实去火星是一件很简单的事情。所以，人类最后的挑战是怎么留在地球上。而要留在地球上，就要保证我们没有再消耗任何多余的资源，这是我做这件事情的最终目的。

第四节

网民 21：超越个人账户

网民 21：超越个人账户

第四届网络社会年会

时间：2019 年 11 月 22—24 日
地点：中国美术学院南山校区学术报告厅
学术委员会：高世名、管怀宾、姚大钧、陆兴华、黄孙权
演讲者：弗兰科·比弗·贝拉尔迪（Franco "Bifo" Berardi）、汪凯、尼尚·沙阿（Nishant Shah）、克莱韦·阿圭列斯（Cleve V. Arguelles）、吕新雨、单小曦、迈克尔·N·戈达德（Michael Goddard）、樱田和也（Sakurada Kazuya）、内森·施奈德（Nathan Schneider）、奥利维娅·索利斯（Olivia Solis）、滨野智史（Hamano Satoshi）
主办：中国美术学院跨媒体艺术学院网络社会研究所

  1990 年代中期，中国正式接入国际互联网，网络巨头刚刚起步。随着第一波网际网络泡沫高潮，netizen 变成流行语。英国剑桥词典解释很简单："使用网际网络的人"（a person who use internet）。如同我们欢悦在新技术工具带来的允诺一样，那时还没人在意一种权力身份的字眼——"市民"，在被接到网络后面是具有深刻的政治意涵与责任的。1998 年 7 月，中国科学技术名词审定委员会提出正式的中文翻译："网民"（netizen，在中国台湾与中国香港，则多翻译成不具政治责任而是朋友关系的"网友"）。2000 年前后中国的 QQ、博客、论坛让网络功能从搜索逐渐转变为社交，也开启了用户生产内容时代；后十年的重要变化是移动互联网超过个人电脑互联网，所有网络行为的节律和强度都大大提高。信息接收从文本阅读变为观看实时直播，直至见缝插针的短视频（抖音、快手），早年网络社群的公

共性逐渐为个体自我展示取代。曾被网络赋予一切主动、激昂的希望（独立媒体、网络行动主义）的虚拟社会公民，如今都可以变成帮独角兽公司赚钱的自动上传资料员；信息越发及时、时空越发压缩，我们的生活时间越发萎缩；永久在线的社交媒体上却没有社会。在加速的社会中，网民变成了分心而倦怠的账号（personal account）。

"网民21：超越个人账户"，"21"既指中国网民的二十一年，又指21世纪全球网络使用者。我们企图从上世纪一个并未认真思考的用语"网民"开始，历史化与社会化当代的符号资本主义，特别是媒体的作用。

第四届网络社会年会嘉宾工作人员合影　2019年

超越个人账户

第四届网络社会年会"网民 21"备忘录 *

黄孙权

在过往前三届的年会,我们联结了各国的学者与行动者,打造网络社会的批判理论及行动网络。网络社会研究所成立以来,除了持续组织新形式的知识生产方式,如黑客松、合作松、科幻写作松、写作工作坊,开展学术会议与国际讲座;另一方面,也联合视觉中国协同创新中心的空间生产小组,进行淘宝村、"乡建中的中国"等大型研究案,探索从工业化到信息化的空间生产对中国社会关系与地景宏观具现的变化,并与国内外组织合作艺术区块链、分散式社交媒介实验、共笔平台、开放工作/讨论群组平台、开源线上电子期刊计划,等等。过往几年,网络社会年会开启的新议题包含:

第一届"网络化的力量",从哲学、美学、社会学与文化研究角度,进行了网络社会理论的认知绘图(congitive mapping)。

第二届"与列斐伏尔前行:算法时代的都市论与日常生活批判",向法国哲学家列斐伏尔学习,想象随着他走到今日,从日常生活与空间生产角度,来恢复我们的社会—生活空间。当今数码化的日常生活已让人们忘记他提出的"顿悟"(moment)的力量。习惯

---

* 本文为 2020 年 2 月《新美术》"思想"专题"网民 21:超越个人账户"专题导论。

了好莱坞的快感，顿悟异化成了小确幸。网络里我们既是生产者也是消费者，一切都是无时间（timeless），或说是，空间决定了时间，[1]我们处在哪个网络就过着哪里的节奏。顿悟变成了唯心论者的专利，心灵大师的收费课程，而非我们从日常生活苦难中存活的实践知识。

第三届"智慧都市网络"，讨论当前智能城市及其概念，IUF（Intelligent Urban Fabric）是我构思的知识与行动连结网络工作，邀请了三方专家批判地对谈，包含都市政策执行者（smart state）、团体组织（smart agnet）、市民（smart citizen），并邀请国际知名的黑客行动组织 Dyne[2] 带领有关加密、隐私权控制、物联网的游戏与工作坊。总之，不要让智慧城市沦为建筑地产开发的广告项目，城市是市民的可欲之处，没有智慧市民哪来的智慧城市？

2019 年，是互联网的五十周年（1969—2019）。第四届网络社会年会的主题为"网民 21：超越个人账户"，"21"既指"网民"（netizen）一词被官方提出了刚满二十一年，又指 21 世纪的全球网络使用者。希望透过历史回返和现实的挑战，照映往前之路。

在中国，互联网的开端是 1987 年 9 月 14 日。中、德两国学者联手起草了一封电子邮件"越过长城，走向世界"，于当月 20 日成功发送到德国。这是第一封从中国设立的邮件服务器发送出国的电子邮件。维尔纳·措恩（Werner Zorn）（德国教授）与王运丰教授在这封电子邮件中写道：

> Across the Great Wall we can reach every corner in the world...

---

[1] 曼纽尔·卡斯特：《廿一世纪的都市社会学》，载《城市与设计学报》，2003 年第 13&14 期。
[2] Dyne 是一个以意大利与荷兰阿姆斯特丹为基地串连的国际性组织，其完整的介绍与进行的方案可见其网站：https://www.dyne.org/。

第四届网络社会年会现场　2019 年
① 从左至右：黄孙权、奥利维娅·索利斯、内森·施奈德
② 从左至右：王行坤、迈克·戈达德、樱田和也、吕新雨
③ 年会与会学者

This is the First Electronic Mail from China to Germany.（越过长城，我们可以到达世界的每一个角落……这是第一封从中国发到德国的电子邮件。）

1990年11月28日，中国注册了自己的国际顶级域名CN，从此开通了使用中国顶级域名CN的国际电子邮件服务。1994年4月20日，"中国国家计算机与网络设施工程"（NCFC）通过美国斯普林特（Sprint）公司连入互联网的64K国际专线开通，中国从此被国际上正式承认为真正拥有全功能互联网的国家。

"Netizen"在英国剑桥词典解释是指"使用互联网的人"（a person who use internet）。对于沉浸在新技术工具欢愉中的人们来说，大概不会注意到"市民"这带有政治权利意涵的字眼被接到网络一词后面，是多么过于轻易了。1998年7月，中国科学技术名词审定委员会宣布对于netizen的中文翻译是：网民。2000年前后中国的QQ、博客、论坛崛起，互联网逐渐转变成"社会"和"市场"，开始了用户生产内容（UGC）的时代。2008年，中国网民数量超过美国，移动互联网超过了固网，互联网的行为节律和强度迅速增速，人们不眠不休地刷屏却只能发发见缝插针的短视频与短文字，晚期资本主义终结了睡眠。[3] 网络社群的公共性成为个体联结与安置自我与群体关系的社交活动。"网民"们期待能够参与社会转化，采取激昂的行动（独立媒体、网络行动主义、公民新闻、自媒体），认为将改变上个世纪信息垄断情况。然而尽管今日的"长城"更多了，且仍发挥些许作用，却也同时帮助了全球大独角兽公司赚取暴利。信息越发

3　Jonathan Crary, *24/7: Late Capitalism and the Ends of Sleep*, Verso, 2013.

及时、时空越发压缩,我们的生活时间越发萎缩。社会加速造成技术加速、社会变迁加速、生活步调加速,形成全面但非同步的"当前时代的萎缩"[4]。永久在线的社交媒体上没有社会。在加速的社会中,网民变成了分心而倦怠的账号(personal account)。

我将以一个意象化的技术物来简要勾勒本届年会的四个议题之关联。

连线的荧幕

2000 年前后的互联网经济泡沫化后,在一片跌停的哀嚎声中鲜少人注意某些新创公司(如 2004 年成立的脸书,同年在纳斯达克上市的谷歌)悄悄披上参与式文化与 web 2.0 的新名字,在 2008 年金融风暴后重回舞台。这些新创公司瞬间将互联网变成了在广告、云端存储、商品、工业领域,奉精益生产(lean production)为宗旨,进行大规模的市场竞夺,名之为"平台资本主义"[5]的公司化网络,特征是既为市场又是公司,宰制了信息、商品、社会关系与我们每一个人,将使用者们生产的内容与个人账户打包成不同的装配形式(assemblage form),成功让互联网经济重新复苏。

人类的文化形式,生产者也是消费者的聚集并非新创公司的发明,以前是伍德斯托克音乐节(Woodstock Rock Festival)和免费电音派对(free rave party),现在是红迪(Reddit)、四叶论坛(4chan)、微信朋友圈、脸友圈,各种圈(sphere)形成专属的回音室(chamber room)。差别是,以前柏拉图的洞穴外还有世界与他者,现在洞穴内

---

[4] Hartmut Rosa, Jonathan Trejo-Mathys, *Social Acceleration: A New Theory of Modernity*, Columbia University Press, 2013.

[5] Nick Srnicek, *Platform Capitalism*, Malden, Polity, 2017.

外被单一技术所控制，这是数字政体（digital polity）时代，全球运算的堆栈（stack）取代了地缘政治。[6]

当1969年的年轻人在伍德斯托克草原狂欢，美国华盛顿政府正为人类登上月球做宣传的时候，洛杉矶的工程师企图让两台笨重的电脑互相对话。该年10月29日，洛杉矶加利福尼亚大学的工程师用电脑传了历史上第一条讯息，"lo"（原本是要传送log）给斯坦福大学的合作伙伴的电脑，这是资讯时代的"顿悟"时刻。1972年电子邮件在美国网络实现后，网络就从信息运算资源变成了通信技术，电子邮件占据了当年国防部高级计划局网络（ARRPAnet）75%的流量。2004年脸书起步，从大学校园精英的交友软件到今天拥有月活跃用户25亿的公司，使用者每天平均要打开脸书八次（其次是Instagram六次，推特五次）[7]，脸书就是使用者的新闻、市场、多媒体日志，认识朋友联络旧友的"人情"社会。

在电音派对成为1990年代电子文化的集体形式前，1964年由罗伯特·穆格（Robert Moog）发明的Moog Modular合成器，声音文化的"顿悟"时刻也诞生了，终结了类比声音年代。[8] 新的听觉文化（audio culture）彻底改变了黑胶唱片与摇滚时代"真诚"、"原音"的文化。[9] 1982年原作为电子贝斯机器失败后却成为电音场景最成功的"混音效果器"的TB303出现了，从此，电子之声成为了日常生活作息的声响，便利店的开门声，家用洗衣机、电冰箱的提示音，

6　Benjamin H. Bratton, *The Stack: On Software and Sovereignty*, MIT Press, 2015.

7　参考 https://www.websitehostingrating.com/zh-TW/facebook-statistics/,［2020-4-16］。

8　Trevor Pinch, & Frank Trocco, *Analog Days: The Invention and Impact of the Moog Synthesizer*, Harvard University Press, 2002.

9　Christoph Cox, & Daniel Warner, *Audio Culture: Readings in Modern Music*, Continuum, 2006.

苹果手机的语音助手（siri）和亚马逊语音助手（Alexa）智能助理的声控回答等。

数字影像发展反而较晚，1880年感光胶片出现，但要到1981年才由索尼推出最早的数字相机，影像是以类比的NTSC格式（美国国家电视标准委员会制定的彩色电视广播标准）储存于2寸的软式磁碟（Video Floppy）中，1988年富士才设计出真正的全数字的静态照相机。1995年，数码视频（digital video）规格才制订，随着miniDV（微型数码摄像机）进入家庭与半专业领域。

便携式设备成为流行文化产业的核心，创造了"年轻人"，让他们从家庭、都市通勤与大众中"独立"出来。想象一下60后年轻人耳朵上的随身听与90后手上的手机的画面，便携式设备改变了人与机器的关系，技术物成为文化物。保罗·杜盖伊深入研究了索尼公司的随身听产品，指出文化生产与生产文化双键性筑构了认同—生产—消费—管制规则—表征的文化循环，这里程碑的研究成果至今仍然适用。[10] 麦克卢汉主义者宣称的"媒介是人体的延伸"具体化了，在当时，"媒介即讯息"的确有超越时代的洞见。随着互联网的诞生，一切便携式设备都活了起来，流动空间有了自己的媒介，一个能够联结全球网络的技术物，一个技术的文化装置，这技术物背后的算法与存储资料，能够预测并影响人们行为，麦克卢汉主义者才发现他们错了，应该说"人是媒介的延伸"才对。

人类重要的文化表现形式都有特定的技术物发明，这是人类文明的元历史。信息技术革命已经无须再标明"伟大发明"的日期了，

---

[10] Paul du Gay, Stuart Hall, et al., *Doing Cultural Studies: The Story of the Sony Walkman*, Thousand Oaks, Sage Publications in association with the Open University, 1997.

信息技术每天都在不断革新，是当今一切日常生活的物质地基、建筑与天空。信息技术决定了人类文化本体论的边界，数字化终结了特定媒介形式，让跨领域艺术、声音艺术、影像艺术以及多媒体艺术艺术等门类诞生。

若是波兹曼能够更新其名著《娱乐至死》[11]，也会感到迷惑。他对于铅字印刷 vs 电视影像的文化区分判断，在网络世界失效了。在互联网初期的聊天室，你透过文字就可以爱上从未谋面的人，以影像为主社交模式，人们不用对谈也可以爱上对方。人们既写也看，拍人也自拍，人们真的活在荧幕里。波兹曼认为"媒介即隐喻"是"媒介的形式偏好某些特殊的内容，从而能最终控制文化"。是的，但这已经不是媒介种类的斗争了，事实也并非像我们以为的那样，文字向影像屈服，文字与影像之争胜负仍在持续，如维基百科与油管仍是全球谷歌搜索的前两名[12]。文化只是向一个连线的荧幕（wired screen）屈服。

这个荧幕绝非"隐喻"。这个连线的荧幕不是铅字或电视的媒介，而是存储与表现智人生命之物。与文字、声音、影像这些文化沟通媒介不同，它不是另一种新媒介，而是终结了媒介。这个技术的文化装置，转化了工业时代以降的社会与生产关系，起码包含三个新浮现的现况：

1. 垄断加剧

全球近 51 亿人"自愿地"把生命资料上传在被算法加密的云

11　Neil Postman, & Jeff Riggenbach, et al., *Amusing Ourselves to Death: Public Disccurse in the Age of Show Business* (20th anniversary ed.), Penguin Books, 2006.

12　参考 http://www.netimperative.com/2020/04/07/seo-world-rankings-wikipedia-and-youtube-in-fight-to-dominate-google-searches-globally/,［2020－04－08］。

端,只有大公司所有者或"大政府"才能看见资料全貌。文化市场是公司的产品,键盘与摄像头的偏好都不重要了,民主政治与集权政治在互联网发展的结果看起来殊途同归,都迈向集中监控与技术集权。信息的集中化与网民的单一化(无差别的信源)同时产生,信息技术使得社会之收入、接近新技术的机会、使用新技术的条件的差距扩大。这很像工业资本主义的老故事,利用差异地理,亦即空间不均衡来创造财富的集中化积累,第一世界向第三世界收租,城市染指农村,第三世界、农村与网络弱势者总是被弃置、利用、生产、再生产、再弃置,创造发展国家/城市/独角兽的极大化收益。

互联网的商业获利一直集中在几家新创公司,同样是高科技公司,所占份额仍有悬殊差距。一份商业资料显示,中国独角兽公司占科技业产值94.5%,集中在北上杭深,而中美独角兽公司占全球科技业产值比例高达八成。[13]

除了财富积累过度集中,能否接上(access)全球节点城市以及价值网络决定了竞争优势[14],128号公路上的传统科技巨头为何不敌硅谷的新创公司?萨克斯尼亚的经典研究指出了新创公司的氛围,以及公司化网络的全球—区域连线,如中国台湾新竹—硅谷(之后加上深圳)的合作关系,确保了技术发展和区域竞争的优势。[15]流动空间重组了竞争位阶,先发者决定了后发者的起步机会,这在中美

---

[13] 参考中国恒大研究院的报告《中国独角兽报告:2019》,内容也可见 http://www.199it.com/archives/843658.html,[2020-04-08]。

[14] 参考 Manuel Castells, *The Rise of the Network Society*, Blackwell Publishers, 1996; 以及 Saskia Sassen, *Losing Control? Sovereignty in an Age of Globalization*, Columbia University Press, 1996。

[15] AnnaLee Saxenian, *Regional Advantage: Culture and Competition in Silicon Valley and Route 128*, Harvard University Press, 1994.

技术竞争显露无遗。如人们所知,互联网的主网域名称早期都由美国控制,"5G 标准"是一个商业—政治的技术发明等。

不仅仅是连上线就行,有更多证据显示,精英知识分子以及一般大众使用网络的差别(信息格差)造成了文化的生产与消费的两极发展。[16] 网络翻身致富的故事只是传奇,更多的是沉浸在快手、秒拍的城乡接合部集体无面貌消费者。美国杨百翰大学选举与民主研究中心的一项调查显示,离异或单亲家庭中 31.9% 的青少年每天在屏幕上花费的时间超过 3 个小时,而这一数据在双亲和睦的家庭中为 15.1%;在已婚的白人家庭中,54.7% 的青少年每天花在屏幕上的时间不到一小时,在同一类别的黑人家庭中是 28.4%;白人双亲家庭中,每日使用社交媒体 1.5 小时以上的青少年占 17.2%,黑人双亲家庭则上升到 32.1%。[17] 可见,越底层的人民越沉浸在互联网的消费性使用上,精英阶级则是借由互联网通向创造与生产价值。互联网加快了全球联结,也加速了贫富与社会阶层的分化。加速社会成为垄断的基础,垄断是加速社会的结果。

2. 媒介即算法

我们有意识或无意识地,自愿或不自愿地,努力维持更新以便在特定圈内保有地位,习惯性地耽嗜并养成了新媒体。[18] 人们无条件提供了生命轨迹,生活图像还有全球定位系统(GPS)的位置,与现在仍坐在英国伦敦大学玻璃罩的木制棺材中的边沁接收崇拜者和

---

16 有关信息格差与中国特殊的"奶头乐"现象,可参考此篇奇文的观点,虽然不是学术著作,但颇有深刻的观察。详见 https://mp.weixin.qq.com/s/V5Dk4gpzpdb-zsfurp9ZiA,[2020-04-21]。

17 American Family Survey, CSED@BYU & Desert News, 2018. 报告可由网站 Http://csed.byu.edu/american-family-survey/ 下载。

18 Wendy Hui Kyong Chun, *Updating to Remain the Same*, The MIT Press, 2017.

观光客的注意力一样，我们自拍和集体的自我塑像（autoicon），荧幕上的账号就是个人的肉身与精神，今生来世都透明了。生命资料在统计/算法上是"为真"（ture），而连线荧幕后的网民是"真实"（truth），没有人知道真实是什么，只有透过真的资料在使用过程中显露、补抓。例如阿里巴巴的千人千面算法，说比使用者还了解使用者是对的，因为它远超过使用者对自我行为的预测，但也是错的，算法结果为真（买了猫饼干）仅仅是真实（猫奴）的一部分。什么样的广告出现在某一网民的浏览器上，就代表了这位网民某一面向的真实，以及代表这个广告所补抓拥有此特性的网民们。网民作为资料"为真"的浮动多义的符旨，只能从资料的用处中显露意义，因之网民是虚拟的，只能由算法将生命资料切片，呈现部分经确诊的样貌。在喟叹"后事实"（2018年全球互联网关键词）与恐惧假新闻的情绪中，人们追求"真实"的企图势必失败，因为，媒介即算法，这不是媒介即讯息的后代版本，相反的，这是一个禁绝生育的版本，之后没有人类的媒介，只有媒介化了的人类。回想一下法国的新批评与符号学开创者罗兰·巴特是如何"杀死"作者的，当然，他要杀的是大写的作者（Author）及其代表权威的考评者[19]，现在，那个大写的作者被算法（推荐）谋杀并复活了，再也没有将读变写，享受阅读文本的欢愉革命了，因为读的都是算法推荐的，而写的只是算法容许的。

3. 没有社会的社交媒体

荧幕（社交媒体是其具现）隔离划分了群众，洛文克的《社交媒体的深渊》[20] 清楚地勾勒了社交媒体是如何将人们带向深渊的。他

19　Roland Barthes, "The Death of Author", *Image, Music, Text*, Fontana,1977, pp. 142–148.

20　Geert Lovink, *Social Media Abyss: Critical Internet Cultures and the Force of Negation*, Polity, 2016. 此书中文版即将由网络社会研究所发行。

最新的著作《设计好的悲伤》[21] 批判了人们无法离开虚无的平台而注定在平台虚无主义里悲伤。诡辩的是，正因为平台虚无主义，所以无论何种形式的在一起（togetherness）都变得更重要，这里而非别处，圈内而非圈外，形成了一个高度互聘的忠诚，我们爱上使我们锁在一起的枷锁和彼此。

网民 21

当然还有更多重要的问题，但垄断、算法与社交媒体，镇压诸众差异却隔离个体，是网民 21 的个人账户的紧急状况。相较于波兹曼钟情铅字年代与高呼人文不要屈服于技术的愿望[22]，让我们回想一下基特勒深邃的看法。在《话语网络 1800/1900》[23] 中，他透过对媒介底层技术—物质的考察，继承了尼采—福柯的系谱学的方法论对媒介元历史之探究，提出对西方 1800 "浪漫主义"文学的看法：母亲—母语—自然是生产之源。诗歌（通常是男人）是分配母语的通道，而哲学（都是男人）是消费诗歌的存储，亦即，哲学是储存人类生命文化的媒介。浪漫主义所有的文化表现形式都是可通译的，有继承连续关系的，符指可对应的"阐释"，文化（特别是文学）是模拟自身意义系统的媒介。到了 1900 的"现代主义"，特别在他的另一本著作《留声机、电影、打字机》[24] 中提出的，历史不再等于大叙事，历史分流于声学（留声机）、光学（电影）与文学（打字机），

21　Geert Lovink, *Sad by Design: On Platform Nihilism*, Pluto Press, 2019.

22　Neil Postman, *Technopoly: The Surrender of Culture to Technology* (1st Vintage Books ed.), Vintage Books, 1993.

23　Friedrich Kittler, *Discourse Networks 1800/1900*, Stanford University Press, 1990.

24　Friedrich A. Kittler, Geoffrey Winthrop-Young, et al., *Gramophone, Film, Typewriter*, Stanford University Press, 1999.

就媒介角度而言,现代主义之后,没有连续、可通译的阐释学了,而是不可通译、只能换位(transpose)的密码学。数字媒介可以将不同形式的媒介聚合起来,却不能改变它。

在德国洪堡大学任教期间,基特勒长期开设一门"UNIX 编程",他对数字媒介的研究并非一般人文学者的"后现代理解"。他在《留声机、电影、打字机》的导言中就指出了在数字时代,任何媒介都可以被转译为另外一种媒介,各种分流也因之无差别:

> 只要数字了,什么都可以。[……]一种连接在数字基底之上的总体媒介将抹除"媒介"这一概念。[25]

因为所有的一切都可以成为数字—文学、数字—电影、数字—绘画、数字—艺术……就这点意义而言,他说计算机是"终结了一切媒介的媒介",也终结了"历史","数字技术带来了某种弥赛亚式的终点"。"数字艺术"不再是新颖的类型而是尴尬的无所指了,数字革命之后再没有革命了。因之,"媒介"在数字时代,只能作为一种策略性的、临时的"表面效果"而存在,即作为"人"与"机器"相互作用时的那条交界线。[26]

让我们物质化这条交界线:一块连线的荧幕,连线的荧幕取代了母亲、诗歌与哲学媒介形式,轻松转译换位并任意配对组合文学、声学与光学。我们的母语被连线的荧幕所表现、分配、消费与储存,诗歌、哲学、男人都不再重要了。就政治经济学的角度而言,我们

---

25 Ibid., pp.1 - 2.
26 车致新:《媒介技术话语的谱系——基特勒思想研究》,北京大学出版社,2019 年,第 192 页。

有一个更容易理解的版本,一个对香农经典的数学模型"通信数学理论"[27]所遗漏的媒介所有权与使用者及其便携设备的补充:垄断性的大公司透过控制信道与信宿(存储)、卫星、光纤、海底电缆、无线发射与个人设备云端存储,让信源成为公司的财产。网民 21 就是诞生于连线的荧幕中。就算黄昏真有猫头鹰飞过,我们停留在荧幕上的眼睛也不会发现的。

这是本届年会所揭橥的主旨,并希望能够引发以下我认为重要的四个议程:理解当代网络社会的精神生活、理论媒介历史的艰难,重启对媒介的政治经济批评与行动之必要,以及平台合作主义带来的希望。

1. 当代网络社会的精神生活

齐美尔于上个世纪初写的《大都会与精神生活》[28](1904)与《时尚的哲学》[29](1905),捐捉了 20 世纪初大城市生活的面貌,繁忙孤单的人在都会人群中找寻认同的同时,又需要能表现出现代性要求的独特个性,流行就是模仿趋同(imitation),流行是人们找寻认同与区分你我群体的方式。网络化(reticulation)就是信息时代的都市过程(urban process),网络上的时尚就是迷因(meme)。齐美尔的看法在一百多年后仍然可以精确地照映出社交媒体如何深化加剧了我们当今的精神生活。互联网经过千禧年的狂飙到 2008

---

[27] 最早由香农所提的可见 Claude. E. Shannon, "A mathematical theory of communication", *The Bell System Technical Journal*, Vol. 27, Issue: 3(1948)。此理论后经由威尔伯·施拉姆(Wilbur Lang Schramm)加入了反馈机制的思考,以编码—解码描述了从信源到信道,信道到信宿的过程,并认为信道正是形塑了人们的共同经验,由此成为传播理论著名的香农—施拉姆模式。

[28] 最早的英文版 Kurt H. Wolff, *The Sociology of Georg Simmel*, Free Press, 1950, pp. 409–424.

[29] 英文版可见 David Frisby and Mike Featherstone, *Simmel on Culture: Selected Writings*, Sage Publications, 1997, pp. 187–205.

年后复位,对人类的日常生活造成了无以弥补的心理通膨(psycho-inflation)[30]。一切生活资料与精神资料都加速生产,过度信息,丰余选择,人们的时间永远不够,注意力经济导致我们无法集中注意力,新自由主义化的主体于焉完成。我们为自己定下目标,跟随商业管理与时间管理的畅销书,分秒必争地努力,我们的行为被彻底时钟化,遵从录在手机里的行事历(同时也被录在云端),我们被不断警告维持不变即是落后。再也没有"大我"的温暖了,家庭关系破碎,社会福利削减,失业率不断爬升,我们不但成为政府机构与私人机构的临时雇员,也自偿自愿地成为网络社交媒体的劳动后备军,信仰遭受敌视与挑战,人与人的对话都是行销术,所有稳定之物不是消散在空气中[31]而是在流动空间中高速运转,礼物经济只是加密货币的社交平台(如 Steem 与 Likecoin)或者微信打赏。同时,越是市场管理力争上游书籍的消费者,越是信息资本主义下的流众(precariat)[32]。受困于新自由主义的人,其福音是新保守主义,在撕裂世界中,基本教义式的、亲内仇外的抵抗性认同[33]是他们的救生艇,在诡谲的海洋中抱存希望。

30　在新冠肺炎(Covid-19)疫情爆发之后,比弗写了一篇日志记录了疫情封城的"心理通缩"(psycho-deflation)现象,是非常有趣的英文,可见 https://www.versobooks.com/blogs/4600-bifo-diary-of-the-psycho-deflation?from=groupmessage&isappinstalled=0,我将其翻译成中文,可参考 https://www.heterotopias.org/archives/2277。

31　Marshall Berman, *All That Is Solid Melts into Air: The Experience of Modernity*, Viking Penguin, 1988.

32　Alex Foti, *General Theory of the Precariat: Great Recession, Revolution, Reaction*, Institute of Network Cultures, 2017. Precariat 是 precarious(流动临时工作)与 proletariat(无产阶级)的结合词,作者用其来表达对当代社会经济状况下人们普遍的处境。

33　Manuel Castells, *The Power of Identity*, Blackwell, 1997. 卡斯特在其中区分了三种认同机制:源于政府统治的正当性认同;弱势者基于血缘、地方性遭受的危机而有的抵抗性认同;为了理想与历史性机会采取的计划性认同。

韩炳哲（Byung-Chul Han）近来出版的短篇小书被广泛中译，[34] 可见人们对心理通膨的恐惧与担忧与日俱增。在韩炳哲这些小书中，令人感受到某种对"过往美好"的耽溺。那些大规模分心武器所制造的，比弗称之为"屎尿风暴"（shit-storm）的无限心事，确实崩毁严肃的沉思与认真的对话，让共同性的追求更为艰难。然而我们或可从崩坏的礼乐里听闻礼乐，却无法停止崩坏。韩炳哲的哲学反思并非要我们回到过去，过往也并非美丽如斯，镜射工业时代的时空结构的人文主义主张，就算人们还有能力再注视彼此的眼睛，握着彼此的手，也无法可去，除非一种另立式（counter-site）的而非替代式（alternative）的技术—物质过程能够发生。对过往时代精神与物质构造的迷恋，对其念想，常常是哲学家的缪思，革命者的阿喀琉斯之腱。

比弗对于资本符号学/精神分析的"心理通膨"分析相较于韩炳哲的观点，是诊断式而非反思性的。在他的《漂泊狂想曲》[35] 以及新出的简体中译本《假如我是蝙蝠侠》[36] 中，对"心理通膨"产生的"英雄自救"之符号资本主义的精神病理进行分析。在DC漫画公司的蝙蝠侠电影系列中，英雄是社会结构崩坏的产物，当国家、城市政权失效，警察不可信与社会信用崩解，市民沦为无产者、弱者、毫无抗争能力的群众时，就只能等待富豪之子的英雄相救。这一点

---

34 简体中文的翻译作品很像高级心灵鸡汤营造的系列，包含了《倦怠社会学》《时间的味道》《在群中》《爱欲之死》《透明社会》《娱乐为何》《他者的消失》《精神政治学》《美的救赎》《暴力拓扑学》等，皆为2019年后由中信出版社出版。

35 Franco Berardi, *Precarious Rhapsody: Semiocapitalism and the Pathologies of Post-Alpha Generation*, Autonomedia, 2009.

36 Franco Berardi, *Heroes: Mass Murder and Suicide*, Verso, 2015. 简中版的书名改成《假如我是蝙蝠侠》，有点寓意。可见弗兰克·比弗·布拉迪：《假如我是蝙蝠侠》，谢韵译，中国友谊出版公司，2017年。

都不意外,甚至可以说是现实的写照,一个资本绝对主义(capitalist absolutism)的社会。名列《财富》杂志的数百名亿万富豪财富大幅增加时,贫穷、失业率上扬与社会福利缩减也是最严重的,富有之人以慈善襄助社会,而社会报以富豪们掠夺来的财富。自杀者是"自救"的蝙蝠侠,无差别杀人者则是想要被看到的"小丑"。在这种情形下,主张人类命运不屈从于任何神学法则或自然规律的人文主义传统,终将消失殆尽。

总之,捕捉了"信息资本主义社会"的症状,知产阶级(cognitariat)——那些失去灵魂的情感知识工作阶层,流众——那些在零工经济求生的人们,如何在阴郁的时代精神下对抗比弗指出的即将到来的神经可塑性(neuroplasticity)的战争?他引用了瓜塔里(Felix Guattari)《混沌渗透》(*Chaosmosis*)中的观点[37],要创造一种类混沌,来对抗抽象的加速资讯机器,因为金融独裁(financial dicatorship)是高度抽象语言的主宰。他提出了嘲讽式的自主性,在风雨飘摇的时代不要寻求庇护,不要当蝙蝠侠也不要期待超人,不参与、不负责、不相信。[38]"因为嘲讽是一种对任何知识的独立心态,是想象力的极度本质(excissive nature)"[39],也许我们应该更善待网络上的恶搞(troll),若科技/新媒体艺术不急于展示好莱坞科技的剩余价值,倒是值得思考的进路之一。无论如何,反思与诊断都是信息资本主义精神状态所需要的。

---

[37] 引用自繁体中文版的翻译法兰克·贝拉迪:《英雄:大屠杀、自杀与现代人的精神困境》,林丽雪译,时报文化出版社,2016年,第290页。

[38] 同上,第298页。

[39] 同上,第299页。

2. 社交媒体政治经济批判

对媒介的批评、对社交媒体的忧郁远多于对社交媒体的政治经济学批判。文化研究与媒体素养依然重要，但指向实践甚微，原因如前文所述，数字媒介不再如语言、文化形式或者其他次文化现象一样，仅仅作意识形态批判与表征的意义阐释是不够的。数字改变了当代社会的生产方式与生产关系，所以有必要从价值生产、价值分配与价值实现三个面向进行分析，如同马克思《资本论》三卷所做的。公司必须尽可能降低可变资本（variable capital），亦即劳动力价格，因为固定资本如机器、地租、原物料是不可缺的，减少可变资本支出才能创造更多的剩余价值，资本主义并非追求最高利润，而是追求剩余价值最大化。很明显，在社交媒体平台，使用者无偿的劳动力为公司资本创造惊人的剩余价值，可变资本几乎为零，价值分配由投资机构与公司全拿，而价值实现又正因为掌握了数据（本应该是劳动成本）而获得更多的利润。使用者成为 i 奴（islave），从农场逃离的黑奴，士族贵族的长工，运奴船上被贩卖的劳工，如今全部都回到荧幕前自由地工作，自由人成为自由的奴隶。[40]

1970 年代自主马克思主义者（即 Autonomia Operaia 派）提醒我们，以阶级中心为分析与行动的依据来反转地看待（reverse perspective）阶级斗争与资本主义关系是重要的。工人们不是因变项，资本才是，资本主义的历史，就是资产阶级试图从工人阶级解放出来的一系列的历史。抵抗先于权力（这也是福柯的观点），抗争先于资本。

---

[40] Jack Linchuan Qiu, *Goodbye iSlave: A Manifesto for Digital Abolition*(Geopolitics of information), p.1, online resource (pages cm.), 2016. Retrieved from https://muse.jhu.edu/book/49022/.

工人们如何成为自变项？离开社交媒体显然不是选项。开源主义者与黑客行动主义者（hackactivits）有非常多具体"热秋运动"的实践。去中心化互联网（Dweb）的各种突破技术集权的尝试，加密无政府主义破坏高科技巨头们对信源、信道、信宿的完全控制，流动民主工具让社群重回开放理性的讨论，对996的抗议[41]，以及如长毛象（Mastodon）[42]取代推特，离散（Diaspora）[43]取代脸书，口罩书（Maskbook）[44]干脆就在脸书系统上加密，让使用者的劳动与资料不会被贩卖，借此有集体的力量谈判。总之，批判的武器不能代替武器的批判，而这一切关键都是拿回可以实现的劳动价值。

3. 媒体考古学

从麦克卢汉、波兹曼第一代创立的媒介生态学（media ecology），到纽约媒介研究的三剑客盖洛威（Alexander R. Galloway）、尤金·萨克尔（Eugene Thacker）和麦肯锡·沃克（McKenzie Wark）轻巧的批判，特别是三人合著的《逐出：三问媒体与媒介化》最有代表性。[45] 书中对媒介的三大质疑显露作者对新媒体疲软的不满，拒绝将新媒体安置在任何事物上（好像将数字安放在各种艺术之前一样）。对媒介研究已经高度媒介化（或说哲学化）之时，媒体考古学是解药吗？

诚如洛文克所指出的那样，思辨性媒介理论早在1980年代就达

---

41 https://996.icu/#/zh_CN.

42 https://joinmastodon.org/.

43 https://diasporafoundation.org/.

44 https://maskbook.com/.

45 Alexander R. Galloway, Eugene Thacker, et al., *Excommunication: Three Inquiries in Media and Mediation*, The University of Chicago Press, 2014.

到了巅峰，剩下的是执行的问题。一直以来，对社交媒体好的批评更多来自好的新闻记者，或与硅谷甚密却还带点批判风味的老嬉皮、少数的密码朋克们而非圈外的理论家。软件研究还没真正浮出台面，邪恶媒体（evil meida），一种无关观者想法而可以自我启动的媒体研究对艺术想象力的激发比分析有效。[46]

我与研究所助理研究员、研究生们曾整理了一份中国互联网发展史，多达数万字。我们体会过从拨号上网到直接光纤的中国速度，知道了谷歌、脸书、维基百科，总之，长度要用无限卷轴（Infinite Scrolling）才适合阅读。成为网页新设计标杆，诱人的无限卷轴不正是一种最好的历史比喻吗？从第一封电子邮件开始，"天涯"、"榕树下"到今日的社交媒体，若仔细探询当中的历史皱褶，每一细纹都可以是另一种现实，这里埋藏了科幻小说最有力量的架空历史（alternate history）的想象，也埋藏了许多历史性计划（historiac project）的行动。对当下分析才能知晓过去的意义，无论新史学、系谱学或是其他方法论，从唯物角度，从物质—技术角度思考（同时也非常诗意地）来考证网络化媒介是重要的工作，认知到博尔赫斯的《小径分叉的花园》并不是文学想象，而是可能的历史现实。同时我们要谨记基特勒提醒的，我们可以在图书馆里努力地查询资料，分析档案文本，找出被遗忘的历史，权力如何成为知识，如福柯知识考古学一样，但也要记住，有些书根本不在图书馆内。

4. 平台合作主义

信奉马克思主义的文学批评家泰瑞·伊格顿写了一本书《马克

---

46 Mathew Fuller & Andrew Goffey, *Evil Media*, MIT Press, 2012.

思为什么是对的》[47],这问句隐藏了他要回驳当下流行的马克思主义无用论,意思是"难道现在马克思不对了吗?"。

我们每日辛勤地通过键盘分享美食、猫咪与感情,自愿无偿地工作,应该对脸书发起求偿诉求?还是努力学习网红主播,成为这时代文化创意工作者的楷模?实现了点对点的交易,文化生产者与无偿劳动者的生存与认同焦虑就解决了吗?人们为何愿意付手机流量费用却不喜欢为内容付钱?我们为何轻易接受内容给所有人看但盈余被少数人全拿?劳动价值若非靠着聪明的黑客行动者的行动,一般人要如何拿回技术?要如何另立系统?要如何能够透过适用技术(appropriate tech)与可得技术(affordable tech)而非追求高科技来拿回劳动价值?

答案就是注重经济与民主的平等合作社,或更强调技术角色与技术所有权共有的平台合作社。合作社跟马克思思想一样古老,都不是新玩意儿,却是对的答案之一。在2008年金融风暴之后,不相信政府与大企业、大银行的人开始以新的想象重启合作社,在卡斯特与学生对巴塞罗纳非资本主义经济行为的考察中,合作社已经发展到艺术、教育、农业、住房、货币金融、信息沟通等领域。[48] 优步(Uber)与爱彼迎(airbnb)崛起后,由于侵犯劳工权益而成为全球关注的议题,继而在许多国家引发了劳动权益法律纠纷与抗议行动。合作主义联盟(PCC)[49] 由纽约新学院的特雷伯尔·肖尔茨(Trebor

---

[47] Terry Eagleton, *Why Marx Was Right*, Yale University Press, 2011.

[48] Manuel Castells, Joao Caraca, Gustavo Cardoso, "Beyond Crisis", *Aftermath: The Cultures of the Economic Crisis* (1st ed.), Oxford University Press, 2012, pp. 210–251. 中文翻译可见网络社会研究所网站 https://www.caa-ins.org/archives/1909。

[49] https://platform.coop/.

Scholz）发起，从 2014 年开始了每一年的大聚集，在全球发动了新合作主义运动，同时出版了许多有关平台合作主义的著作。如由罗莎·卢森堡基金会赞助的由肖尔茨所撰写的《平台合作主义》小册子免费发行[50]，挑战了以公司利益为主的"共享经济"的误导，有中文版翻译释出，网络社会研究所编辑的电子书《让我们平台合作社吧》第一版[51]也收录了此文。运动也带动了如 P2P 基金会[52]对共享文本与概念的重视，以及征集全球程序员协作的"如何开始平台合作社"（另一种新创公司）的程序工具箱[53]。如今，许多成功的平台合作社案例不断激励人们，要拿回社交媒体与平台资本主义丢失的社会和劳动价值是有可能的，这值得另外写一篇专文介绍。

其中最重要的几本著作值得一提，肖尔茨编辑的《数字劳工》[54]与《优步化工作与低薪》[55]，可视为对奈格里在《帝国》[56]所提出的"情感劳动"与卡斯特所谓的"网络劳工"[57]抽象理论对象的当代劳动条件现况之补充。肖尔茨和内森·施奈德共同编辑的《我们的要去骇回来和拥有》[58]虽然不像电子前沿基金会创始人约翰·佩里·巴洛（John Perry Barlow）写的《赛博空间独立宣言》（A

50　http://www.rosalux-nyc.org/wp-content/files_mf/scholz_platformcoop_5.9.2016.pdf.

51　https://www.caa-ins.org/archives/1957.

52　https://p2pfoundation.net/.

53　https://platform.coop/blog/the-platform-co-op-development-kit/.

54　Trebor Scholz, *Digital Labor: The Internet as Playground and Factory*, Routledge, 2013.

55　Trebor Scholz, *Uberworked and Underpaid: How Workers Are Disrupting the Digital Economy*, Polity Press, 2017.

56　Micheal Hardt, & Antonio Negri, *Empire*, Harvard University Press, 2000.

57　Manuel Castells, *The Rise of the Network Society*, Blackwell Publishers, 1996.

58　Trebor Scholz & Nathan Schneider, *Ours to Hack and to Own: The Rise of Platform Cooperativism, A New Vision for the Future of Work and a Fairer Internet*, OR Books, 2016.

Declaration of the Independence of Cyberspace)⁵⁹ 如此科技乐观主义，或是如麦肯锡·沃克的《黑客宣言》⁶⁰ 激昂善辩，可是更有可能落地和可以实现。因为真正的斗争并不在于个体与大政府、独角兽公司的斗争，而是人们如何用负担得起的新技术来一起满足共同的需要。

这也是网络社会研究所在 2017 年于上海、2018 年于香港（与 PCC 大会同时举行）都组织了合作松（coopathon），与程序员、黑客、合作社员、艺术家、经理人、非政府组织（NGO）干部成员一起工作，谋筹未来的原因。

超越个人账户

我希望能够尽量地勾勒"网民 21"的现况，由一个技术的文化装置连接的无所不在的公司化网络（相对于平台资本主义而言，我更喜欢这种说法）已经将我们逼入后人类的世界，这个真实世界（worldness）由资本垄断、算法与社交平台所建筑，最糟的是，这并非由我们深思熟虑而来。理论上，重启政治经济学批判与媒介历史化的工作一样重要，这使得我们有条件来诊断当今符号资本主义的各种病征。然而，要减缓痛苦，就要在完全降服或死亡之前，找到自己和世界需要的行动方案，重视合作平台主义的愿景与行动成果，是可以开始的第一步。要脱离社交媒体的统治，则需要一个有爱的互联网，让我引用 2018 互联网档案馆的去中心化网络峰会（The Internet Archive's Decentralized Web Summit 2018）的主题宣言⁶¹ 来作为结论，以此来超越个人账户：

59　https://www.eff.org/cyberspace-independence.

61　https://decentralizedweb.net/

我们正说服那些想要建立这种互联网的人们……

此网能记住，也能忘记。这是安全之网，关心人们之网。这是市场、广场、学习、魔法之地，充满乐趣。一个有着许多赢家的网，为了善而开之网。

新创公司目的论（或退入社群）*

内森·施奈德（Nathan Schneider）
陈迅超　译

你们可能还记得 2016 年的秋天，传言推特（Twitter）可能被出售的新闻报道甚嚣尘上。如果不记得也无所谓，反正我对这件事记忆深刻。当我还是一名记者时，我就开始依赖推特。在 2011 年"阿拉伯之春"期间，大量的抗议活动爆发，席卷中东地区，我开始频繁使用这一平台。当时我无法亲临现场，但却对这些抗议活动做了报导，同时我在负责运营同世界各地抵抗运动话题相关的新闻网站。我需要尽可能多地了解当地的现场情况，而推特在这时帮了我一把，让我可以实时追踪当地的各种事件，并且可以和当地的社会运动者们取得直接联系。推特作为一个对我的工作与生活而言都非常重要的工具，同时也是可以被买卖的商品——这个说法本不该让人意外，但放在那时着实震惊了大家。新闻报道称推特的买家或许是迪士尼（Disney），或者是谷歌（Google），又或者是销售力（Salesforce）[1]，总之这些报导听上去都很随机。

---

* 本文为内森·施奈德对其在第四届网络社会年会"网民 21：超越个人账户"的讲演修订而成，经作者授权发表，题目原文为"Startup Teleology (or, Exit to Community)"。作者施奈德是科罗拉多大学博尔德分校的媒体研究助理教授，领导该校的"媒体企业设计实验室"。

1　一家以提供个人化需求进行客户关系管理规划和服务的互联网企业，总部位于美国旧金山。——译者注因此，我在朋友们的鼓动下在《卫报》（*The Guardian*）发表了一篇文章，提出推特应该归用户所有。作为推特用户的我不禁想：假如这种对公司所有权的构想有朝一日成为现实了呢？这些年来我写了不少文章提出一些类似这样的天马行空的想法，但通常都像这篇一样石沉大海。但这一次，世界各地的人们确实都开始组织起来。并不是只有我一个人这样想。我们具备一个良好开端——我们中许多人已经在"平台合作主义"这面旗帜下展开合作，正在尝试把从雇员所有制工厂和信用合作社中积累的经验移植到互联网经济里。

我们先发起了一场请愿运动，请求推特考虑让用户拥有公司的所有权。后来我们想到我们的社群已经拥有推特的部分股份，可以凭借这些股份向推特公司发起股东提案，要求推特考量"用户所有制"这个选项。在此期间，我们和推特发生了一些法律纠纷，推特试图通过美国证券交易委员会否决我们的提案，但我们还是胜利了，提案得以继续推进。我们在2017年初举行的股东年度会议上赢得了接近5%的投票，尽管这个数字听上去不多，但已超出预期，这也意味着提案在次年可以再次被提交。我们也获得了大量关注，《连线》（*Wired*）、《名利场》（*Vanity Fair*）等一百来家媒体都对我们的行动登文报导。他们认为我们在做的事情太疯狂了，足以让人产生兴趣。事情就这样过去了。但它真就没有下文了吗？

此后意料之外的事情不断出现。当我认为这些想法真是不着边际时，那些一直以来被我视作为主要阻力的公司，现在居然开始采纳我的想法。毕竟我们中致力于实践平台合作主义的人一直倾向于认为自己是激进主义者，与大型网络平台的发展大趋向背道而驰。令我意外的是，几家规模最大但也是最声名狼藉的科技企业，包括像爱彼迎和优步这类的公司，分别在2018年和2019年先后向美国证券交易委员会致函，请求许可它们将公司股票分给那些不被平台归为员工的用户，同它们的用户共享公司所有权。提出这些请求只是微小的一步，虽然看起来还有些令人费解，但至少它们走到了我们一直以来都在呼吁的那个方向上——将建设民主的行动纳入生意本身，纳入企业所有和企业管理的层面。爱彼迎的致信已经清晰阐明了我们这些年来在自己的激进世界里一直奔走诉求的依据。

这些公司当然有它们的利益考量——其中的部分公司或许会认为这么做能够助力公司在华尔街上市——但它们那些向美国证券交易委员会的致函倒是令我怀疑是否能够最终达成一个有效力的协议。那么当监管机构开始向这些大型平台公司施压的时候，假如我们可以和这些公司一同寻找到一个折中的办法，并且开创一种新的范式、一种新的跃升向行业顶峰的竞争模式，情况会如何？假如公司之间相互竞争，不再是为了从用户那里获取更多数据，也不再是为了挤压员工的工作条件，抹杀人们为之奋斗良久才得到的劳工权益，而是为了通过共享公司的所有权以提供越来越好的买卖，情况又将如何？就像创业公司常常会和前期就加入公司的员工分享该公司的股份一样，平台的经营将会同其用户及用户对平台的忠实步调一致。整个社会可能会获得越来越多内在于平台的问责权利，而这些问责又不需靠任何司法管辖或者立法机构担保。反过来说，如果我们可以提供给这些创业公司一种新的叙事，或者一种新的神话呢？

新的叙事

如果你正在创办一家新创公司，为了达成你的目标、实现你的创业目的，通常有两种故事走向。请记住，新创公司并不只是做小本生意的公司，而是正在努力地占据全世界的市场份额的公司。这是件野心勃勃的事，所以公司会去吸收大量的前期投资来实现它。这些公司要得到投资人的大笔投资，以便以突出的优势在市场里崭露头角。新创公司为了回收这笔投资，需要所谓的"退出"。退出通常有两种方式：第一种是，大公司收购你的新创公司。比如腾讯冒出来，看中你们正在做的很酷的事，然后收购了你的公司，这样你的投资人和公司的创始人们都得到巨额财富，能够这样一夜暴富的人寥寥无几，而这时用户的个人数据都将归腾讯所有。另一个选项是公开募股，你的新创公司公开上市，公司股份在公开的市场上出售，人们在股市里根据对这支股票价格走势的推测来进行交易。总之，在上述两种举例里，你都将你创办的公司转手给新的所有者，而对于这些新的公司所有者而言，买下公司的目的是让未来的潜在投资者能以更高的出价再将它买走。这个过程恰如一个旋转不停的仓鼠轮、一个击鼓传花的游戏，这是资本主义的奇怪而常见的传销骗局。

如果还有其他方法呢？如果一家成功建立一个社群的新创公司可以选择退出社群所有权，那会怎么样？

其实这算不上是太疯狂的想法。在过去与现在的许多例子中，我已经一次次看到了通向这个目标的可行之处。我观察得越多，就越发现世界各地的社会运动者、律师、投资者和企业家们都在摸索类似的方法，并且他们通常也正试图解决网络文化的深层问题。"社群所有制"或许就是一种办法，将问责制度置入公司的结构里，可以根除那些在市值高达十亿美金的"独角兽"新创公司中常见的弊病——这类独角兽新创公司将自己做大，出卖灵魂来讨好金融市场。它们常常埋首于替投资者—所有者，不留余力地从用户身上榨取利益，然后又竭力地推脱一切责任。还有一类公司在硅谷被归为

"僵尸企业"，虽然不在独角兽公司之列，但也不至于经营失败。这类公司出于这样或那样的原因背负着沉重的资产负债，没人愿意接手它们。即便这类的公司还在盈利，服务令用户满意，但假如它没有为投资者需要的退出做好准备，它在市场眼中仍是一文不值。假如退入社群的策略可以为这类僵尸企业化解困境呢？

为了让这个问题的讨论更加具体，我将回顾我和律师同时也是我的合作者穆尔希德·曼南（Morshed Mannan）共同设想的一些策略，它们综合了过往已经实施过的和眼下至少看似可行的策略（我就像电影《恐惧拉斯维加斯》[Fear and Loathing in Las Vegas] 里的拉乌尔·杜克 [Raoul Duke] 一样，喜欢和律师保持密切联系）。我们一起来探索三种至少在现行法律下可行的备选方法。

下面让我介绍一下我们这家虚构的名为"共同社会"（CoSocial）的公司。这家社交平台开辟了一个线上零工市场，推出在线支付系统。在美国的人或者其他地区的同样处于互联网帝国疆域里的人，可以把这个社交平台想象成红迪网（Reddit）和跑腿兔（Taskrabbit）的结合体。如果你在中国，更简单了，只要把它理解成微信就行，尽管它现在暂且没有那么成功。共同社会公司将自身定位成相对于大型在线平台巨头的另类新创公司。它已经占据了很小但很坚实的部分市场，特别是在那些想要在大型平台之外找到其他使用选择的用户群体里颇有受众。平台从用户的在线支付中收取服务费，甚至实现了一定的盈利能力，可是目前利润的增长速率有所放缓。而所有走向成为独角兽公司的道路似乎都通往一个结果——设置点击诱饵，采用低下的劳工标准，把整件事带入一个风险四伏的境地——最终迫使忠实用户离开平台。这家公司的创始人和前期投资者不知下一步该怎么做，直到他们开始把自己的用户社群作为答案。这时候时间分裂为三个平行时空，在这些时空里他们可以尝试最被认可的三种办法。

选项一：通过信托机构买断股份。

这种策略是让用户买断原有投资者的股份。诚然，即便是最忠实的用户也未必有财力和意愿来买入一家公司。共同社会公司遵循美国员工持股计划（Employee Stock Ownership Plan）的模式，即信托机构代表员工贷款买入公司的股份——而在这个例子中，信托公司代表的是用户而不是员工。起初银行不太愿参与这项交易，但是当基金会投入了一笔与交易相关的巨额投资基金时，其他金融机构也纷纷入伙。几年之内，共同社会公司盈利并还清了贷款，代表用户的信托机构便得以维持盈利并可以进行分红。

这类众筹基金池可以采取几种形式来运作，例如，共同社会公司的短期员工可能会希望定期按照一定比例进行利润分成来补充他们的收入。但是用户主要对社交媒体的功能感兴趣，相比之下，这种利益对用户来说可能没么重要。在用户为平台创造利润这件事上，按个人划分时，单个用户的贡献可能很微小，但把用户统合起来时，他们为平台制造的利润就变得非常可观。这个情况下，用户使用平台产生的收益可以变成由用户控制的基金，用户通过参与平台预算规划环节，利用这笔基金促使平台开发用户所求的新功能或者是开发新的业务项目。这笔基金也能用来建立一个独立监督委员会（类似于脸书建立监督委员会那样，巧合的是，该委员会也是借助信托机构来保证它相对于脸书公司的自主权）。总之，代表用户的信托机构在不同的具体情况下会有不同的运作模式。而在共同社会公司的案例中，这种策略令投资者至少可以尽可能轻松地变现，网络平台同时也通过这种加倍高效的方法吸引了一波新的用户。

正当我开始构思这种模式的时候，实际上已经有人在实践它了。2019年初，上海的电动汽车公司蔚来的创始人将五千万股股票转入"用户信托机构"，让用户有权决定如何支配公司部分的最终利润。当然他们不是在做慈善事业，在披露出来的文件里，你可以清楚看到他们从商业角度给出的理由：这是一个让公司利益同客户及潜在客户的利益保持一致的尝试。

选项二：合作社。

现在让我们来思考第二种策略。在这个案例中，共同社会公司的领导者们认为他们在垄断游戏中没有胜算。毕竟大型科技企业在市场中的实力太强大了。他们意识到共同社会公司可以通过分权而非集权来促使公司发展，这样就能同更多的利益相关者建立更深层的信任纽结。

起先共同社会公司开始开放软件平台。独立的公司和组织使用了平台提供的开源软件开发它们专属的共同社会公司社群，拥有了创建"节点"（nodes）的能力。他们可以零成本地去创建节点，但如果要跨服与其他的节点进行更流畅的交互运作、使用共同社会公司可靠的在线支付网络，他们的节点就需要加入一个新的节点合作社"合网"（CoNet）（这个节点合作社由各个节点共有）。这样，他们向共同社会公司支付了一定的访问费用，并且确立了符合各自节点用户应当满足的标准。随后这些组织看到了创造白标社交网络（white-labled social network）和在线市场带来的效益，节点的数量随之激增。随着合网进一步发展，这些独立公司和组织与共同社会公司谈判合同的程序变得复杂了，于是合作社想到了一种更好的方法：在会员数量稳健增长的这个基础上，合网获得了融资以实现对共同社会公司的控股，买断了前期投资者手中的股份，使原有的平台成为合作社的子公司。那些原本依托共同社会平台形成的群体如今实现了对共同社会公司的掌控。

这种策略的运用在传统媒体领域中不乏先例。值得我们注意的是，如美联社（Associated Press）就是由几家相互竞争的报社在19世纪中期共同组成的合作社。时至今日，它仍然是业界里避免立场极化、报导真实新闻的堡垒，其成员组织来自美国的各色政治派别。世界各地都有类似的合作组织，从法国新闻社（Agence France-Presse）直到印度报业托拉斯（Press Trust of India）都是如此。合作社的形式让这些地方报社拥有了放眼全球经济的能力，同时又不失对在地现实的关注和问责能力。此后仍有类似的例子，例如颇富远见的银行家迪伊·霍克（Dee Hock）曾成功说服美洲银行（Bank America）对其旗下正在挣扎求存的美洲银行信用卡（Bank Americard）产品进行拆分，将之转变为由其客户银行共有的合作组织——维萨（Visa）及其信用卡体系就此诞生了（之后维萨股份化，这是个迪伊·霍克表示哀悼的结果）。有些时候，创造强大的网络效果的最好办法正是通过网络分权。

又一次，当穆尔希德·曼南和我这样的激进分子开始提出这个策略时，科技巨头们就马上开始表露出令人玩味的关心——推特就是所知的其中一家。在2019年末，推特首席执行官杰克·多尔西（Jack Dorsey）宣布了一项计划："制定社交媒体开放化、去中心化的标准。"多尔西称他看到了把诸如平台调整、内容推荐及其他平台进程的责权加以分散所具有的潜能，这些责权如果都让一家公司来掌握，它们就会运作不灵。

当美国和欧洲的政客们开始认真考虑执行反垄断法时，企业可以利用如合网这样的联盟组织继续扩大它们的网络平台，同时抢占分散的市场份额。如果它们没有这么做的话，监管机构就会通过这样的结构进行强制重组。

选项三：通证化（Tokenization）。

共同社会公司的第三种选项相比另外两种策略更加大胆。在这里我们把目光转向区块链技术，这个技术孕育了比特币及其他上千种由比特币衍生的加密货币。由于对区块链的监管尚存诸多模糊地带，于是这个技术创造了机遇，让平台用户可以通过买入通证（token）而非传统股票来共享公司的所有权。

还记得共同社会公司针对它的在线市场打造的线上支付系统吗？在这个异度空间里，平台开始允许用户支付加密货币，这意味着小额支付和跨境交易的成本降低了。用户逐渐把共同社会公司当作用来存储各种加密货币的通证的钱包使用，这个情况为共同社会公司领导层解决投资者流动资金变现的问题提供了新的思路。在公司的章程上，股份皆被改为以区块链通证"共股"（CoShares）的形式表示，在此之后，用户就可以用所持其他类别的加密货币买入它们。后来平台分发了这种通证来奖励那些活跃、忠实的用户。随着共股通证价值的上升，用户发现了它包含的投资潜力（而他们原本不会使用这些通证去进行市场交易）。为了鼓励用户接受这套支付系统，共同社会公司又创建了一套操作面板，方便用户对共股通证进行管理、交易和支付。不久之后，大多数早期投资者都把共股通证卖给了用户。

通过操作这套面板，共股的持有者们便能通过如选举董事和发起股东提案的形式参与公司管理。但是共同社会公司为了防止这个极其透明的管理环节受到外界干预，再次对公司的章程进行修改，将用户的管理权限同用户在平台上的通证持有数量和声誉挂钩。于是这个办法奏效了，那些最积极参与的、身兼用户和投资者身份的人最后就变成了平台的管理者。

这里有个例子证明了这种想法毫不荒唐。没错，我说的这个例子就是脸书的"天秤币"（Libra）提案，它提议创立一个可以和保守的、国家支持的货币相抗衡的大型公共加密网络。这项提案没有表明脸书将以通证的形式代表公司的股份，但至少在某些重要的层面上，将这家公司的命运在与那些和通证有利益关联的积极分子所控制的系统联结在一起。在这两个例子里，加密网络的重要性攀升到了令原本开发它们的传统企业都无法企及的高度。这些都是痴人说梦般的可能情况，但这些事情其实以前就已经开始显得寻常了。

斑马，联合

目前为止，我谈到的都是主导行业的科技巨头企业和一家或多少有类似条件的虚构新创公司的例子。但我希望引入"退入社群"（exit-to-community）的策略对那类我们尚未见到的科技企业可能更为重要。我们当前正在发掘创业生态中潜藏的那一小部分创造力。白人及男性统治硅谷的不争事实本身已经表明，有很大一部分的人口潜力正在轻易地流失。时至如今，世界上的绝大部分人都没有办法参与那类规模罕见的资源整合——整合密集投资、风险承受能力、意愿积极并运作成熟的企业和资金充足的高校——而这些正是传统风险投资所依赖的条件。实现不同的变现方式，可以让不同的人群、地区都加入到建立富有抱负的新创公司的过程里。

我从一个叫作"斑马联合"（Zebras Unite）的团体那里得到了诸多启发，这是一个由创业者组成的国际网络团体，其成员大部分是女性和那些在创业经济中未被充分代表的人群（独角兽只是一个虚构概念，但斑马是真实存在的物种。独角兽踽踽独行，斑马则成群迁徙；独角兽把犄角对准暴利，而斑马则把生意和志向的黑白条纹披在身上）。很多人只是看到了科技新创公司存在的各种弊病，却没有采取更多行动，斑马社群则更进一步做出尝试。他们说，公平代表制未曾奏效的原因在于我们缺少一个公平的商业模式。只要我们还倚赖于倚靠最大权力和最大特权的金融模式，那么加入创业大军的人们仍旧会像拥有最大权力和最大特权的人那样去行事。斑马表示，正是因为他们致力于创造真正关注社群的企业，所以他们需要一种不同的模式。他们在努力解决真正的问题，而不是推出一堆肤浅的应用程序使问题更加棘手。想要达成这个目标，这个过程就不能被投资者如仓鼠轮旋转般地再三易手中断。无论如何，一个为社群需求而生的新创公司，理应将社群最终可以拥有并掌握它当成最终目标。所以，这个新创公司需要一个可以退入社群的选项，称之为 E2C。

　　这不是一件一蹴而就的事。有一些大公司已在尝试做我已描述过的事情，还有一些起步不久的新创公司也乐意沿着这条路线发展。我一直在和它们的创始人们沟通。但是对他们中的许多人而言，退入社群模式并不像进入传统的经济系统、进入投资仓鼠轮那样容易操作。成立一家新创公司已经颇费心力了，在创业的同时重组整个经济系统又近乎不可能。倒是我们当中那些没有没日没夜投身创业的人能让这件事更简单一点。

　　我将把退入社群面对的挑战分成三个部分解释：开拓性、政策和文化。

　　开拓性指的是我们要在可以着手的地方寻找机遇进行试验——尤其是争取那些在创业经济里手持特权的人，诸如投资者、律师、掌管种子加速器的人之类。去把握那些看似存在退入社群模式实践可行性的空间。要想改变这个经济系统，我们还需要一些可以明确方向、提供借鉴的例子。在此我特别想到的是"目的投资公司"（Purpose Ventures），这家投资基金公司就像其自称那样，将它的投资模式押注在为"管理者所有制"（steward ownership）的企业提供退出策略上。这家公司还以成立基金的方式，让其他投资者可以通过投入自己的资金来尝试这种模式。

政策因素是很多的创业者不会去细想的一个方面，但它确实构造了一切。例如，美国的风险投资行业在 1979 年一次至关重要的政策改变[2]之前基本无法起步。前文提到的员工持股计划，经过了几次成功试验之后方才在数百万的工人里得到推广，于 1974 年正式纳入美国官方的退休计划中。在退入社群富有开创性的实验继续推进的时候，我们应该来思考一下，当前存在哪些政策约束，又能做出哪些改变来克服这些约束。这也意味着，我们要认识到现存的经济系统在多大的程度上是为富有的投资者掌控的公司所有权去设计和倾斜的。比方说，可以有一支公共贷款担保基金，让退入社群所需的融资更加容易，因为在这个环节中通常不会有一个富豪提供一堆的抵押物；也可以有税收激励措施，它们承认了广泛分配资本所有权有利于大众福祉。退入社群甚至可以成为一个愿景。参议员伊丽莎白·沃伦（Elizabeth Warren）已经提议过，体量超过一定规模的企业应该让他们的雇员进入董事会。那么假如到达一定规模的网络平台也必须让其用户成为董事，并且将利润与那些为平台制造效益的

---

[2] 根据 1974 年通过的《雇员退休收入保障法案》法案中的谨慎人规则（prudent man rule）规定，养老基金只能用于投资那些"谨慎的投资者"才会进行的投资。1979 美国劳工部对法案中的这一规则进行修订，允许养老金用于风险投资。——译者注

用户分享，那会是什么样？我们还将必须去应对在平台的用户基础在多大程度上是跨国性的这一问题。除了退入社群模式面对的既有挑战之外，还伴随着一项额外的、迟早要面对的挑战——即如何使得平台管理同公司与网络本身一样具备跨国性。

　　如果没有文化的加持，我们的事业将举步维艰。退入社群模式从文化开始，若能成功，也是文化让它行之有效。我一直在尝试通过这篇文章出一部分力，讲出一些故事——有些是完全真实的，有些则部分真实——通过这篇文章编织出某个我们可以讲述再讲述的神话。有多少的社群，就需要有多少的文化，这大体上符合我们的常识，即人们集体创造和共同仰赖的事物，应当成为这些人的共有财富。像任何美丽神话的形成一样，我们要分享故事，将它们融汇进新的故事里，从中获得启迪，对之加以调整，直到那些盘桓在脑中的想法都成为寻常现实，成为可及的机遇，成为明智的人会去致力、希望和达成的事业。

第五节

超越人类纪

斯蒂格勒首次到访中国美术学院,在跨媒体艺术学院举办讲座《感性的无产阶级化》
投影图片为"拉斯科岩洞壁画" 2015年2月26日

感性的无产阶级化 *

贝尔纳·斯蒂格勒（Bernard Stiegler）
陆兴华 译 许煜 校

我们可以将这一讨论系列称作：在普遍的无产阶级化时代里质疑康德关于判断的美学理论。我这样说是什么意思呢？为了回答，让我们来看一下杜尚的创作轨迹。

一

在《下楼梯的裸女》与《泉》之间，也就是说，1912 年至 1917 年，在杜尚身上，到底发生了什么？为什么这一发生对我们今天是至关重要的？

1912 年至 1917 年，杜尚越来越关心可复制性问题。这一可复制性问题，始于摄影和连贯动作摄影，后来把我们引向了弗雷德里克·泰勒（Frederick Taylor），引向了现成品。现成品首次出现于针对大规模市场的系列生产之中。正是在这一新的时代里，关于无产阶级化的新问题被打开了。

我已在我的《象征的贫困》（*De la misère symbolique*, 2005）一书里努力向大家证明，在福特和伯内斯（Edward L. Bernays）的时代，

---

* 本文为 2015 年 2 月 26 日作者在中国美术学院的演讲。

胡贝尔·罗伯特《卢浮宫大画廊的发展项目》油画　115×145cm　1796 年

文化工业的发展，通过感知的复制和疏导装置，导致了消费者的感性的无产阶级化。伯内斯，是弗洛伊德的外甥。正是他，通过有组织地捕捉消费者的关注，因而也捕捉了那些力比多能量，后者是营销努力将消费者的原初对象重新转移到商品时所必需的，他于是发明了营销的基本方法。这一无产阶级化过程，也对应了工业的机器时代是如何使生产者被无产阶级化变得可能。我所用的"无产阶级化"一语，在这里，是指知识的失去。

　　对于音乐家巴托克（Bela Bartok）而言，这一知识的失去，正是出现收音机后我们必须付出的代价。就像唱片一样，收音机让我们能够不会演奏就能听到音乐。在 1937 年的一个访谈中，巴托克说，除非同时看着乐谱，要不然就不应该从收音机听音乐。对他而

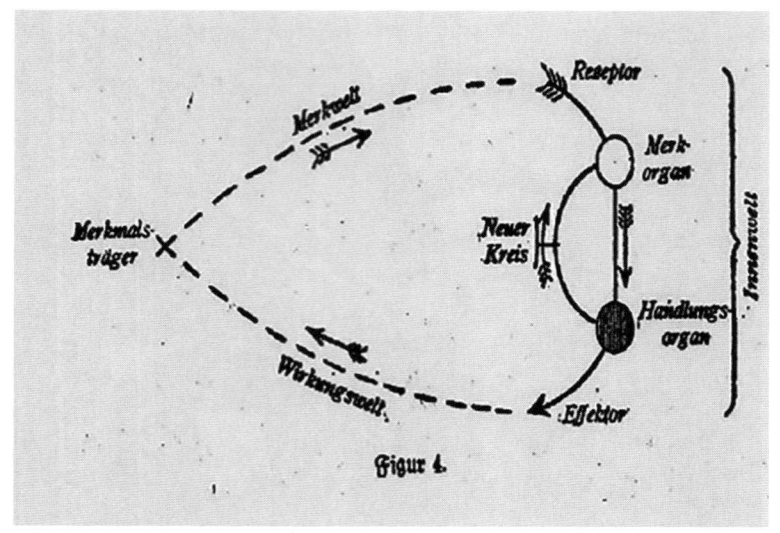

环形反馈圈的早期图示《理论生物学》1920 年

言,显然,不识谱或不会演奏的人,是不会真正有能力去听音乐的。我们将会谈到凯勒斯侯爵(Anne Claudede Caylus)在 1759 年与狄德罗辩论时所说的那句话,而歌德会在 18 世纪末说出同样的一句话。这句话是:要来谈论一幅不是自己亲自复制过的画面,是不可能的。让我们看一下法国画家胡贝尔在 1796 年画的卢浮宫里的现场:

那时卢浮宫刚刚成为国立美术馆,是人人都可进入之后的第三年——访问者几乎都是艺术家,都在那里临摹。到 19 世纪,塞尚将会来卢浮宫做同样的事,他在一封信里向朋友贝尔纳(Émile Bernard)解释说,人不能够看见他画不出来的东西。我们能画出多少,才能看到多少。我们需要指出,这正在发生的,正是对于克斯屈尔(Jacobvon Uexküll)的感觉-运动环(sensori-motorloop)所做的改造。

图中（见第 506 页）所示的，是关于这个"环"的最近版本。这一刻，它开始在人工器官之间连环，使得对于感性的一种感知性和艺术性、精神性和智性的表达成为可能。这种感性在此时变成了惊叹，法语里的 sensationnel，在英文里，就有 terrific（棒极了）的意思。

二

在整个 20 世纪，本雅明所称的具有"可机械复制性"的种种技术发展，导致了曾是艺术业余爱好者之特长的心理动作知识（psychomotive knowledges）的普遍退化。这一退化，是由感性的机械转向造成，后者导致了业余爱好者的无产阶级化。这使得业余爱好者失去他们的知识，成为一个文化消费者——有时甚至被转变成汉娜·阿伦特（Hannah Arendt）所说的"有教养的庸俗者"。

这些问题，以及艺术家杜尚在他所描述的艺术家们自己也已被无产阶级化的时代里，提出的艺术作品的目的问题，在今天以全新的姿态挑战我们。今天我们所面对的，也是与杜尚所说几乎完全相反的时代，其中正发生着感性的第二次机械转向。这第二次转向是由数码技术带来的。通过数码技术，每一个人都能进行摄录、后期制作、索引、发送和推广方面的技术——这些至今仍是工业功能的技术，在过去由营销和文化工业的心理权力的霸权所控制。

这一感性的新的机械转向——它不再是模拟的（analogue），而是数码式的（digital）——却导致了业余爱好者这个角色的复兴，导致了力比多经济的重构。这种力比多经济，一直以来都被消费主义系统性地疏导和改道，终于造成一种驱力经济，一种力比多的脱经济（libidinal diseconomy）。

什么是业余爱好者，如果他不是力比多经济的一个象征的话？业余爱好者的"热爱"（amat，来自拉丁动词 amare，也就是"爱"）：这正是使业余爱好者成为业余爱好者的东西。艺术业余爱好者热爱的是艺术作品。就他们热爱艺术作品而言，这些艺术作品对他们也起了作用。也就是说，业余爱好者被这些艺术作品改造过了：如果从西蒙东谓之过程的个体化这个概念上来说，他们被个体化了。

三

为了让一件艺术作品——任何的艺术作品——作为艺术作品出现，使它成为艺术之作品，我们必须相信它：相信它是一件作品，并相信它是作为一件艺术作品。只有我们相信它，艺术作品才能作为艺术来发生作用。

从某种程度说，康德就已经表达了这个意思：审美判断的反思性作为一个不能被证明，同时永不可能是确然的（apodictique），可以被论证的判断，至少从这一个角度说，已预设了某种信念。这仿佛是说，每一件艺术作品在某种程度上，都是对它自己的揭示，只有通过将它自己展露为一种启示，才能真正展露它自己，故此形成某种教义。这在某些情形中就形成了学派、小团体、某些教派，有时甚至就导向派系分裂。康德说，当我将某件艺术作品看作是美的，我必然会认为，每一个人都应当觉得它是美的；不过，在我内心深处，我是知道的，情形不会像我想要的那样，而且永远都不可能那样。这也可以被说成：作品的美，是永远无法被识别的，如果识别意味着将它确立为真实，就像在"证明"和"演示"时那样。审美判断将永远只是作为我的信念的某种状态被保留下来，它可能被更广泛地分享。比如，

"来吧亲爱的,让我们向反先锋致敬。不要怀念运达,让我们达达!"

作为时尚,或作为一个被接受的观念,被我的朋友们分享,甚或被我的"时代"分享。不过,审美判断的对象,将永远且真真正正地保持为不确切的,也就是说,不能被证明。不论它是个人还是集体作出的,审美判断总属于下面这个秩序:它是一个反思判断,而不是一个确定判断,意思是说,它属于那个信念的秩序,也是一种普遍的艺术的体验模式。

在 20 世纪,这一信念与某种丑闻发展出了一种新的但根本性的关联,落进某种陷阱和逆转(古希腊语 skandalon 的语义)中了。这一关联是自 19 世纪以来形成的,从《奥林匹亚》——马奈的那一著名作品开始。它也是霍夫曼(Ernst Hoffmann)的《沙人》(The Sandman)中的那个动画木偶的名字,在弗洛伊德分析什么叫作诡异（uncanny）时，这个形象起到了核心作用。这一关联，随着达达主义的到来，变得更明白。

这一种新的信念——我们可以称它为倒转的信念——在相互竞争的教派和小团体之间，表现得最为明显：有些比另外一些更教条些，有些更纷争，其实我们也可将这些教条称作趣味，或运动。不过，这些趣味或运动是社会性的跨个体化过程，如果我们可以将社会性理解成心理和集体的个体化过程的话。

因此，仿佛可以这样说：反思式判断不仅是共享的，而且是建构的。它是运用了很多的人工诡计后才达到的，而且这一判断和它的反思性的人工性形成，可以成为艺术本身的一个维度。不光是在一个层面上，而且甚至艺术作品的形式本身，也可以是人为的：它可以成为约瑟夫·博伊斯意义上的社会雕塑。

恰恰是在这同一意义上，艺术成了高度投机的营销的全球发展的一部分。我们看到的像"网上口碑或口耳相传"这样的营销技巧，其实也是心理权力的一种模态；这样的营销技巧，利用的正是个人和集体的反思性和必要的自我提示。艺术的秘传学于是受到了威胁，正在变成神秘化。

所有这一切都来自可称作社会雕塑的药学（pharmacologie），来自永远受到神秘化威胁的神秘学。一旦神秘化，药学就成了这种神秘化的材料。而这一对峙并不起自博伊斯，而是起自杜尚。

四

这一切向我们提出了关于可一般地称作信念的这一感知性行动的工具和技术条件问题。这一问题仍须被重新提出来，在这个有的人将当代艺术当成了像宗教那样的封建迷信，有的人则又将它当作了死硬派、狂热分子、诺斯替派和不可知论者的借口的时代里。艺术的神秘总是穿越它所动用的工具，正如在膜拜中，我们也要用到工具。现代艺术和当代艺术的特殊问题，是这些工具越来越过时了。这么说时，我指的不只是艺术家所采用的技巧，而且是各种组织（就它们也是我所说的一般器官学的一部分而言），也就是说，机制。

一件作品只有在我们相信它时，才起作用。更精确地说，一件作品只有当它在感性上影响我们时，才发生作用，好像它突然使我们一下子注意到它。只有当它将我们拖入一种神秘，这一突然的呈现才能将我们深深吸引住，才能在感性上影响我们：它这才除了首先向我们揭示它自己的存在、揭示其作者与其观众的存在之外，还向我们揭示出存在平面之外的某些东西——如果我们愿意相信它的话。艺术的经验，是作品打开了这样一个平面，同时又揭示了另外一个平面的经验。每一件作品内都有一个这样揭示的结构。

任何一个富有一种超感性官能的感性主体，都能够有这一独特的、不可还原的主观经验。康德辩称这种与感性的邂逅（aisthesis）类似于道德律则，他称它是一个审美判断。它以这世界之中的最平常的方式，使那不同寻常的东西出现于平常的东西身边——从这一平常中突现，同时，还作为永不能被证明的东西来显现：它只能被经验。

让我们这么说吧，神秘物是不同寻常之物（extra-ordinaire）之名，这其中带有这个作品的秘授的展演性（performativité mystagogiqu），后者只有满足了此一条件，才能起作用。要让平常之物的神秘性生发出来，作品必须启动并引导它进入另一个平面，这样，它才构成一种所在——一个目的地。这一层面——它不再是存在的层面，虽然它也不是来自别处，或来自存在之外的另一个层面——从内在性之中冲出来，进入这一层面。正是这一完全内在的投射，构成了反思性判断的基础，因为这个判断是不能被简化为或比附为客观的确定，即不能被简化或比附为确定和认知判断的对象。

认知从来都是不神秘的。反思，却带有不寻常的神秘，不过，它具有的是不带超越的不寻常。在这一意义上说，它是内在性本身的神秘，是世界的成为世俗（devenir-profane），也就是成为平常（devenir-ordinaire）——当中，反思性判断只有经过某种缺失才成为普遍。它的普遍性是：我设定每一个人都应当认为它美，而不光是令人愉悦；我所发现的平常之物的美，每一个人也应当发现它是不同寻常的。这一点，正是其神秘本身，恰恰是因为，它只是通过自身的缺失来呈现自己：我们绝无法证明这种普遍性。它将永远保持为根本可疑的。

被称作美的东西，或更一般地说，每一个审美判断的内容的缺失性的存在（l'être-par-défaut），与语言内在的习语式（idiomatique）特性汇合起来：没有普遍语言，每一条习语，都是因为语言的缺失。比如说，在那些不会说某一语言的人看来，习语就是来自发音错误。这同样也是为什么艺术作品总是习语式的。一种语言，是从一般而言的语言，也就是从"那一"语言的缺失和错失中诞生的，一种语言也只有错失和缺失时，才被说出：作为缺失，通过制造一个或多个缺失——某一种语言（与一般而言的语言对立）是将言语给予《圣经》所说的"用语"（shibboleth，它是发音的错误）。正是语言的神秘和诗的不确定性，才将这样的一个错误转变为所需的东西——变成一种必要的缺失。这属于德勒兹所说的准因果性（quasi causalité）范畴。

这一必需的意外，在每一件艺术作品中都被揭示了出来。它是从一个本来是不可能的，也无法被证明的独特性里跳出来的，而且比一个简单的、可证明的普遍性——可被证明的、确然的，能被归入确定判断的概念之内的普遍性——走得更远。这样一个独特性打开了另一个维度，另一个平面。这意味着，这一维度，这一平面，是自发地从任何欲望中跳跃出来，到某种程度欲望将它的对象变得无限，使之成为独特性的对象。

艺术的秘传所涉及的层面，是与其他的一致性平面并存的平面，没有它，任何类型的作品的对象——不论是科学的作品、哲学的作品、文学的作品、法律的作品、政治的作品，还是一般而言的知识的作品——都无法存在。也就是说，它将自己加于存在之上，尽管它不能成为计算的对象，但如果没有它，存在就会崩解。如果没有它，那些试图存在的东西，就会被拉低到仅是求存的层次：驱力的层次。

康德用来描述审美判断的那一反思性判断，只不过是将整个精神的活动包含在内，不能被任何知识所归约，甚至也不能被确然的、认知的和确定的知识归约的关于这另外一个平面的一种反思性模态。确然的思想家，也或是如柏拉图和亚里士多德所说的"辩证家"，只感兴趣在一定的条件下工作，在此条件下，人能保持距离同时沉思此时此地（deixis）——因而从演示（monstration）转向了论证（dé-monstration），从示范到论证。但是，这些条件本身是演示性的，它们本身就属于展示的秩序。它们是无法被论证或证明的。它们是我们所说的公理（axioms）。它们是所谓的"奥义"哲学所要教学的东西，是启蒙，而不仅仅是正经的教育，一种难以理解的（exotérique）教育。

如果公理体系无法被论证或证明，同时却又是所有论证的条

《新美术》2015 年 6 期斯蒂格勒技术哲学专题

件,公理是可能为真却永不能够被证明为真的东西。这是不是意味着它只是信念的对象?这样说,就又错了。因为,这一"信念"是基于证据的,可以作为公理。不过,这意味着,它也是一种缺失的判断的对象。

正是这一类缺失的证据给审美判断的反思性奠定了基础。是不是证据本身就构成了一种神秘?如何分开那在各个方面强调和支撑精神生活的必要的秘传——作为生命带来的光的影子——与我们要为之付出代价的,有点像鸡窝里的狐狸[2]一样的所有种类的神秘化和蒙昧主义效应?

精神生活的这一内在的含糊,要求我们对它作出批判:对所有的秘传的批判,倒并不是为了谴责它们,而是要在它们之中辨察那

---

2 典出《克雷洛夫寓言》。——译注

总有可能发展成神秘化的东西。这就使得汉娜·阿伦特通过"有教养的庸俗者"这一人物所分析的那种文化庸俗主义得以可能。柏拉图从未涉足这一工地，尽管他给予苏格拉底权威，让神秘的狄俄提玛（Diotima）来担当这个文化庸俗者的角色。柏拉图以为他自己是干净的，因为他谴责了艺术、音乐和诗歌的玩弄神秘。也正是这神秘化的倾向，以及所有的秘传（所有的哲学、所有的艺术、所有的宗教）所包含着的神秘化，才产生了那些突然之间不再相信，但仍继续做他们的工作的各种教士。

柏拉图的本质、康德的先验、弗洛伊德的欲望对象：所有这些都来自这样一种神秘。这一切都是一种不寻常之物，以及狭隘的理性主义之徒总认为它可以或应该被删除。他们的借口是，不寻常之物的确总是（但并不只是）装疯者的玩意。

五

我这里要说的信念指向某个不在这个存在的平面上存在的对象，因为我们也能相信，在这一扇门之后，是有一条路在那里的；但那是完全不同的一种信念。我想到的信念，不是一个对存在的信念；而是在于不可简化地将一个对象放到另外一个平面之上，并通过这一行动，相信了那另一个平面。这是一个最最平凡的结构，它的逻辑是，欲望给它自己一个对象，并将其抬高到这样的一个地位，它之所以成为欲望的对象，是因为它不可被计算，不可被比较，也不太可能。从这一角度看，它不是一个存在之物，如果我们非要说只有可确定和可计算的才能算存在的话。

当我将某物判断为美的时候，我做的正是同样的一件事。我在判断中包含了这样的信念：每一个人都应该发现它是美的。当我爱一个存在物，想要得到它时，我的判断包括了这样一种想法：整个世界的人都应该爱和想要得到它才是。虽然我知道实情并非如此。在这里，欲望与驱力不同。欲望将它的对象普遍化；相反，驱力则倾向于去消费一个对象。后者并不包含自我普遍化，欲望之于驱力，就像美之于仅仅是令人愉悦的东西一样，不是在同一个层面。

六

我们现在生活在一个失去爱的时代，在这个时代里，力比多经济的构成，到了这样一种状态：资本主义将欲望放到了它的能量的中心，但这种经济则将欲望带向毁灭，释放了驱力，瓦解了友爱，并且更普遍地瓦解了具有思维的灵魂的人相互抱有的爱和对这个世界里的那些对象的爱。当这样的灵魂具有宗教性的时候，他们会将这些对象看作上帝无限之善的表达，当作是这一善作为所有爱的崇高源头的记号——上帝于是就成了所有的欲望的对象。

爱，或用一个较不特别是西方和基督教式的用语：欲望，构成了友爱。爱也是这样来构成个体化过程的，它必须同时处于心理平面和集体平面上。正是通过爱、心理与集体的个体化过程中的"与"才成立。作为这一个体化过程的基本和先决的条件，爱是需要通过关怀来被维持的，正是那些关怀的实践，才使我们能够进入一致性，这些一致性是存在于那个不同寻常的平面之上的。而这个不同寻常的平面，是并不存在的，所以，它才总是内在地看上去可疑和不大可能。比方说，艺术作品，正是这样一些关于关怀的实践。但作品本身必须先被关怀，我们必须先被引导进这些对象之中，而这些对象本身又有起始作用。这就是苏格拉底在柏拉图的《伊翁篇》中所说的磁线和磁场。

如何进入作品？这个问题，在这个文化工业的时代里，在"文化民主"社会里，是我们所说的文化中介——一种高度机构化的方式所表达的"指引的问题"（这问题我前面已说及）。进入作品的问题，却又是一个关于秘传的问题：它是将观众引导进某种神秘之中的问题，而艺术作品内在地就是一种神秘，因为它将它所影响的事物投射到了另外一个平面上，一个本身不大可能的和内在神秘的平面上，至少从普通的存在（existence）的平面看过去是如此。而从基本生存（subsistence）的平面看过去，则更是如此。这一关于进入作品的问题，在每一个社会都会被提出，不论它是体现于巫师、武士（他进入了一致性平面，即他的自由）、官员、大师傅、艺术家，还是社会机构。可是，在现代艺术里，这一问题是以新的方式，如同一道裂缝来到我们面前。

这张新的账单是一道裂缝，这是我们为上帝之死必须付出的代价。我们通过上帝之死得来的奖励，是一种代价很高昂的错误，它也是我们圣猎（chasseausacré，作为隔离的非同寻常之物）的战利品。圣猎也是破魅，正是在这个破魅过程里，现代艺术才作为世俗物的神秘，不再作为神圣物而到来——在破魅的世界形成的内在性中，它是对释放出新平面之存在的一致性的肯定。这正是波德莱尔所说的意思，他说这话时，想到的是康斯坦丁·盖斯（Constantin Guys）和马奈。这也是德勒兹所说的一致性平面，即对这个世界的信念。这是一种内在性的秘传（mystagogie de l'immanence）。

要"相信这一世界"，我们需要有一个一致性平面：存在从不足以满足信念。这一对一致性的信念（它不是令我相信门后有某东西的简单信念），是与作为动机的理性不可分的：在法语中，raison（理性）这个词，也指"运动"背后的推动。信念瞄准动机，而动机

第三章 网络社会 517

又由信念构成（这一秘传正是西蒙东所说的一种转导［transductive］关系）。我只能欲望我相信的东西：我的欲望的对象立刻（在我想要它时）成了我的信念（在其无限性中）的对象。同样，我只能相信我（无限地）欲望的东西。

亚里士多德称这一欲望的动机为 théos。这个 théos 是所有欲望的没有感觉、无法进入的对象。在这一意义上说，它是不存在的。亚里士多德说，任何存在物都是有感觉的，也就是说，都是可朽的，或"尘世的"（sublunaire）。Théos 是感知性灵魂的静观（theorein）对象，因为它们欲望。正是通过静观，灵魂才通往——同时被提高到——不同寻常的平面。

七

今天，在一个无爱的时代里，我们要说爱一件作品，是越来越难了：我们只发现这件或那件作品是"有意思的"。"这件作品蛮有意思"，这就是"后现代式的"判断，它既不肯定也不否定，这在有教养的庸俗者那里最为典型，而我们也听到得越来越多了。这是一种平庸的判断。Mediocris（平庸）从根本的意义上说，指称一般人的一般判断，服从现代大众社会的平均值。一个作品，只有当它在第一时间激发了好奇心，将它自己转变为神秘，提高到另一个平面，才发生作用：

正如龚古尔兄弟（Edmond de Goncourt & Jules de Goncourt）说夏尔丹（Chardin）的一件作品：在某一时刻，"画被升高了"……

这是丹尼尔（Daniel）在拉斐尔作品前所说的话。他说，需要看它五年，这画才会上升起来。只有在兴趣让位于惊奇之后（après-coup），作品让观众吃惊时，作品才生效。正是在惊奇中，通过惊奇，对作品的热情才能到来，作品才能产生一种悬浮的效果，也就是说，产生一种奇迹般的效果，因而引起发自内心的赞赏。

的确有一种艺术秘授的历史的一体性。当我经验了人们所说的一种作品神秘，或者经验了一系列这样的神秘之后，如美术馆、展览会或画廊里所展示的，这种一体性，就显现了出来。我突然发现自己处于一个被拉升的状态，可以说，那无法预料也无法理解：我正在过渡到另外一个平面上——在那上面，一种过头的，一种更高的领会（如果说惊奇［sur-prise］仍是一种领会［préhension］，那么，它是一种更高的领会［sur-préhension，我造的一个法语词］），在这样一个平面上，它克服或越过了所有的理解或相对的领会（com-préhension）。

这过程可以经由拉斯科岩洞的母牛壁画、古希腊的大理石雕刻、伦勃朗的人像，或者某神秘路径，如发掘同时代的艺术家以花体缩写签名的专论来实现。艺术家与他／她的时代产生的跨个体化，这是一种悬置，一种 épokhè，因为它创造了时代性（faire époques）：它成了我身处其中的一个时代，我被这样一种惊奇改造了。这样一种更高的惊奇，加上之后发生的，一起被西蒙东称作个体化过程中的量子跃迁。它也能构成艺术史中的一个时代，或在艺术家的个人历史中构成一个时代——在他的作品中。

丑闻本身也是一种社会提升，在这之前则是坠落。所以，其希腊语 skandalon 的原初意义就是：陷阱。丑闻因为涉及一个过程，所以不限于心理上个人层次的提升。相反，它首先而且消极地构成了一种崩溃，它是一种更高的领会，但它呈现为无法理解某物，不是单纯地无法理解，它与所有的兴趣和进入超感性的通道相反，它更像是抽了公众舆论一记耳光并违背其品味的那种震惊：它是那种压

拉斯科岩洞的母牛壁画　距今 1.5 万年—1.7 万年

根没有什么趣味的，不值得产生兴趣的，因而在这一方面可以说是败坏道德的东西。

只有在丑闻过后，通过一种集体的个体化过程（也就是跨个体化过程），惊奇才出现——一个时代，也就是说，一种悬置、一种中断，将我们托起来。这一丑闻之后，出现一种集体的提升，但它只有通过某种像追悼那样的途径才会到来。

这就是为什么我们永不可能说，在当代艺术展览的开幕中，秘传只是一种神秘化而已：现代艺术起于丑闻，靠某种陷阱来达到巅峰，当代艺术也从丑闻而来，它需要一种事后效应，而它丑闻式的起源则赋予这事后效应正当性；这种事后效应在某种程度上便是先天的，它是心理和集体个体化的转变，通过这种转变，那善于玩弄丑闻的秘传家就揭示了艺术的秘传特征并塑造了社会性。

如果"当代"意味着没有丑闻，那问题是要知道在什么情况下秘传仍是可能的。过去曾有一个丑闻的时代，那时，丑闻是通过违犯（transgression）来产生的。但在今天，情况不是这样了。在今天，仿佛再也没有了违犯的可能性，仿佛我们再也不能从违犯那里指望到什么东西。或者说，再也不能从神秘那里指望到什么东西，仿佛再也没有了神秘。在我们的时代，黑帮和寡头们正没有羞耻地驱逐虽然很庸俗，但还是很有教养的资产阶级。

通过提升，作品才对我显得是作品，然而这种提升只有作为信念才能到来。这一信念是欲望，在这种欲望之中，判断才形成。判断一个作品，则是决定"爱"或"不爱"它。而这就是为什么，这样一个判断是业余爱好者的行为：正是业余爱好者以最多样的方式创造了艺术史。

今天的艺术作品，在很多情形里我们都不能绝对地说我们爱它们，或不爱它们：在这些情形中，爱，已没有任何意义。于是，人们倾向于去给出一个我认为很平庸的评估："有意思"或"没什么意思"。平庸可以很庸俗很粗鄙，我们要避免鄙视它（因为，在今天，谁还能彻底逃脱有教养的庸俗者这一命运？）——它是长久形成的，是被德国哲学家霍耐特（Axel Honett）称作 Mißachtung（这个字在法语里被译成 mépris［鄙视］，它的字面意思是，一种"错误把握"［mis-take］，一种"误当"［taking wrongly］，需要以我之前提出的一系列词语来理解：相对的领会，或者更高的领会）的痛苦。

八

当艺术以违犯的方式出现，也就是说，作为生成态度（devenir-attitude）的第一阶段，艺术所劳作的对象已不是物质，而是个体化过程。这就要求我们去思考一种超物质，而不是去思考什么"非物质"。艺术会想尽办法利用下面这一点：个体化是一个趋势、一种流动、一个过程，在这个过程中，形式变化、转换和流动，而这些形式总已是物质：色素、大理石、铜、照片、油画布、报纸、工业材料、玻璃、"现成"物品、铁轨、机械、装置……所有可以成为个体化过程：对象的东西，也就是说，可以将时间空间化的东西。这正是我所说的第三持存的角色，它们作为痕迹，规定了心理和集体的个体化过程的结构，而这些结构则是由持存装置（dispositifs rétentionnels）编织而成。

艺术先经由违犯，然后又成了态度，作为心理—社会个体化过程（态度是它的内容，因而在这一意义上讲是最卓越的超物质）。艺术是一种转变的模式，这也是个体化的原则，但它的条件随时间而改变：在工业和后来的超工业活动中，违犯的构成物料越发过头，它们已经不再是用来生产形式的物质了。

个体化过程由一种感性谱系学形成的一般器官学诱导出的一种动态的限制所造成。在丑闻作为社会雕塑的技术的时代，即作为一种新的个体化过程时，可复制性——替代了在形式上迷惑人的装置和基质——（在语言转变为文字，又被印刷之后）不仅仅影响了视听艺术作品（比如摄影和电影），而且首先根本地影响了我们日常生活中所有序列化的产品。它标志着再生产的一般领域的变化，这一变化造成了新的（工业式的）第三持存总体，它始于工人的姿势的语法化。

个体化过程的条件，是器官学式的：它们穿过知觉器官，但也不停地通过技术中介对这些器官集成加以重组。比如说，可以（人工地）通过乐器将耳朵和手连接到一起（通过一个本身是人工制品的器官），或在狭义的艺术史之前，艺术家用一根草来将色素吹到拉斯科岩洞墙上，这样他将嘴、眼和手连接到一起。

艺术史是对这些器官加以重新组装的历史：画家们用手去看，而在19世纪出现了音高和节奏的间隙记谱法后，音乐家们也能用眼睛去听了。这些组装是这样实现的：器官的去功能化和再功能化，包括感官、人工器官及其组织。而所有这一切，是与语法化并行展开的。通过语法化，连续性被隔离：言语、运动、姿势和被知觉的可见和可听的连续性被分离为可重新组合的、可操作的元素，并通过这一层面而实现了艺术作品。

去功能化和再功能化，与可感物及其相关的对象的器官谱系学的节奏相应（智性和它的理性、它的动机的整体），它们有一些特征：创造出了我们所谓的时代的断裂，并随着时间的推移强化了那些裂缝、脱节和不可理解性、危机与批判。在我们和肖维岩洞（人类历史上的第一批乐器据说也诞生于这一阶段）之间的那三千多年里，这一谱系学（它始于人化［hominisation］的初期，也就是二百多万年前）通过语法化达成了一种工业装置，当中，产生了感性和精神的机械转向——于是，所有的层面都成了可被算计的对象，成了可被确定的对象：成了康德说的规定性判断（jugement déterminant）的对象。

正是在这样一种转变中，《泉》这样的非同寻常的作品才会产生于1917年至1963年，正是在这个阶段里，跨个体化线路进入了艺术史，这是今天我们所说的当代艺术的源头。在其谱系的这一阶段，文化工业组织以视听的权力来捕捉和系统化地转化力比多能量。视听权力的操作以时间客体的流动来模糊注意力，为初生的消费主义经济服务。感知器官最终变成了工业地被重新模化的器官集合的元素，而打头阵的是各种装置，如心理装置和感知装置，以及技术装置和社会装置。正是在这一新的游戏里,艺术跨个体化过程开始起作用。

艺术家们用所有这些装置来工作,用这些材料去生产出各种类型的持存性的材料:超现实主义者们运用了包括无意识的心理装置;表现主义者们动用了能改造现象的记忆装置,如保罗·克利(Paul Klee)在其《现代艺术理论》开头所描述的,如现象学装置(博伊斯是其延续);波普艺术动用了大众媒体装置;等等。所有这一切,都将我们带回到了一般器官学这一问题上。就这一器官学来说,知觉装置被重新检测、探索、布排,并且可能被改变用途,而这些经历深远地改变了这些器官学的活动的地位。

雕塑、培育负人类世

贝尔纳·斯蒂格勒（Bernard Stiegler）

丹尼尔·罗斯　法译英　卢睿洋　英译汉

政府间气候变化专门委员会（IPCC）在2014年的报告以及《生物科学》（牛津）去年11月刊登的《对人类的警告》[1] 都告诉我们，离那个不可逆的转折只差数十年了，按这篇论文的说法，如果我们没法转变我们的生活方式，即转变我们被去政治化了的经济，那么到时候将混乱丛生，生活与人类将毁灭。我们必须把我们的经济重新政治化。

我曾讲过，生活方式被形塑、雕塑为滞留（retentions）（即习惯）与前摄（protentions）（即预期）。千年来，这些滞留与前摄先后被仪式、政治、宗教以及哲学、不同形式的智慧和自身技术（差不多相当于灵修）所形塑和雕塑，当然也少不了艺术的塑造——这些活动都是支撑着社会的种种生活方式所要求的。

如今，这些社会雕塑被转变成了反-社会雕塑，这首先是文化工业所致，七十多年前，阿多诺（Theodor W. Adorno）和霍克海默

---

[1] William J. Ripple, Christopher Wolf, Thomas M. Newsome, Mauro Galetti, Mohammed Alamgir, Eileen Crist, Mahmoud I. Mahmoud, William F. Laurance, 15,364 scientist signatories from 184 countries, "World Scientists' Warning to Humanity: A Second Notice," *BioScience* 67, no. 12(Dec. 2017): 1026–1028, 参见 https://academic.oup.com/bioscience/article/67/12/1026/4605229#100528775，2018 年 6 月 1 日查。

第三章　网络社会

(Max Horkheimer)就已把它视为一种新型野蛮；现下则是反社会网络（antisocial networking）所致，它利用大数据和深度学习把**滞留当作数据**来挖掘，同时又靠算法生产出自动化的、人为的前摄，即生产模拟的行为。这种模拟的行为毁灭了心理与集体个体化（psychic and collective individuation）的过程，而这个过程正是西蒙东对社会的定义。

为了与这一状况斗争，博伊斯在卡塞尔文献展里提出了"艺术作为社会雕塑"这一观念。社会雕塑对博伊斯而言意味着人人都是艺术家。但这究竟是什么意思？意思是我们应该、也能够把社交媒体转变为社会雕塑吗？还是另有他意？

我将试着说服大家，如果要处理这个问题，就必然涉及海德格尔关于因果性的论述，他是从他所说的**集置**（Gestell）出发来谈因果性的，集置译作英文是 Enframing（**座架**）。何谓**集置**呢？我的理解是，它带来了一种趋向外大气层的控制技术的过程，这使得在生物圈的层级上实时地计算数十亿字节的数据成为可能，因而也就使反-社会网络的管理与控制具体化了。

集置的基础是人造卫星带，正是在这一**集置**里，超人类主义者（比如埃隆·马斯克［Elon Musk］）告诉我们，多亏地理工程，我们可以克服这个即将到来的"大转折"，我们要利用技术来创造：

1. 智能城市，它将更加环保可持续，因为智能城市会使用算法和自动化计算来处理居民产生的数据；

2. 神经科技；

3. 开源人工智能；

4. 可以殖民太阳系的火箭。

这种话语可以与超-控制（hyper-control）的灾难性的意识形态划等号，它将使列斐伏尔所说的，作为一件"**作品**"（œuvre）——

斯蒂格勒在中国美术学院90周年校庆论坛"危机与潜能：人的危机与艺术教育的责任"上做主题讲演《雕塑、培育负人类世》2018年4月9日

在这里我们把它定义为一件艺术作品，一个集体的、逐步累积的个体化过程——的城市彻底不可能。这种话语既不能解决问题，因为它的基础是猎食经济（economy of predation），也非可持续：它再度加速了地球上的熵增。真正的办法是在地球上构想、设计一种新的宏观经济，一种去无产化的经济，一种基于作品而非职业的经济。因此，列斐伏尔关于作品的论述是非常重要的。

如今看来，列斐伏尔的分析本身已经不够充分了：他强调空间问题，但没有把空间和空间本质性的社会-**时间**维度联系起来。人造物、技术、科技形塑和雕塑了时间，就这一点而言，列斐伏尔忽视了时间问题。从艺术到反-文化工业、反-社交网络都属于形塑和雕塑时间的东西。艺术把社会雕塑、日常性和日常生活具体化、物质化了；而反-文化工业、反-社交网络则毁灭了感性（sensibility），而它是勒鲁瓦-古朗（Leroi-Gourhan）在《姿势与言语》(*Gesture and Speech*) 第二卷中所说感性团结（aesthetic solidarity）的条件。经历了一种不可思议的退化，反-文化工业、反-社交网络也让合理的东西[2]和一切形式的思想都无产阶级化了。

在这里，雕塑的问题事关对承载着时间的空间和承载着空间的时间的经验。比如，它就是梅洛-庞蒂（Maurice Merleau-Ponty）想要在罗丹的雕塑里把握到的那种东西。在这种时间、空间的"结构"里，时间或空间都没有先于对方，现在我要声明一点，要思考这种"结构"，我们需要：

1. 既深入时间与空间的差别以及形式与质料的差别，又超越这种差别；

2. 我们必须思考我所说的第三滞留，它让时间可以雕塑空间，同样地，它让作为社会的时间被空间所雕塑、在空间中被雕塑；

3. 我们必须把这思考为德里达（Jacques Derrida）所说的延异过程——这也是关于痕迹的问题；

4. 我们必须从体外化（exosomatization）的角度具体说明这种差别，洛特卡（Alfred Lotka）在1945年首次考虑到体外化这个问题。

*

2012年里约峰会的开幕影片致力于探讨人类世最尖锐和紧迫的问题，电影中说：我们曾经塑造过去，我们正在塑造当下，我们也有能力塑造未来。[3]

---

[2] 参见 Bernard Stiegler, "The Proletarianization of Sensibility," *Boundary2* 44(Feb. 2017): 5–18，以及该卷中斯蒂格勒的另外两篇报告。——英译者注

[3] Owen Gaffney, *Welcome to the Anthropocene* (Felix Pharand-Deschenes, 2012).

这里的塑造说的是建模，它的意思涵盖了**建筑信息模型**技术，或者交互混凝土技术，但它还需要结合列斐伏尔的思想，还要结合博伊斯所践行的、思考的、传授的——也就是社会性地雕塑着的——社会雕塑。必须以这一切来重新思考艺术在人类世里的任务，即最高形式的关怀和把人类世建模、雕塑、形塑为我所说的负人类世的力量。

要思考这些，我们就必须克服存在论上的因果性的形而上学，代之以意外与偶然的准-因果性（quasi-causality）。同时，我们必须回到**集置**的问题，海德格尔最初把它叫作"现代技术"，而他自己把这一思想的发展称为他的"转向"，这一转向也是他所说的存在的历史中的一个转向。这个海氏"转向"涉及他 1930 年代到 1950 年代反思存在的历史的转向的文本。在这个转向之中，技术变成了"现代技术"，最后变成了**集置**。

海德格尔通常被当作"拒绝"科技生成变化的哲学家。然而，从关于现代技术的问题到关于**集置**的问题，海德格尔的论述仍旧没有被人们真正听明白，尤其是他说：

> 技术之本质是高度模棱两可的。这种模棱两可指示着一切解蔽亦即真理的秘密。[4]

或者这句：

4　Martin Heidegger, "The Question Concerning Technology," trans. William Lovitt, *Basic Writings*, revised and expanded edition (Routledge, 1993), p. 338. 中译参考，海德格尔：《海德格尔——演讲与论文集》，孙周兴译，生活・读书・新知三联书店，2005 年，第 33 页。

并没有什么技术魔力，相反地，却有技术之本质的神秘。[5]

从这个方面来看，我们的时代的缺席被称为"后真理"的时代，是意义重大的。"后真理"正是这一神秘对我们的考验和磨炼——在"后真理"之下，超人类主义发展出自己的意识形态，它首先是一种营销策略，其目的在于掌控体外化（以洛特卡的意思讲）的新阶段，这个新阶段就是**集置**。

海德格尔声称，**集置**开启了本有（Ereignis）问题，而**本有**的含义对我而言依旧深藏着——我相信，它对海德格尔自己来说也是如此：本有就是那一神秘，它**作为**自行遮蔽着的东西而被遮蔽。技术作为"哪里有危险，哪里也生救渡"的危险，它承载的正是**本有**的可能性。这句话显然是一个极具药性的（pharmacological）表述。

这一**本有**就是对那遮蔽**本身**的经验，它简直可说是包含着极其悖论性的东西：这一**遮蔽**恰恰是那**不呈现自身**的东西本身。海德格尔说，**只有经过危险本身的磨炼之后**，才可能有**本有**（作为对遮蔽本身的经验）的磨炼。

据我自己的分析，这里的"危险"说的就是这种资本主义：它是**一种计算与有限化的霸权，它毁灭了一切欲望对象**（也就是一切**无限化的**对象），换句话说，这个危险是资本主义所造成的虚无主义，而虚无主义是形而上学的完成。在这种状况里，危险通过**工业器官学**表现为技术的毒性，对这种器官学，马克思做出了关键的分析。

海德格尔比他的大部分同代人至少超前了五十年，是他铺垫了基础概念，由此才能思考我们今天所谓的人类世——也就是他所说

---

5 同注4，p.333。中译参考，同注4，第28页。

的**集置**。然而：

1. 在他对现代技术的分析中，海德格尔系统性地、悖谬地忽略、摒除了熵与负熵的问题；

2. 这么看来，他低估了控制论的问题，虽然他读过维纳（Norbert Wiener），而且他毫无疑问是第一个斟酌过控制论的重要性的哲学家；

3. 他最终也没能承担他自己对实际性（facticity）的分析的结果。实际性用我的话说就是关于必要的缺失（défaut qu'il faut）的问题，这个问题必须**既超出因果性又在因果性里**来思考，而这就是德勒兹从斯多葛派那里借来的准－因果性，德勒兹提出的控制的艺术（art of control）也正是基于准－因果性。

现在我来展开第三点，但还需要先说明以下两点：

1. 熵与反熵（anti-entropy，它总是与一个延缓熵增、推迟熵的最终期限的局部有关）的概念让我们可以重新思考向死存在（也就**是向熵**存在，它与**毁灭的驱力**紧密相关），不仅从负熵，而且从负（人）熵 [6] 的角度来重新思考。如果说人本主义（humanism）总是导

---

[6] 斯蒂格勒在《技术与时间》中就已经在思考熵与负熵的问题，而这个词是他在 2014 年左右开始使用的新术语，背后有丰富的思想脉络。例如，列维－斯特劳斯在《忧郁的热带》最后一章的总结部分写道："除了生儿育女以外，人类所作的一切事情，就只是不断地破坏数以亿万计的结构，把那些结构肢解分裂到无法重新整合的地步［……］人类学（anthropologie）实际上可以改成熵学（entropologie）（注：在法语中二者发音相同），改成为研究最高层次的解体过程的学问。"与此相反，斯蒂格勒则认为，人类作为技术性的生命形式，具有不可消除的药性，人类在产生（人）熵（anthropy）的同时，也产生异于一般生命的负熵的独特的负（人）熵（neganthropy），但要留意，后者的产生同样以前者为代价。"（人）熵"或"负（人）熵"可以读作"熵"、"负熵"，而理解为人类以人工的方式造成的熵或负熵。相关的术语有：熵（entropy）、反熵（anti-entropy）、负熵（negentropy），（人）熵（anthropy）、反（人）熵（anti-anthropy），负（人）熵（neganthropy）；人类（anthropos），负人类（neganthropos）；人类学（anthropology），负人类学（neganthropology）；人类世（anthropocene），负人类世（neganthropocene）。——中译注

致列维-斯特劳斯（Claude Lévi-Strauss）所说的熵学（entropology）（熵学取代了一切人类学［anthropology］），那么负（人）熵意味着：靠人造物来生产负熵，负（人）熵总是已经超出了一切人本主义。

2. 只有引入现代物理学，不仅要有海森堡（Werner Heisenberg）的测不准原理，还要有源于玻尔兹曼（Ludwig Eduard Boltzmann）、吉布斯（Josiah Willard Gibbs）和薛定谔（Erwin Schrödinger）的熵与负熵的理论，才有可能把本有思考（思考也就是关怀［panser］）为集置的**命运**。

现在，在《技术的追问》中，海德格尔补充说，他所说的**促逼**（Herausfordern），英文译作 provocation（激起）或 challenge（挑战），启动了

> 一种再度被转变的因果性。[7]

"再一次"的意思是，从亚里士多德经由罗马到笛卡尔，关于 **aitia**（我们称之为诸原因［causes］，单数形式是 **aition**）的理论，当它在亚里士多德的《物理学》中被阐述时，已经被形而上学所扭曲、所遗忘了。在杭州这场致力于思考艺术之危机、人之终结（the end of humanity）的会议中，在我们试图思考人类世的未来和其中的艺术之时，我们直接关心的是我所说的社会雕塑的问题。而这是一个关于因果性的问题，因为 **aitia** 的核心正是**工匠**（craftsman），在这里工匠与艺术家是不分的——最终，这是关于**作品**的问题，在博伊斯看来也是如此。

---

7 同注 5。中译参考，同注 4，第 22 页。

人类世是一个熵世，这个时代里，生物圈面临急剧的、巨大的熵增，这发生在地表生命的方方面面。作品是一种知识，是个体或群体产生**分岔**（bifurcations）的能力，分岔能**丰富**现实，这不仅是把负熵——即生命的多样化的特质，用薛定谔的话说，有机体通过多样化来对抗熵并产生负熵——引入现实中，也是把负（人）熵引入现实，即**人类**通过生产**人造器官**，不是以生物的方式而是以**技术的**方式让世界变得丰富。

人类通过他的作品所生产的器官和人造物构成一种器官发生，洛特卡称之为"体外的"。这一体外的器官发生生产出的器官：

1. 增加了负（人）熵，也就是人类专属的负熵性的多样化；

2. 但也极易产生（人）熵，也就是大规模的标准化，从而削减一切作为贝塔朗菲（Ludwig von Bertalanffy）所说的"等位性"（equipotentiality）的知识形式，那是一种**共享的**、**散布的能力**，可以让系统**通过多样化**而进化。贝塔朗菲指出，随着工业化，人可能变成，而且

> 很大程度上已经变成了一个白痴、一个敲按钮的人，或训练有素的傻瓜，在某个狭窄的专门领域非常熟练，却只是机器的一部分。这符合一个著名的系统原理，也就是逐步机械化原理——个体越发成为少数有特权的领导所支配的齿轮，而领导们则庸庸碌碌神秘今今，在意识形态的烟幕下追逐着一己私利。[8]

---

8 Ludwig von Bertalanffy, *General System Theory: Foundations, Development, Applications* (New York: George Braziller, 1968), p. 10.

*

基于海德格尔在《技术的追问》中对因果性问题的重新思考，我现在要介绍我的论题：在什么意义上，人类世和"后真理"时代涉及**真理的磨炼**、**集置**和**本有**的磨炼、危险及其带来的救渡的磨炼？而且我将阐明，这个问题与艺术有关，因为这是一个准-因果性的问题。

在《技术的追问》中，海德格尔首先提出，技术一般被当作为目的服务的手段，相当于他说的

> 工具的和人类学的技术规定。[9]

我在《技术与时间（第一卷）》(Technics and Time, 1)里对工具是手段这个定义进行了反驳，在此不再重复：每个音乐家都明白这个定义是不充分的，即使他们也知道，一定程度上，差劲的音乐家的确把他们的乐器用作一种手段。相反，我想要进一步探讨四因说的关键（海德格尔在论及目的与手段的范畴后引入了四因说的主题）。这么做是要把讨论转向准-因果性的问题，我要从**反-（人）熵**在体外化过程里的**真理性力量**的角度来谈准-因果性，而作为关怀的艺术就是这种力量的最高形式。

一个手段，是使取得某个效果得以可能的东西。手段被一个原因所实施，是这一原因让这一效果生效，也就是使之投入运行。思考技术总是在思考因果性，更确切地说，是思考四因（质料、动力、形式、目的），因为**动力方面**主导着因果性。

---

[9] Heidegger, "The Question Concerning Technology", p. 312.

动力因（Causa efficiens），四原因中的一个，以决定性的方式规定着所有因果性。事情甚至到了这样的地步：人们根本上不再把目的因看作一种因果性。[10]

紧接着的问题是要弄清 aition 的含义。亚里士多德在《物理学》第二卷第三章提出了四因说，而罗马人在此基础上把 aition 翻译成 causa。海德格尔像往常一样，质疑这个拉丁翻译：aition 译为 causa 要被重新追问。他提议把 aition 翻作德语词 Ver-an-lassen，法语译文是 faire-venir，"使到来"（英译注：在英文版里，罗维特[William Lovitt]译作"引发"[occasioning]或使之进一步[11]）。随后海德格尔提及《会饮篇》205b，他这样说道：

每一种引发都是 poiēsis，都是产出（Her-vor-bringen）。[12]

海德格尔补充说，作为产出的 poiēsis 首先是 phusis（自然、涌现）的特点：

Physis，即从自身之中涌现出来，也是一种产出，即 poiēsis。[13]

这一自然特有的产出，就像"花朵显突入开放中"一样，在其自身中含有"自我开启的可能性"，然而

---

10 同上，p. 314。中译参考，同注4，第6页。
11 同上，p. 316。
12 同上，p. 317。中译参考，同注4，第9页。
13 同上。中译参考，同注4，第9页。

> 手工和艺术产出的东西［……］其产出之显突并不是在它本身中，而在一个他者中（en allōi），在工匠和艺术家中。[14]

海德格尔质疑，亚里士多德所说的东西是否就是**动力因**。比如，在银盘的生产这一例子中，银匠指的是我们按拉丁语所说的**动力因**。银匠是引发的方式，作为**聚集**着其他三种"招致方式"（des Verschuldens）[15] 的**招致**（Verschulden，源自 Schuld，"既是过错又是债"、"负责与负债"，构成了《存在与时间》中所说的有罪责存在［Schuldigkeit］，而我提议将其译为在缺失中存在［being-in-default］），而招致并非仅仅是个因果性的问题。银匠的聚集是一种 **legein**（言说），海德格尔说，那是一种考虑和反思：这三种"招致方式"。

> 归功于银匠的考虑，即考虑它们为祭器的生产而达乎显露并进入运作的情形如何。[16]

之后，海德格尔引出了他著名的命题：

> 产出从遮蔽状态而来进入无蔽状态中而带出。产出［……］在我们所谓的解蔽（das Entbergen）［……］alētheia（无蔽）中带出。[17]

---

14 同上。中译参考，同注 4，第 9 页。
15 同上，p. 314。中译参考，同注 4，第 7 页。
16 同上，p. 316。中译参考，同注 4，第 8 页。
17 同上，pp. 317–318。中译参考，同注 4，第 10 页。

技艺（Tekhnē），作为这种无蔽，是一种作为解蔽的真理的方式——也就是一种负（人）熵的方式。接下来的问题是：

> 技术之本质与这种解蔽又有何干系呢？答曰：关系大矣。因为每一种产出都建基于解蔽。[18]

用我自己的词汇来说便是：**技艺**是一种药。

刚才我已经提到，在《技术与时间（第一卷）》里，我建议把**罪责**（Schuld）译为缺失（default），把**罪责存在**（Schuldigkeit）译为在缺失中存在[19]。即便我们的确可以把 aition 译为"罪责"，并在"罪责"一词中听到 aition 的意味（罪责的是被指责的。罪这个范畴本身就是发出指控、就是法语中造成牵连 [ce qui met en cause] 的东西，而这源于拉丁语的 causa），然而问题仍旧存在。古希腊的文化并非"罪－文化"，相反（也许和中国一样），它是一种"耻－文化"——羞耻即爱多斯（Aidōs）。[20]

耻文化是悲剧文化。在这种文化里，主宰着终有一死者的生命的神不是宙斯而是普罗米修斯：技艺之神。如韦尔南（Jean-Pierre Vernant）所强调的[21]，正是通过普罗米修斯，终有一死者才接近了宙斯。在奥林匹斯神与泰坦的冲突中，被不断指责的并非终有一死者，因为他们没有负罪于某事，但他们的确被置于缺失之中，如《普罗

---

18 同上，p. 318。中译参考，同注 4，第 10 页。
19 Bernard Stiegler, *Technics and Time, 1: The Fault of Epimetheus* (Stanford University Press, 1998), pp. 258–259.
20 参见 E. R. Dodds, *The Greeks and the Irrational* (University of California Press, 1951)。在这一点，陶育礼（Dodds）本人参考了鲁思·本尼迪克特（Ruth Benedict）。
21 Jean-Pierre Vernant, "At Man's Table: Hesiod's Foundation Myth of Sacrifice," in Marcel Detienne and Jean-Pierre Vernant, *The Cuisine of Sacrifice Among the Greeks*, trans. Paula Wissing (University of Chicago Press, 1989).

泰戈拉篇》里所说。这种被置于缺失中的命运，正是悲剧所上演的，因为终有一死者的特征就是他们的必死性，因为，配得上他的必死性的终有一死者不得不对命运说"是"，尼采不断地提醒我们这一点。正是作为形而上学的罪-文化（尼采的贡献在于联系了两者），让这一整个从泰勒斯到苏格拉底的悲剧文献难以辨认、无法通达。

在目前这一真理的磨炼中，也就是在"后真理时代"中，我们遭遇到危险本身。换言之，我们遭遇了人类世，它是研究生物圈的气候学家、地球化学家给海德格尔所说的**集置**所起的名字。在这种磨炼中，我们需要一跃，从四因说跳跃到准-因果性的磨炼，为此我们还必须思考各种形式的述行性（performativity）。

其实，准-因果性并非某种理论：它正是对必要的缺失之**磨炼**的*体验*，例如波士奎（Joë Bousquet）所体验到的，他在一战中负伤，从此卧床不起，但他述行性地将伤病转化为诗作——对此德勒兹有如下评论，也以此引入了斯多葛的逻辑：

> 教义从何而来，不正是来自性命攸关的伤口和格言吗？[……]必须把波士奎称为斯多葛式的。他在深入肌肤的伤口的永痕真理中把伤口理解为一个纯粹事件。事件在我们身上生效，它们等待着我们，盼着我们。它们使我们感叹："我的伤口先于我，我生来就是为了让它化为肉身"（波士奎写道）。去实现事件放在我们身上的这一意愿；去成为那个在我们身上发生的东西的准—因，成为它的操作员（Operator）……[22]

---

[22] Gilles Deleuze, *Logic of Sense*, trans. Mark Lester with Charles Stivale (Columbia University Press, 1990), p. 148.

……如果不是成为它的银匠的话。这个操作员迎接事件，事件也欢迎他，他**实现了事件**。

当然，所有这些都直接与艺术和艺术家有关——尤其是在人类世这个事件或海德格尔所说的**集置**中，而集置等待着**本有**：它等待着一个事件，那也将是一次述行（performance）。这里有一个问题：是什么让工匠与艺术家、银匠与雕塑家区分开来？要回答这个问题，我们首先得确认他们的共同点。为此，我们必须更加深入四因问题，将"存在的历史"中所有四因说的版本——所有对亚里士多德《物理学》的罗马式、基督教式变形，以及现代物理学和现代技术对它的最终遗弃——重新解释为许许多多由于**否认准-因状况**而造成的诸多后果，而准-因状况完完全全就是 poiēsis（产出）的体外式条件。在这种条件下，poiēsis（产出）就不再是体内的（endosomatic）**phusis**（涌现）（靠自身就可以展开自身），而是变成心智的**技艺**，由此无蔽建构了真理作为历史（Geschichte）的动荡时代，这历史始终是通过技术人为地产出的。

如普罗米修斯与爱比米修斯的神话里表现的那样，实际性建构了终有一死者，我提由于缺失而存在（being-by-default）和在缺失中存在，是想坚持，实际性——通过赫耳墨斯，也就是通过狄克（Dikē，即正义）和爱多斯（Aidōs，即羞耻）——使这些终有一死者**有责任**让他们的缺失**成真**，让它**真正发生**，让它在**真理中**到来。这一发生、这一到来、这一**本有**就是时间，它作为无休无止、不可消除的体外化的**无蔽状态**，在**集置**中**如其所是地**呈现自身；但在这里，"**如其所是地**"意味着：作为时代之缺席、作为"后真理的时代"、作为虚无的在场、作为那依旧神秘的东西的磨炼，**它除了遮蔽，什么也不是**——这就是艺术的危机。

余下的工作就是去解释这个状况，换言之，去经受这一磨炼，靠缺失来经受，并且作为在缺失中**存在**而通过缺失来经受，更彻底地说，这意味着通过缺失而**发生**（advene-by-default），而这要求我们返回现代物理学的历史：

1. 随着牛顿的到来，现代物理消灭了合目的性（finality），随之消失的是局部性（或本地性）、**地点**（topoï），宇宙论由此就变成了天体物理；

2. 随着卡诺、克劳修斯、玻尔兹曼的到来，现代物理引入了熵的非-合目的性（non-finality）；

3. 在柏格森之后，随着薛定谔的到来，现代物理把生命视为对熵的反抗，即一种局部的对终结的延异——既是**方外**（khōra）也是**澄明**（Lichtung）；

4. 随着维纳的到来，现代物理成了**在实际上将自身具体化的东西**，也就是说，形而上学成了莱布尼茨意义上的**普遍数学**（mathesis universalis），成了通过控制论的光电网络而全球布网的**集置中的普遍语言**（characteristica universalis），这是**快如闪电**的网络，应该说是**闪电速度的两倍**：宙斯速度的两倍。

要像这样分析现代物理学以及由此产生的"现代科技"，前提是对海德格尔的分析进行全新阐释。但对于所有提到的这些问题，我们还必须补充洛特卡 1945 年以"体外进化"[23]理论所勾勒的分析，体外进化与体内进化**截然不同**，在体内进化中，phusis（涌现）是"自我展开"的 poiēsis（产出）。

23　Alfred J. Lotka, "The Law of Evolution as a Maximal Principle," *Human Biology* 17, no. 3 (1945): 167-194.

我结合了洛特卡的体外角度和怀特海、康吉莱姆（Georges Canguilhem）的著作，由此看来，心智式的 **poiēsis**（产出）是一种作为对真理的体验的生长与开放，而真理是在这一具有不可消除的药性的生命形式中的理性功能，这种生命形式就是终有一死者的宿命，因此**真理的磨炼**在这和生命形式中是**性命攸关的**。所以我们必须通过马克思来重读全部的海德格尔。正是马克思在《经济学哲学手稿》里，随后他又与恩格斯一起在《德意志意识形态》里，第一次构造了体外化问题，马克思称之为生产。

马克思在《政治经济学批判大纲》中强调，**这一生产在工业资本主义时期变成了自动化的**，它造成了**科学的具体化**，将科学具体**化为生产的装置**，即**固定资本**。在这个装置中，真理的磨炼将被计算（也就是"利己主义打算的冰水"）所瓦解，因为计算**基于普遍的无产阶级化**——从奴役二人的机器使工人变成无产者，到被算法的**黑箱**排除在外的科学家自己。

要经受这一**在场的**真理的磨炼，就要通过重新思考那一适用于**自然**（phusis）的**产出**的负熵、反-熵理论，来重新思考**集置**和**本有**，而这就要求为这一理论增加（人）熵、负（人）熵和反-（人）熵的理论。由此，我们就不再以一种局部的有机延异的体内器官发生为出发点来思考如何在**集置**中对抗熵，与此不同，要从一种体外器官发生出发，它**必定是药性的**，也就是说，它总是**既生产**（人）**熵也**生产负（人）熵。

所以，真理就变成了关于**经济**的真理，因为真理能让我们向着那个成为（**人**）**熵之反-**（**人**）**熵式准-因**（anti-anthropic quasi-cause of anthropy）的东西的极不可能性（improbability）开放，而它的这种极不可能性也就是真理的**磨炼**。换言之，问题变为：一件

第三章　网络社会　541

器具（instrument）如何才能不变成一种手段，而是成为那真正**导向**（instructs）（也就是教导）产出的东西，也即以负（人）熵的方式导向产出：一种体外的延异。

为此，我们必须通过一跃而超越四因说以及它为动力因所建立的特权地位，这样一来，我们就能**把优先性归还给合目的性，但它在这里是充当准-因果性**，也就是说，它充当那诗意地、从而是不可计算地保持为无法简化为计算（但又需要计算）的东西，同时，正因为合目的性被转变为准-因，它也就**充当**了动力，也就是，连续不断的无尽的目的（布朗肖［Maurice Blanchot］语）。

进而我们就可以重新思考操作员，以及银匠、手艺人、工匠和（与尼采一道思考）艺术家，把他思考为**一个在过饱和的（人）熵系统中产生出极不可能的分岔的人**。这一切相当于一个普遍的去无产阶级化（deproletarization）的纲领——这不是单纯地给文化、艺术赋予了某种模糊的责任。这要求重新阐释对政治经济学的**批判**，需要彻底重新思考：

1. 这与作品，即产出，有什么关系；
2. 这与自动化和去自动化的关联有何关系；
3. 是什么把价值和钱财区分开来，进而要如何才能发展出一种负（人）熵的经济，以至于负人类世能发生，以至于我们能引发（faire advenir）它。

这些就是作为社会雕塑的艺术在今天的关键，要立足于人类世，并且从体外化的角度来思考社会雕塑。

*

在结束前，我试图说明：

1. 文化工业以及随后的社交网络已经掌控了日常生活，**毁灭了它的日常性**——我们是在海德格尔和列斐伏尔两人的意义上来理解日常性的。

2. 塑造社会，就是要用时间塑造空间，用空间塑造时间。

3. 这种社会雕塑塑造了**心理的**滞留和前摄，从而产生**集体的**滞留和前摄——滞留和前摄是取自胡塞尔（Edmund Husserl）的概念。

我还指出过，正当我向你说话时：

1. 当你听我说话的这一刻，你正在**保持**我此刻所说的内容，再把它和我随即要说出的内容聚合在一起，这种聚合构成了胡塞尔所说的**第一滞留**。

2. 你实行对我所说内容的第一滞留，是**基于你自己的第二滞留**：也就是依据那些**你有生以来的经验中所滞留的东西**，这些第二滞留充当你筛选第一滞留的**标准**，所以第一滞留总是第一**筛选**。

3. 因此，你们每一个人从我的话里理解出不同的东西：你们每个人的筛选标准是不同的。

4. 我所说的**第三滞留在空间里、依靠空间而留下来**，它们或多或少总是某种雕塑或视觉艺术，总之是**空间化了的时间**——一切艺术作品都是这样的第三滞留，日常物品也是，有时日常物品也会显得像是艺术作品本身，还有包围着我们的每样东西：房子、街道，以及一切构成了希腊人所说的人居住的世界（oikumēne）、海德格尔所说的栖居（dwelling）的东西——由于有这些**第三滞留**，我们才能把各种各样的理解的多样性投射到无限中，从而聚合起这一多样性，从而投射出**聚集的前摄**（convergent protentions）——聚集的前摄就是我们所说的人类的"诸目的"（the "ends" of humanity）。

5. 然而，我们也可以让诸目的有限化，以便聚合它们，这也就是把它们转变成可计算的东西、穷竭它们，穷竭那些独特性（singularities）。然而只有靠这些独特性，我们才能联合起来产生向着无限的投射——这种**联合生产**就是社会雕塑，也是一种通过西蒙东所说的集体个体化过程来构造的经济。当计算依据算法所运用的标准——它替代了那些独特性，也就是心理个体——强加于滞留与前摄之上时，人的诸目的（ends of man）就最终被聚合到人类的终结（end of humanity）中：人类世的"大转折"。这源于记忆与想象的工业变得完全依赖于计算机器——电脑。

这是因为，计算造成了封闭的系统，即（人）熵的系统——因而也是熵的系统。与此相反，无限的投射是无限的机遇，为了产生分岔。无限意味着不可计算。而不可计算意味着布朗肖所说的极不可能与没有尽头：正因为这个事实，所以我们永远无法完结一个构成了"作品"的东西——因为它始终保持开放。

所以，通过第三滞留，在空间中、被空间所雕塑的正是时间。我们不剩多少时间来重塑人类世，或让我们的负人类世之无限前摄发生了，这些都意味着去生产一种负（人）熵的知识。这一雕塑是艺术家、思想家以及公民（只要他们还是公民，也就是说，还是担负着未来的独特者们）的无限的任务。这个任务相当于发明一种新的政治经济学，它还必须是一种欲望（这里取弗洛伊德谈及力比多经济时的意思）的新经济。无限的对象也就是欲望的对象（取柏拉图《会饮篇》中之意）。

这就要求我们从作品的角度重新思考匠人、艺术家和社会的关系，因为，作品以不同的方式，同时属于艺术家、手艺人和公民（也即城市的居民们）。这项任务要求我们，一方面要掌握我们时代（例如"智能城市"时代）的第三滞留，并将其转变成社会雕塑的器具（instruments），另一方面要掌握概念，例如我已经向你们提出的那些概念，它们本身也是器具：我正试着用它们来塑造社会，与你们一起，而你们自己也正在雕塑着我的话——这一社会就是大家，大家就是时间。

人类纪：文化的危机、自然的危机？*

许煜

> 我们将桥梁拆掉，甚至将土地毁坏，登船离开陆地！啊，小船呀！要小心！此刻你身处大海之中，虽然它并不老是白浪滔滔，有时也会荡漾着金黄色的波光，静谧地有如柔和的梦幻一般；但是当潮水汹涌而至时，你便会感受到大海的浩瀚无涯；同时，没有比"无限"更为可怕的了。噢，那自觉十分自由的可怜小鸟，现在开始要奋力挣脱这牢笼了！
>
> ——尼采《快乐的科学》§124 无限的范畴

人类纪的到来

人类纪（Anthropocene）于 2016 年八月份在国际地质大会（International Geological Congress）的宣布下正式到来[1]，虽然这个名字早在几十年前已经首先由尤金·施特默（Eugene Stoermer）提出，然后近年再由另一位地质学家保罗·克鲁岑（Paul Crutzen）大力推

---

* 本文为许煜博士为 2017 年 2 月刊《新美术》的"思想"专题"人类纪"所撰写的导论，后文注释中所提"本书"即指该期学刊。

[1] 参见 https://www.theguardian.com/environment/2016/aug/29/declare-anthropocene-epoch-experts-urge-geological-congress-human-impact-earth.

广。2013 年，柏林世界文化宫与柏林密克斯·普朗特科学史研究所一起合办的人类纪艺术研究项目，成功地让人类纪成为了欧洲知识分子无可避免的话题。人类纪意味着人类活动已经是地球的主导力量，它从不同的尺度影响着地球，上至环境和景观，下至地球内部的地质化学（geochemical）活动。

我们可以为此感到自豪吗？2015 年 COP21 前夕在巴黎法兰西学院举办的国际研讨会"如何思考人类纪"（Comment penser l'anthropocène）上，有一名年轻的地质研究员当着上千名学者这样肯定地说，因为人类扭转了哥白尼为人类带来的沮丧：地球只是宇宙中的太阳系中围绕太阳转动的行星，而人类只是栖息在地球上面的有限生命。因为人类纪意味着人类是地球的真正主宰。最近美国太空总署宣布发现了另一个可以容许生命存在的太阳系，这表示着在未来，人类纪将可能蔓延到地球之外，到另一个太阳系。还是，人类纪只是标志着地球已经进入了危机之中：气候转变、全球暖化、生物多样性下降、能源危机……如科学家们告诉我们的，大气层已被因为燃烧活动而排出来的一万五千亿吨的二氧化碳所损坏，而如果人类不尽快采取有效的措施来防止事情的恶化，那不久的将来，第六次的灭亡绝对不是幻想。人类既可以干预地球的地质—化学活动，又可以干预宇宙中的其他星球与生命，我们应该怎样来理解以及评价这些能力？如果人类纪意味着无论何种国籍和文化的人都拥有同一命运，那么面对着生命圈（biosphere）将彻底被破坏的可能性，我们怎样想象一个关于未来的政治？

随着人类纪这个概念的普及，我们可以找到很多学者的不同回应。在一些作者眼中，人类纪宣告着一个末日式的未来，就好像瓦尔特·本雅明在《历史哲学论纲》里面所描述保罗·克利的《新天

使》(*Angelus Novus*):

> 保罗·克利的《新天使》画的是一个天使看上去正要从他入神地注视的事物旁离去。他凝视着前方，他的嘴微张，他的翅膀展开了。人们就是这样描绘历史天使的。他的脸朝着过去。在我们认为是一连串事件的地方，他看到的是一场单一的灾难。这场灾难堆积着尸骸，将它们抛弃在他的面前。天使想停下来唤醒死者，把破碎的世界修补完整。可是从天堂吹来了一阵风暴，它猛烈地吹击着天使的翅膀，以致他再也无法把它们收拢。这风暴无可抗拒地把天使刮向他背对着的未来，而他面前的残垣断壁却越堆越高直逼天际。这场风暴就是我们所称的进步。[2]

当然也有十分乐观的意见，首先有所谓的生态现代主义（eco-modernists），他们相信地球的问题可以用更先进的科技来解决，就好像超人类主义者（transhumanists）相信人类的寿命、情绪、智商都可以通过基因以及纳米技术来改良。这种对科技奇异点的期望带着一种类神学的意义，就好像神本身就是这样的奇异点；而通过一个智能爆炸（intelligence explosion），世界将重生，就好像近年来的电影《全面进化》（*Transcendence*，又译《超验骇客》，2014）和《疯狂的麦克斯4：狂暴之路》（*Mad Max: Fury Road*，2015）所描述的，不同的是，后者进一步描写了一个后末日的（post-apocalyptic）世界。虽然我们有理由怀疑，早在到达这种科技奇异点之前，人类会

---

[2] 瓦尔特·本雅明：《历史哲学论纲》，张旭东译，载《文艺理论研究》，1997年第04期，第94页。

不会已灭亡，但是我们也必须思考奇点可以构成一种怎样的政治可能性。现代主义的精神在我们的时代继续，它欲望着要超越所有的限制：身体、地球，或者更一般地来说，自然。任何对于现代主义者的怀疑都会被同一种虚无主义所反驳：只要未来还是不可知的，我们不能证明这种可能性不存在，而精神将会在技术进化过程中自我实现。拉图尔在他的访谈中便对此不无怀疑：

> 通过地球工程和重新现代化，我们取得进步并且将灾难推迟到下个百年是相当可能的；完全可能。不过，就当我们成功地确认了现代化必须被重新现代化——这是乌尔里希·贝克的观点，那么现代化也需要被深刻改造。[3]

拉图尔以及其他一些人文学科的学者，尝试指出事实上人类纪就是西方现代性的结果，而同时又显示了它的局限，以及不可延续性，所以如果要逃离人类纪的话，我们必须再次回到西方的现代性。人类学家菲利普·德科拉（Philippe Descola）就猛烈地攻击人类纪，并且将它视为一种他口中的自然主义（naturalism）的存有论（ontology）的实现。[4] 自然主义将文化与自然对立，视后者为可以剥削以及消费的物件。这种批判跟社会学家杰森·摩尔（Jason Moore）的批判相应，后者指出资本主义的世界生态学正是羞于对"廉价自然"以及"免费劳动"的剥削。18 世纪末的工业革命强化了这种对于自然的认知范式，并且通过殖民将它推广到各地，最后造成了全

3　本书第 58 页。

4　Philippe Descola, *Par-delà nature et culture,* Gallimard, 2005.

球性的灾难。[5] 这里，我们需要岔开来谈一下关于人类纪正式开始的时间。根据一些评论，人类纪由地球上一有农业出现就开始；有些反对说应该是殖民时期开始；另外有一些，而我也属于其中的一员，相信人类纪是由工业革命开始，然后经由武力殖民而外输到全球。而在20世纪上半叶发生的"大加速"（great acceleration）加剧了人类纪的发展，最后导致了我们今天这个局面。

尴尬的自然

如果要走出人类纪，我们是否需要一种自然的政治来保护自然，大力推广生态学？在回答这个问题之前，我们必须问到底什么是自然呢？德科拉在巴黎法兰西学院继承了他的老师列维－斯特劳斯的教席，但将学科名称改为"自然人类学"（anthropologie de la nature），与列维－斯特劳斯的人类学不同的是，他致力指出要理解自然在不同文化中的角色，从而来克服自然和文化的分野。这种方法就是去证明自然和文化的对立只是其中的一种存有论，这包括：自然主义、图腾主义（totemism）、万物有灵主义（animism）、类比主义（analogism）。巴西人类学家卡斯特罗提出了另一种存有论，他称之为视点主义（perspectivism），譬如说猎人和他的猎物野猪之间可以互相交换视觉，也就是说人和野猪没有一种本质上的分别，因为这种交换的基础是强度（intensity），而不是结构或者实体的关系，这也是为何卡斯特罗在他的著作《食人族形而上学》中，将德勒兹与瓜塔里视为后结构主义人类学的先驱。[6] 如果我们可以总结一

5　Jason Moore, *Capitalism in the Web of Life: Ecology and the Accumulation of Capital*, Verso, 2015.

6　Eduardo Viveiros de Castro, *Métaphysiques cannibales: Lignes d'anthropologie post-structurale*, PUF, 2009.

下所谓的人类学的"存有论转向"(ontological turn),而上述的人类学者还有他们的其他同事如蒂姆·英戈尔德(Tim Ingold)、拉图尔等都属于这个转向(虽然,据说德科拉本身就不太喜欢这个称号),那么我们可以说它尝试要证明欧洲现代性中演变出来的自然主义突显了自然的多样性(multiplicity)。

	内里相似	内里不相似
外在相似	图腾主义	自然主义
外在不相似	万物有灵主义	类比主义

根据这些理论,我们可以想象一种认识论(epistemology)上的范式转移:从单一自然-多元文化(single nature-multiculturalism)到单一文化-多元自然(single culture-multinaturalism)。在《自然的政治》中,拉图尔抗议在现代人和他们的政治眼中,自然是科学研究的对象,而与科学相应的自然是真理而且真实,就好像柏拉图《理想国》第七卷描述的洞穴外面的光亮的世界;而文化,也就是说地下的洞穴,充满了迷惑、争论,所以它所敞开的是非真理(untruth)。柏拉图在两千多年前描述的两院制(Bicameralism),在我们今天显示为多种的对立:科学 vs 社会、自然 vs 文化,等等。但关于自然的争辩并没有因此结束,相反它才开始,因为就算认真对待(而不只是了解而已)存有论的多元性,也并不意味着西方就此将摆脱自然主义,出现一种真正的认识论转变,继而发展出新的宪法以及相应的法定诉讼程序,如拉图尔在《自然的政治》中所提出的。在这本书里,拉图尔有一个很有趣的说法,他并不想停留在自然的概念上,而是想要摆脱自然:

> 当一些狂热的生态学家大叫着"自然就快死了",他们不知道其实他们是对的。感谢神,自然要死了。对,伟大的潘(希腊半人半羊的山林和畜牧的神)死了。在神和人死了之后,现在沦到自然了。时机刚好,不然的话我们差点无法再介入政治了。[7]

根据拉图尔,政治与自然的关系并非是在过去三四十年才出现的,而是从古希腊时代开始,自然与政治之间就有着动态的关系。而保护自然,以及回到一个本原的自然秩序,只是回到了柏拉图的两院制。政治生态学打开了这样的缺口,它容许我们去想象"集体"(collective)而不是自然和文化、主体和客体之间的对立。拉图尔所提出的是很激进的,因为他指出了通过政治生态学来发展出一种时代性的认识论转变,从而取消了自然的超越性。拉图尔的提议听起来相当有逻辑,他想要远离现代的认识论,而摆脱了自然也就是间接地摆脱了自然和文化的对立。请容许我这样重新总结拉图尔的理由:自然有一种合法性或正统性,在过去它跟政治是相对的(有时相左有时相右),而现代的自然-科学结合让这种正统性更昭显。文学理论学者、思辨实在论的学者,蒂莫西·莫顿(Timothy Morton)在他的书《没有自然的生态学》中响应了拉图尔,他的理据是要将自然去崇拜化(defetishize);莫顿也引用了拉图尔在《自然的政治》中对于 1997 年在京都举行的防止地球温暖化的评论,即"政治需要在没有自然的超然性之下运作"。[8]

---

[7] Bruno Latour, *Politics of Nature How to Bring the Sciences into Democracy*, trans. Catherine Porter, Harvard University Press, 2013, pp. 25–26.

[8] Timothy Morton, *Ecology without Nature*, Harvard University Press, 2007, pp. 167–168; Latour, *Politics of Nature*, p. 50.

然而问题是：如果自然消失了，我们有的不就只有文化吗？如果我们用环境一词来取代自然的话，人类就会对周围的非人类存在更敏感吗？或者环境这个词以及它的人工性将现代化推到极点，就好像生态现代主义者所主张的，地球的唯一希望就是成为一个完全可以技术性操控的星球？如果有人想要响应拉图尔，那他／她绝对无法回避这些问题。我们可以带着怀疑指出，自然并不是在人类的智力之外的存在。这个概念只是罗马人发展出来的，它跟希腊人的、中国人的都不同，姑且勿论其他的各种文化。拉图尔指出了 nomos（法）跟 polis（城邦）的关系，但他并没有讨论 nomos 以及 physis（自然）的关系，这样他当然就可以很容易地摆脱自然。我们甚至可以怀疑在德国的浪漫主义中，自然也并不是如这些作者形容的超然，例如说谢林（Friedrich Wilhelm Joseph von Schelling）的自然哲学就影响了早期的浪漫主义者如诺瓦利斯（Novalis）、施莱格尔兄弟等，而谢林的自然概念是来自古希腊和斯宾诺莎（Baruch de Spinoza）。要贬低自然或者将它消除，听起来好像是可以克服自然-文化的对立，但它忽略了道德或伦理的问题（我在稍后谈宇宙技术时将会再回到道德的问题）。在发展中国家，每当有工业灾难、环境污染，总有人会说："好吧，我们需要先改善经济，然后再改善环境。"在这个情况下，自然真的被放弃了，而没有道德的"集体"出现了，我们称之为新自由主义底下的"经济人"（homo economicus）。

拉图尔口中的"集体"是否可以克服这种经济人？除了指出那是一个人和非人、人类与盖亚的集合之外，他拒绝为我们清楚地描述到底他指的"集体"可以是怎样的。或者我们可以看看其他的作者如何响应拉图尔的"集体"概念而不声称自然已死。女性主义者、科学历史学家唐娜·哈拉维（Donna Haraway）在她的近著《与忧患并存：在克苏鲁纪制造亲缘》中，提倡一种自下而上的伦理观点。她的克苏鲁纪来自两个希腊词：khthô 和 kainos，khthô 意为下面的世界，而 kainos 意思是现在、继续、翻新。克苏鲁纪当然是对小说家洛夫克拉夫特（Lovecraft）的一个滑稽的参照。克苏鲁纪对哈拉维来说是继人类纪、种植纪（Plantationocene），以及资本纪（Capitalocene）之后的一个出口，它是"一个让人学习怎样在一个被破坏的地球上在纷乱中生活以及死亡的时空"。"从下面的世界来看"标志着这种伦理，它不是一种来自主观情怀的动物伦理或者人类伦理，它的基础在于生物学与艺术，如哈拉维所写道："生物学、艺术、政治彼此互相需要［……］它们之间彼此诱使在共生系统中（sympoiesis）去思考以及缔造一个更可居的世界，我称之为克苏鲁纪。"[9] 我们留意一下这个词——共生系统，它也有共同创造的意思，跟两位生物学家、控制论主义者所提出的自生系统（Autopoiesis）在语意上是相对立的。姜宇辉在他的文章《如何凝视动物？——在人类纪的边缘重思动物性》也参照了哈拉维的克苏鲁纪，以相似的进路思考人类如何逆转人类纪的困境，不同的是姜宇辉借用阿甘本的理论来指出动物性思考如何缔造出一种开敞（open），他以福柯的知识型（epistémè）和德勒兹的生成（devenir）来挑战分类法，并且以中国文化中"化"来点出这种开敞的可能性。

伊丽莎白·波维内利（Elizabeth A. Povinelli）在她的文章《大地存有论的三个形象》中，与哈拉维和姜宇辉相呼应，但又带有批判和质疑，因为她进一步提出生物界已经不再是晚期新自由主义的主角，她质问"晚期自由主义权力的另一种形成［……］被生命权

9　Donna Haraway, *Staying with the Trouble: Making Kin in the Chthulucene*, Duke University Press, 2016, p. 98.

力的概念所隐藏"。她造了新词"geontology"（大地存有论）以及"geontopower"（大地存有权力）作为对福柯的"生命权力"的回应，因为对波维内利来说，生命政治突显了没有生命的东西，而西方的存有论其实是生物存有论，晚期新自由主义已经超越了生命政治，大地存有论的三个形象分别是沙漠、万物有灵主义者、病毒：

> 我决定保留术语"大地存有论"与其同源词，例如"大地存有权力"，因为我想增强无生命（大地[geos]）与存在（存有论[ontology]）之间的对比，它们在晚期自由主义差异性和市场的统治中发挥作用。因此，我打算突出大地存有论，一方面，存在的生命存有论话语（描述所有存在物的特征，即被赋予了与生命有关的品质）。另一方面，我试图强调要寻找一种批判性语言去解释某一时刻是困难的，即特定移民晚期自由主义政权长期存在的权力形式在全球范围内变得日益明显。[10]

如果波维内利的分析是正确的，那么我们必须重新理解晚期自由主义的策略以及相应的决策。虽然哈拉维、波维内利、德科拉、拉图尔、姜宇辉等对于生物/自然在走出人类纪的策略各有差异，但他们都强调了要突破人和非人、主体与客体、存在与非存在之间的对立，我们可以根据这些邀请来想象一种人和非人之间更亲密的关系。然而，在得出任何"结论"之前，我们必须讨论另一个这些作者们（除了拉图尔之外）并没有直接论述的问题，那就是工业化以及科技政治。

10　本书第84页。

科技与第二自然

我们可以进一步诘问,我们要放弃的"自然"是否根本就不曾存在过,我们所面对的只是第二自然,这种第二自然并不是帕斯卡尔(Blaise Pascal)的习惯,或者黑格尔的"社会",而是一种人工性的自然,因为超验的自然早已被融入了宇宙技术(cosmotechnics)之中(这是我发展出来重新理解自然和技术之间关系的新概念,我将在下文中细述)。必须说明的是,这并不是说在现象之外便没有真实,也就是说没有人类经验之外的实在论(realism),而是说真实是确实的(如黑格尔所说的 wirklich,英文 actual),反之亦然;确实并不是跟可能(possible)对立,因为可能之所以是可能,是因为它是确实的可能(actual possible),要不然它只是抽象的可能(abstract possible)。在第二自然中,那些超越了现象的都已参与或被纳进了日常的技术活动之中。

第二自然是一个人造的自然,在里面自然的都是人工的。人类接触了那些以即时(immediacy)形式给予他的东西,将它变成了一个居间的(mediated)的氛围(Umwelt)。如艺术家克莱尔·马里约(Claire Malrieux)在她今年参与威尼斯双年展的作品《一般气候》(*Climat Général*)中所描绘的,气候是大气、地球、人类力量的同一进化过程的表现,她的作品利用了科学数据将这三种力量用数码绘画的方式,重叠地表现在同一个平面。然而,当我们这样说的时候,第二自然仍然还是一个存有论上的主张,虽然经过千百年的时间这个概念才变得清晰,一种技术意识也由此而产生。我在它处指出标志着现代性的是一种技术无意识(technological unconsciousness)。而人类知道自己是技术的存在,地球变得越来越人工只是现代性末期的事。1967 年 ATS-3 卫星将地球的影像传到地球,这张地球相片成为了斯图尔德·布兰德（Steward Brand）主编的著名反文化杂志《地球概览》（*Whole Earth Catalogue*）的封面，它象征性地意味着一种技术意识的高峰，人类不再只是生活在地球上，与地球一起工作，而是从外面改造地球。马歇尔·麦克卢汉稍后也庆祝了这个人造地球的胜利：

> 史普尼克号为星球创造了一个新的环境。这是第一次，自然世界完全被封锁在人造的容器里。当地球进入了这个人工容器的时候，自然消失了，而生态学出现了。当星球变成了艺术品，"生态"思考就变得无可避免了。[11]

生态学在麦克卢汉眼中，不再是关于自然的，而是关于科技的，或者更准确地说是关于一个科技化的地球的组织。回过头来看，麦克卢汉已预见了拉图尔以及其他赞同一个没有自然的生态学的学者。然而，人类纪的问题不正是人工化、工业化的问题吗？这个问题也是德国哲学家彼得·斯洛特戴克和法国哲学家贝尔纳·斯蒂格勒对谈的重点。根据斯洛特戴克的分析，现代性指涉一种科技的动员以及燃烧文化的累积和升华。通过全球化，西方形而上学以全球性的规模被实现。它让我们想起了海德格尔对技术的批判。在海德格尔于1953年的讲座"论技术问题"（Die Frage nach der Technik，或译"技术问题的追问"）（以及其他的课程，特别是1936到1939年的四个关于尼采的课程），海德格尔视现代技术为西

11　Bonneuil and Fressoz, *The Shock of the Anthropocene*, p. 59; Marshall McLuhan, "At the Moment of Sputnik the Planet Became a Global Theater in Which There Are No Spectators but Only Actors", *Journal of Communication*, vol. 24, no. 1, 1974, p. 49.

方形而上学的实现。科技的本质不再是技术，后者对于古希腊人来说是诗意（poiesis）的完成或一种带到前来（Hervorbringen）。科技的本质是座架（德：Gestell；英：Enframing），每个存在都被视为可以被号令、剥削的资源。这种科技所带来的全球性的转变正是今天我们见到的人类纪。也正是如此斯洛特戴克提出了以"类技术"（homeotechnologies）对抗"全技术"（allotechnologies），后者专横、不尊重自然（留意：我们又回到自然来了！）。这种类技术的转向是一种圈的诗意的免疫（spheropoietic immunization）。如果我们将全球化视为西方宇宙论的历史进展，由古希腊人的家（oikos）开始，经由托勒密的宇宙论，库萨的尼古拉（Nicholas Cusanus）的 De Ludo Globi，到笛卡尔、开普勒、牛顿等的现代宇宙论，全球化是宇宙作为思辨式的球体的实现。如果宇宙学以及科技之间有一种这样的叠加，其中一个逃离这种"终结"的方法就是如斯洛特戴克所说的多宇宙论（polycosmology），当中每种不同的宇宙论形成了自己的泡泡。而圈与圈之间有着共用的隔膜，它容许以及阻止某些东西的进入。

对于斯蒂格勒来说，人类纪可以称之为熵纪。他在这里把玩了列维-斯特劳斯在《忧郁的热带》书末所写的备考，列维-斯特劳斯指出人类学研究的其实是面对全球化以及现代化浪潮中原住民文化的瓦解，他戏言这个学科可称之为熵学（entropologie，留意 anthropologie 和 entropologie 这两个词在法文中的发音是一致的）。熵纪，正是一个熵化剧烈的年代，而原因是失控的工业化。一般来说，熵是量度的是失序，而负熵则是有序。在他的近作中，斯蒂格勒经常提及罗马尼亚数学家、经济学家尼古拉斯·杰奥尔杰斯库-罗根（Nicholas Georgescu-Roegen）。杰奥尔杰斯库-罗根认为人类的经济活动都是体外化的过程（exosomatisation），而体外化的过程总是熵性的。所以我们必须发展出熵性低的体外化活动。或者我们可以这样说，如果物理上的热力学关注的是物质流通，那么经济学所关注的是生命快乐的流通，它建基在体外化工具的使用。对于斯蒂格勒来说，人类纪相对于一个这样的历史时期，工业计划加剧了熵化，以及其毒性。这个过程同样也是两种形式的无产阶级化，它们导致了欲望无法化为行动的困境。

知识的无产阶级化意味着知识的流失。例如工业革命初期，工匠被逼要放弃手工艺到工厂劳动赚取工资；当他们放弃了实践的知识（savoir-faire）时，他们也放弃了生活的知识（savoir-vivre），而工厂里的自动化机器需要的只是他们重复同一系列的动作，或者监视机器不要出故障。

感知的无产阶级化，也就是消费主义的特征，如果我们说在20世纪，市场营销是基于对象征的操纵以及对心灵驱力的剥削，同时也是欲望的消散（désœuvrement），今天的数码技术例如大数据分析、神经营销学（neuromarketing）进一步恶化了这种剥削。

对于斯蒂格勒来说，对抗这两种无产阶级化的方法，一是要培养新的知识和技能，二是要批判工业化以及其消费主义。黎肖娴在她的文章《在"人类纪"以活动影像为据点重整"辩证结构"》中便深入地探讨了这两个方面，她提出了要重整辩证结构，并以影像艺术为例，提倡从人类纪的大数据文化中发展出她所说的微叙事，以其来表现出一种斯蒂格勒说的美学冲突。总的来说 人类纪是一种不负责任的发展长期持续累积下来的毒性。在斯蒂格勒眼中，人类纪的中心问题并不只是气候变化的问题、全球暖化的问题，而是因为普遍的熵化问题，它导致了时间的溶解。在一篇题为《逃离人类纪》的文章里，斯蒂格勒回到了宇宙论的问题。对于他来说，负熵纪或者负人类学不能回避宇宙论的问题。他重提怀特海的思辨宇宙论，以及巴塔耶（Georges Bataille）的一般经济，后者深受马塞尔·莫斯（Marcel Mauss）关于礼物经济的人种志的影响。[12] 2017年春天，斯蒂格勒在他的"pharmakon"哲学学校开的研讨会也是以宇宙论为主题。在不同作者的文章中，我们都可以发现一个共通点，他们针对的是人类纪中呈现的自然的危机以及文化的危机，同时他们都指出了回到宇宙论问题的重要性。然而，问题是：今天传统的宇宙论已被天体物理所取代，共生的宇宙已变成科技操控的时空对象，我们可以怎样重新发明一种宇宙论的思维呢？而如果我们真的能够这样做的话，莫不是又回到了我们前面所批判的超越的自然？

宇宙技术的重构：认识论、知识型

这也是为何我在《论中国的技术问题》[13] 中提倡另一种思考自然和技术关系的方法，我称之为宇宙技术（cosmotechnics）。我用宇宙技术而不是技术（technics）的原因是，今天在学术上我们对技术一词的定义十分模糊而且狭窄，可以说完全是来自欧洲传统。它主要有两个约定俗成的定义，首先，它是古希腊文的 technē，它是一种 poiesis，一种诗意的带到跟前，或者诗意的生产。在西方形而上学发展以及其理性（reason）在科学的理性化（rationalization）以及技术的外置化（exteriorization）过程中，技术的诗意逐渐消失

12　Bernard Stiegler, "Sortir de l'anthropocène", *Multitudes* 2015/3 (n° 60), pp. 137–146.

13　Yuk Hui, *The Question Concerning Technology in China: An Essay in Cosmotechnics,* Urbanomic, 2017.

了。在现代性的过程中，出现了一个基本的、非质性的转变，技术获得了另一个意义，也就是我们今天所说的科技。海德格尔在他著名的《论技术问题》(*Die Frage nach der Technik*) 中，指出了科技（technology）的本质已不再是古希腊人所说的 technē，而是 Gestell（座架）。这两种对技术的定义在 20 世纪被教条式地应用，而哲学也因此处于完全失向中，不知如何进退。东方（orient）因为失向（disorientation）而不再是东方，西方也因为东方的无法定向而迷失。我尝试指出，我们有古希腊的、阿拉伯的、中国的、古埃及的等宇宙技术，而不是只有一种希腊的 technē 以及之后在欧洲现代时期出现的 technology。

我对宇宙技术的一个初步定义如下：宇宙以及道德通过技术活动的统一。也因此，我们见到技术的发展受宇宙与道德限制，而后两者也因为技术的沟通获得一致性。宇宙技术这个概念消除了文化以及自然之间的对立，因为在当前的技术论述中，两者被视为对立的力量，前者将暴力施加于后者，而后者则需要人类的保护。当我们从宇宙技术的角度来思考的时候，我们可以分开古希腊以及古中国的宇宙技术，不只是好像考古学家或者人类学者所留意的形式、物质、技术进化等，而且是宇宙以及道德之间的关系。我们在这里无法详细论述，但简单来说，在古希腊的宇宙技术中我们找到自然和接缝（dikē，这个字常被译为公义〔如尼采翻译为德文的 Gerecht〕，海德格尔指出这个词正确应翻为德文的 Fug，英文为 fittingness[14]）的关系，技术要让自然显露一种几何式的接缝；而在中国的宇宙技术中，我们找到另一个组合，也就是道和器之间的关系。

14　Martin Heidegger, *Einfuhrung in die Metaphysik*, GA 40. Klostermann, 1983, p. 123.

这种关系是形而上和形而下的统一，也是形而上和形而下的共处。这种道器合一，体现在儒家的礼，道家的自然，也体现在宋明理学重新提出的道德宇宙论（牟宗三语），特别是在宋应星的《天工开物》中，技术和宇宙论结合为一体。

基于宇宙技术这个概念，我们可以清楚地观察到，技术的历史不再只是一种普世性的过程，无论那是记忆和器官的外置化、体外化，或者身体和器官的延伸，正如很多作者如恩斯特·卡普（Ernst Kapp）、安德烈·勒鲁瓦-古朗（André Leroi-Gourhan）、马歇尔·麦克卢汉、贝尔纳·斯蒂格勒等所指出的。如果我们仔细阅读欧洲的现代史，我们不难发现当技术发展到了工业革命的时候，古代的宇宙技术都变得过时了，因为伽利略、开普勒、牛顿所指出的几何化与机械化将科学和技术带到了另一个领域。到了18世纪末，科技与自然之间的关系变得十分恶劣，人们开始普遍地发展出一种科技强暴自然的印象。然而在中国，这种认识论上的转变并不是来文化自身或者科学活动，而是在鸦片战争战败之后的半殖民化，满清政府不得不由西方引进科学和技术，以及稍后的政治理论，希望能够"师夷长技以制夷"。宇宙技术在中国与欧洲的两条平行的历史发展，到了19世纪末期终于交叉在一起。

当下迫切的问题是：中国如何面对人类纪？中国的工业化和现代化有目共睹，如许多学者早在人类纪这一概念出现之前，便已经质疑中国现代化的可持续性。西方的人类纪理论是否足以让我们处理这些问题？在西方理论家纷纷想回到宇宙论以及前现代的知识论的时候，中国不得不再次回到传统和现代的问题。我认为人类纪的出现是西方单元的技术（以及其形而上学）的实现，而唯一的回应就是要开拓出（或者重新恢复）多元的宇宙技术。因为仅有多元的自然是不足够的，中国近去一百五十多年（从鸦片战争到新中国的发展）在知识论上的西化（或现代化）足以说明，由于科技力量（武力、生产力等）的悬殊，中国不得不接纳西方的知识论以及科技，以求"追英赶美"，而"自然"或者说中国的道德宇宙论不得不让路，以致逐渐变得不合时宜。然而回到古老的宇宙论（或宇宙技术）也变得不再现实，或者更甚地，如安塞姆·弗兰克（Anselm Franke）在访谈中所说的，那是一个圈套，因为一来没有"回到"可言，二来这又重新回到了与现代性的对立。弗兰克所说的"再神话化"，用我自己的语言来说就是重新发明宇宙技术。

这种宇宙技术不会是无中生有的，要不然那只是纯属虚构的科幻小说，这也是说"回到传统"是必须的路径，但不是充分的路径，我们需要的是对于传统宇宙技术的重新纳用（re-appropriation）。这也是为什么我提议回到"器道"的论述，并且以"器道"作为线索来重新建立两者之间的关系。这项工作十分艰难，而且十分复杂，在这里我只能抛砖引玉提出两个要点以供讨论。这两个要点是基于对器道与认识论（epistemology）以及知识型（episteme）之间关系的分析以及重新建立。

1. 认识论：如果人类纪如德科拉所言，来自一种西方现代性的自然主义（自然与文化的对立），这种存有论（ontology）其实是一种认识论，而我们必须在所有的领域来诘问这种认识论的有效性。如樊尚·诺尔芒（Vincent Nordman）在他的文章《目击者的退隐：自然解剖学与现代展览—机器的视觉政体》中提出的，如果艺术和科学理论都是处于现代性的论述之内，那么我们必须分析这些"边疆所建构的权力图表（graph of power）以及人类学矩阵（anthropological matrix）的范围"，同时"直面其物质和制度上界限的历史"。[15] 如果说诺尔芒想要从西方内部的科学史和策展史来暴露这种认识论的问题，那非欧洲文化也可以从另外一条路线来瓦解这些认识论，也就是以传统以及在传统中发展出另类的认识论。譬如说，从西方的科学主义以及唯物主义出发，中医这种宇宙技术必然是缺乏基础的，而如果中医要附和前两者或者以前两者为基础，那它不得不要跟根据化学来分析中药的成份以求证明它的合法性；然而，我们也可以从中发展出另一种认识论，并且以这种认识论来与西方科技对话，建立一种新的关系。这也是近年来不少学者所指出的，要保卫以及重视土著的知识（indigenous knowledge）。这虽然没有错，但问题在于将科技和土著知识对立并非有生产性的做法，更重要的是这些认识论如何回应这些科技甚至参与这些科技的发展，并且从内里改变它。

2. 知识型：如福柯在《词与物》中指出西方历史上的三种知识型：文艺复兴、古典时期与现代时期，但是从上世纪 70 年代开始，福柯不再使用知识型这个词，而是用更一般性的部署（dispositif）。[16] 我们可以理解，部署相对来说是一种更灵活的权力分析工具，然而知识型仍然是一个重要的概念。我在《论中国的技术问题》一书中尝试理解在中国历史上应危机而崛起的三个文化运动作为新知识型的建立：回应周室衰亡的先秦思想的兴起，唐末至宋代为抵制佛教宋朝理学的兴起，以及鸦片战争后自强运动、五四运动对西方知识的接纳和协商。这些知识型如现象学意义上的悬搁（epoché），重新开始了社会、政治、美学生活。面对今天的人类纪以及失向的全球

15　本书第 111 页。

16　M. Foucault, "Le jeu de Michel Foucault (Entretien sur l'histoire de la sexualité)", *Dits et Ecrits III*, Gallimard, 1994, pp. 297–329, 301.

化，我们应该以一种新的知识型回应。但这种知识型应该如何被发现以及引进？如果之前提到的头两种知识型，其实是一种儒家道德宇宙论的重申，在宋儒如周敦颐、张载等则是回到了自然哲学，而在第三种的知识型，道德宇宙论已经让步给西方的唯物主义和机械论，如果今天我们还能够提出另一种知识型的话，那它只能是基于对当前各种科技的理解以及消化，同时在更高的层次来消化它们。

思考人类纪是我们当前的要务，这不单是一个环境的问题，而且是一个决定性的时刻（如希腊人所说的凯若斯 [kairos]，相对于地球深时 [deep time] 的 chronos）去重新思考我们和现代性的关系。如果在西方，人类纪的挑战是怎样在后现代变成消费主义之后，克服现代性找到新的出路，东方也面对着同一个问题，但需要更在地去思考。现代化带来的不只是去地方化，而且是一种单元性的普遍化（universalisation），表现在哲学、技术、科学、美学等方面，思考人类纪不单是要寻找一个认识论的范式转移，而且也是要寻找一种新的知识型，一种在地的知识型。

《行动之书·感觉田野》编辑委员会

主编： 高世名

编委会： 许江、高世名、张颂仁、邱志杰、郑圣天、卢杰、陈光兴、孙歌、贝尔纳·斯蒂格勒、陈界仁、陆兴华、黄孙权、贺照田、许煜

执行主编： 袁文珊、卢睿洋、唐晓林

编辑组成员： 王世桦、魏珊、张晨、魏潇洋、李凌子、刘晓丽、张骋、刘沫言、李佳霖、郑卓然、林灿文、彭婉昕

图书在版编目（CIP）数据

感觉田野 / 高世名主编. -- 上海：上海文艺出版社,2022
（行动之书）
ISBN 978-7-5321-8123-0
Ⅰ.①感… Ⅱ.①高… Ⅲ.①展览会－策划 Ⅳ.①G245
中国版本图书馆CIP数据核字(2021)第203909号

发 行 人：毕　胜
策划编辑：肖海鸥
责任编辑：肖海鸥　李若兰
封面设计：钱　祯
内文制作：常　亭

书　　名：感觉田野
主　　编：高世名
出　　版：上海世纪出版集团　上海文艺出版社
地　　址：上海市闵行区号景路159弄A座2楼 201101
发　　行：上海文艺出版社发行中心
　　　　　上海市闵行区号景路159弄A座2楼206室 201101 www.ewen.co
印　　刷：苏州市越洋印刷有限公司
开　　本：1240×890　1/32
印　　张：18.5
插　　页：4
字　　数：425,000
印　　次：2022年7月第1版　2022年7月第1次印刷
Ｉ Ｓ Ｂ Ｎ：978-7-5321-8123-0/J.556
定　　价：88.00元
告　读　者：如发现本书有质量问题请与印刷厂质量科联系　T: 0512-68180628